古代歷史文化研究輯刊

二四編

王明蓀 主編

第7冊

功臣禍首：北宋末內臣童貫事蹟考（下）

何冠環 著

國家圖書館出版品預行編目資料

功臣禍首：北宋末內臣童貫事蹟考（下）／何冠環 著 -- 初版
-- 新北市：花木蘭文化事業有限公司，2020〔民 109〕
目 2+250 面；19×26 公分
（古代歷史文化研究輯刊 二四編；第 7 冊）
ISBN 978-986-518-257-1（精裝）
1.（宋）童貫 2. 傳記
618　　　　　　　　　　　　　　　　　　　109011116

ISBN-978-986-518-257-1

9 789865 182571

古代歷史文化研究輯刊
二四編　第 七 冊　　　　　ISBN：978-986-518-257-1

功臣禍首：北宋末內臣童貫事蹟考（下）

作　　　者	何冠環
主　　　編	王明蓀
總 編 輯	杜潔祥
副總編輯	楊嘉樂
編　　　輯	許郁翎、張雅淋　美術編輯　陳逸婷
出　　　版	花木蘭文化事業有限公司
發 行 人	高小娟
聯絡地址	235 新北市中和區中安街七二號十三樓
	電話：02-2923-1455 ／傳真：02-2923-1452
網　　　址	http://www.huamulan.tw 信箱 hml810518@gmail.com
印　　　刷	普羅文化出版廣告事業
初　　　版	2020 年 9 月
全書字數	547358 字
定　　　價	二四編 21 冊（精裝）台幣 62,000 元

功臣禍首：北宋末內臣童貫事蹟考（下）

何冠環　著

第八章　罪不容誅：論童貫之死

　　從元祐時期開始，新君繼位或太后臨朝，掌權的人都對前朝當權者加以清洗整肅，對政敵毫不留情，而且手段做得越來越狠，從貶官降職到放逐南荒，從人身迫害到賜死誅殺，形成一個惡性循環：元祐清算熙豐，紹符清算元祐，建中清算紹符，崇寧清算元祐與元符，最後是靖康清算政宣。文臣秉承帝后意旨清算政敵，已不是政見之爭，更不是君子小人之分，而是赤裸裸的權力鬥爭。

　　欽宗在兵臨城下而徽宗失卻管治的意志下受禪繼位，他和宣仁高后、哲宗和徽宗一樣，不能包容父親所寵所用之人。一方面是他因長期受到壓抑，擔心儲位不保，而形成一如哲宗之偏狹性格，不能容物。另一方面，在徽宗當政被打壓排擠而得以回朝的人，為迎合討好欽宗，也為報復，就千方攻擊，有時近乎羅織徽宗寵臣的罪過。於是欽宗就不理父親的感受，更不以「三年毋改父之政」為訓，甫即位當權，就將童貫、蔡京、梁師成、王黼、朱勔、李彥等前朝寵臣斥為「宣和六賊」（也包括蔡攸），並將他們先後誅殺。據宋人筆記所載，已罷職的王黼，一聞知欽宗即位，大為震駭，馬上入賀；但欽宗已諭閣門使不納，王知道他快大禍臨頭。〔註1〕

　　童貫的情況比王好不了許多，在欽宗君臣眼中，他所以罪不容誅，主要是他犯了欽宗的大忌：他既涉嫌搖撼欽宗的儲位，想擁立鄆王楷，更在欽宗登位不久，就率親兵扈從徽宗南逃，有另立朝廷之嫌。他對欽宗如此不忠，欽宗自然非殺他不可。而他首議聯金滅遼，卻屢屢措置乖方，引致金兵南侵。

〔註1〕袁文：《甕牖閒評》，卷八，頁125。

金人攻太原，他又帶頭先遁。訴諸公議，他也難辭其咎，欽宗要殺他，於法於理，也沒有冤枉他的。

王曾瑜教授在 1998 年所撰的一篇〈宋徽宗和欽宗父子參商〉鴻文，考證欽宗繼位前，與父親的關係並不親密，他一直擔心父親會易儲，而其父的寵臣如童貫、王黼更不避嫌的結納其弟鄆王楷。他的繼位純因金人兵臨城下的危機，迫使徽宗順應群臣之願，由身為太子而無過失的欽宗繼位，以收拾人心。王氏稱徽宗、欽宗父子在靖康之難中宛若參商，導火線正是徽宗南逃。在欽宗君臣心中，徽宗就像唐玄宗（685～762，712～756 在位）在安祿山兵犯長安前的出奔，徽宗隨時在童貫等擁載下，另立朝廷，這就對近似唐肅宗（711～762，756～762 在位）的欽宗構成極大的威脅。〔註 2〕

張邦煒教授另一篇刊於 2001 年的專文〈靖康內訌解析〉，也深刻地分析了從宣和七年（1125）十二月底，徽宗在金人兵臨城下時倉卒禪位欽宗，到徽宗與童貫、蔡攸、高俅等率眾南逃，以至欽宗後來雖迎回徽宗，但實在將父軟禁，並將童貫、蔡攸、王黼等先後誅殺，然後在靖康元年十一月金兵再度圍城時，寧可與父捆綁一起，也不讓徽宗再離開京師，終至父子被俘而國亡之慘劇。徽宗先前偏愛三子鄆王楷，致有易儲之說，他厚此薄彼，最終導致與欽宗關係出現裂痕。他禪位後出走東南，給人另立朝廷之嫌，於是與欽宗爭權而反目。而群臣各為其主，各懷鬼胎致有意無意的挑撥，就釀成父子內訌的不幸。〔註 3〕

誠如張氏所考論，童貫在徽宗政和年間，明裡暗裡支持徽宗所愛的鄆王楷，就在負責建諸王府邸，並取名「蕃衍宅」，語出《詩經·唐風·椒聊》的「蕃衍盛大，子孫將有晉國焉」，時人即看出他暗有巴結鄆王之寓意。他也和王黼，數以詩進來巴結甚得徽宗寵愛的鄆王。一旦押寶失敗，由欽宗繼位，他就必然失寵。〔註 4〕

〔註 2〕王曾瑜：〈宋徽宗和欽宗父子參商〉，原載《慶祝楊向奎先生教研六十年論文集》（石家莊：河北教育出版社，1998 年），現收入王著：《絲毫集》（保定：河北大學出版社，2009 年 6 月），頁 146～157。

〔註 3〕張邦煒：〈靖康內訌解析〉，頁 461～502。

〔註 4〕按《詩經·唐風》這首詩言曲沃子孫蕃衍，子孫代有晉國，就暗寓鄆王楷可以取太子的欽宗代之。張邦煒教授一文詳考徽宗為何及如何偏愛鄆王楷，於是導致權要如王黼、童貫等蓄謀動搖欽宗儲位。張氏並認為梁師成並非真的保護欽宗儲位，而是如陳東所言，暗地附和易儲之說，說梁實為擁立鄆王的主謀，而非剛從太原逃歸的童貫。梁後來才見風轉舵，扮成支持欽宗，說有定策之功。

一、居心叵測

據《揮塵錄》與《宋史·何灌傳》所記，當徽宗稱疾作而下詔內禪時，童貫的大將何灌領禁兵入衛皇城，這時內侍數十人擁鄆王楷欲入宮門，何灌仗劍拒之。鄆王趨前說：「太尉豈不識楷耶？」何灌指劍示之曰：「灌雖識大王，但此物不識耳。」又說「大事已定，王何所受命而來？」眾人恐懼而退。〔註5〕

鄆王忽然入宮的動機何在？考宣和七年十二月庚申（廿三），當徽宗下詔內禪欽宗時，欽宗當時仍在福寧殿作態不肯接位。在御前的童貫卻「有易置語」，李邦彥雖聽到，卻沒有理會童的話。童貫的「易置語」為何？眾所周知，童貫與鄆王關係密切，鄆王忽然未召而入宮，很有可能二人想趁徽宗神智不清，欽宗又猶豫不決時奪儲。然二人得不到其他宰執大臣的支持，童貫又沒能影響統領禁兵的舊部何灌站在鄆王的一邊。當大事已定時，他就只好轉風使舵，和李邦彥一同為欽宗穿上御衣。童貫這番作態，並不能改變欽宗對他先前輕率舉動的恨惡，欽宗後來誅殺童貫其中一項罪名就是他有「易置語」。辛酉（廿四），徽宗命內侍傳旨令欽宗御崇政殿，太宰兼門下侍郎白時中率文武百官入賀，徽宗隨即出居龍德宮，鄭皇后出居擷景園。欽宗以少宰李邦彥為龍德宮使，太保領樞密院事蔡攸及首議禪位而擢為門下侍郎的吳敏副之。奇怪的是，作為徽宗寵臣的童貫並未授龍德宮使副。壬戌（廿五），欽宗大赦天下，進百官秩一等，立皇太子妃朱氏（？～1127）為皇后，並以他的宮僚太子詹事耿南仲（？～1129）簽書樞密院事，分蔡攸及童貫的權。一朝天子一朝臣，童貫的惡夢很快便到來。首先發難的是太常少卿李綱，他在癸亥（廿六）

張氏說梁反對傳位欽宗，僅徽宗一人知道，而徽宗又僅告知李邦彥，以致欽宗竟誤以為梁有「舊恩」。張氏又說梁在徽宗等出走後，留在京師，無非是充當童貫等人的內應而已。考南宋人袁文也有此說法，記梁師成對徽宗說，他屢令術者考欽宗之命，都說不久。又說梁師成欲改立鄆王。不過，筆者認為梁師成在未看透徽宗是否有易儲之意時，不會顯露自己的主張。因欽宗具有儲君的優勢，且正如張氏所言，謹小慎微而無大過，徽宗沒有廢長立幼的正當理由，故梁師成不會貿然下注鄆王。另外，張氏大概沒有細考童貫與梁師成的關係，二人一直明爭暗鬥，梁師成不會聽童貫的吩咐，而自有打算。參見《會編》，卷三十一〈靖康中帙六〉，靖康元年正月二十四日庚寅條，葉八上（頁233）；《鐵圍山叢談》，卷一，頁2；袁文：《甕牖閒評》，卷八，頁121；張邦煒：〈靖康內訌解析〉，頁462～475。

〔註5〕王明清：《揮塵錄·餘話》，卷一，第367條，頁219；《宋史》，卷三百五十七〈何灌傳〉，頁11227。

上書欽宗，便指斥徽宗「左右恩寵之臣，造作邊事，養成禍胎，屢覆王師，貽患宗社」。第一個被點名的就是童貫，劾他「招權怙勢，首為兵謀，以佞幸之姿，據師保之任」。李綱再歷數王黼、蔡攸、朱勔、李彥以及高俅等之過惡。跟著就是太學正陳東（1086～1127），與高登（？～1148）、江致等諸生在翌日（甲子，廿七）伏闕上書，歷數蔡京、童貫、王黼、梁師成、李彥和朱勔之罪，稱之為六賊，請誅之。對於童貫及梁師成之罪，他痛斥：

> 朔方之釁，黼實啟之，貫實佐之。貫因京助，遂握兵權，至為太師封王，左右指使，官至承宣，閹人庖人，防圍是任，自古宦官之盛，未有其比！貫實庸繆，初無智謀，每一出師，必數十萬，隨軍金帛，動億萬計，比其還歸，兵失太半，金帛所餘，盡歸私帑。臣等聞之邊人，貫之用兵，紀律不明，賞罰不公，身冒矢石未必獲賞，而親隨先及。夫以師之耳目在大將旗鼓，進退從之，勝負係焉。貫身去敵常數百里，是致將不先敵，士不用命，屢見敗衄，挫辱國威，士卒陷亡，不以實奏。所獲首級，增數上聞，祖宗軍政，壞亂掃地。而又貪功冒賞，不察事機，朔方之兵，遂致輕舉，敗我國盟，失我鄰好，今日之事，咎將誰執？貫之所恃者師成，實聯婚姻，以相救援。師成之惡，抑又可言。外示恭謹，中存險詐，假忠行佞，藉賢濟姦；盜我儒名，高自標榜。妄立名號，兼稱隱相，欲攬國家大柄盡歸諸己，欲使天下士大夫盡出其門。正人端士，往往望風疾避，亦有不幸遭其點污者，一時苟賤無恥之人，爭往從之，旋致顯位。王黼之進，實賴師成，與黼如貫與京，內外相應，捷若影響。黼為相臣，專秉國政，奉行師成之意而已，不聞天子之命也。朝廷執政、侍從、天下監司、郡守，往往師成門生，蔡京父子奉之不暇。至如去歲，道君皇帝一日相二人，師成自謂皆出己意，聞者駭恨不已。

陳東最後總結說「今日之事，蔡京壞亂於前，梁師成陰賊於內，李彥結怨於西北，朱勔結怨於東南，王黼、童貫又從而結怨於二邊，敗祖宗之盟，失中國之信，創開邊隙，使天下勢危如絲髮，此六賊也，異名同罪。伏願陛下擒此六賊，肆諸市朝，傳首四方，以謝天下。」欽宗並沒有即時回應陳東之請，一方面此六人都是徽宗所用，徽宗剛退位，他便處置其寵臣，在其父面子上過不去。而在六人中，蔡京已致仕多時，且一直阻止徽宗易儲，欽宗對他沒有惡感，梁師成也看似一直支持欽宗，而且在欽宗接位時處處配合。

王黼是梁一黨，也罷職多時。欽宗反而要除去的，是手握兵權而對他接位有異見的童貫。〔註6〕其中陳東所說童貫與梁師成為姻家，以相救援，可能是他道聽途說，而不知梁師成與童貫實是政敵。

據劉宰（1167～1240）所記，陳東字少陽，由鄉校貢辟雍升太學為內舍生，時入仕途廣，倖進者多嫉陳東。政和三年宋廷命太學生習雅樂，前列的第賞，但陳辭不就，他見蔡京、童貫、王黼、梁師成、李彥及朱勔等用事，召釁中外，就有慨然澄清天下之志。他曾賦雪詩云：「山嶽遭埋沒，乾坤著蔽蒙。已成堆積勢，漸費掃除功。」當欽宗詔求直言，朝中用事的多受蔡京等人薦引，莫肯上言時，他看到機會來了，就首率諸生獻書闕下，歷數蔡京、童貫六人的罪惡，指為六賊，天下聳聞，人們也就相繼上書，這正是欽宗所期待的。〔註7〕不過陳東所言，部份是事實，部份只是誤傳，他並不察童貫與梁師成的矛盾，也不察童貫與蔡京後來反目。陳東是繼安堯臣以後，第二個

〔註6〕《長編紀事本末》，第八冊，卷一百四十六〈欽宗皇帝・內禪〉，葉九上至十上（頁4431～4433）；卷一百四十八〈欽宗皇帝・誅六賊〉，葉一上至五上（頁4457～4465）；《宋史》，卷二十二〈徽宗紀四〉，頁417；卷二十三〈欽宗紀〉，頁421～422；卷四百五十五〈忠義傳十・陳東、歐陽澈〉，頁13359～13363；《宋史全文》，卷十五〈宋欽宗〉，頁1001；《十朝綱要》，卷十八〈徽宗〉，宣和七年十二月庚申至甲子條，頁539；《編年綱目》，卷二十九，頁763～766；《靖康要錄》，卷一，頁47、53；《會編》，卷二十六〈靖康中帙一〉，宣和七年十二月二十三日庚申條，葉一上至四下（頁191～193）；《編年綱目》，卷二十九，頁763～766；李綱：《李綱全集》，卷四十二〈奏議・上淵聖皇帝實封言事奏狀〉，頁507～508；高登：《東溪集》，文淵閣《四庫全書》本，提要，葉一上下；黃震：《黃氏日抄》（四），卷三十四〈讀本朝諸儒理學書四・晦庵先生文集二・封事奏箚講義〉，頁44；卷三十六〈讀本朝諸儒理學書四・晦庵先生文集三・記・漳州東溪先生高公祠記〉，頁113；程敏政（1446～1499）（纂）：《新安文獻志》，文淵閣《四庫全書》本，卷三，〈江致・乞斬蔡京等六賊疏〉，葉六下至七上；趙宏恩（？～1759）（監修）：《江南通志》，文淵閣《四庫全書》本，卷一百六十四，「徽州府」條，葉七上。據黃震所記，高登字彥先。靖康初年游太學，與陳東伏闕上書。紹興初年為桂州古縣（今廣西桂林市）令，與秦檜議不合，被奪官徙容州（今廣西玉林市容縣）。病篤時自作埋銘，奮髯張目而逝。江致字得之，休寧（今安徽黃山市休寧縣）人，宣和鄉舉首選，他隨陳東兩度上書，授承信郎。他所言的與陳東的相同。他說「今日之事，蔡京壞亂於前，梁師成陰賊於內，李彥結怨於西北，朱勔聚斂於東南。王黼、童貫又從而結怨於遼金，敗祖宗之盟，失中國之信，創開邊隙，使天下之勢危如絲髮。此六賊者，異名而同罪。伏願陛下，擒此六賊，肆諸市朝，傳首四方，以謝天下。」

〔註7〕劉宰：《浸塘集》，文淵閣《四庫全書》本，卷二十〈陳修撰祠堂記〉，葉十五上下；《編年綱目》，卷二十九，頁763。

地位低微的士子敢痛言童貫專權任事之罪。他說童貫敗壞軍政，用人惟親，貪功冒賞，以至輕舉燕山，既沿續安堯臣之觀點，也有新的補充。他對童貫的批評，成為南宋人的依據。

其他在靖康年間有份上書及介入政爭，以及金人陷京師後上書金人的太學生，包括楊晦、沈長卿、丁特起、徐揆（？～1127）、汪若海（1101～1161）、何烈等，他們的背景、訴求及個人動機以及後來的出處際遇，近年研究北宋末年太學生運動及太學政治的朱銘堅博士的新作有很好的考論，值得參考。〔註8〕他們整體而言，支持李綱等主戰派，對於蔡京、童貫等人，自然是深惡痛絕，攻擊不遺餘力。

太學生以外，不少初登仕途的文臣也一樣深惡童貫等。據金元好問（1190～1257）的記載，金大儒濟南人李之翰（？～1189後）在宣和末年（即六年）擢第後，有人勸他參奏童貫，說可以逕至館職。他謝絕之。金兵破洺州（今河北邯鄲市永年縣東南），他被俘。宗望誘之降，他不屈。金人也沒有殺他。按童貫在宣和六年（1124）至七年仍權勢薰天，人們勸李之翰參劾童貫，當在靖康時。此條記載可側面看出欽宗君臣這時正諷喻臣下參劾童貫，李之翰是少數人不肯附會而求陞官的。〔註9〕

金東路軍在十二月壬戌（廿五）攻陷慶源府。癸亥（廿六），宋廷詔梁方平將騎七千令守濬州，又詔何灌以兵二萬守濬州黃河橋。因禁兵不足數，就令募兵充數。甲子（廿七），西路軍包圍太原。丙寅（廿九），宗望收到欽宗即位的消息，恐宋朝已有備，有意還軍，但郭藥師說宋朝未必有備，說汴京富庶及宮禁中事，非燕山可比，他說宗望兵行神速，可乘破竹之勢，急趨黃河，宋軍必破膽，可不戰而定，宗望從之，加上原降宋的遼將董才（龐兒）

〔註8〕Chu, Ming-kin（朱銘堅）, *The Politics of Higher Education: The Imperial University in Northern Song China*, （Hong Kong: Hong Kong University Press, 2020）, chap. 6 "Contesting Political and Ideological Control", pp. 199～207. 按汪若海撰有《麟書》傳世，他的事蹟，本書第十章，頁393及注18有詳細考述。另丁特起也撰有《靖康紀聞》，記述靖康之難他的見聞。

〔註9〕《宋史》，卷二十二〈徽宗紀四〉，頁414；元好問（撰）、張靜（校注）：《中州集校注》（北京：中華書局，2018年9月），第七冊，卷八，「李寧州之翰四首」條，頁2084。按徽宗宣和最後一榜為六年四月，故李之翰應於是年登第。又李之翰生平事蹟，可參見轟立申、王穎丹：〈金代名儒李之翰生平及交游考〉，《魯東大學學報》（哲學社會科學版），第36卷第3期（2019年5月），頁1～6。

來降，熟知宋朝地理，宗望就揮軍南行。〔註10〕

欽宗在登基後翌年（1126）正月改元靖康，正月丁卯朔（初一），受群臣朝賀，退朝後往龍德宮，向徽宗賀正旦。欽宗是日又詔中外臣庶實封言得失。據呂好問（1064～1131）曾孫呂祖謙（1137～1181）所記，當徽宗內禪前的二日，下哀痛詔，解除黨禁，削除新法，盡復祖宗之故，郡國宣布詔書，聽者至感泣。但蔡京持權逾二十年，黨戚盤據，內外皆害其事，莫肯行。欽宗雖屢敕有司亟如詔，但陽應而陰不隨。只毛舉一二事以塞責，名更張而大抵猶蔡氏之舊。剛擢為左司諫的呂好問就首先上言，他直言欽宗自即位以來，想恢復祖宗之法，然左右前後率多陰謀沮格，必欲不行。名為罷蔡京之法度，而現時所行者實為蔡京之法度。他又說名為去童貫之軍政，而今所用者實童貫之軍政。他認為欽宗若不革去蔡京及童貫等所為，銷蔡京、童貫等所引，恐怕無由可致太平。他又疏蔡京過惡，請將蔡遠貶海外，並黜朋附者之尤。呂祖謙記欽宗欣納其曾祖之忠言，事實上欽宗毫無疑問想剷除乃父之寵臣，但要他一下子割斷蔡京及童貫的政策及所用的人事，實在談何容易。〔註11〕

〔註10〕《會編》，卷二十六〈靖康中帙一〉，宣和七年十二月二十五日壬戌至二十九日丙寅條，葉四下至八上（頁193～195）；《宋史》，卷二十三〈欽宗紀〉，頁422；卷三百五十七〈何灌傳〉，頁11227；卷四百七十二〈姦臣傳二・郭藥師〉，頁13740；《靖康要錄》，卷一，頁58；《十朝綱要》，卷十八〈徽宗〉，宣和七年十二月壬戌至甲子條，頁539；《金史》，卷三〈太宗紀〉，頁54；卷七十四〈宗望傳〉，頁1705。關於金軍第一次兩路攻宋的經過概略，可參見趙永春：《金宋關係史》，第二章，頁51～62。

〔註11〕《宋史》，卷二十三〈欽宗紀〉，頁422；卷三百六十二〈呂好問傳〉，頁11329～11330；《十朝綱要》，卷十九〈欽宗〉，靖康元年正月丁卯朔條，頁559；呂祖謙（1137～1181）：《東萊集》，文淵閣《四庫全書》本，卷十四〈東萊公家傳〉，葉四下至五下。按呂好問系出名門，祖父為哲宗朝元祐宰相呂公著（1018～1089），父為呂希哲（1039～1116）。他在徽、欽二帝被擄，張邦昌被金人迫稱帝時，任權門下省，他力勸張邦昌迎元祐孟太后垂廉，並迎高宗繼位，在這關鍵時刻擔當了很重要的角色。高宗即位後，他除尚書右丞遷門下侍郎。他又反對李綱以任職張邦昌偽楚的人為叛逆。他後來因被人攻曾侍偽楚而求退，得年六十八。宋人多以中興之功譽之。他的生平事蹟及評價，同門好友王章偉兄早年一篇論張邦昌之冤曾附論呂好問，後來他所撰的河南呂氏家族研究專著再有很扼要的論述，值得參考。參見王章偉：〈試論張邦昌〉，載香港中文大學聯合書院歷史學會編：《史潮》，新刊號第十二期（1990年），頁10～25；王章偉：《近代社會的形成——宋代的士族與民間信仰》（新北：花木蘭文化出版社，2017年3月），上冊《士族篇・宋代新門閥：河南呂氏家族研究》，第二章〈河南呂氏家族之發展〉，頁57～60。

言官李光（1078～1159）對於欽宗這時仍以內臣掌軍，上奏反對。他說：

自童貫秉軍政二十年，將士零落殆盡，開邊生事，取笑四夷，旋致今日之禍。陛下躬履憂危，亦可以鑑矣。而譚稹、梁方平輩皆久握兵柄，喪師辱國。臣謂陛下更易弊事，當如拯救焚溺。訪聞二人復管勾城壁事，豈倉猝之際，士大夫果無足委任者乎？雖差傅墨卿、王寓等提領，緣此曹用事日久，將士習熟，但知中官，不畏從官。況敵人壓境，朝廷舉措，細大必聞，非所以壯軍威而增士氣也。伏望陛下出自睿斷，早賜斥逐，所有四城壁等事，乞下行營召專委從官添差文武臣僚同共管勾。〔註12〕

李光這話也是白說，欽宗這時無人可用，守黃河要靠梁方平，守四壁也賴諸內臣。這時蔡攸弟、保和殿大學士蔡絛又請欽宗駕幸長安（即京兆府），會勤王軍以圖收復。欽宗心動，詔以蔡絛知京兆府，蔡攸忌弟成功，將他改知鎮江府。丁卯（初一），金主賜降臣郭藥師與董才完顏姓。戊辰（初二），東路軍的宗弼（？～1148）攻克湯陰（即相州，今河南安陽市），郭藥師取濬州，迪古補取黎陽（今河南省鶴壁市）。奉命守濬州的內臣梁方平虛有其名，他到滑州（今河南安陽市滑縣）時，與其徒縱飲，探報不明，禦敵無備。他在黃河北岸據河橋防守，沒想到這時黃河冰合，金兵踏冰而過河。金兵至，他才率軍奔走，當時扼守南岸的宋軍看見金人旗幟，就縱火焚橋而遁，宋軍陷沒者數千人。他的部將韓世忠身陷重圍，揮戈力戰突圍而出。韓返京後，欽宗召見便殿，從他口中知梁方平失律之狀。何灌在同日抵滑州，見梁方平師潰，他的軍馬也望風而潰，宋軍在河南者無一人。何率殘軍退保汜水關（今河南滎陽市西北部16公里）。己巳（初三），金諸軍渡河，追擊宋軍至汜水關，何灌奔還京師，黃河南岸無人迎敵。宋廷收到斥堠報告，剛在宣和七年復召為刑部尚書蔣猷嚇壞了，即率侍從官多人請欽宗離京避敵。欽宗下詔親征，並命衛士束裝準備。同日，徽宗詔往詣亳州太清宮燒香，行恭謝禮，太史擇庚午（初四）日辰時啟行。欽宗自己也想走，自然無法勸父親留下，他就命領樞密院蔡攸為恭謝行宮使，尚書右丞宇文粹中副之，並命童貫以廣陽郡王為東京留守。徽宗要走，欽宗就立即更改其政，詔自今除授、黜陟及恩數，並參酌祖宗舊制。並罷內外官司局所一百五處，止留後苑，以奉龍德宮。因

〔註12〕《全宋文》，第一百五十四冊，卷三三一二〈李光・乞不用內臣管軍箚子〉，頁151（原載《歷代名臣奏議》卷二九三）。

蔡攸隨徽宗出走。欽宗就更換樞密院班子，以應付金人來犯的危局：門下侍郎吳敏知樞密院事，吏部尚書李梲（？～1130）同知樞密院事。欽宗也處置陳東所劾的宣和六賊其中三人：貶王黼自太傅楚國公致仕為崇信軍節度副使，安置永州，籍沒家產；賜內臣翊衛大夫安德軍承宣使李彥死，並籍其家，另寧遠軍節度使朱勔放歸田里。欽宗也在同日下詔親征，以吳敏為行營副使，以陞任兵部侍郎的李綱、顯謨閣直學士聶山為參謀。他其實和乃父一樣，要找理由離開危險的京師。他並沒即時處分童貫，反而命童貫為東京留守，但童貫心不自安，不肯受命，而且在徽宗出走翌日（辛未，初五），率他的親軍勝捷軍三千餘人，連同高俅的禁軍約二萬五千人（按：周必大記隨徽宗出走鎮江的有高俅禁衛三千和童貫勝捷軍三千，後來又留下從兩浙來勤王兵三千。考京師禁軍部份失喪於滑州，論理高俅沒能帶走二萬五千人之多），與蔡攸、朱勔等徽宗心腹，連夜漏二鼓出通津門東下，離開京師，逃往亳州。鄭皇后、皇子、帝姬均隨行。欽宗無奈，命一向依附童貫，做其門客而建節的平涼軍節度使范訥掛名統勝捷軍扈從。童貫這樣做，正犯了欽宗大忌，以致欽宗後來非殺他不可。因徽宗帶頭出走，於是人心惶惶，百官侍從包括尚書張勸、衛仲達（？～1132）、何大圭（？～1050 後）等五十六人棄官而逃。宰相白時中主張欽宗出襄州（今湖北襄陽市）、鄧州（今河南南陽市鄧州市）以避金人，內侍帶御器械王孝竭（？～1127 後）又說鄭皇后等已行，勸欽宗出走，欽宗意動，向臣下說他要去陝西起兵，以復都城，而改任李綱為東京留守，以李梲為副。越王偲與給事中王雲均反對欽宗離京親征，欽宗怒罷王雲。幸賴李綱苦諫，欽宗才留下，並因李邦彥之薦，擢李綱為尚書右丞。同日，金兵攻取滑州，宗望並派吳孝民等往開封，向宋廷索取謀平州的首謀童貫、譚稹和詹度等。在金人眼中，童貫是這次大動刀兵的禍首。〔註 13〕

〔註 13〕《宋史》，卷二十二〈徽宗紀四〉，頁 417；卷二十三〈欽宗紀〉，頁 422～423；卷三百五十七〈何灌傳〉，頁 11227；卷三百六十四〈韓世忠傳〉，頁11356；卷四百六十八〈宦者傳三・童貫〉，頁 13661；《金史》，卷三〈太宗紀〉，頁 54；《十朝綱要》，卷十九〈欽宗〉，靖康元年正月戊辰至庚午條，頁 559～560；《靖康要錄》，卷一，頁 73，79～82，86，90～99；卷四，頁506；卷九，頁 912；《會編》，卷二十六〈靖康中帙一〉，宣和七年十二月二十三日庚申條，葉十一上至十二上（頁 196～197）；卷二十七〈靖康中帙二〉，靖康元年正月三日己巳至五日辛未條，葉一上至八下（頁 198～201）；卷五十二〈靖康中帙二十七〉，靖康元年八月二十三日丙辰條，葉二下至四下（頁 390～391）；《繫年要錄》，卷一，頁 10；《長編紀事本末》，第八冊，

　　欽宗急於用人之際，在其父出走之日，又起用素有見識、早指出郭藥師必反的邊臣任諒為京兆尹，以取代欽宗君臣所痛恨的盛章。惜任諒已病重。宋廷只好將他任調知延安府（今陝西延安市）。他未到任已卒。〔註14〕

　　徽宗出走，究竟是他的主意，還是童貫等慫恿促成？據李綱的說法，徽宗早在正月己巳（初三）夜已出通津門，乘舟以行，只有蔡攸和內侍石如岡（？～1127後）等數人隨行，因以舟行為緩，便改乘肩輿；但他仍以為緩，就於岸側尋得一搬運磚瓦的船乘載。因為走得狼狽，眾人饑甚，於舟人處取得炊餅一枚分食。船連夜行數百里，大概到初四或初五抵達南京應天府，始館於州宅，得到衣被等物。徽宗一行又買得駿馬，乘之至符離（今安徽宿州市北14公里符離鎮），始再登官船。到泗州（今安徽宿州市泗縣）才得少歇。李綱說這時宇文粹中、童貫、高俅之徒始至。而童貫以其親兵勝捷軍三千扈從渡河以達揚州，高俅以禁衛三千留泗州，控扼淮津。而據《靖康要錄》所記，童貫、蔡攸「挾上皇妃后、鄆王楷等東走淮浙」，這證明徽宗並非和童貫同時南逃的。涉嫌奪欽宗儲位的鄆王楷隨童貫出走，就加強了欽宗相信童貫當年真的有擁護鄆王之心。〔註15〕

　　莊綽也有相同的說法，記金兵將近都城，徽宗與蔡攸及一兩個近侍，微服乘花綱小舟東下，人皆莫知。到了泗州，二人徒步至市中買魚，售價未談

　　　　卷一百四十七〈欽宗皇帝・李綱守議〉，葉一上至六下（頁4437～4448）；
　　　　卷一百四十八〈欽宗皇帝・誅六賊〉，葉五下（頁4466）；李綱（撰），鄭
　　　　明寶（整理）：《靖康傳信錄》，收入朱易安、傅璇琮（主編）：《全宋筆記》
　　　　第三編第五冊（鄭州：大象出版社，2008年1月），卷上，頁12；《宋史全
　　　　文》，卷十五〈宋欽宗〉，頁1000；曾敏行：《獨醒雜志》，卷九，第209條，
　　　　「童貫之敗」，頁81；吳玠：《漫堂隨筆》，頁126；周必大：《文忠集》，卷
　　　　三十一〈徽猷閣待制宋公暎墓誌銘・乾道二年〉，葉七上；羅濬（？～1225
　　　　後）：《寶慶四明志》，卷八，「蔣猷」條，葉二十九上。按吳玠所記，欽宗
　　　　召李邦彥以下宰執與李綱議留守之策，議以重臣任其事。耿南仲初時舉新
　　　　擢兵部侍郎的李綱為禮部尚書，宰相李邦彥就順著欽宗之意，推薦李為尚
　　　　書右丞。吳玠此說來自在場的李梲和蔡懋。
〔註14〕《宋史》，卷三百五十六〈任諒傳〉，頁11221；楊倩描：〈北宋末年鄜延路經
　　　　略安撫使考〉，載姜錫東（主編）：《宋史研究論叢》第十一輯（保定：河北大
　　　　學出版社，2010年12月），頁446～447。
〔註15〕李綱：《靖康傳信錄》，卷中，頁25；《編年綱目》，卷三十，頁787；《繫年要
　　　　錄》，第一冊，建炎元年六月丁亥條，頁173。按石如岡後來畏罪，不肯隨徽
　　　　宗返京。據吳敏《內禪記》所記，徽宗厚蓄石如岡以自衛，石大概武技不俗。
　　　　欽宗即位斥之，但高宗在建炎元年六月一度想召還之，因李綱力諫而止。

得好，魚販就呼徽宗為「保義」，（按：意即富民捐納就可授的保義郎虛銜，等於今天人愛稱呼別人為「老闆」）。徽宗望著蔡攸說此漢毒也。回去徽宗猶賦詩，用「就船魚美」故事，初不以為苦。這就是說童貫在徽宗南逃當晚，他並未跟隨。似乎徽宗到泗州時，童貫等人仍未跟上。〔註16〕

　　不過，張知甫就說徽宗出走後，童貫很快便和蔡攸趕至追隨。張氏說徽宗既退位，就乘輕舟出東水門，自稅舟得一草籠回腳糧船，與舟人約價登舟，見到賣蒸餅者，就從篋中取金錢十文，買一枚以食。不久，童貫和蔡攸等數人單騎俱至。徽宗問他們為何尚來相隨，蔡攸等就說他們受徽宗重恩，死亦不離。他們登上岸側一寺，寺僧披衣來迎，卻居於主位，問他們是現任抑罷任官員。徽宗回答說他們都是罷任官。寺僧又問是否有子弟在城中做官。徽宗就說有二十七子，長子是今上皇帝。寺僧慚惶之際，徽宗就走出寺門，這時侍衛等已趕至，於是乘舟東下。〔註17〕

　　王明清所記的也說徽宗走得急，坐小舟連夜逃走，卻未提蔡攸和童貫扈從，王引述蜀僧祖秀的說法，說當金兵在正月戊辰（初二）破濬州後，徽宗就微服出通津門，御小舟，將次雍丘，命內臣鄧善詢召雍丘令至津口的小亭議事。鄧善詢還以他事召之，縣令乘車至近岸，鄧從眾人中躍出，呼縣令下馬，厲聲斥之。但縣令說他出宰畿邑，宜示威望，怎可以臨民而步行。鄧就說徽宗往亳州，現時在這裡停駐。縣令聞之，大驚，馬上捨車疾趨，在徽宗的舟前山呼萬歲，自劾怠慢之罪。徽宗卻笑說，剛才中官和他說笑而已，於是召縣令入船中。當晚因水阻淺，船不得前進。徽宗患之，就夜出堤上，乘坐御騾名鵓鴿青，往睢陽（即南京應天府）而奔。聽聞雞啼，見濱河有一小市集，這時民皆酣睡，只有一老姥家張燈，竹扉半掩。徽宗就排戶而入。老婦問徽宗姓氏，答姓趙，居東京，已致仕，舉長子自代。扈從的衛士聽到徽宗的回答都笑，徽宗也跟著望向衛士而笑。老婦進酒，徽宗起受老婦酒，並傳杯予衛士，老婦請徽宗至臥室擁爐休息，又爇柴薪，並與徽宗除襪烘腳趾。久之，徽宗命衛士記下老婦家地名。後來徽宗還京，尋訪該老婦，她已死去。徽宗感念其侍候之德，就以銀賜其孫。〔註18〕

〔註16〕莊綽：《雞肋編》，卷中，「徽宗微行估人呼為保義」條，頁73。
〔註17〕張知甫：《可書》，「道君遜位東下」條，頁427。
〔註18〕王明清：《揮塵錄・後錄》，卷一，第123條，「靖康中鄧善詢隨車駕次雍丘，召縣令計事」，頁50～51。

　　李綱、莊綽、張知甫和王明清的說法和前述群書所載有所出入，他們以徽宗狼狽出走在先，童貫及高俅等領兵隨後護駕在後，並不是同時一齊南逃。雖然李、莊、張和王四人之說法不一定準確，但看來多半是徽宗執意要走，而童貫和高俅等只好配合，蔡攸則是由始便陪同的。

　　徽宗在宣和七年末，似乎已失去早年精明果斷的能力，史載他已有倦勤之意。他中風後，更失去了承擔大事的鬥志，與兒子在危城共患難的決心。童貫在太原已有走為上著的前科，沒有他的親兵護衛，徽宗要走也不易走得成，也走不遠。童貫先拒絕欽宗命他留守東京，而後奉徽宗南逃。他本來可以苦諫主子不要走，和欽宗共患難，但他選擇隨徽宗南逃，不管是他主動要走，還是被動應主子之命隨扈，他就脫不了離間徽宗、欽宗父子的責任。據周必大所記，欽宗在二月，任命早前擢為徽猷閣待制、添差江淮荊浙等路制置發運使的宋煥（一作宋煥，？～1131 後），往鎮江問徽宗起居。宋煥是蔡攸妻舅，不過欽宗對他信任不減。欽宗召見宋煥於延和殿，就坦言：「朕自道君在外，我食不安。彼小人何知，暉輒猜間，不可不慮。卿頃嘗將命王閩，況又久在禁省，吾父子知卿故舊。卿一行往矣，道此誠意，用釋朕憂。」當宋煥接旨，欽宗更吐露他痛恨童貫的心聲，說「朝廷昨命童貫留守京師，貫輒不告而去，名為扈從，實遁耳，議者屢請誅之，朕以其在道君左右，第貶池州，卿為我奏遣，毋令舉朝尚之為言也。」〔註 19〕欽宗所言之小人，自是童貫無疑，他所憂的就是童貫會將兵擁徽宗復位。據李幼武所記，當徽宗渡江初，吳敏和耿南仲就朝夕對欽宗說，童貫等將會擁徽宗復辟於鎮江，或陳「唐明皇與我劍南一路自奉」之語。欽宗於是又憂又疑，故遣宋煥前往見徽宗。欽宗有如此心理，高宗在三十多年後，在紹興二十七年（1157）八月甲午朔（初一），因收到臣下呈上宋煥所上徽宗賜宋的手詔，就向宰執說徽宗內禪本是比美堯舜之事，只為一時小人，外廷如唐恪、聶昌、耿南仲，內侍如邵成章、張藻、王孝竭輩，輒為妄言，以惑欽宗之聽，結果令徽宗、欽宗父子間，幾於疑貳。高宗說後來宋煥和李綱迎徽宗歸，李綱先回來具傳徽宗之意，而後欽宗感悟，兩宮釋然。他又說觀看徽宗手詔，並有李綱題識，都是他當日親見。考諸事實，高宗此番話不過為父兄諱，不幸的是，徽宗後來返京，欽宗

〔註19〕周必大：《文忠集》，卷三十一〈徽猷閣待制宋公煥墓誌銘・乾道二年〉，葉七下至八上。考徽宗出走後，百官麇集淮浙，而徽宗屢次號令東南，確有在東南另立朝廷之嫌。這時東南怨聲載道。張邦煒對此一狀況有詳細的論述。可參見張邦煒：〈靖康內訌解析〉，頁 476～484。

依舊不信父親。依高宗之冷眼旁觀，挑撥父兄的小人不止童貫，更有欽宗的近臣內侍。〔註20〕

　　據岳珂的記載，徽宗南逃鎮江，還帶走了太宗在紫雲樓督造的金帶、後貯於庫號稱「鎮庫帶」二十八條。扈隨的人從童貫、蔡京等皆獲賜此一極名貴的紫雲樓金帶。然這罕有的珍寶並未帶給童貫好運。當金人退兵，徽宗返京師後，欽宗即追還此些金帶還庫。童貫擁有這一寶物只是過眼雲煙。〔註21〕

　　起居舍人唐重（1083～1128）上言主張誅童貫以謝金人。他說「開邊之禍，起於童貫，故金人以貫為禍首。若斬貫首，遣人傳送于金，尚可緩兵。」他是第一個指童貫為禍首的朝臣。童貫雖暫時南走，欽宗未有即時殺他，宋廷已有不利他的言論。唐重也將衛士死守之言稟知欽宗，讓欽宗決定守城之計。他也累疏乞斬蔡京父子以謝天下。值得一提的是，後來與唐重在建炎二年正月戊戌（十三）一同戰死於長安的陝西轉運副使直祕閣桑景詢（？～1128），也是介直有守，尚氣節之人，當童貫用事時，州縣官皆迎肩輿，望塵而拜，惟桑不屈，致坐罪羈管循州（今廣東惠州市），議者都稱之。以其發摘奸吏，不受干請，時人號為「喪門神」。〔註22〕另外，與唐重同為蜀人的吳時與杜孟

〔註20〕李幼武（纂集）：《宋名臣言行錄・別集》，文淵閣《四庫全書》本，下卷一，「李綱忠定公」，葉十一上下；《編年綱目》，卷三十，頁786；《繫年要錄》，第七冊，卷一百七十七，紹興二十七年八月甲午朔條，頁3106。

〔註21〕岳珂（撰），朗潤（點校）：《愧郯錄》（北京：中華書局，2016年1月），卷十二，「文武服帶之制」條，頁154。

〔註22〕《金史》，卷三〈太宗紀〉，頁58；《宋史》，卷二十五〈高宗紀二〉，頁453；卷四百四十七〈忠義傳二・唐重、郭忠孝〉，頁13185～13189；《繫年要錄》，第一冊，卷十二，建炎二年正月戊子條，頁274；戊戌條，頁278～279；《會編》，卷一百十五〈炎興下帙十五〉，建炎二年正月十三日戊戌條，葉一上至五下（頁838～840）；趙甡之（？～1200後）（撰），許起山（輯校）：《中興遺史輯校》（北京：中華書局，2018年4月），建炎二年正月十三日戊戌條，頁94；李澍田（主編）：《金碑匯釋》，張中澍（校注）：〈完顏婁室神道碑〉，頁39～40。唐重字聖任，四川眉州彭山（今四川眉山市彭山縣）人，大觀三年進士，《宋史》有傳。他後遷中書舍人，出知同州。金兵陷晉、絳州，將及同州，他度不能守，開門縱州人出，自以殘兵數百守城，以示必死。金兵疑有備，不復渡河而返。詔擢天章閣待制。高宗即位後，他出知永興軍兼經略制置使，領兵千人守長安。建炎二年（1128）正月戊戌（十三）（《宋史》作正月乙未初十），金將婁室領兵來攻，他以親兵百人血戰，中流矢陣亡。高宗贈資政殿學士，諡恭愍。除了桑景詢外，同時被殺還有馬步軍總管楊宗閔（？～1127）、京兆府提點刑獄郭忠孝、陝府西路轉運判官曾謂、經略司機宜文字王尚等人。桑景詢是雍丘（今河南開封市杞縣）人，祖為故涇原路兵馬

均反對或不肯依附童貫而受到後人的表揚。〔註23〕

　　欽宗在正月辛未（初五），以主戰的李綱為親征行營使，馬軍都指揮使曹曚為副。為表示留守京師以抵禦金人的決心，欽宗罷免請他出走襄、鄧的太宰白時中，改任李邦彥為太宰，以張邦昌為少宰，趙野為門下侍郎，翰林學士承旨王孝迪（？～1140）為中書侍郎，同知樞密院事蔡懋為尚書左丞。並以他的母舅王宗濋主管殿前司公事，取代隨徽宗南逃的高俅。可惜欽宗所用的人，無一能匡救危難，他的母舅王宗濋比敗壞殿前軍紀的高俅更糟，時人說他「素驕貴，不能任事」。癸酉（初七），宗望大軍至京城西北，屯牟馳崗天駟監，據載此處是徽宗在宣和中命與郭藥師打毬地方，郭知該地可立營柵，就導金兵在此立寨。宗望輕易來到開封城下，並聲言宋廷若以二千人守黃河，金兵怎得渡。欽宗派駕部員外郎鄭望之（？～1161）、親衛大夫康州防禦使高世則（1080～1144）出使宗望軍議和，是夜，金兵試探地攻京師宣澤門。甲戌（初八），金遣吳孝民來議和，欽宗再派李梲使金軍。金人加派蕭三寶奴、耶律忠、張愿恭來議。欽宗再任吏部尚書唐恪（？～1127）同知樞密院事。乙亥（初九），金人邊議邊攻，攻通津和景陽等門，自卯時至酉時，李綱率守軍奮力防守，才擊退金兵。宋人稱斬首數千級，顯然是李綱虛報戰果。事實上是控守城西的大將何灌戰死於陣。考何灌率殘兵返京，他請入見，欽宗不許，命他守城西，他背城拒戰三日，被創沒於陣，年六十二。他是童貫麾下將校中第一個殉於靖康之難的。金人乘戰勝，加派王汭來，開天索價，索金五百萬兩、銀五千萬兩、馬萬匹、表段百萬匹，並要欽宗尊金主為伯父，同時割太原、中山和河間三鎮，以黃河為界，還要宋廷以親王宰相為人質，才肯退兵。新陞太宰的李邦彥竟勸欽宗接受金人苛刻的條件。丙子（初十），欽宗作態，詔避正殿，減常膳，又差官括借金銀，戊寅（十二），籍倡優家財，以及內侍省官、道官、樂官、入內醫官、輦官、幕士忠佐等，包括徽宗所寵之名

都監，戰死於慶曆元年（1041）好水川之役的桑懌（？～1041）。楊宗閔在郭藥師叛時，就建言今日之禍，起於開邊；開邊之謀，始於童貫。金人兵鋒甚銳不可當，宜誅童貫以謝邊人，庶可以緩師。他上書後，宰相不能決。當然，徽宗不會殺童貫的，楊宗閔所言，不過是反映邊臣對童的不滿。

〔註23〕吳時為成都人，進士登第後知鄭縣（今陝西渭南市華州區），徽宗時授國子司業，出為提舉河東常平。童貫經略燕雲，他上言反對，認為必致速亂。杜孟為樂至（今四川資陽市樂至縣）人，入太學，因見蔡京童貫用事，幡然而歸。參見黃廷桂（1691～1759）（纂修）：《四川通志》，文淵閣《四庫全書》本，卷八，葉五十五上；卷九上，葉二十一上，葉三十下。

妓李師師、趙元奴、王仲端等，及曾祗應倡優家的人包括袁陶、武震、史彥、
蔣翊、郭老娘等，又令張道濟於內侍之家共取銀五百萬兩、金一百萬兩，再
命朝臣何㮚（1089～1127）、周懿文、聶山、李光及開封府等拘收童貫、蔡京、
何執中（已歿）、鄭皇后父鄭紳、高俅、王憲、彭端、明節皇后父劉宗元等家
及其餘戚里，取其家財送納元豐庫。欽宗要賄金人求和，便毫不留情地對徽
宗所寵之人開刀。童貫和高俅等人雖然跑了，但他們在開封的家財就跑不掉，
都成為欽宗抄家的對像。值得一提的是，原本支持欽宗的權閹梁師成這次也
在劫難逃，當童貫等隨徽宗南逃，梁師成恃著一向維護欽宗之舊恩，而選擇
留在京師。陳東上奏嚴劾其罪，尤其是布衣張炳更比之為擁立唐肅宗的權閹
李輔國，且言宦官表裡相應，變恐不測。陳東再論梁有異志，奪定策之功，
請正典刑。欽宗雖礙於眾議，但仍未將他逐走。梁師成恐懼，寢食不離欽宗
居所，就是欽宗如廁亦侍於外，欽宗遲遲未有將他發落。當鄭望之使金營返
回，欽宗命梁及鄭以宣和殿的珠玉器再往金營。欽宗令鄭先往中書諭宰相，
等梁到了，就詔暴其罪，以梁「朋輔王黼，眾議不容」，責授他彰化軍節度副
使，華州（今陝西渭南市華州區）安置。並命開封使臣即日押出國門，護至
貶所。梁倒了，和他一向作對的童貫也不長了。欽宗抄了徽宗一眾寵臣之家
後，庚辰（十四）詔諭三鎮守臣交割土地，又以少宰張邦昌和康王構（即高
宗）使金軍為質，詔稱金國加一大字，但求金人退兵。另一方面，宋廷又嚴
旨拘拿棄官逃走的禮部尚書衛仲達和工部尚書張勸。另也罷了開封尹王鼎（？
～1127後）之職。辛巳（十五），高宗和張邦昌起行赴金營，宗望是日就覆信
接受宋之求和。〔註24〕

徽宗、鄭皇后及鄆王楷、蔡攸、童貫等先後離開京師後，從運河經泗州
南下。在高宗赴金營的同日，徽宗在童貫等扈從下，已離開泗州，渡過長江，

───────────

〔註24〕《宋史》，卷二十三〈欽宗紀〉，頁 422～423；卷三百五十七〈何灌傳〉，頁
　　　　11227；卷四百六十八〈宦者傳三·梁師成〉，頁 13663；《十朝綱要》，卷十九
　　　　〈欽宗〉，靖康元年正月辛未至庚寅條，頁 560～561；《金史》，卷三〈太宗紀〉，
　　　　頁 54；《靖康要錄》，卷一，頁 105～148；《會編》，卷二十七〈靖康中帙二〉，
　　　　靖康元年正月五日辛未條，葉八下至十四下（頁 201～204）；卷二十八〈靖康
　　　　中帙三〉，靖康元年正月六日壬申至七日癸酉條，葉一上至十一上（頁 206～
　　　　211）；卷二十九〈靖康中帙四〉，靖康元年正月八日甲戌至十日丙子條，葉一
　　　　上至十二下（頁 212～218）；卷三十〈靖康中帙五〉，靖康元年正月十一日丁
　　　　丑至十四日庚辰條，葉一上至十五日辛巳條（頁 219～223）；卷三十二〈靖康
　　　　中帙七〉，靖康元年正月三十日丙申條，葉九上至十五上（頁 239～242）。

抵達鎮江。關於徽宗童貫君臣在泗州的經歷，時人胡舜申（字汝嘉，1091～1166後）所述的《乙巳泗州錄》有頗傳神的記載，胡在乙巳年（即宣和七年），寓居泗州之教授廳，地在寶積門，出門即淮河。發運司屬官廨宇附近為南山。他記載金兵入寇後，徽宗退位，未幾朱勔首先以小舟東下，說放歸田里，不敢見人，人亦不見他。不久，每日都有不少京師權貴與內臣到來，皆著皂衫而繫皂條於街市。幾天後，已傳言徽宗在發運司衙。他初時不信，及往觀之，但見座船一隻，泊於河就步處，以結繳夾張於船。他前去探問，果然徽宗在衙中，侍衛蕭然。數日後，軍馬才到，市上皂衫貴人益多，凡是以前所聞貴倖的宦侍用事者，往往都在其中。他說稍後又聞童貫亦至，稱有人見到他「坐帳幄中，黑肥，軀幹極大者，問之乃童大王也」，他續記軍馬至，皆渡淮駐於南山。後又聞高俅於南山把守。高俅之弟（應為兄）高伸（？1127）亦同在彼處。稍後，又聞徽宗登發運衙城上之亭觀漁人取魚於淮河，幾天後，徽宗就離泗州往南走。大概童貫與高俅在應否繼續南走鎮江的事上意見不合，童貫就假傳徽宗之命，令高俅留在泗州守禦浮橋，不得南行。高俅甚感不平，寫信給留在京中的弟弟高傑（？～1127），述說童貫跋扈，不許他們護駕，甚至不讓他們見到徽宗。他說童貫急於逃走，當徽宗過浮橋南走鎮江時，有禁軍衛士攀望號哭，要跟隨時，童怕有變，就命他的親軍射之，中矢而倒的百餘人，路人見之流涕。高俅又說他們兄弟在道徬徨，得一機會望見徽宗，君臣相顧而泣，若有所言者，因童貫的親軍在側，徽宗就氣塞聲咽，不敢說話。高俅這樣力斥童貫挾持徽宗，擺明要與童貫劃清界線，免他日被牽連。〔註25〕

〔註25〕《宋史》，卷二十三〈欽宗紀〉，頁 423；卷四百六十八〈宦者傳三·童貫〉，頁 13661；《十朝綱要》，卷十九〈欽宗〉，靖康元年正月辛未條，頁 561；《靖康要錄》，卷一，頁 84，154；卷九，頁 912；胡舜申：《乙巳泗州錄》，葉一上至二下（頁 249）；王明清：《玉照新志》，卷三，頁 49；趙彥衛：《雲麓漫鈔》，卷七，頁 121～122；《會編》，卷二十七〈靖康中帙二〉，靖康元年正月四日庚午條，葉七下（頁 201）；卷三十二〈靖康中帙七〉，靖康元年正月三十日丙申條，葉七上至八下（頁 238～239）；佚名（撰），程郁、瞿曉鳳（整理）：《呻吟語》，收入朱易安、傅璇琮等（主編）：《全宋筆記》第四編第八冊（鄭州：大象出版社，2008 年 9 月），頁 28。據鄭明寶的考證，本來金人指名要徽宗寵愛的鄆王楷為人質，但鄆王隨徽宗逃了，欽宗就只好改派生母地位最低，他「無所顧惜」的康王（高宗）為人質使金。鄭氏一文對這時宋宮內部就派誰為人質的問題背後隱藏的矛盾有很細緻的考證。鄭文也為姚平仲劫寨失敗後，金人要更換人質的原因作出合理解釋，指出金人並非不信高宗是親王，只是認為高宗並非欽宗同母弟，對欽宗並無約束力，故要一個地位和欽

徽宗好不容易抵達鎮江，就入居郡治衙門。鎮江是童貫平定方臘的駐防地，知府是剛在正月己巳（初三）獲任的資政殿大學士、蔡攸弟蔡絛。據王明清的記載，其外祖曾紆（號空清，曾布第四子，1073～1135）當時以江南轉運使攝府事，一日忽被召至行宮（即府衙），徽宗問勞勤渥，並命隨同的喬貴妃（1086～1142 後）出來，告訴她曾空清就是在京師問及的曾三，特令她一識。因曾氏少時喜作長短句，多流入禁內，為貴妃所聞。徽宗命取七寶杯，令貴妃親手奉酒以賜。據王明清所記，這隻七寶杯，徽宗賜給了曾紆，王少時依他外祖，猶及見之。這時徽宗和童貫去到他們控制的安全地方，心情就輕鬆得多。〔註26〕

二、人皆曰殺

童貫的行徑一直被宋廷的文臣注意，早在正月壬申（初六），陳東就上書，稱他知徽宗已幸亳州，說蔡京、朱勔父子及童貫等統兵二萬人從行。他說深慮他們引徽宗南渡，萬一生變，實令人寒心。他說東南之地沃壤數千里，郡

宗較親的人，如欽宗的同母妹夫駙馬都尉曹晟（？～1128）作人質，本來金人還要欽宗叔父越王作質，但欽宗以有悖情理，故改派鄆王同母弟肅王前往，所論合理。據《呻吟語》載，這個不幸的駙馬曹晟後來亦在建炎二年死於金國。參見鄭明寶：〈靖康之變康王出質金營的兩個問題〉，《中華文史論叢》，（2012 年第 4 期）（第一百八期），頁 53～63。關於高俅兄弟與童貫在扈從徽宗南逃的過程中的矛盾，可參見何冠環：〈《水滸傳》第一反派高俅（？～1126）事蹟新考〉，頁 533～535。

〔註26〕喬貴妃的經歷頗不凡，她初為御侍。崇寧二年五月，封宜春郡君。三年九月進美人。四年閏二月進婕妤。五年二月進婉容。大觀元年十二月進賢妃。二年二月進德妃。三年五月進貴妃，她為徽宗生六子景王杞（1104～1131 後）、七子濟王栩（1106～1130 後）、九子邠王材（1107～1116）、十二子華原郡王樸（1109～1124）、十五子鄆王楫（1110～1112）、十九子安康郡王楻（1112～1130 後）及廿三子瀛國公樾（1115～1131）。她與高宗母韋妃（韋太后），俱侍鄭皇后，結為姊妹，相約貴者無相忘，後來她得幸，遂引韋氏，二人愈相得。她在靖康二年時年四十二，與韋太后同被擄北方。韋太后在紹興十二年獲釋還，喬貴妃以金五十兩贈護送的金臣高居安，請他好好護送韋太后還江南，又舉酒酌韋氏，請她珍重，說她歸去就為皇太后，她自己就歸無期，死於朔漠。二人遂大慟而別。參見《宋史》，卷二百四十三〈后妃傳下·徽宗韋賢妃、喬貴妃〉，頁 8640～8643；《十朝綱要》，卷十五〈徽宗嬪妃十四·貴妃喬氏〉，頁 389；〈徽宗皇子二十九·景王杞、濟王栩、邠王材、華原郡王樸、鄆王楫、安康郡王楻、瀛國公樾〉，頁 392～396；《靖康稗史之三·開封府狀箋證》，頁 93～94，105；王明清：《揮麈錄·三錄》，卷一，第 316 條，「徽宗宣召曾空青王行宮」，頁 188。

縣千百，京師百色悉取焉。其風聲氣俗素尚侈靡，人所動心。其監司郡守，州縣之官，多是蔡、童門生，一時奸雄豪強及市井惡少，無不依附。近除的發運使宋暎（煥）是蔡攸妻黨，而童貫討方臘時市恩亦眾，兼聞他私養死士自為備。他又說蔡、童等人自知不免，反怨朝廷，乘著奉徽宗南行，怕他們會乘勢振臂一呼，群惡響應，離間欽宗父子。他請欽宗從速追還他們，悉正典刑，別差忠信可委之人扈從徽宗。欽宗接受陳東的警告，他等待機會處置童貫等人。〔註27〕

據曾敏行及李心傳的說法，宋廷朝臣知欽宗之意，就上奏論童貫不告而逃，及首禍罪惡，請誅之。其中泗州司錄事詹大和上言童貫準備作亂。惟童貫在外領兵，以扈從為名，欽宗怕立時處置他，會迫反他。於是他在甲午（廿八）詔聶山為江淮發運使，黔州觀察使權主管馬軍司公事薛安為副，要他們密圖誅殺童貫。當聶山陛辭將出國門時，李綱對欽宗說，童貫之罪惡雖已著明；但他在徽宗左右，投鼠不可不忌器。如要誅斥他，明出一詔書足矣，不必用詭秘之方法。欽宗納其言，再等有利的機會才動手。〔註28〕

中書侍郎唐恪也不主張馬上處置童貫等，他對欽宗說革弊當以漸，宜擇今日之所急者先之。他批評言者不顧大體，至毛舉前事，以快一時之憤，那就會傷徽宗之心。他說蔡京、蔡攸、王黼和童貫之徒黨甚眾，不宜深治失人

〔註27〕《長編紀事本末》，第八冊，卷一百四十八〈欽宗皇帝·誅六賊〉，葉五下至六上（頁4466～4467）。

〔註28〕《繫年要錄》，第一冊，卷一，靖康元年正月甲午條，頁11；卷五，建炎元年五月丁酉條，頁128；卷七，建炎元年七月辛丑條，頁186～187；曾敏行：《獨醒雜志》，卷九，第209條，「童貫之敗」，第210條，「范宗尹廷對許直執政後物望漸衰」，頁81；李綱：《靖康傳信錄》，卷中，頁26；周必大：《文忠集》，卷三十一〈徽猷閣待制宋公暎墓誌銘·乾道二年〉，葉七上；鄧肅：《栟櫚集》，卷十二〈奏箚子十九章·辭免除左正言第六〉，葉九下至十上；《靖康要錄》，卷四，頁487，506～507；《宋史》，卷三百五十八〈李綱傳〉，頁11245；卷三百七十五〈鄧肅傳〉，頁11603～11604。考欽宗即位後，請治蔡京、童貫及朱勔之罪的還有欽宗在太子時已賞識的兵部侍郎范宗尹。范宗尹應是上奏建議誅童貫的朝臣之一；不過，在建炎元年五月丁酉（初八）自鴻臚寺主簿授右正言的鄧肅，在七月辛丑（十三）上書，就揭發范宗尹在宣和年間廷對，揣摩王黼之意，歷數蔡京之罪，但他對梁師成和童貫等就略無一語及之。到欽宗即位，他就竊虛名以居臺諫，任右諫議大夫，當官就以奴僕事耿南仲以求禁從。鄧又揭發范宗尹在張邦昌僭位接受侍從之職。依鄧肅之言，范宗尹是投機份子，觀看欽宗之意行事。於是范自通直郎提舉杭州洞霄宮忻州團練副使、鄂州（今湖北武漢市）安置。

心。既已竄斥，就可以了。他日邊事既定，然後稟白徽宗，請下一詔，將他們嚴懲，誰曰不可？欽宗納其諫。惟時人就以唐恪為蔡、童等人之黨。客觀而論，唐恪在欽宗的宰執中，庸懦無才，惟他這番話卻不無道理。〔註29〕

　　欽宗的情況在正月中旬稍有轉機，應詔勤王的部隊陸續趕至京師。是月甲申（十八），統制官馬忠（？～1129後）自京西募兵至，擊金人於順天門外。統制范瓊（？～1129）也率兵自京東來，營於馬監，宋軍稍振。丁亥（廿一），陝西軍的元老宿將、欽宗寄望甚殷的种師道終於率勇將武安軍承宣使姚平仲等涇原、秦鳳兵步騎四千趕至，他入見欽宗後，以極樂觀的說話分析敵情，認為金兵孤軍深入，而京師圍城高十數丈，粟支數年，金人不可攻。种又說可在城上劄寨而城外拒守，以待勤王之師，金兵不踰月必困而退兵，他又反對割三鎮。欽宗聽罷，心頭大石放下，即任种為同知樞密院事，以京畿河北河東宣撫使，統四方勤王兵及前後軍。另任姚平仲為宣撫司都統制，欽宗召見姚平仲，以他驍勇，賜予甚厚，許以成功就授節度使。宋廷又以直秘閣折彥質（1080～1160）除直龍圖閣充宣撫司參議官。种分兵為兩寨，一屯城西南，一屯城東北，開陳州門，通都人出入。宋軍又與金人戰於板橋，至夜，焚馬監東廊。這時，宋廷以李綱為首的主戰派佔了上風，各路勤王軍包括熙河經略使姚古、秦鳳經略使种師中，以及折彥質、折可求、劉光國、楊可勝（按：楊可勝是楊可世弟，楊可世在宣和五年（1123）隨童貫入燕山後，以後事蹟不載，疑已死。亦有說他歸隱，事見第十章註 58。故今次沒有率兵勤王）、李寶陸續趕到或已在途中。辛卯（廿五），鄜延張俊、環慶韓世忠（《會編》訛為韓時中）、涇原馬千等均率兵至京。京師人心乃安，欽宗於是深信來援、號稱二十萬的陝西勤王軍有力擊敗金人，不用接受先前苛刻的城下之盟。癸巳（廿七），李綱及种、姚二人與宰相李邦彥及知樞密院事吳敏入對福寧殿，李綱等說服欽宗，以金兵不過六萬人，一半是契丹渤海兵，精兵不過三萬，卻孤軍深入，可以智取勝。童貫麾下种、姚兩員大將及其所轄的陝西軍，這時被欽宗君臣倚為救國的柱石；不過，他的舊僚馬擴，往真定募兵時，卻被他另一舊僚知真定府劉韐指為通敵而被下獄。河東方面，形勢亦不佳，金人在辛巳（十五）陷陽武縣（今河南新鄉市原陽縣），知縣蔣興祖戰死。乙酉（十九），

〔註29〕《東都事略》，卷一百八〈唐恪傳〉，葉二下（頁 1650）；《宋史》，卷三百五十二〈唐恪傳〉，頁 11119；徐自明：《宋宰輔編年錄校補》，第二冊，卷十三〈靖康元年〉，頁 860；趙甡之：《中興遺史輯校》，靖康元年八月二十六日己未條，頁 15。

平陽府（即晉州，今山西臨汾市）守將劉嗣初挾義勝軍以城叛。據李綱所述，這支義勝軍是童貫和張孝純所招的雲中人，分佈河東諸郡，平日養贍蓄積為之一空。當金人南侵，張孝純以之五萬人守石嶺關。他們叛變，金人就輕易入寇。同日，宋廷派新任簽書樞密院事路允迪（？～1140）出使河東，詣宗翰西路軍前議和。〔註30〕

种師道所率的陝西勤王軍的實力如何？宋軍的戰鬥力整體如何？《宋史・兵志》這樣評說：

> 崇寧、大觀以來，蔡京用事，兵弊日滋，至於受逃亡，收配隸，猶恐不足。政和以後，久廢蒐補，軍士死亡之餘，老疾者徒費廩給，少健者又多冗占，階級既壞，紀律遂亡。童貫握兵，勢傾內外，凡遇陣敗，恥於人言，第申逃竄。河北將兵，十無二三，往往多住招闕額，

〔註30〕《東都事略》，卷一百七〈种師道傳〉，葉三下（頁 1638）；《宋史》，卷二十三〈欽宗紀〉，頁 423～424；《十朝綱要》，卷十九〈欽宗〉，靖康元年正月甲申至乙未條，頁 561；《靖康要錄》，卷一，頁 154，166，170；卷二，頁 347；《會編》，卷三十〈靖康中帙五〉，靖康元年正月十九日乙酉至二十日丙戌條，葉九下至十九上（頁 223～228）；卷三十二〈靖康中帙七〉，靖康元年正月二十五日辛卯至二十八甲午條，葉一上至五下（頁 235～237）；卷三十三〈靖康中帙八〉，靖康元年二月三日己亥條，葉五下至六上（頁 246）；卷三十七〈靖康中帙十二〉，靖康元年二月十五日辛亥條，葉十一下（頁 281）；卷四十七〈靖康中帙二十二〉，靖康元年五月九日甲戌條，葉八上（頁 354）；李綱：《靖康傳信錄》，卷中，頁 20，24；李綱：《李綱全集》，附錄二〈李綱行狀上〉，頁 1703；曾敏行：《獨醒雜志》，卷八，第 186 條，「馬擴使金脫歸被疑」，頁 72；《繫年要錄》，第一冊，卷四，建炎元年四月甲子條，頁 100。據曾敏行所記，馬擴使金後得脫歸，未至太原，金騎已南下，他就捨出使之事，去勸說童貫，他自願招集忠勇以過敵鋒。童貫許之。馬擴經過真定，劉韐以馬屢使金，知金人情偽，心頗疑之，就留之不遣。一日，馬潛遣一卒往保州，被宋邏者所獲，劉韐更懷疑他通敵。劉韐子直秘閣劉子羽（1086～1146）對父說，馬擴首尾計議邊事，不以虛實告朝廷，遂使金騎深入，震驚京師。且他暗遣兵士，難保其心腹，不若明告其罪誅之，免除後患。劉韐於是召馬擴於庭，責其誤國，令推出斬之。馬擴高呼不服，於是劉將他投獄推治。不久，劉韐召還，金兵陷真定，馬得以趁亂逃脫。關於馬擴從太原往真定的經過，姜青青有詳細的考述。本來馬擴先往中山，見金兵圍中山，他就折返真定。劉韐也是童貫幕僚，知馬的才具，即委為提舉四壁守禦之職。但馬與劉之子劉子羽議事不合而結怨，劉子羽找真定府路鈐轄李質合謀陷害馬。馬擴在欽宗登基後遣人上奏，卻被劉子羽指為通敵。參見姜青青：《馬擴研究》，第五章〈兩陷牢籠，一再舉義〉，頁 207～211。又按种師中原在收復燕山後，任燕山路副總管，大概在童貫復出後，种以不稱職降擴州防禦使提舉亳州明道宮。後起為環慶路經略使，宣和末年加崇信軍承宣使徙秦鳳路經略使。

以其封樁為上供之用。陝右諸路兵亦無幾，种師道將兵入援，止得萬

五千人。故靖康之變，雖畫一之詔，哀痛激切，而事已無及矣。〔註31〕

《宋史・兵志》的編者所言是事後孔明，當時宋廷君臣當局者迷，還相信种師道的勤王軍可救危亡。他們自然眾口一詞指斥童貫敗壞軍政之罪。道學名臣楊時這時上書欽宗，他除了請於勤王軍立統帥外，更請肅軍政，謹斥堠和明法令。他特別指童貫為三路統帥，金人侵疆，他卻棄軍而歸。在軍法，孥戮之有餘辜，宋廷竟置而不問。他也批評梁方平與何灌皆相繼而遁。黃河天險，棄而不守，使金騎得而長驅而前，誤國甚矣，宋廷一樣置之不問，軍政如此，何以用人。他請誅之。他又請罷內臣防城，並歷數漢唐以來的閹禍，並特別指「童貫握兵，為國生事一十餘年，覆軍敗將，朝廷不聞。中外各竭，而貫之私藏厚積，不可以千萬計。人怨神怒，馴致今日，陛下之所親見也。」楊時在第二狀再說「竊見自古奄人用事，未有無禍者，漢唐之末是也。比年以來，此曹氣焰尤盛，皆緣蔡京、王黼輩首為亂階，開通交結，假以重權，使相應援。僥倖之門一開，至不可遏。童貫握兵權於外，梁師成擅大柄於內，陶鑄將相垂二十年，其餘恩倖持權，肆為貪暴，故人怨神怒，幾至喪邦。原其禍根，皆蔡京、王黼輩為之也。」欽宗早就想臣下上言嚴劾蔡京和童貫等之罪，好讓他有依據處置他痛恨之人，他見楊的上奏大喜。二月甲辰（初八），即擢楊為右諫議大夫兼侍講。〔註32〕

〔註31〕《宋史》，卷一百八十七〈兵志一・禁軍上〉，頁4582；章如愚：《山堂先生群書考索》，續集卷二十五，葉二十二下；馬端臨：《文獻通考》，第八冊，卷一百五十三〈兵考五・兵制〉，頁4595～4596。按《宋史》此番話，當源於《文獻通考》，而皆採自章如愚之評論。

〔註32〕《楊時集》，第一冊，卷一〈上書・上欽宗皇帝・其一、其二〉，頁13～21；卷二〈奏狀・辭免諫議大夫〉，頁33；卷三〈表・謝除諫議大夫兼侍講〉，頁54～55；趙汝愚（編）：《宋朝諸臣奏議》，上冊，卷六十三〈百官門・內侍下〉〈楊時・上欽宗論不可復近奄人・係第二狀・靖康元年正月上〉，頁704～705；黃震：《黃氏日抄》（四），卷四十一〈讀本朝諸儒理學書九・龜山先生文集・奏議〉，頁251～252；《宋史》，卷四百二十八〈道學傳二・楊時〉，頁12740。考楊時上欽宗第一書的月日不載，書中言金騎駐兵城外，而梁方平、何灌未死，童貫未貶，當在靖康元年正月初九何灌陣亡前。又第二書注稱，楊時上第一書後，欽宗大喜，二月初八除楊右諫議大夫兼侍講。他請辭不允，二月十三日再上殿進第二書。則楊時上第一書當在正月底或更早。按楊時這一篇奏議為黃震所點評。又《宋朝諸臣奏議》所收一狀未收入《楊時集》，該狀除點了童貫與梁師成的名外，還斥責另外兩名權閹梁平和李彀的惡行，反對欽宗仍重用他們。楊時還繕寫《五代史・宦者傳》呈欽宗參考。

　　正月甲午（廿八），因陳東再上書請先誅蔡京等六賊。乙未（廿九），已
貶的梁師成，行至八角鎮（今河南開封市西南八角店），被賜死。他的同黨王
黼早在五天前（庚寅，廿四），因吳敏及李綱指他為燕山之役的禍首，被剛在
癸未（十七）任為知開封府的戶部尚書，與王有宿怨的聶山派人追殺於雍丘
縣（今河南開封市杞縣）城南二十里永豐鄉輔固村（百姓稱為負國村），報稱
為盜所殺，取其首以獻。議者卻恨他不與童貫輩明正典刑。王黼攜帶往貶所
的金帛不可勝數，於是盡為小寇所掠。至此，被陳東斥為宣和六賊的六人已
有李彥、王黼及梁師成先後被誅。陳東在奏中自然沒有放過童貫，他引述高
俅所說童貫在泗州的行徑，力指童挾持徽宗南去，有另立朝廷的企圖，他說
童貫等人，黨羽遍東南，隨行大臣中，宇文粹中是蔡京之甥婿，其弟宇文虛
中亦逃往江南，而知鎮江府蔡翛是蔡京子，據千里山川要害。童貫又有親隨
勝捷軍之精兵，朱勔又有同鄉附己之眾。他請追還童貫等人，各正典刑，別
選忠信的人往侍徽宗。陳東的話，深深刺中欽宗的心中隱患。〔註33〕

　　欽宗這時又以宣和時用事的內侍多貶，超擢在宣和三年敢於劾奏童貫五
十罪，有賢名的內臣邵成章為知入內內侍省事，掌管宮中事，並賜他梁師成
宅。邵一直忠心耿耿。〔註34〕另外，在政和二年被罷黜的黃經臣和李石都獲

〔註33〕　《東都事略》，卷一百六〈王黼傳〉，葉三上（頁1621）；《宋史》，卷二十三〈欽
　　　　宗紀〉，頁424；《十朝綱要》，卷十九〈欽宗〉，靖康元年正月辛未條，頁561；
　　　　《靖康要錄》，卷一，頁157，171，177，191；《會編》，卷三十一〈靖康中帙
　　　　六〉，靖康元年正月二十四日庚寅至三十日丙申條，葉二下至十五上（頁230
　　　　～242）；《長編紀事本末》，第八冊，卷一百四十八〈欽宗皇帝‧誅六賊〉，葉
　　　　六上下（頁4467～4468）；《宋史全文》，卷十五〈宋欽宗〉，頁1001；周煇：
　　　　《清波雜志校注》，卷二，第2條，「王黼身任伐燕」，頁41～42；吳开：《漫
　　　　堂隨筆》，頁130；王洋：《東牟集》，文淵閣《四庫全書》本，提要，卷九〈強
　　　　國本箚〉，葉十三上下。關於王黼之死，吳开引述吳元中的說法，稱聶山（昌）
　　　　奉旨派人殺王黼，但殺手用的市刀鈍甚，王黼被殺時痛得聲吼如牛。吳元中
　　　　就說，這是李綱所使的。另外，在宣和六年中甲科，後在紹興初年任知制誥
　　　　的王洋（？～1140後），對王黼之死有一番特別的看法，他說「靖康之一病何
　　　　也，曰兩宮之間不能無間言也；王黼之禍，坐於蔡京、師成之死，急於童貫。」
　　　　王洋道出徽宗、欽宗父子參商，欽宗不顧其父的顏面，故徽宗之寵臣若王黼
　　　　皆被誅。至於說蔡京、梁師成死在童貫前，而致王黼之禍，則甚不可解。蔡、
　　　　梁二人都已是自身難保，他們不死，也救不了王黼。
〔註34〕　《會編》，卷七十四〈靖康中帙四十九〉，靖康二年正月十日庚子條，葉十上
　　　　（頁558）；卷一百一〈炎興下帙一〉，建炎元年五月一日庚寅朔條，葉一上
　　　　下（頁741）；卷一百十五〈炎興下帙十五〉，建炎二年正月十三日戊戌條，
　　　　葉五下至六上（頁840～841）；卷一百二十八〈炎興下帙二十八〉，建炎三

得重用，黃經臣在城破時自焚殉國（見下文），而任入內內侍省都知的李石則在靖康二年（1127）二月奉欽宗命與吳幵等向金人求和。黃、李二人均對欽宗忠心。〔註35〕

　　欽宗此時信心百倍，聽從李綱及种師道出兵之議，連一向主和的李邦彥

年四月二日丁卯條，葉十下至十一下（頁 933～934）；《繫年要錄》，第二冊，卷二十二，建炎三年四月丁丑條，頁 494；卷二十九，建炎三年十一月戊午條，頁 593；第七冊，卷一百七十七，紹興二十七年八月甲午朔條，頁 3107；《靖康要錄》，卷十五，頁 1536；邵博：《邵氏聞見後錄》，卷一，頁 6；佚名（編）：《皇宋中興兩朝聖政》（北京：北京圖書館出版社，2007 年 9 月），卷三，建炎二年正月辛丑條，頁 100～102；《宋會要輯稿》，第七冊，〈職官三十六・內侍省〉，頁 3900；李綱（撰），鄭明寶（整理）：《建炎進退志》，收入朱易安、傅璇琮（主編）：《全宋筆記》，第三編第五冊（鄭州：大象出版社，2008 年 1 月），卷一，頁 54；趙鼎（1085～1147）（撰），來可泓、劉強（整理）：《辯誣筆錄》，收入朱易安、傅璇琮（主編）：《全宋筆記》第三編第六冊（鄭州：大象出版社，2008 年 1 月），卷一，頁 84～85；趙甡之：《中興遺史輯校》，建炎二年正月十六日辛丑條，頁 94；建炎三年四月條，頁 112～113；建炎三年十一月十四日戊午條，頁 119；熊克：《皇朝中興紀事本末》，卷六，建炎二年七月，頁 128；《宋史》，卷二十五〈高宗紀二〉，頁 454；卷二百四十三〈后妃傳下・哲宗昭慈聖獻孟皇后〉，頁 8635；卷四百五十五〈忠義傳十・馬伸〉，頁 13366；卷四百六十九〈宦者傳四・邵成章、關禮〉，頁 13667～13668，13675；卷四百七十三〈姦臣傳三・黃潛善〉，頁 13744。考靖康年間，京師軍民一歲兩度殺內侍，皆知邵成章忠賢，獨不加害。靖康二年正月庚子（初十），欽宗已被囚於金軍中，仍降御筆令邵與他的另一心腹內臣王若沖護衛皇太子赴宣德門議事。太子被擄北去，他留在京師。當張邦昌借位時，邵成章被趙鼎與宋齊愈（？～1127）等人委以保護尚在民間的孟太后（1073～1131）。邵在建炎元年五月高宗即位後，孟太后派他將乘輿服御送上，高宗任邵為御藥，六月己未（初一），命他押拜相的李綱赴都堂治事，後用為入內內侍押班。邵在建炎二年隨高宗至揚州。他後來條奏黃潛善和汪伯彥（1069～1141）之罪，黃誣告他詆高宗。高宗怒，在建炎二年正月辛丑（十六），責他不守本職，輒言大臣，以祖宗朝未嘗有內侍言大臣者，就將他除名勒停，送南雄州（一說吉州）編管。另一時任內東門司的內臣王嗣昌，也以好大言，議國政，而且是邵成章的死黨，也在七月被貶逐。建炎三年失中原，高宗於四月將邵召還。但諸內侍忌其忠，就譖說邵九伯若來，高宗就無歡樂，於是高宗使之居洪州。金兵在同年十一月戊午（十四）破洪州，他被金人逼降，他不從，金人欲殺之，監守兩月復釋之，稱他是忠臣難得，還遺以金帛，但他不久卒。時人以南渡後，內侍可稱的惟有他和高宗至光宗朝的關禮（？～1195 後）。不過，高宗對他仍有很大意見，在紹興二十七年（1157）八月甲午朔（初一），便對宰執說徽宗內禪後與欽宗互不相任，是小人挑撥，他就點了邵成章的名，指他有份挑撥欽宗。參見本章頁 288。

〔註35〕《繫年要錄》，第一冊，卷二，建炎元年二月丙寅至丁卯條，頁 41～42。

及吳敏都附和欽宗，認為可出兵擊在城外的金兵。不過，种師道主張扼河津，絕金兵糧道，禁金兵抄掠，分兵復畿甸諸邑，俟彼遊騎出則擊之，以重兵臨敵營，堅壁勿戰。就是要戰，還待春分以後，等种師中及姚古援軍到來才出兵。欽宗卻以為太緩，姚平仲這時志切立功，不想功名出於种氏一門，就奏軍士不得速戰為怨，力主出兵，欽宗從之。二月丁酉朔（初一），欽宗密遣姚平仲及楊可勝等率步騎萬人出城，夜劫下寨於牟駝崗的金兵。楊可勝認為此行甚危，怕一旦失利，會給金人敗盟的借口，故他預先作奏藏懷中，說是他自行出擊，不干宋廷之事。然宋廷劫寨之謀，在正月甲午（廿八）早已泄漏，都人皆知。姚平仲派部將王通為先鋒，率死士五百至金寨，卻見兩寨空無一人。至第三寨，金人伏兵已持滿執梃以待。金兵縱鐵騎兩旁夾擊，宋前軍殊死戰，援兵卻多溺於護龍河溝中。西將陳開死之，王通見宋軍已傷亡過半，就棄弓矢率三百騎突圍而走。姚平仲急令餘下宋軍上馬西奔，金兵衝散宋中軍後，追至板橋而回。楊可勝被宗望執殺，姚平仲則下落不明。當姚平仲出擊不久，李綱便奉命率軍出城接應。戊戌（初二）晨，宋軍出景陽門至班荊館，行營前軍統制張撝、右軍統制石潨、中軍統制辛康宗、左軍統制劉佃、後軍統制王師古，敢戰軍統制范瓊悉出封邱門，遇金人皆戰敗，偏將陳福歿於陣。宋軍倚城稍息，己亥（初三）再戰又敗，金兵進圍京城。庚子（初四）宋敗軍入城避金人追擊。是役，各路宋軍俱敗，只有選鋒軍統制韓世忠先往援東明縣（今山東菏澤市東明縣），獲得小勝。〔註36〕

〔註36〕《會編》，卷三十三〈靖康中帙八〉，靖康元年二月一日至三日己亥條，葉一上至七上（頁244～243，246～247）；《十朝綱要》，卷十九〈欽宗〉，靖康元年二月丁酉至己亥條，頁561～562；《宋史》，卷二十三〈欽宗紀〉，頁424；卷三百四十九〈姚兕傳附姚古傳〉；《金史》，卷三〈太宗紀〉，頁54；《靖康要錄》，卷二，頁216～223；《繫年要錄》，第一冊，卷五，建炎元年五月癸卯條，頁134。按《金史》記姚平仲率兵四十萬襲宗望營，顯然是大大誇大宋軍的人數。又李綱的《靖康傳信錄》說姚平仲屢立戰功，在政和間屢為童貫所抑，也並非事實。參見第五章頁158及注46。關於姚平仲的下落，據趙與時引陸游的說法，姚在劫寨失敗後，乘青驟亡命，一晝夜馳七百五十里，抵鄧州，始得食。他入武關（位於今陝西商洛市丹鳳縣東的少習山峽谷之間武關河北岸），至長安，欲隱華山，又以為淺。於是奔四川，至青城山上清宮，而人莫識，留一日，再入大面山，行二百七十餘里，度採藥者莫能及，就解縱他的青驟，得石穴而居。宋廷從建炎元年五月癸卯（十四）始，數下詔尋訪他，復他為吉州團練使，召赴行在，皆不得。他直至孝宗乾道及淳熙間始出，至丈人觀道院自言生平，時年已八十餘，據說他紫髯鬱然，長數尺，面奕奕有光，行不擇崖塹荊棘，其速若奔馬。他亦時為人作草書。頗奇偉，但他秘不

這次由陝西軍精銳組成之勤王軍，主動出擊金兵，卻一戰便敗。據顧宏義教授的考證，李綱其實力主姚平仲劫寨之謀，而說服欽宗決策出兵。到姚劫寨失敗，李卻不承認過失。他的《靖康傳信錄》一再為己申辯，又誇大守城之功。他既回避了欽宗在劫寨之戰的責任，又諉過他人，他所記其實並不「傳信」。〔註37〕他與不少宋人在戰後諸多解釋，卻掩蓋了一個事實：宋軍的戰鬥力根本與金軍不是在一個檔次。據宋人記載，主戰的姚平仲從童貫平方臘回京師，就誇大殺方軍之多，大臣信其說，後來姚就以為金軍好像方臘軍那樣容易擊敗。至於被人寄望甚殷的种師道，在戰後辯稱不應該如此夜襲金營，應該堅守以待援兵，到姚平仲兵敗後主張再出兵劫之，如果不勝，就每夕以數千人擾之，其實都只是老生常談或說易行難，說服不了欽宗君臣。他本來就是征遼的敗軍之將，徵召他復出領軍，以為用他的威名可鎮懾敵人，只是宋人一廂情願，金人從來不把种放在眼內。陝西軍在京師城外慘敗，它的老統帥、遠在鎮江的童貫真不知是何滋味。〔註38〕

毫無治事經驗，也無主見的欽宗在宋軍慘敗後慌了，這時主和派大臣李邦彥等與台諫乘機落井下石，力數李綱的不是，他們在己亥（初三）上言，主張罷免李、种二人，向金人求和。欽宗從之，改任蔡懋為行營使。宗望早在二月戊戌（初二）便派人嚴詞質問欽宗為何既議和，又派姚平仲偷襲。己亥（初三），金人再派人來議和。庚子（初四），欽宗派和他同庚的駙馬曹晟（？～1128）使金，並令他改名曹實，以避金太宗完顏晟諱。同日，派兵部員外郎臧瑀、職方員外郎秦檜為割地使。辛丑（初五），再命童貫舊僚、已返京的資政殿大學士宇文虛中授簽書樞密院事，與知東上閤門使王球（一作王俅）

言得道之由。參見陸游：《陸游集》，第五冊，《渭南文集》，卷二十三〈傳·姚平仲小傳〉，頁2189；趙與時：《賓退錄》，卷八，第178條，頁107～108；李綱：《靖康傳信錄》，卷中，頁20。

〔註37〕顧宏義：〈李綱與姚平仲劫寨之戰〉，原載《軍事歷史研究》，2002年第3期，現收入顧著：《宋事論考》（武漢：華中科技大學出版社，2017年8月），頁281～291。姚平仲劫寨之戰，亦可參閱陳樂保：〈姚平仲劫寨之戰述論〉，載《宋代文化研究》第二十輯（成都：四川大學出版社，2013年8月），頁118～136。

〔註38〕《靖康要錄》，卷二，頁248。關於种師道在靖康元年復出統率勤王軍的成效，筆者曾有專文論述。另种的統軍能力及和戰謀議，王曾瑜教授亦有專文論之。可參見何冠環：〈論靖康之難中的种師道（1051～1126）與种師中（1059～1126）〉，載何著《北宋武將研究》，頁551～571，577～583；王曾瑜：〈宋欽宗和他的四名宰執〉，載王著：《絲毫編》，頁165～169。

使金，答允割三鎮。總之，金兵肯退，欽宗甚麼條件都答應。就在此日，陳東與太學生張炳、雷觀（？～1135後）、江致等及京師民眾數萬人知情，就伏闕上書，請復用李綱及种師道，罷蔡懋，又論李邦彥及張邦昌不可用。陳東說李邦彥忌李綱，罷李綱正中金人之計。陳東在這次上書，三次點了童貫的名，既翻他與王黼、蔡攸共興北師的舊賬，又指割三鎮後，金兵必會南侵，欽宗只能遷都金陵，但現時金陵正慮童貫、蔡攸、朱勔等生亂。最後又說李「綱用兵小挫，遂當廢罷，則童貫創開邊隙，以貽今日之禍，近又引兵數十萬，以事雲中之役，幾於匹馬隻輪無還者，朝廷曾不議貫之罪，何李綱小挫而加罪乎？」陳東上書後，適逢李邦彥入朝，民眾數其罪而罵之，甚至要打他。吳敏傳旨令眾人退，不聽，群眾還擊登聞鼓，山呼地動，殿帥王宗濋奏恐生變，請欽宗復李綱職。欽宗被迫從之，派耿南仲撫諭民眾，說已有旨復李綱職為尚書右丞，仍充京師四壁防禦使。內侍朱拱之宣旨稍晚，就被盛怒的民眾殺之，並殺作威作福的內侍數十人（一說二百餘人）。京師軍民恨極守城的內臣，說他們欲開城納敵，見便殺之。徽宗朝內侍專橫，欺壓平民，奪民房產，科斂百姓，貨物不給值，京師人民早已怒火沖天，這次乘機大殺內臣。欽宗怕生變，令殿前班直軍士傳旨，說殺內侍免罪。有人帶頭說殺宦官者無罪，於是群起衝入宦官之家，所遇即殺，掠其財物，又相聚入其家，搜獲兵器不可勝計，都載到行營交納。內侍皆逃竄，財物都子遺，他們逃入禁中，不敢歸家，都向欽宗泣訴。欽宗對被殺的奴才素無好感，在群情洶湧下，就命李綱只詔誅士民殺內侍為首三十餘人，也罷內侍守城。欽宗為收拾人心，除了在壬寅（初六）追封范仲淹為魏國公，贈司馬光太師，張商英太保，又解除元祐黨籍學術之禁。並以德安府進士張炳、太學生雷觀上書論事可嘉，並予同進士出身，補迪功郎授秘書省正字，既而除太學博士（按：《會編》將二人授官繫於三月二日）。按雷觀上書論李邦彥和張邦昌不可用時，也說徽宗朝自蔡京為相，遂以童貫為將，興西北邊事二十餘年，西北之良將勁兵所陷失者，莫知其幾，竭天下之力，給二邊之費，莫計其數。他又指李、張二人在政府時，亦嘗以燕雲不可圖，童貫不可再遣。但二人終不敢力爭，是畏懼童貫。欽宗雖獎賞張、雷二人；不過，也詔禁人伏闕上書，另又廢苑囿宮觀以給民。是日，金派王汭到來，討論議和退兵的安排。〔註39〕

〔註39〕《宋史》，卷二十三〈欽宗紀〉，頁 424；《十朝綱要》，卷十九〈欽宗〉，靖康元年二月丁酉條至壬寅條，頁 562；《金史》，卷三〈太宗紀〉，頁 54；《靖康

　　值得一提的是，陳東率太學生上書的動機，在九個月後，與李綱有隙的侍御史孫覿在十一月戊辰（十七）卻上奏翻陳東的舊賬，說陳東在童貫權傾朝野時，曾阿附他。孫說陳擔任國子教諭時，童貫修建的武學落成。這時陳東卻建議率同列獻書童貫，請他駕臨其中。有不從的人，遂至讙譁，孫說武學落成，與太學何干？孫又說昔時徽宗幸太學，而武學生例被恩，這是陳東所以建獻書之議所致。孫直斥陳東乃不安份的狂生，所為無非欲圖「尺寸之柄」。孫覿的人品一直受非議，他後來非議陳東，也不一定是公正的。〔註40〕

　　京師軍民大殺禍國殃民的宦官，欽宗也對徽宗朝專權任事的幾個權閹下詔痛斥。二月癸卯（初七），為了安撫士庶，欽宗下手詔說：「童貫等妄興邊事，懷姦蠹國，悉皆東下，前往江浙。在京如梁師成、譚稹、李彥已行遠竄，所存者百餘官員皆小官疏遠之人，並不係從來被童貫任使享厚祿者，今又自陳，乞依舊制，令寄資進子恩數，一遵祖宗之典。」據稱中外悅服。而從此詔之弦外之音，他清算童貫已為期不遠。〔註41〕

<hr>

要錄》，卷二，頁 224～238，245，251～255，265；卷六，頁 723，731；《會編》，卷三十三〈靖康中帙八〉，靖康元年二月三日己亥至二日戊戌條，葉五下至十五上（頁 246～251）；卷三十四〈靖康中帙九〉，靖康元年二月五日辛丑條，葉一上至十四上（頁 252～258）；卷三十五〈靖康中帙十〉，靖康元年二月五日辛丑條，葉一上至十四上（頁 259～266）；卷三十六〈靖康中帙十一〉，靖康元年二月五日辛丑至八日甲辰條，葉一上至四下（頁 267～268）；卷四十二〈靖康中帙十七〉，靖康元年三月二日戊辰條，葉十二下至十四上（頁 318～319）；程敏政：《新安文獻志》，卷三〈江致‧乞復用李綱种師道疏〉，葉七上至八下；趙汝愚（編）：《宋朝諸臣奏議》，上冊，卷四十八〈百官門‧宰執下〉〈在觀‧上欽宗乞擇相‧靖康元年二月上，尋有旨賜出身，賜館職〉，頁 523；《繫年要錄》，第四冊，卷八十五，紹興五年二月癸巳條，頁 1444。按江致所上之疏，與陳東相同。雷觀是成都人，他獲賜第授太學博士，但在靖康元年五月丙寅（初一），欽宗便將他和太學正馮檝出為外任宮觀。五月庚午（初五），御史中丞陳過庭再劾他在太學失職，「學官相訽於上，諸生相毆於下，甚者諸生奮袂而競前，祭酒奉頭而竄避。敗壞風教！」陳批評雷和太學正馮檝輕浮爭競，大失生儒之體。論大臣進退之處時，馮揚言以為是，雷就痛詆為非。以致朋黨立，爭訟生。經御史台查究，雷便與太學正馮檝同時被黜降為外任監當官。直至紹興五年二月癸巳（十九），高宗聞其名召對，才自左迪功郎、成都府教授特改左承奉郎。他又獻蜀本《資治通鑑》，因授通判潭州（今湖南長沙市）。

〔註40〕孫覿：《鴻慶居士集》，卷二十七〈箚子‧侍御史論太學諸生伏闕箚子〉，葉一上至三上；《會編》，卷六十二〈靖康中帙三十七〉，靖康元年十一月七日戊辰條，葉四下至五上（頁 463～464）。

〔註41〕《靖康要錄》，卷二，頁 265；《會編》，卷三十四〈靖康中帙九〉，靖康元年二月五日辛丑條，葉一上至十四上（頁 252～258）；卷三十六〈靖康中帙十一〉，

　　欽宗下詔斥責童貫的同日，復用徽宗朝早年任執政的大名尹徐處仁為中書侍郎。徐獲欽宗委用，除了他一直受到徽宗的眷顧外，也因金兵南侵時，他在大名府儲糧列備，合銳兵萬人勤王，他又奏請欽宗下詔親征，以張國威。當欽宗命李綱為親征行營使，他就移書李綱，言備禦方略。當金兵北歸，他又奏宜伏兵濬州和滑州間，擊其半濟，必可成功。他的作為深合欽宗此時之心意，加上他一直被童貫和蔡京打壓，並非二人黨羽，就更簡在帝心。他入見後，欽宗問他應否割三鎮，他反對，並稱定武（中山府）是欽宗的潛邸（按：欽宗冊為太子前，在大觀二年封定王），不當放棄。其議與吳敏合，吳敏後來就薦他為相。〔註42〕

　　因金人要欽宗的母弟為質，欽宗於二月癸卯（初七）改派肅王樞（1103～1130）為人質使金軍，以著作佐郎借給事中沈晦（？～1149）從之，並任使金有勞的宇文虛中簽書樞密院事，而罷蔡懋樞職。乙巳（初九），宇文虛中和王球再使金軍，迎還高宗。丙午（初十），金派韓光裔來告辭，金兵是日退師，金人圍城共三十二日，京師解嚴。在金營擔驚受怕多時的高宗進太傅、靜江、奉寧軍節度使鄭州牧依舊康王。戊申（十二），以金兵退，欽宗大赦天下，並下詔奉迎徽宗回京，又詔諭士民，自今庶事並遵用祖宗舊制，凡蠹國害民之事一切寢罷。己酉（十三），罷宰執兼神霄玉清萬壽宮使及殿中監、符寶郎，又詔用祖宗故事，擇武臣得軍心者為同知、簽書樞密院，邊將有威望者為三衙管軍。庚戌（十四），欽宗再調整中樞人事，不得民望的李邦彥罷相，從金營歸來的張邦昌為太宰兼門下侍郎，吳敏為少宰兼中書侍郎，李綱為知樞密院事，耿南仲為尚書左丞，李梲為尚書左丞。另宇文粹中罷知江寧府。癸丑（十七），金兵渡河北返，欽宗以种師道功績不彰，自同知樞密院事、京畿宣撫使罷為中太一宮使。甲寅（十八），欽宗以諫議大夫唐重、侍御史孫覿連上疏論蔡京、蔡攸及童貫等罪，就將蔡京自太師致仕貶為秘書監分司南京，河南府居住，童貫自太師、廣陽郡王，以徐豫國公責授左衛上將軍徐豫國公致

靖康元年二月七日癸卯條，葉二上（頁267）；卷三十六〈靖康中帙十一〉，靖康元年二月七日癸卯條，葉二上下（頁267）。

〔註42〕《宋史》，卷二十三〈欽宗紀〉，頁421，424～426；卷三百七十一〈徐處仁傳〉，頁11518～11520；《十朝綱要》，卷十九〈欽宗〉，靖康元年三月己巳條，頁563；徐度：《卻掃編》，卷中，頁135。據徐處仁子徐度所記，徐在宣和間守應天府，地當東南水陸之衝，使者絡繹不絕，一歲中徽宗使人撫問他的至十數。他曾有謝表曰：「天闕夢回，必有感恩之淚；日邊人至，常聞念舊之言。」徐處仁在三月己巳（初三），繼張邦昌為首相。

仕，追回廣陽郡王，令池州（今安徽池州市貴池區）居住，蔡攸自太保領樞密院事貶為太中大夫，提舉亳州明道宮，任便居住。不過，孫覿對於欽宗如此處置蔡京及童貫，覺得太輕，他致書耿南仲子耿延禧（？～1136），便抱怨「王黼誅死，而蔡京尚偃然高臥於西洛；宣撫使童貫等例以散官安置，而蔡攸方降獎諭之詔；張勸、衛仲達以逃棄官守盡皆除削，而餘人以蔡氏親黨，縱貸不問」。言官唐重看不過眼，便再奏「自蔡京秉國政，童貫總兵權凡二十年，專請御筆行其私意，上欺人主，下欺同列，開邊鄙之際，給中國之禍，以致金人侵犯中原。致寇之因，實京、貫之罪。」孫覿稍後，也再上奏，痛刻奏童貫之過惡，把童貫說得十惡不赦，劾他有十大罪：

> 童貫刑餘臭類，本庸奴矣。釋掃除之役，廁征伐之事，寖緣恩倖，竊據兵權幾二十年，出則為宣撫，而不受制密院，入則領密院，而外兼行宣撫。跋扈不臣，隳壞法制，師徒死事，誣以逃亡，故賻贈不及，而人情積怨，屯戍逃遁，許其改刺，故紀律不嚴，而人易潰散，詐為首級，則不憚於殺平人。廣占儲糧，則不難於張虛數。賞罰出於私意，威福至於下移。銖銖計罪，不可勝言。臣始數其大者：首倡交結金人，共滅契丹，兆禍致寇，其罪一也。盧溝之役，望風奔潰，覆師殺將，其罪二也。金人點集邊吏來告，貫不以聞，其罪三也。傳檄邊城，不令出戰，致金人豕突，遠至京師，其罪四也。出師河東，聞賊南來，不為抗拒之計，夙夜逃歸，其罪五也。至上皇南巡，貫乃自名扈從，未嘗奏稟，擁兵遽去，其罪六也。陰募死士，創置勝捷軍額，厚其資糧，環列私第，其罪七也。堅甲利兵，充滿其家，制造之工，尚方弗及，其罪八也。城外陰藏器甲糗糧，金人實獲資助，馬忠提勤王之師西來，尚頗收其贏餘，不知童貫蓄此以待金人乎，抑將有所用之，其罪九也。服食之侈，上擬乘輿嬪御之盛，潛規宮禁，其罪十也。

孫覿說童貫掌「兵權幾二十年，出則為宣撫，而不受制密院，入則領密院，而外兼行宣撫。跋扈不臣，隳壞法制」一點，李綱也同樣指出其大弊，說「在祖宗之時，樞密掌兵籍、虎符，三衙管諸軍，率臣主兵柄，各有分守，所以維持軍政，萬世不易之法。自童貫以領樞密院事為宣撫使，既主兵權，又掌兵籍、虎符，始壞祖宗之法，今日不可不戒。」不過，他和孫覿都不敢說這是徽宗之過失。

孫覿又論童貫與蔡攸的罪同者六，毫不留情地痛打已成落水狗之童貫：

　　竊惟幽薊之役，用事大臣敗累朝不渝之盟，構三邊無窮之禍，以成朝廷今日之患。中外之論，咸謂蔡京子攸、王黼、童貫均犯大惡，當正典刑，以謝天下，而投荒之罰，獨加王黼。此群心所以未厭，而臣亦不得而已也。臣近者嘗聞言事之臣見疏渠魁蔡京之罪，乞賜竄殛，今不復重陳，仰瀆睿聽，敢以貫、攸之罪，摭略為陛下言之：貫自閹尹，喜為禍亂；攸憑藉世祿，濟以姦回。平日懷姦迷國，壞法亂常，竊弄權柄，擅作威福，固已不勝誅矣。乃王師之北伐也，貫為宣撫使，攸實副之，提數十萬之師，挫於殘破之虜，淹留彌年，卒買空城。乃以恢定故疆，冒受非常之寵，貫以太師封兩國公，攸遂入總樞廷矣。此貫、攸之罪同也。蕭后納款，虜使韓昉見貫、攸於軍中，卑辭祈哀，願捐歲幣，以復舊好。此安危之機也。乃叱昉使去，昉大呼於庭，告以必敗。今數州之地悉非我有，而國用民力從而匱竭矣。此又攸、貫之罪同也。當蔡京專政，貫則興結邊隙，首引趙良嗣用之於本朝。迨金人結好，攸則招納叛亡，反覆賣國，構怨結禍，使狄人因以藉口。此又攸、貫之罪同也。前年秋，貫以重兵屯太原，欲收雲中之地，卒無尺寸之功，反以翦除寇攘，枉道河朔而歸。又慮眾人之議己也。公肆誕謾，凡第賞千百人，貫遂封廣陽郡王，而攸亦進太保，封燕國公。此貫、攸之罪同也。去年冬，貫復出太原，金人犯塞，貫實縱之。攸見邊報警急，貫則逃遁以還，漫不經意，玩兵縱敵，以至於此。此又攸、貫之罪同也。迨陛下踐阼之初，狄人長驅，震驚都邑，貫、攸一旦攜持金帛，舳艫相銜，盡室遠去，使聖主獨處圍城中，曾無同國休戚之意。此又攸、貫之罪同也。臣願陛下奮揚威斷，察其誤國罔上之罪，天下之所共棄，早正典刑，以為萬世賊臣之戒。

孫覿又在另一奏中再力數童貫執掌兵柄以來六大罪狀：

　　臣等伏見比歲以來，閹人用事，竊弄國柄，典掌機密，挑發兵端，構成邊患。於是金人以數萬騎直抵京闕，宗社之危，殆若綴旒。陛下赫然竄斥大臣王黼等以謝天下，而眾議不厭，以為首難之人，實始童貫。臣等按貫之罪，雖擢髮不足以贖之，而誤國之大者尚可數也。貫自陝西用兵，前後二十年，專以欺君罔上為術，虛立城寨，

妄奏邊捷，以為己功。汲引群小，易置將吏，以植私黨，交通問道，鬻賣官爵，超躐除授，紊亂常制。有自選調不由薦舉而輒改京官者，有自行伍不用資格而遽升防團者，有放廢田里不應甄收而擢登侍從者。姦贓小人，爭相慕悅，侵漁百姓，盜取官錢，苞苴公行，門戶如市。金帛寶玉充積如山，私家所藏多於府庫。此貫之罪一也。戰士之徒冒犯矢石，傷者有金帛之賜，死者有褒贈之恩。自貫用事，一切廢革，戰傷之卒，秋毫無所得，而歿者又誣以逃亡之罪，乾沒軍賞，悉充私藏。比至師還，而庖人廄卒、守舍掃除之隸冒功奏賞，有馴致節鉞者。貫之罪二也。貫又擇陝西勁卒，刺為親兵，號曰勝捷。方征之際，他兵躬行陣之勞；班師之後，親兵冒無功之賞。貫之罪三也。自貫為將帥，每出內帑金帛以濟軍需，掩為己有，而嚴立軍期，取償於州縣，頭會箕斂，民不堪命，貪贓不法，兇焰勃然。臺諫之臣一言議己，中以危法，使天下之人不敢言而敢怒。貫之罪四也。方臘作亂，攻陷城邑，東南大震，貫將兵討之，御眾無法，縱為貪暴，悉斬良民，以效首級，於是民之死於天兵者十有五六。貫之罪五也。貫在政和中，納燕人趙良嗣以為謀主，始建平燕之議。經營十年，中國空虛，招納叛亡，充斥州縣，卒致生靈塗炭。貫之罪六也。且貫以刑餘之人，身為三公，職在樞省，攘貪不已，遂至王爵。在昔勛德所不敢居，本朝故事亦未嘗有，而兇憸桀驁，長惡不悛，怙權擅命，拜免大臣，氣焰煽赫，威震天下，產怨召亂，浸成國難。陛下親政之始，大明誅賞，以勸四方，如貫具此六罪，何所逃於覆載之間？伏望睿照，躬發宸斷，稍正滔天之罪，以為亂臣賊子之戒，天下幸甚！〔註43〕

〔註43〕《東都事略》，卷十二〈本紀十二・欽宗〉，葉二下（頁234）；《宋史》，卷二十三〈欽宗紀〉，頁424～425；卷一百六十二〈職官二・樞密院〉，頁3799；卷二百十二〈宰輔表三〉，頁5532；卷三百七十八〈沈晦傳〉，頁11671；《十朝綱要》，卷十九〈欽宗〉，靖康元年二月壬寅至甲寅條，頁562～563；《編年綱目》，卷三十，頁783；《靖康要錄》，卷二，頁270，277，288，290～294，302～307，311，317，340，345；卷三，頁378，386～399；《金史》，卷三〈太宗紀〉，頁54；《會編》，卷三十六〈靖康中帙十一〉，靖康元年二月八日甲辰至十一日丁未條，葉一上至十下（頁267～271）；卷三十七〈靖康中帙十二〉，靖康元年二月十二日戊申至十五日辛亥條，葉一上至十一上（頁276～281）；卷三十九〈靖康中帙十四〉，靖康元年二月十八日甲寅條，葉九下至十七上（頁

　　欽宗稍後貶責童貫之制詞，基本上採用孫覿之意見，大概顧慮徽宗之面子，用詞還算是溫和，還說會保全他：

> 任隆將相，功必在於安邦；位極公王，義莫先於體國。倘辜大用，宜置嚴科。童貫夙侍宮闈，亟膺重任，付以兵柄，時為信臣。護諸將垂二十年，論戰功無尺寸效。惟事誕謾之術，實乖撫御之宜。紀律不嚴，賞罰失當。盡壞軍戎之政令，肆紊朝廷之紀綱。家室奄有其金繒，軍須取償於州縣。將士為之解體，吏民無不興嗟。頃敗累朝不渝之盟，首構三邊無窮之禍。號復故地，實守空城。再為太原之行，又倡雲中之議。師徒暴露，讟怨並興，馴致敵人，輕視中國。遂震驚於都邑，軫危懼於宵旰。生此厲階，誰執其咎？議者皆不汝置，朕心安得而私？猶念股肱，曲全體貌，姑奪廣陽之封爵，尚予環尹之崇階，俾即退休，保其終始。體予寬典，毋怠欽承，可特責授前件。

　　比起宣和七年六月，童貫晉封為廣陽郡王之制詞，宋廷極稱美其功勳，才八個月，宋廷卻將童貫說得一無是處，落差何其大！〔註44〕

　　這只是欽宗懲處童貫等三人第一步。欽宗還特別派在政和四年劾奏過童貫的刑部尚書蔣猷，令他奉表往淮陰（今江蘇淮安市淮陰區）向徽宗問安。蔣見到徽宗，就泣奏童貫得罪天下，願遠黜之。徽宗同意後，蔣就宣詔解除童貫的兵權，令童速往池州貶所。然後奉徽宗還京。〔註45〕

294～298）；卷四十〈靖康中帙十五〉，靖康元年二月十八日甲寅條，葉六下至七上（頁301～302）；《長編紀事本末》，第八冊，卷一百四十八〈欽宗皇帝・誅六賊〉，葉七下至八下（頁4470～4472）；孫覿：《鴻慶居士集》，卷八〈辭免再除中書舍人狀〉，葉九上至十上；《全宋文》，第一百五十九冊，卷三四四零〈孫覿二十三・與耿伯順侍郎書〉，頁220～221。考林煌達的研究留意到欽宗貶降童貫，還讓他以環衛官階致仕，且制詞說「保其始終」。不過，林氏未考欽宗一開始就想殺童貫，今次只是故作寬大，而讓言官繼續上奏劾童之罪，才出重手對付童貫。參見林煌達：《禮遇與知止：宋代閒散與不適任官員》（臺北：新學林出版股份有限公司，2016年9月），第四章〈政治衝突與閒散〉，頁187～189。

〔註44〕 徐自明：《宋宰輔編年錄校補》，第二冊，卷十三〈靖康元年〉，頁841～842。

〔註45〕 汪藻：《浮溪集》，卷二十七〈誌銘・徽猷閣直學士左宣奉大夫致仕贈特進顯謨閣直學士蔣公墓誌銘〉，頁344～347；羅濬：《寶慶四明志》，卷八，「蔣猷」條，葉二十九上；袁桷：《延祐四明志》，卷四，「蔣猷」條，葉三十九上；《靖康要錄》，卷八，頁842；《宋史》，卷三百六十三〈蔣猷傳〉，頁11351。蔣猷在靖康元年六月丙午（十一），再自兵部尚書除徽猷閣直學士，與外郡，算是欽宗之酬庸。

　　處置了頭號要犯童貫後，欽宗再據有份嚴劾蔡京、蔡攸和童貫之罪的御史中丞許翰之奏，貶領水衡職二十年的保和殿大學士孟昌齡、延康殿學士孟揚、龍圖閣直學士孟揆父子。丁巳（廿一），再責朱勔居住衡州（今湖南衡陽市）。據李綱所記，他在戊午（廿二），扈從已從鎮江返抵南都（應天府，商丘）的徽宗詣鴻慶宮燒香，徽宗出示尚書省的一道劄子，說宋廷有指揮，行宮內侍十人，皆與外宮觀，不得入京。徽宗對李綱說這十人都是梳頭繫裏隨侍左右不可缺的人。李綱說會回去跟欽宗取旨留下這些人。徽宗即表示數內兩人，是童貫親戚，不須留下，他只想留下馮彥等。徽宗這時也不保住童貫家人了。辛酉（廿五），欽宗以臣僚在己未（廿三）上奏，將守黃河敗軍之內臣梁方平誅殺於京師的茅座橋。童貫這時仍未像梁方平被處以極刑，但宋廷言官及詔旨一再指責他。好像在是月乙丑（廿九），監察御史胡舜陟（1083～1143）便劾奏童貫的兩員參謀宇文虛中和王雲，實啟邊患，說他們及聞寇至，就輒先逃歸，胡以為當時宋廷沒有加罪，反以宇文虛中為資政殿大學士、京畿宣諭使。偏他不肯就職，逃於宿州和亳州間，胡以宇文虛中這樣的行徑，於律當誅，現今卻置於樞府，委以重任。至於王雲本奉旨募兵京城，卻逃往香山，現猶列從班，實不知恥。另外，李光說「合臺諫官論列童貫開邊生事，擁兵南奔，罪積惡大，黨類實繁」，而助成姦惡者，如宇文虛中和王雲。李光說「燕雲之役，二人參議幕中，實為謀主。貫未嘗知書，每奏報朝廷，一時欺謾誇誕之言皆出其手。敵騎入寇，隨貫馳入都城，張大聲勢，決東幸之策。朝廷震驚，進虛中為資政殿學士充撫諭使；雲為給事中，奉使募兵。當危急之時，四方勤王之師未有至者，陛下躬宵旰之憂，大臣窮日夜之慮，二人既以計脫，擁兵自衛，徘徊近畿陰拱以觀成敗。及聞西兵稍集，和議已定，單身入城，復據要近，士論洶洶，莫不憤嘆。」李光一奏不完，再上奏抨擊宇文虛中和王雲「身為士大夫，職列侍從，卻朋附童貫，贊助開邊，使兵連禍結。及敵騎內寇，朝廷憂危，將命募兵，逗撓不進。前後臣僚交章定虛中、雲罪與王蕃等。蕃已責授散官安置，議者猶謂輕典，獨此二人赦而不誅，已駭物論，今乃反置近列，居密勿獻納之地，急則用計而脫禍，緩則詭辭而冒榮。專為身謀，無復人臣之節，兼近年以來士大夫交結宦官，浸以成俗，虛中為翰林學士，雲為中書舍人，皆朝廷華選。貫皆倚為腹心，每用兵行師，皆有將帶前去之語，靦顏就道，曾無愧恥。」他以「虛中輩姦貪趨利，庸近凡鄙，交結近習，迹狀明白，辱國甚矣，伏望撿臣前奏，付外施行，早賜罷

黜，以厭公論。」李光兩次點了童貫的名，要求罷免其幕僚宇文虛中和王雲。欽宗並未即時處分二人，但下詔言及諸司使臣之任用，也點了童貫的名，說朝廷近來輕用爵賞，正是蔡京和童貫敗壞祖宗舊制，故干求之人援以為例，結果授官泛濫。〔註 46〕

當言官對童貫的兩名僚屬窮追猛打時，太學正吳若（？～1132 後）在二月壬戌（廿六）上書論吳敏和李邦彥時，則點出蔡京和王黼勾結童貫的緣故，從而論說朝臣若不阿附他們，就被排斥。他說：「今日之禍，王黼之罪，當居蔡京之次。童貫之竊兵柄，蔡京實縱之，王黼特曲從上皇之欲取燕山耳。當時王黼能諫，則不為宰相。」而「自崇寧以來縉紳非無才智之士，例為蔡京父子、童貫、梁師成、王黼所污。」他也指其姻親張邦昌獲欽宗用為相，只因張曾面折童貫。他說「夫童貫奴材，罪盈惡著，面折其短，誰不能之？」據說吳若曾勸張諫徽宗花石事，張不聽。吳也就看不起張。吳若在同日致書御史中丞許翰時，又再申前論，說「王黼姦惡，難逃刑誅，然比蔡京十無四五。童貫之能竊兵柄，蔡京實縱之。方童貫之惑上皇，圖幽薊。豈由王黼？黼特欲分奇功取宰相耳。蔡京果憂國者，何不死爭耶？」〔註 47〕

〔註 46〕《宋史》，卷二十三〈欽宗紀〉，頁 425；《靖康要錄》，卷三，頁 399～400，412～413，418；《十朝綱要》，卷十九〈欽宗〉，靖康元年二月乙卯至辛酉條，頁 563；《會編》，卷四十二〈靖康中帙十七〉，靖康元年二月二十六日壬戌條，葉十一下至十二上（頁 318）；李綱：《李綱全集》，卷八十三〈奏議‧奉迎錄〉，頁 837；徐自明：《宋宰輔編年錄校補》，第二冊，卷十三〈靖康元年〉，頁 851～852；《全宋文》，第一百五十四冊，卷三三零七〈李光二‧論王雲等箚子一、二〉，頁 73～75（原載《歷代名臣奏議》卷一八二）。關於欽宗錯用梁方平及其軍事責任問題，汪聖鐸的專文曾有論述，可以參閱。梁方平曾從征西夏及平方臘，應屬於童貫麾下。參見汪聖鐸：〈北宋滅亡與宦官〉，頁 119。

〔註 47〕《會編》，卷四十一〈靖康中帙十六〉，靖康元年二月二十六日壬戌條，葉十上至十二下（頁 309～310）；卷四十二〈靖康中帙十七〉，靖康元年二月二十六日壬戌條，葉四下至六下（頁 314～315）；卷一百五〈炎興下帙五〉，建炎元年六月四日壬戌條，葉九上（頁 773）；《繫年要錄》，第二冊，卷二十，建炎三年二月戊午條，頁 410。按吳若字秀海，相州安陽人，以上舍釋褐授修職郎，文學優贍而議論慷慨，他娶張邦昌姨女（一說兄女）。他勸張邦昌不聽，乃言於張妻。她駭然說吳風邪否。他除太學正，上書對吳敏說，吳救李邦彥即是救蔡攸。他後被罷，即日出城而去，頗為士林所惜。他後受累坐廢，到建炎三年二月，高宗為張邦昌平反，便召他赴行在。又據《會編》引《中興姓氏錄‧叛逆傳》，張邦昌曾與童貫議事，面折其過，而士論美之。當童貫在宣和六年再領軍往謀燕，張建議止其行。當時張邦昌敢逆童意，也屬不易。參第七章注 48。

欽宗敬重的楊時也上奏請黜王雲等，稱童貫、梁師成、李彥皆天下所共嫉，而宇文虛中和王雲都是童貫的心腹。他也指斥朝臣韓駒諂附另一權閹李榖，獻賦入仕，又依附梁師成超陞。〔註48〕總之，童貫的屬僚都成為言官攻擊的對像。

上文提到，徽宗行宮有內侍十人。言官這時也不放過他們。李光便上奏痛劾，他點了內臣九人之名，包括童貫婿李琮和徽宗想留下的馮彥，第十人大概就是童貫本人：

> 道君太上皇帝倉卒南征，暴露野次，陛下憂懼，不知所為。金人退師之翌日，遣使問安，又擇見任執政為奉迎使，陛下東嚮，臨遣於庭，令所至賞犒隨行將士，撫諭行宮使。已下令扈從，以必上皇之歸，孝思至矣。且命宗室父老迎謁近句，亦既越旬，未聞屬車之音。羣臣士庶不能無私憂者，以羣小人在側耳。臣訪問隨行內侍，其間頗有讒邪之人，造飾奸言，欲以離間陛下父子，以龍德為隘，而進西幸之策，使陛下以天下之大，而不能安其親，挾此為奸，何所不至。此誠社稷之深憂也。臣願陛下擇其尤甚者，行遣一二，其往來京城踪跡詭秘如鄧珙者，傳播詔書，以惑眾聽；如劉爽者妄議朝政，不循分守；如徐霽者，朋附道流，凶惡稔著；如董舜賢者、李琮、梁師彥之陰懷反側，任鈞、馮彥、石如岡之素著凶豪。凡此數人，皆工讒善佞小人之桀黠者也，自知過失既多，畏陛下之嚴，恐一旦有所不容，是以日夜闚覘，搆間百端，不可不慮。臣愚伏望陛下遣使躬稟上皇，將此數人重行竄斥，別選老成端愿之人，以充上皇掃除之役。庶幾小人不敢牽制行宮。既復二聖重歡，實天下慶幸。〔註49〕

宗望的東路軍退兵，欽宗就鬆了一口氣，二月壬子（十六），宗望還將滑州和濬州歸還宋廷。欽宗卻不知河東形勢仍吃緊，宗翰在兩天後（甲寅，十八）在平陽守將劉嗣初的引導下過南北關。乙卯（十九），權威勝軍李植以城降，知軍詹丕遠被殺。同日，金軍猛攻隆德府（即潞州，今山西長治市），城中無備，但知府張確不肯降，乘城拒守，乃與通判趙伯臻、司錄張彥遹死之。宗翰以燕人姚璠知府事。欽宗亟命統制郝懷將兵二萬（《靖康要錄》作一萬）守河陽，扼太行之險。幸而宗翰不能攻克重鎮太原，宋廷尚有喘息的空間。

〔註48〕黃震：《黃氏日抄》（四），卷四十一〈讀本朝諸儒理學書九・龜山先生文集・奏議〉，頁252。按今本的楊時集未收他劾王雲及宇文虛中之奏議。

〔註49〕李光：《莊簡集》，卷八〈論內臣鄧珙等狀〉，葉十二下至十三下。

欽宗這時還想策反金將耶律余睹（覩）。辛酉（廿五），他一方面派給事中王雲及馬軍都指揮使曹曚使宗望軍，迎還肅王，另一方面詔种師道為河北宣撫使駐滑州，又以殿前都指揮使姚古為河東制置使，以馬軍副都指揮使种師中副之，由姚古總兵援救太原，种師中援中山和河間府。乙丑（廿九）金兵又犯澤州之高平縣（今山西晉城市高平市），知澤州高世由（？～1127）往犒之，金兵乃退。賊過興兵，欽宗這時又聽主戰派大臣包括剛在二月甲辰（初八）擢為右諫議大夫楊時的意見，不肯割讓先前答應的三鎮。楊時還舉薦种師中和劉光世，說他們皆一時名將，他們始至而未用，請召他們至御前問方略。〔註50〕

朝臣晁以道（1059～1129）也在二月辛亥（十五）應詔上書，反對割讓三鎮，他在論事時，批評兵制之壞，初變更於王安石，卒殲盡於童貫，以致天下之勢危矣。從政郎胡如壎（？～1134 後）也應詔上書，痛劾蔡京、王黼、童貫、朱沖和朱勔之罪，他斥童貫本奴隸之才，乏將帥之略，啟戎生事，獵取大官，說童的門下趨走吏玷列三品者無慮數十人。他請孥戮童貫以謝西北戰士。〔註51〕朝臣在這時，甚麼過錯都推到童貫的頭上。

〔註50〕《宋史》，卷二十三〈欽宗紀〉，頁 425；卷四百四十六〈忠義傳一・張確〉，頁 13169～13170；《十朝綱要》，卷十九〈欽宗〉，靖康元年二月壬寅至乙丑條，頁 562～563；《金史》，卷三〈太宗紀〉，頁 54；《靖康要錄》，卷三，頁 340、347～348、382～384；《會編》，卷三十七〈靖康中帙十二〉，靖康元年二月十五日辛亥條，葉十一上至十二上（頁 281～282）；卷三十八〈靖康中帙十三〉，靖康元年二月十五日辛亥條，葉一上至十三上（頁 283～289）；卷三十九〈靖康中帙十四〉，靖康元年二月十六日壬子條，葉一上至五上（頁 290～292）；卷四十〈靖康中帙十五〉，靖康元年二月十九日乙卯至二十二日戊午條，葉十上至十一上（頁 303～304）；《宋會要輯稿》，第八冊，〈職官六十九・黜降官六〉，頁 4911；《楊時集》，第一冊，卷一〈上書・欽宗皇帝・其二、其三〉，頁 20～23；李光：《莊簡集》，文淵閣《四庫全書》本，卷九〈論王雲等箚子〉，葉十五下至十六下；元好問：《中州集校注》，第八冊，卷十〈滕奉使茂實八首・哀隆德守臣張確，確浮休張舜民之弟，嘗為鄜延帥幕，獨不廷謁童貫，作詩弔之〉，頁 2553～2555；周密：《齊東野語》，卷十一，「滕茂實條」，頁 193。按《宋會要》記知威勝軍詹丕遠於七月戊辰（初四）責勒停，仍取勘，坐寇至逃遁。疑詹沒有被殺，而是逃遁，給宋廷發現而責降。又據元好問及周密的記載，張確是張舜民弟，曾為鄜延帥幕僚，童貫執掌西北軍政時，他獨不肯廷謁童貫。

〔註51〕晁以道：《景迂生集》，文淵閣《四庫全書》本，卷二〈靖康元年應詔封事〉，葉一上至十一上；《會編》，卷三十八〈靖康中帙十三〉，靖康元年二月十五日辛亥條，葉九上（頁 287）；《全宋文》，第一百八十五冊，卷四零七五〈胡如壎・上欽宗封事〉，頁 366（原載《同治萬年縣志》，卷九，同治十年刻本）。按《會編》將晁以道寫作晁基。

　　因金東路軍退師，而西路軍主帥宗翰在三月癸未（十七）還雲中，只由
部將銀朮可圍太原，金人再度兵臨京城的威脅減少，欽宗就著力重整他的班
子。他首先要做的大事，就是迎還徽宗，以解除另立朝廷的隱患。雖然童貫、
蔡攸及朱勔均被遠貶，但安全起見，還是及早迎還徽宗，也可以在孝道方面
說得過去。徽宗在二月辛酉（廿五），已從鎮江抵揚州。三月丁卯朔（初一），
欽宗再遣蔡攸妻舅徽猷閣待制宋暐奉表徽宗行宮。癸酉（初七），再命門下侍
郎趙野為徽宗行宮的奉迎使。丙子（初十），令改擷景園為寧德宮，奉鄭太后
入住。在揚州停留的時候，徽宗有一次曾想去揚州有名的石塔院參觀，以該
處塔之製作精妙得名。他先派人排辦供奉，眾內臣環視之，都讚賞不止，說
京師無此制作。卻不料有僧在旁厲聲說，為何不取之充花石綱。眾人愕然。
徽宗聞之，甚為掃興，就沒有去參觀。童貫這時應仍侍徽宗左右，不過沒載
他對寺僧的諷刺有何反應。癸未（十七），欽宗再遣知樞密院事李綱迎候徽宗
於南京應天府，並以新任的太宰徐處仁為扈駕禮儀使。據周必大所記，宋暐
在宿州見到徽宗，便率官吏迎拜於河上，徽宗召宋登舟，宋呈上欽宗書。徽
宗看罷慼然，說流言致朝廷相形迹，監司州縣觀望風指，往往忘分慢職。宋
暐一一慰解。他又問為何童貫被貶池州，現猶未行。徽宗就說勝捷軍隸童貫，
現不知交付予誰。宋建議交予宇文粹中和范訥便可。徽宗於是召見二人，使
交兵權。翌日徽宗卻推說童貫得勝捷軍情，忽然罷之怕會生變。宋暐就力斥
童貫平日敗壞軍政，西北之人怨入骨髓，今將他斥去，正所以安眾人。至於
生變之語，其實是童貫自解。宋暐如此說，不過是釋徽宗之慮。事實上當童
貫被貶，有勝捷軍士確口出惡言。這時又有朝臣對欽宗說，聞知徽宗將還京，
京師的人恐懼有變，或請為備。徐處仁聞此，力勸欽宗當出郊迎接，不必怕
軍士妄言，他並自請擔任迎駕使，統禁旅出郊。欽宗方才釋懷。甲申（十八），
徽宗抵南京。乙酉（十九），欽宗迎鄭太后於宜春苑，鄭太后入居寧德宮。丁
亥（廿一），欽宗朝鄭后於寧德宮，並詔扈從行宮官吏，候徽宗還京日優加賞
典。詔除有罪之人迫於公議已行遣外，其他人令台諫勿復用前事上言。欽宗
就是說，除了蔡京、童貫等人外，其餘人皆不予處分。甲午（廿八），令籍朱
勔家，朱勔安置廣南。監察御史余應求（？～1152後）不滿欽宗輕易放過蔡
京和童貫，是日便上言指「隳壞軍政，構造邊隙，棄盟啟戎，招寇貽禍，私
取官物，擅蓄禁兵者，童貫始之，譚稹繼之，則貫之罪大於稹審矣。」他請
放蔡京父子於南荒，梟童貫和朱勔於東市。秘書郎陳公輔也劾蔡京父子懷奸

誤國，終未行遣，而朝廷公卿百執事半出其門，必有人庇之。欽宗從二人之議，再貶降蔡京等。丙申（三十），蔡京自中奉大夫守秘書監分司南京為崇信軍節度副使，安置德安府（即安州），令蔡攸前去省視。不過，是日言官卻痛劾欽宗所信任用以對付童貫的宋映，說他在「宿州事為脅持離間」，又說他「憸佞庸狡，專事反覆，早締交於王黼，復聯姻於蔡攸」，又指他「欲黨庇蔡攸，盛稱蔡攸有扈從之功，又言上皇忿怒之意於陛下，又自稱所以解釋上皇之語於縉紳士大夫間。」又指在宋的護送下，蔡京、蔡攸一門與他一家人都無一在京師。欽宗聞言，就將宋落職與在外宮祠。七月癸酉（初九），宋再因六月辛丑（初六）甫陞任左正言（一作右正言）的程瑀（1087～1152）說他「構造語言，悖理傷義，誑誤聖朝，所害不鮮」，再貶單州團練副使，永州安置。〔註52〕

〔註52〕《宋史》，卷二十三〈欽宗紀〉，頁426～427；卷二百四十三〈后妃傳下‧徽宗鄭皇后〉，頁8639；卷三百七十一〈徐處仁傳〉，頁11520；卷三百七十九〈陳公輔傳〉，頁11693～11694；《金史》，卷三〈太宗紀〉，頁54；《十朝綱要》，卷十九〈欽宗〉，靖康元年二月辛酉至三月丙申條，頁563～564；《編年綱目》，卷三十，頁787；《長編紀事本末》，第八冊，卷一百四十八〈欽宗皇帝‧誅六賊〉，葉八下至九上（頁4472～4473）；《靖康要錄》，卷三，頁424～425，444，448～449，452，462～463，472；卷四，頁488～489，496～498，506～507，529～531，538，568～569，575～578；卷七，頁824；卷九，頁903；《會編》，卷四十三〈靖康中帙十八〉，靖康元年三月五日辛未至十五日辛巳條，葉三下至十二下（頁322～326）；卷四十四〈靖康中帙十九〉，靖康元年三月十七日癸未條，葉一上至四下（頁328～329）；十九日乙酉至二十日丙戌條，葉五下（頁330）；二十五日辛卯條，葉七下（頁331）；二十七日癸巳至二十八日甲午條，葉九上至十四下（頁332～334）；卷四十五〈靖康中帙二十〉，靖康元年三月三十日丙申條，葉一上至二下（頁335～336）；趙汝愚：《宋朝諸臣奏議》，上冊，卷六十三〈百官門‧內侍下〉〈余應求‧上欽宗論中人預軍政之漸‧靖康元年四月上‧時為監察御史〉，頁705～706；周必大：《文忠集》，卷三十一〈徽猷閣待制宋公映墓誌銘‧乾道二年〉，葉八上至十一上；陸游：《家世舊聞》，卷下，頁219；曾敏行：《獨醒雜志》，卷十，第244條，「石塔院僧」，頁94～95。據陸游引述其父陸宰之言，鄭皇后所謂要進入的宣德門，是京師的正門，原是唐汴州鼓角門。至梁建都，謂之建國門。經歷五代，制度極卑陋。至祖宗時，始增大之，然不過三門。蔡京為相，就窮極土木之工改建，增至五門，名為太極樓，後以太極為美名，復稱宣德門。過去的宣德門三門，只有帝后自中門出入，若賜臣下旌節，亦啟中門而出。到改建後，中門之左右二門，平時均鎖上，賜文臣旌節，則啟左門，賜武臣旌節，則啟右門。據載此門雖極精麗，然氣像不及昔日之宏壯。關於宋映出使東南，勸說徽宗還京，以及徽宗本來不想回去，而欲去洛陽，最後終於還朝的箇中曲折，張邦煒前引文曾有論析。參見張邦煒：〈靖康內訌解析〉，頁484～490。

宋暎是蔡京父子的人，他力攻童貫，實在也為了自保，故亦不容於宋廷的言官。

究竟是誰離間徽宗、欽宗父子？欽宗的朝臣當然痛打落水狗，指責是扈從徽宗諸臣包括童貫、蔡攸等致之。有份扈從的尚書右丞宇文粹中在多年後答趙參議（當是趙鼎，1085～1147）之問，就把徽宗出走，欽宗憂疑不止而派人迎還的曲折，站在他們兄弟的立場加以辯說：

> 丙午歲說金酋退師乃舍弟耳（按指宇文虛中）。是時某被旨扈上皇行宮，然茲事比舍弟尤難。上皇初以金人逼畿甸，南幸淮楚，姦人乘時專以離間父子為進身計。某既受省劄，兼程星夜奔至行宮，以便宜收童貫宣撫使印，以裁省浮費。罷貫與蔡攸隨從官屬、使臣，削其事權，疏逖小人朱勔等。劄奏邀上皇，告以遜位之文，以雪無根之謗。止矗山專命按治之行，以安人心，（時已遣矗山提兵鞫治隨行官、內侍等，得某奏遂止。）……淵聖灼知上皇慈愛之深，在便殿喜見顏色，宣諭宰執，謂前此本無許多事，皆是妄傳。……自此兩宮凡有計議，皆委某傳達，父子間廓然無疑矣。而一時傾覆之人，慮二聖重懽則其身必危，巧為沿飾，間隔百端。〔註53〕

然而，欽宗君臣早就認定扈從諸臣就是姦臣，宇文粹中只貶知江寧府已是幸運了。群臣口誅筆伐的姦臣中，蔡攸幾成漏網之魚。監察御史胡舜陟看不過，早在三月辛未（初五），他便上奏指平燕以來為宣撫使的，計有童貫、蔡攸、王安中、譚稹。他們共成邊患，幾喪社稷，如今童貫等皆責官：童貫責池州，王安中責隨州，譚稹責房州，惟獨蔡攸可任便居住。若以蔡攸扈從徽宗，故讓他任便居住，他留在徽宗身旁，卻是有害無益。欽宗於是詔待徽宗回來再取旨處置蔡攸。〔註54〕

陞任左司諫的陳公輔也認為處置蔡京等罪太寬，他意猶未盡，再以四月陰氣大盛上奏，請將他們誅戮：

> 臣聞蔡京、王黼、童貫、朱勔數輩，其為奸邪，有不可勝言者。天下之民。思食其肉。今雖各曾行遣，然或處善地，或全腰領；其

〔註53〕《全宋文》，第一百四十五冊，卷三一二九〈宇文粹中・答趙參議書一、答趙參議書二〉，頁252～253。按宇文粹中二書，原載《國朝二百家名賢文粹》卷一百十一。第一書自辯他調護徽、欽二帝之功，第二書就為弟宇文虛中出使金人之勞辯護。

〔註54〕《靖康要錄》，卷三，頁443～444。

> 子孫親戚，尚有未曾盡行竄殛；田宅物產，尚有未盡行籍沒。若是，
> 豈非奸邪去之未盡耶？……臣願陛下將蔡京、王黼、童貫、朱勔等
> 數輩，重行誅戮，其子孫親戚，並當流竄，田宅物產，並當籍沒，
> 以快天下之心。〔註55〕

四月己亥（初三），徽宗終於返回京師，欽宗聽從陳公輔的意見，率后妃
嬪御、親王貴戚、百官公卿及士庶耆老迎於迎春苑，奉入居龍德宮。壬寅（初
六），欽宗朝父於龍德宮。癸卯（初七），欽宗立長子大寧郡王趙諶為太子。
對於欽宗立儲大典，言官並未忘彈劾童貫等，監察御史胡舜陟（按：許翰《襄
陵文集》以此奏為許翰所上）首先在同月辛亥（十五）（《會要》作十三日），
在論事時批評童貫，說：「天下奸惡如織，蕪穢郡縣。吏部充塞，無闕以擬注；
版曹空匱，不給於祿廩。願詔吏部稽考庶官，凡由楊戩、李彥之公田，王黼、
朱勔之應奉，童貫、譚稹等西北之師，孟昌齡父子河防之役，與夫夔蜀、湖
南之開疆，關陝、河東之改幣，吳越、山東陂田，宮觀、池苑營繕之功，後
苑書藝、文字庫等之賞」，又指「自童貫開燕，以燕為邊面，如雄州、中山、
河間，疆場備禦一切廢罷，凡百邊事，久習誕謾，兵以少為多，粟以無為有，
將以不才為才。」甲辰（初八），臣僚也劾知陝州王復是童貫、梁師成、王黼
等的僕隸，劾他交結近侍，賂遺權貴，臨民無狀，雖然已落職，仍以通議大
夫守職。宋廷就將王復罷職。壬子（十六），御史中丞陳過庭（1071～1130）
上言，「以蔡京竊弄威柄於前，王黼竊弄威柄於後；蔡京、王黼敗壞法度於內，
童貫、蔡攸敗壞法度於外，爭權競利，其初雖相為矛盾，至於包藏禍心，害

〔註55〕趙汝愚（編）：《宋朝諸臣奏議》，上冊，卷四十五〈天道門・災異九〉〈陳公
　　　輔・上欽宗論陰盛・靖康元年上，時為左司諫〉，頁477～478。按陳公輔此奏，
　　　不載上於靖康元年哪月，據奏中提到「四月純陽用事，陰氣退聽之時，又陛
　　　下誕生之月。……自數日來，天氣清寒，日色微薄，濃雲不開，霪雨繼作」。
　　　似應是四月前後。又奏中稱蔡京、童貫等雖行遣，但仍處善地，則當是四月
　　　癸丑（十七）蔡、童被遠貶前。惟王黼早已於正月被誅，不知陳公輔為何仍
　　　以誅王為請。他奏中提到「宰執忿爭上前，無所畏避，或詆毀同列，或中傷
　　　善良，豈大臣不和耶？」當是指徐處仁與吳敏之爭。惟二人要到八月才己因
　　　忿爭而雙雙被罷（事見下文），可能二人早在四月已公然相爭，而為陳公輔所
　　　論。考陳公輔字國佐，台州臨海縣（今浙江台州市臨海市）人，《宋史》卷三
　　　百七十九有傳。王曾瑜先生也視他為李綱的同道，對他的事蹟多有考論而有
　　　好評。他在南宋初年，李綱拜相時獲召為吏部員外郎，後李綱罷而補外職。
　　　因彈劾趙鼎，當趙拜相後，就被投閒，以徽猷閣待制提舉江州太平觀，卒於
　　　紹興十二年。參見見王曾瑜：〈李綱的同道〉，頁176～181。

民蠹國，則若合符節。然竄殛之刑獨加於王黼，而蔡京和童貫止於善地安置
而已，罪同罰異，其誰不疑？」癸丑（十七），欽宗就依其奏，再移蔡京衡州
安置，童貫責昭化軍節度副使郴州安置。朱勔亦因言官之言，羈管韶州，其
子朱汝賢居住全州（今廣西桂林市全州縣）。言官也不放過視為童貫親信的宇
文虛中。同日，胡舜陟繼同年二月上書，再度劾宇文虛中，說他「天資姦佞，
善麗權貴，始由梁師成以進，其後童貫平燕，遂為參謀，凡貫欺妄君父，文
飾己功而見於章奏者，皆虛中為之。自貫始開燕、薊，謀取雲中，蠹國喪師，
妄竊功賞，招納叛亡，構成邊患，皆虛中主謀。及貫聞寇之，棄兵遁歸，而
虛中亦與之偕來，遂使邊城不守，胡騎長驅。在律當與貫相次受誅也。朝廷
猶責以後效，進大學，用為軍前宣撫使。虛中輒遁逃淮甸，至煩聖旨遣內侍
追尋，始趨闕下。」欽宗從其言，就命曾孝序（1049～1127）代知青州，召宇
文虛中來闕。辛酉（廿五），將宇文虛中落職與宮祠。宇文虛中被指為童貫黨
羽，只受落職處分，也算欽宗寬大。欽宗對招致童貫起意聯金滅遼的罪魁，
已貶郴州的趙良嗣，就毫不留情，因監察御史胡舜陟上言，指「今日構成邊
患，幾傾社稷，實自歸朝官趙良嗣。便佞狡猾，虜中姦雄，始得罪於其國以
逃，童貫得之，延為上客，遂與金人有海上之盟。因以叨竊寵祿，日與貫謀
開燕，敗契丹百年之好，召金寇侵陵之禍。以良嗣肆諸市朝，未足以償吾赤
子肝腦塗地之苦，今猶居郴，安處善地，典刑未正，公議不容。近童貫亦移
郴，豈可使二賊共處？伏望特賜睿斷，戮之於市」。欽宗就從其言，在同月癸
巳（廿七）（按：《會編》引《中興遺史》將趙被誅之事繫於三月廿七日，《靖
康要錄》注者已考證其誤，按三月底童貫尚未移郴州，又《宋史》及《皇宋
十朝綱要》及《靖康要錄》繫於七月辛卯詔誅童貫同日，亦大誤），今廣南西
路轉運使李昇之將趙良嗣梟首，其妻侯氏及家屬送吉陽軍編管。欽宗又應先
前胡舜陟之奏，詔令吏部稽庶官，凡由楊戩、李彥之公田，王黼、朱勔之應
奉，童貫西北之師，孟昌齡河防之役等所得爵賞，悉數奪之。據《宋史・選
舉志五》的記載，崇寧以來，類多泛賞，如曰「應奉有勞」、「獻頌可采」或
「職事修舉」特授特轉官的，都無事狀可言，都是童貫、梁師成諸人求請，
而所請求皆有定價，故不三五年，選人有至正郎或員外，帶職小使臣至正副
使或遙郡橫班。宋廷到這時才革除這些僥倖之徒。欽宗在是月乙丑（廿九），
再因御史中丞陳過庭之言，將蔡京移置韶州，童貫置英州（今廣東英德市），

朱勔循州（今廣東梅州市），蔡攸責節度副使安置永州，令蔡京及朱勔子孫分貶湖南，並差使臣押送前去。五月壬申（初七），再因胡舜陟之嚴劾將蔡攸安置潯州（今廣西貴港市桂平市）。欽宗迎回徽宗後，已無後顧之憂，於是毫不留情對其父的寵臣進一步清算。不過，欽宗處置童貫仍未到底。值得一提的是，鄭太后在回京事上，甚為知幾。當時有人謠言徽宗將會在鎮江復辟，致人情危駭。她先徽宗返京師，有人說她將由宣德門直入禁中，有內侍頗勸欽宗嚴備。欽宗不從，出郊迎接鄭太后，於是兩宮歡處甚洽。徽宗聞之，就打消往洛陽之議。由於鄭太后識大體，化解了徽宗父子的部份心結。欽宗德之，在四月癸丑（十七），便晉封鄭后父鄭紳自太師、沂國公為樂平郡王。另外，與童貫扈從徽宗而中道割蓆的高俅，居然在返京後，同日獲欽宗加檢校太保，進封簡國公。大概他一早向欽宗輸誠，揭發童貫罪行，故不但沒被貶，還得以陞官。〔註56〕

　　宋廷言官看到欽宗重責童貫的同時，也一再上言請欽宗勿重蹈覆轍，再用內臣統軍。四月丁酉（初一），監察御史余應求上言，針對內臣河東走馬承受王嗣昌的權力過大，就歷數童貫及譚稹的惡例，特別提到童貫從小小的走馬承受，竟然一步一步成為位極人臣的郡王和樞密使：

〔註56〕　《宋史》，卷二十二〈徽宗紀四〉，頁417；卷二十三〈欽宗紀〉，頁427～429；卷一百五十九〈選舉志五・銓法下〉，頁3732；卷二百四十三〈后妃傳下・徽宗鄭皇后〉，頁863；卷三百七十八〈胡舜陟傳〉，頁11669；卷三百七十九〈陳公輔傳〉，頁11693～11694；卷四百七十二〈姦臣傳二・趙良嗣〉，頁13735；《十朝綱要》，卷十九〈欽宗〉，靖康元年四月戊戌至五月壬申條，頁564～565；七月辛卯條，頁567；《長編紀事本末》，第八冊，卷一百四十八〈欽宗皇帝・誅六賊〉，葉九上（頁4473）；《靖康要錄》，卷五，頁595，606，608，613～614，640～641，647～648，652～658，660～661，688；691～692，695～696；卷六，頁744～745，749～751；卷九，頁978～980；趙甡之：《中興遺史輯校》，靖康元年三月癸巳條，頁9；許翰：《許翰集》，《襄陵文集》，卷五〈慎用人材疏〉，頁85；《宋會要輯稿》，第八冊，〈職官五十四・宮觀使〉，頁4471；第十冊，〈選舉二十三・尚書左選下〉，頁5684；卷四十五〈靖康中帙二十〉，靖康元年四月三日己亥至六日壬辰條，葉二下至五上（頁336～337）；卷四十六〈靖康中帙二十一〉，靖康元年四月十六日壬子條，葉一上至二上（頁344）；卷四十七〈靖康中帙二十二〉，靖康元年五月八日癸酉條，葉二上至四下（頁351～352）。考林煌達引述陳過庭之奏，以蔡京及童貫安置的地方，優於同罪的王黼，有欠公平，於是欽宗再將蔡京和童貫安置於較差的嶺南地方。事實上欽宗只是等言官出手，再重貶童貫。參見林煌達：《禮遇與知止：宋代閒散與不適任官員》，第六章〈居住地點的限制與任便〉，頁322～323。

自古中人預軍政，未有不為患者。故齊寺人貂漏師于多魚，夙沙衛殿而二將見獲；唐用監軍，每無成功。此可為後世深戒者也。國家近年邊事專委童貫、譚稹，終成大禍，幾危社稷。今兵革未弭，選將命帥，固當委任，責以成效，所遣中人不過隨軍承受奏報文書而已。臣竊見近者河東承受王嗣昌奏請畫一，乞今日報將兵，覆驗首級，提點賞犒，催促糧運及差發探報，動息出入皆報承受所，則是又預軍政矣。雖名承受，其實監軍也。夫軍政不專于主帥而關決于承受，則動有牽制，進退狐疑。又唐之監軍，多擁精兵自衛，勝則坐分功賞，退則引兵先遁。今嗣昌又乞以隨軍步馬各兩隊防護，若近裡幹當，抽摘隨行，是又蹈唐監軍之跡也。如此，豈有同心赴敵，死于行陣之間哉？朝廷不察其意而從之，臣恐將帥依違，不能專制。又慮積日累勞，他時為監軍，為制將，自茲始也。臣又觀童貫之初用事也，為熙河蘭會路承受而已，繼而措置邊事，又為安撫制置使，又為宣撫使，終之爵郡王，職樞密。譚稹之初用事也，亦熙河蘭會路承受而已，繼而為幹當公事，又為淮浙制置，末乃為河東宣撫使。蓋其由來有漸，非一日之積也。今嗣昌初為承受，許預軍政，安知數年之後，不復為貫、稹者乎？陛下方修法度以治內，命將帥以事外，嗣昌首為亂階，漸不可長。望遣還所請，以示專任將帥之意。

這次欽宗總算從善如流，詔王嗣昌奏請畫一指揮更不施行。〔註 57〕

監察御史胡舜陟也在四月辛亥（十五）上奏，提及金兵退後的防務，他指出自童貫開燕，以燕為邊面，如雄州、中山、河間，疆場備禦一切罷廢，凡百邊事，久習誕謾，竟然兵以少為多，粟以無為有，將以不才為才。他請求速改童貫留下來的弊政。欽宗的反應是命三省措畫。〔註 58〕在欽宗看來，金人退了，此非急務。

〔註57〕《宋會要輯稿》，第七冊，〈職官四十一‧走馬承受公事〉，頁 4069～4070；《靖康要錄》，卷四，頁 577。考余應求是饒州德興縣（今江西上饒市德興市）人，登崇寧五年進士，後與李綱連姻。他也被王曾瑜先生視為李綱的同道，而被李的政敵視為李的死黨。王氏對他的生平有所考述而給予正面的評價，稱他為直臣、臺諫官的典範。他在南宋初年，坐李綱累而久廢，後稍復為地方守臣，而沒有甚麼表現。參見見王曾瑜：〈李綱的同道〉，頁 181～185。

〔註58〕《靖康要錄》，卷五，頁 647～648。

　　欽宗迎還徽宗同時，也重新調整中樞人事，任免一大批朝臣，主和的被黜，主戰及守城有功的獲陞賞。三月戊辰（初二），尚書左丞李梲罷為鴻慶宮使。己巳（初三），太宰張邦昌罷為觀文殿大學士、中太一宮使，中書侍郎徐處仁陞任太宰兼門下侍郎，唐恪為中書侍郎，翰林學士何㮚為尚書右丞，御史中丞許翰為同知樞密院事。庚午（初四），宇文虛中罷簽書樞密院事知青州。同日（《會編》作初五），丟失燕京有重大責任的王安中，因言官的奏劾，再自太中大夫提舉嵩山崇福宮責授朝議大夫秘書少監分司南京，隨州居住。他的罪名是「內則締交王黼，外則求合蔡攸、童貫，論奏者莫非諛說之言，稱頌者莫非祥瑞之事，至於虜情變詐，朝廷所當關防，軍民利病，朝廷所當拊恤，並未嘗有一言及之。洎安中還朝，坐席未暖，戎寇猖獗，長驅而來，使近畿與河朔之民被劫掠者室廬焚蕩，資財悉空，父子骨肉肝腦塗地，仰貽陛下宵旰之憂，皆安中等公肆誕謾，助成邊患所致，其罪不下梁師成、譚稹。」壬午（十六），欽宗詔以金人叛盟入寇，元主和議的李邦彥、奉使許地的李梲、李鄴、鄭望之皆被罷黜。丙戌（二十），知中山府詹度為資政殿大學士、知太原府張孝純、知河間府陳亨伯並為資政殿學士，知澤州高世由直龍圖閣，賞他們城守之勞。欽宗又詔种師道、姚古及种師中往援三鎮，以保塞（保州）陵寢所在，務必固守。欽宗在是月庚寅（廿四），收到姚古收復隆德府捷報。辛卯（廿五），姚古又收復威勝軍（今山西長治市沁源縣）。甲午（廿八），欽宗以戶部侍郎錢蓋（？～1129後）為陝西制置使，解潛（？～1149）充陝西五路制置司都統制，錢蓋專一措置京兆府等路保界。反對與金人和議的前軍器少監郭忠孝（？～1128）為京兆路提刑，兼同措置保甲，以配合陝西軍來援。四月癸卯（初七），耿南仲陞門下侍郎。庚戌（十四），門下侍郎趙野罷。甲寅（十八），种師道加太尉、同知樞密院事、河北、河東路宣撫使駐滑州。欽宗這時將擊退金兵，固守三鎮的希望寄於童貫麾下這三員老將。种師道早在正月在京師與金兵交手，欽宗這時聽從許翰的進言，認為他智慮未衰，謀議可用，而姚古與种師中過去並未與金兵交手，並不認識金兵的實力。新任太宰的徐處仁同日奏請改革馬政，又奏在河北、河東、京西根括州縣逃移戶籍之田，用以召募鄉兵。徐的建議雖有理，但宋廷當務之急卻是救太原，固守三鎮。大概已無人可用，欽宗還復用第二度攻燕京的敗將劉延慶為鎮海軍節度使，同月癸丑（十七），還加他檢校少保，命他率軍守衛京師。諷刺的是，言官朝臣一直攻擊童貫敗壞軍政，用人惟親；但欽宗救亡，還得倚靠童手下

的陝西軍大將。但在同月乙丑（廿九），宋廷又將戰死的何灌子孫，送唐州（今河南南陽市唐河縣）羈管，說庶使將帥知逃遁者禍及子孫。又下賞格三千貫捕捉下落不明的姚平仲，白身的授承信郎，有官人的轉三資。宋廷這時候的做法自相矛盾，何灌並非臨陣逃脫，他戰死城下，就算子孫得不到恩恤，也不應受罰。至於提拿姚平仲，就等於迫他降金。宋廷這樣做，不知是振奮士氣，還是嚴明軍紀。〔註59〕

　　宋金交戰之時，夏人又趁火打劫，應金人之約，在三月由金肅州（今內蒙古鄂爾多斯市準格爾旗東）、河清軍（今內蒙古鄂爾多斯市準格爾旗東北）渡河攻陷天德軍、雲內州（今內蒙古呼和浩特市土默特左旗東南）、武州、河東八館之地，並約攻麟州，以牽制宋河東軍。四月戊戌（初二），陷震武城，知城兵馬監押朱昭死之。這些地方都是童貫當年辛苦經營取得，而今因熙河路守軍東援京師，兵力空虛，就為夏人所乘。據《宋史・徐徽言傳》所載，本來在宣和四年童貫伐燕時，命知太原府張孝純招河西帳族，張孝純派秉義郎徐徽言（？～1128）入其地破之，遂復天德與雲內兩城。童貫卻嫉其功，檄張孝純不得違節度，就放棄兩地不守，於是夏人輕易取得此地。不過，金將兀室隨後又以數萬騎以出獵為名，掩至天德軍，驅逐夏人，悉奪其地，夏人被迫請和，宋夏相爭多年，最後得利是金人。〔註60〕

〔註59〕《宋史》，卷二十三〈欽宗紀〉，頁 426～427；卷三百三十五〈种世衡傳附种師道种師中傳〉，頁 10753～10754；卷三百五十二〈王安中傳〉，頁 11126；卷三百五十七〈劉延慶傳〉，頁 11237；卷四百四十七〈忠義傳二・郭忠孝〉，頁 13188～13189；《十朝綱要》，卷十九〈欽宗〉，靖康元年三月丁卯朔至四月甲寅條，頁 563～564；《靖康要錄》，卷三，頁 415，431～437，476；卷四，頁 492，531，551，574；卷五，頁 608，613～614，661，668，694；《會編》，卷四十二〈靖康中帙十七〉，靖康元年三月三日己巳條，葉十四上下（頁 319）；卷十八，〈靖康中帙十八〉，靖康元年三月三日己巳至五日辛未條，葉一上至三下、七下（頁 321～322，324）；十五日辛巳條，葉十二下至十三上（頁 326～327）；卷四十四〈靖康中帙十九〉，靖康元年三月十八日甲申至二十六日壬辰條，葉四下至八下（頁 329～331）；卷四十五〈靖康中帙二十〉，靖康元年三月三十日丙申至四月六日壬辰條，葉一上至五上（頁 335～337）；卷四十六〈靖康中帙二十一〉，靖康元年四月十八日甲寅條，葉五下至八下（頁 346～347）；二十九日乙丑條，葉十二下至十三上（頁 349～350）。

〔註60〕《宋史》，卷二十三〈欽宗紀〉，頁 427；卷四百四十七〈忠義傳二・徐徽言〉，頁 13190～13191；卷四百八十六〈外國傳二・夏國下〉，頁 14021；《十朝綱要》，卷十九〈欽宗〉，靖康元年三月丙申至四月戊戌條，頁 564；范浚（1102～1150）：《香溪集》，文淵閣《四庫全書》本，卷二十一〈徐忠壯傳〉，葉一上至二上。關於北宋末年的宋夏關係，據李華瑞教授的研究，徽宗末年宋金

　　宗望的東路軍在四月辛亥（十五）返回燕京，壬子（十六），他以三鎮未曾交割，於是派賈霆和冉企弓（一作企有）來議，但他不知欽宗已決定不割三鎮。這時宋金兩軍再度交鋒主要在西線太原一帶，宋廷希望姚古一軍盡快趕到太原解圍。姚古在丁丑（十二）將兵至威勝軍，聞宗翰將至，就嚇得要走。右諫議大夫楊時在壬子（十六）兩番上書論姚古不救太原，請按軍法誅之。事實上姚古不是不想救，而是打不過金兵，宋廷偏偏在癸丑（十七）還加姚古檢校太師。丙辰（二十），姚古與宗翰戰於關南，敗績，退守隆德府。乙丑（廿九），降金的義勝軍將耿守忠等又大敗自鄜延來援太原、在前一日駐軍於汾州東北上賢（今山西呂梁市文水縣城南 9 公里上賢村）的宋黃迪軍於西都谷。宋軍諸寨被攻破，黃迪陣亡。據《金史》所記，宋將樊夔、施詵、高豐等軍來援太原，分據各部，卻被金將銀朮可與習失、盃魯、完速大破之。另金將索里、乙室亦破宋兵於太谷。宋兵據太谷縣（今西晉中市太谷縣）、祁縣（今山西晉中市祁縣），亦被金將阿鶻懶取之。太原外圍的據點全被金兵控制，金人採的是圍點打援的戰法。至於宋軍方面，种師道先在五月初，原駐滑州，他其實無兵相從，即以老病請罷。他的弟弟种師中在五月辛未（初六），奉詔以兵出井陘（今河北石家莊市井陘縣北），與姚古相犄角救太原，他從平定軍收復壽陽及榆次（今山西晉中市榆次區）諸縣。當時宋軍探得宗翰以畏暑渡井陘返回雲中，諜者以為金兵將散歸，宋廷信之，甫陞任同知樞密院事的許翰促种師中進軍，詔書切責他逗留。种師中讀詔後說「逗撓，兵家大戮

　　　　結盟攻遼時，西夏則與遼關係親密，想聯遼攻宋。宋夏雙方均試圖借遼金的力量攻擊對方；不過，遼這時力量已衰，並沒有攻宋的打算，宋則慫恿金與夏交惡。金滅遼後，志在滅宋，就主動和夏和解。夏見金勢大，就在宣和六年向金稱臣，並應金約出兵犯朔、武州，結果金取朔州而夏陷武州。當金攻太原，夏就配合犯豐州和麟州。到靖康元年二月，進犯杏子堡。三月就由金肅、河清渡河取天德、雲內、武州八館之地，四月陷震武城。西夏在是年九月又乘虛陷西安州（今寧夏中衛市海原縣），十一月陷懷德軍（今寧夏固原市與吳忠市同心縣間）。夏人趁著陝西軍東往勤王之際，奪回紹聖以來宋開邊所得之部份西夏境土。不過，金人不僅不兌現曾向西夏所許下的諾言，還在六月恃強奪去天德、雲內等地，並索回河東八館之地。參見李華瑞：〈北宋末期及南宋與西夏的關係〉，原載《寧夏大學學報》1998 年第 3 期，現收入李著：《西夏史探賾》（蘭州：甘肅文化出版社，2017 年 8 月），頁 65～75。另見李華瑞：《宋夏關係史》（石家莊：河北人民出版社，1998 年 9 月），第四章〈北宋末期及南宋與西夏的關係〉，頁 104～110。關於金夏爾虞我詐的關係，特別是北宋末年，可多閱湯開建：〈金夏關係述評〉，載湯著：《党項西夏史探微》（北京：商務印書館，2013 年 12 月），頁 304～308。

也，吾老也，忍以此為罪乎？」於是進軍。金將銀朮可使幹論擊之，攻破种師中前鋒。癸酉（初八），完顏活女於殺熊嶺（《宋史》作榆次）斬种師中，據宋人所記，當時宋右軍先退，金兵勁卒直犯中軍，諸將望風而潰，种師中墜崖陣亡。宋人所記种師中敗死之原因有不同的說法，維護他的就歸罪於許翰的相逼，及姚古沒有依期會合；反之就批評他料敵情錯誤及軍紀不嚴，以及臨陣應變太差。种師中是繼何灌、楊可勝後，童貫麾下陝西軍第三名殉於靖康之難的大將。同日（《皇宋十朝綱要》作三十乙未），拔离速敗姚古於隆州谷（宋人作盤陀，今山西晉中市祁縣東南盤陀），姚古遁還隆德府。金將撒里土又敗宋軍於回馬口，郭企忠又殲宋軍於五臺。宋廷在乙未（三十），還詔姚古進兵援太原，卻不知姚已兵敗。欽宗所倚重兩支宋軍以覆師殺將收場。再一次證明，宋以為精銳的陝西軍不是金兵的對手。〔註61〕

　　監察御史余應求再將宋軍不堪作戰歸罪於童貫。他在五月丙寅朔（初一）上奏說：「軍政之壞久矣，自童貫起邊事，二十年間，西北之兵逃亡散失，不可勝數；東南之兵游手末作，不習武藝。一旦號召，至者無幾，驅之行陣，未戰先遁，後有緩急，豈可復用？此兵革未弭而士馬不強為可慮者。」〔註62〕

　　值得一提的是，徽宗倚為心腹，與童貫分掌內外兵權，被指同負敗壞軍政的高俅，在五月己卯（十四）以開府儀同三司卒，欽宗本來以他官拜使相，

〔註61〕《金史》，卷三〈太宗紀〉，頁55；卷七十二〈銀朮可傳〉，頁1658；《宋史》，卷二十三〈欽宗紀〉，頁427～428；卷三百三十五〈种世衡傳附种師道种師中傳〉，頁10753～10755；卷三百四十九〈姚兕傳附姚古傳〉，頁11061；《十朝綱要》，卷十九〈欽宗〉，靖康元年四月壬子至丙辰條，頁564；《靖康要錄》，卷五，頁661；卷七，頁776～777；《會編》，卷四十五〈靖康中帙二十〉，靖康元年四月十五日辛亥條，葉八上至九下（頁339）；卷四十六〈靖康中帙二十一〉，靖康元年四月十六日壬子條，葉二下至四上（頁344～345）；二十八日甲子至二十九日乙丑條，葉十二上至十三下（頁349～350）；卷四十七〈靖康中帙二十二〉，靖康元年五月九日條，葉四下至十上（頁352～355）；十九日甲申條，葉十一下至十二上（頁356）；《楊時集》，卷一〈上欽宗皇帝書·其五·乞誅姚古；其六·又上疏〉，頁25～28；《繫年要錄》，第四冊，卷一百六，紹興六年十一月乙丑朔條，頁1786。考《宋史》及《十朝綱要》所記种師中兵敗的日子與《金史》有歧異。《金史》記种師中兵敗身死於五月初八，《宋史》及《十朝綱要》均作五月丁丑（十二），而《會編》作九月（日）甲戌（當為壬辰）。當以《金史》為是，《宋史》與《十朝綱要》所記當是宋人收到种死訊的日子。宋廷贈种師中少保，紹興六年（1136）十一月乙丑朔（初一），由太常議諡曰莊愍。關於种師中覆師之始末，可參閱何冠環：〈論靖康之難中的种師道（1051～1126）與种師中（1059～1126）〉，頁571～577。
〔註62〕《靖康要錄》，卷六，頁707～708。

按制要給他掛孝的恤典。太學博士李若水（1093～1127）反對，歷數高俅之過惡。他說金人犯境，所以不能即擊退，正因高俅令軍政刓弊，士不賈勇。他說高久握兵柄，實與童貫分內外之寄，其罪當均。童貫已遠貶，天下稱快，而高卻未伏罪，現在死了，安能給他恤典？欽宗初時不答應。李若水就再上一奏，除了歷數高俅過惡外，更說雖三尺之童，皆知童貫和高俅隳壞軍政之過，現時童貫已貶，高俅安能赦免？按情定罪，當示鞭尸之辱，他又點出高俅領兵扈從徽宗，是曲為補過之計。李若水將高俅與童貫相提並論，將軍政敗壞歸罪二人。欽宗本來對高並無好感，李連番上奏，他自然批准。癸未（十八），追削高俅官職，其子堯卿、堯輔、堯康均自觀察使降授右武大夫並遙郡刺史，餘官並奪，諸孫特免。與童貫比較，高俅得以善終，其子弟只降官。因他從沒有參預聯金滅遼之事，也沒有介入儲位之爭，更在護送徽宗往鎮江時，一早與童貫劃清界限，他的罪名只是「率領軍兵，敗壞紀律」，故欽宗只奪其官職，並沒有籍沒其家，流放其家人。〔註63〕

　　另外值得注意的是李憲之子李彀，他在宣和六年四月獲寬貸，降充團練副使依舊致仕，免除名安置後，到欽宗即位後，居然獲得復用為勾當御藥院，並負責守城及監造樓櫓守禦。楊時及李光均上奏痛劾他守城玩忽職守，可欽宗卻寵他如故。又是胡舜陟出手，在五月壬申（初七），歷數他在徽宗朝的過惡，說他是徽宗朝與童貫、譚稹、梁方平並稱的內臣十惡，又將之比作唐的權閹仇士良，請求將他竄斥，與童貫和譚稹同科。欽宗這次卻沒有接受胡的意見，依舊寵信李彀，後來連少宰唐恪都刻意奉迎他。欽宗與李彀頗有淵源，政和初年當欽宗為太子時，曾手書四行並加押賜他。反而童貫多年統軍掌政，都沒有給李彀任何職份，讓他立功受賞。顯然童貫沒有愛屋及烏，提拔乃師的兒子。李彀既然不是童貫一黨，欽宗於是加以任用。〔註64〕欽宗也在六月

〔註63〕《宋史》，卷二十三〈欽宗紀〉，頁428；卷四百六十八〈忠義集一・李若水〉，頁13160；《靖康要錄》，卷五，頁695；卷七，頁792；李若水（撰），張彬（點校）：《李忠愍集》（與《李清臣集》、《初寮集》合本）（保定：河北大學出版社，2017年4月），卷一〈箚子・駁不當為高俅舉掛箚子、再論高俅箚子〉，頁206～207。欽宗在是年四月乙丑（廿九），將高俅兄高伸自資政殿大學士降為延康殿學士授宮祠，其子高堯明追五官勒停，以御史台追究他們擅離職守從徽宗南逃故。關於高俅死後宋廷對他之處置，可參閱何冠環：〈《水滸傳》第一反派高俅（？～1126）事蹟新考〉，頁536～538。

〔註64〕《靖康要錄》，卷六，頁741～743。關於李彀與欽宗的淵源，和他在靖康年間的表現，可參見何冠環：《拓地降敵：北宋中葉內臣名將李憲事蹟考述》，第十章〈虎父犬子：李彀事蹟考〉，頁318，320～327。

戊戌（初三）以御筆任命他的東宮宮僚、因丁憂而罷的前同知入內內侍省事董慤，令他起復依舊差遣，為他執掌宮中之事。〔註65〕

　　种師中和姚古覆師後，太原勢危，欽宗君臣亂了手腳，一方面繼續募兵往援太原，另一方面再度抬頭的主和派主張與金議和，許割三鎮。六月丙申（初一），收回捕捉姚平仲的詔令，又詔河北諸路招募弓箭手。戊戌（初三），令中外舉文武官才堪將帥者。因李綱反對割三鎮，早在五月丙子（十一），主和派的少宰吳敏和門下侍郎耿南仲就不安好心地推薦他代种師道為宣撫使率兵救太原，擺明是借刀殺人。雖然御史中丞陳過庭及諫官余應求等皆言李綱儒者實不知兵，但欽宗不納。起初李綱仍以不知兵為由，一直不肯受命援太原，又上劄子說他辟置官吏，選用將佐，團結隊伍，關請器甲，措置錢糧，雇買車馬，種種軍需，率皆創建，並不像當日童貫和譚稹諸事熟成，上下應副，應聲可辦。這是李綱的實話，但欽宗不納，要他速行。李經其好友許翰的警告，只好應命。辛丑（初六），宋廷再以曾任童貫幕僚的劉韐為資政殿學士充宣撫副使，治兵隆德府，代替兵敗的姚古，並以陝西制置司都統制解潛為制置副使，徽猷閣待制折彥質為河東宣撫司勾當公事。劉韐屯遼州（今山西晉中市左權縣），以扼其後，解潛屯威勝軍。宋廷並令都統制折可求、張思正（按：兩宋之際分別有張師正與張思正二將，群書常將二人混而為一，張師正是勝捷軍將，七月初被李彌大所誅）與陝西路轉運使張灝（張孝純子，？～1141 後）屯汾州。癸卯（初八），為激勵士氣，欽宗繼在五月己丑（廿四）擢知太原府張孝純為武當軍節度使後，再加他檢校少保封開國侯食邑五百戶實封二百戶，另再擢陞堅守太原有功的童貫大將、馬軍副都指揮使王稟，自鎮西軍承宣使為建武軍節度使進封太原郡開國侯加食邑五百戶實封二百戶。同日，原簽書樞密院事路允迪罷職提舉醴泉觀。庚戌（十五），又敕解潛諸將，特賜金一千兩，金束帶五條，花袍三十領，許立功後加節度使。李綱出師前，

〔註65〕《繫年要錄》，第二冊，紹興元年二月壬午條，頁 788；《宋會要輯稿》，第四冊，〈儀制十三・內侍追贈・贈節度使〉，頁 2570；第五冊，〈職官七・東宮官・附諸王府官〉，頁 3218；第九冊，〈職官七十七・起復〉，頁 5147；《建炎以來朝野雜記》，甲集卷十八，第 503 條，「御前軍器所」條，頁 433。考董慤在政和五年二月欽宗冊為太子時，與知入內內侍省事楊震，一同提舉左右春坊事。他在靖康之難後倖存，在建炎中被高宗委為提舉御前軍器所，不過未踰年即被罷。但稍後又再獲重用，以延福宮使、奉國軍承宣使為入內內侍省都知提舉禁衛。他在紹興元年（1127）二月壬午（十五），以疾自請休致，高宗授他提舉臨安府洞霄宮。同年五月卒，贈安化軍節度使。

又上劄子力陳他所統之軍力不濟，主要原因是受到童貫多年來所敗壞，值得注意的是，李綱雖痛斥童貫，但還是扼要說出了童貫在徽宗朝執掌軍政大權的狀況，他說「童貫以樞臣為宣撫使逾二十年，所握者皆關陝之精兵，西討夏賊，南殄方寇，北攻燕雲，喪失師徒無慮數十萬。遂使國家兵勢削弱，以至今日有夷狄憑陵之禍，然貫一時蒙上皇信任之專，武臣將帥，皆出其門；內帑供給，不可勝計；置平貨場等，以幹萬貨之低昂；豐足足以養士，厚賂足以啗敵，故雖行師用軍，無有紀律，久而後敗」。庚申（廿五），欽宗餞李綱於瓊林苑。辛酉（廿六），李綱出師前，斬姚古麾下之敗將樂州都護、熙河都統制焦安節於瓊林苑，以振軍紀，以焦在威勝軍妄傳金兵至，又在隆德府勸姚古遁去；但此舉對提高士氣和戰鬥力毫無幫助，可能還有反效果。壬戌（廿七），李綱出師，种師道送之，歸而嘆說李之行可憂。同日（《會編》作廿八日癸亥），宋廷因御史中丞陳過庭之嚴劾，再將姚古貶為節度副使安置廣州（一作廉州），以他「雖本將家，其實畏懦素無戰功，所以登將壇持節鉞者，惟以名馬寶貨市鬻於童貫之門，濫被恩賞。以至於是，然處高位重祿，荷國厚恩，所以報稱。自太原被圍，提重兵威勝、隆德，逗留數月，未嘗寸進。」「金人方圍太原，未有一騎一卒敢入南北關。自師中失利，古輒退師威勝，士庶叩馬懇訴，願共守禦，古乃夜遁去」。童貫麾下諸將中，名位最高的姚古的確戰功不彰，反不如其養子姚平仲。其實他的麾下也有能人，南渡後戰功卓著、劉光世手下第一悍將、人稱「王夜叉」的王德（1087～1154），就是他的部將，只是人未盡其才。姚古的表現恰好成為言官攻擊任用非人證據。姚古重貶後，宋廷再責孟昌齡子孟揚、孟揆散官，孟昌齡安置揚州，孟揚安置池州，孟揆安置撫州（今江西撫州市）。另又籍沒已死多時的楊戩所擁萬金之家財。癸亥（廿八），因中書舍人安扶（？～1127）之奏，將已貶充提舉嵩山崇福宮的蔡懋降充中大夫秘書少監分司南京，安置亳州。〔註66〕

〔註66〕《宋史》，卷二十三〈欽宗紀〉，頁 429；卷三百六十八〈王德傳〉，頁 11447～11451；《十朝綱要》，卷十九〈欽宗〉，靖康元年五丙子至癸未條；六月丙申朔至癸亥條，頁 565～566；《靖康要錄》，卷七，頁 795，799，803，811，824；卷八，頁 835～836，857，861，865～866，868～870，873；《會編》，卷四十八〈靖康中帙二十三〉，靖康元年六月一日丙申朔至八日癸卯條，葉一上至十上下（頁 359～363）；二十五日庚申至二十六日辛酉條，葉十四下至十五上（頁 365～366）；卷四十九〈靖康中帙二十〉，靖康元年六月二十七日壬戌至二十八日癸亥條，葉一上至七下（頁 367～370）；李綱：《靖康傳信錄》，卷下，頁 39；《李綱全集》，卷四十七〈奏議·乞罷宣撫使待罪第二劄子〉，頁 548；卷四十

　　欽宗這時又想到聯合反金的遼將耶律大石。據李綱所記，他遣的歸朝官獲得耶律大石覆信。當他呈上欽宗時，欽宗表示聯絡到大石甚善，說命快行四人並李倫和秦同老押送錢銀絹往大石，他說當抄括得童貫的財物來，就可以發金二萬兩付河北與河東作為軍費，以賞戰士。稍後，李綱再上一奏，說已遣郭執中和大將解潛軍至北關，令他們管扼將士。他又奉上宋軍畫到太原金兵營寨圖一本。欽宗的批示就說童貫的金銀已到河北和河東，已差內臣陳珦和楊公謹管押，已命每路轉運司各一萬兩，李綱軍前三千兩。童貫沒想到，他一向括削軍費以飽私囊如今成了軍餉。〔註67〕

　　宋廷寧可用不知兵的李綱及劉鞈援太原，卻不肯起用陝西軍的首領童貫，讓他有將功贖罪的機會。不過，欽宗在六月丁酉（初二），倒還間接肯定童貫平定方臘後的做法，詔：「昨童貫出使東南，請降告牒，召人入粟納金，補授文武官階。文臣作上書可採，武官作效用盡心，并理選限，依官戶法。後因臣僚言不為官戶，及近衝改依進納法。緣江浙用兵，所費不貲，因人戶納金粟應辦，遂免科擾轉輸，實為公私之利。事平之後，復行改革，致失信於民，無以誘勸，可并依元指揮施行。」但胡舜陟在六月戊戌（初三）上言時，仍滿帶偏見地說「國家自童貫握兵以來，選將必先其家奴，其他皆以賄進，貨

八〈奏議‧論宣撫職事第三劄子〉，頁554；《繫年要錄》，第一冊，卷五，建炎元年五月己亥條，頁130；第七冊，卷一百六十七，紹興二十四年十二月庚辰條，頁2894；汪士鐸（1802～1889）等纂：《同治續江寧府志》，載國家圖書館善本金石組編：《宋代石刻文獻全編》，第二冊（北京：北京圖書館出版社，2003年3月），卷九下〈宋少保咸定公王德神道碑〉（傅雱撰），葉二下至十三下（頁426～431）。據〈王德神道碑〉及《宋史‧王德傳》所記，王德字子華，鞏州人（《宋史》作通遠軍熟羊砦人，《要錄》作鞏縣），是世保賜田的鄉弓手，習騎射，射必命中。他居西陲，據說虜畏之不敢犯塞。燕雲之役，詔天下武勇。王德就投熙河帥姚古麾下。到靖康元年秋，姚古提軍與折彥質援太原，姚古軍屯於懷州和澤州，以此間金諜多而詐，就派王德去打探敵情，王德盡得敵情並斬金首一人，以功補武進校尉。姚古薦之於折彥質，折命他為前軍將官往解太原之圍，他亦殺敵有功。靖康元年冬，他西還充熙河經略司右軍將官。熙河帥再派他率兵勤王，他就歸永興軍帥范致虛節制。高宗即位後，他率部來歸，從此隸劉光世麾下。他以後屢立戰功，官至馬軍都虞候清遠軍節度使，紹興二十四年（1154）十二月庚辰（初二）（《宋史》作二十五年卒，誤），卒於荊湖北路馬步軍副都總管治所荊南府（今湖北荊州市）任上，年六十八，贈少保，諡威定。左朝請大夫知韶州傅雱為他撰神道碑。

〔註67〕《李綱全集》，卷五十三〈奏議‧繳進通信林牙書詞劄子〉，頁599；〈繳進太原賊寨圖劄子〉，頁602。按李綱此兩篇劄子未繫月日，觀李綱所奏及欽宗御批，當撰於他奉命援救太原之時。

賂公行，其門如市。至譚稹主兵，悉效貫所為，二十年間，將由此選，能得天下之奇材乎？」同月甲寅（十九），知達州（今四川達川市）史祖道罷職，以臣僚言他是蔡京及童貫門下，賄賂親昵之人，貪婪兇暴，侵虐百姓。總之，凡是童貫提拔的人都被劾罷。〔註68〕

宋廷對援救太原毫無把握之際，除了在七月乙丑朔（初一），解除元符上書邪等之禁外，並在庚午（初六），從連州召還在政和中上書諫攻遼的宋昭外，又將怨氣放在已被重貶的幾個宣和姦臣上。宋廷先在乙丑朔（初一）移孟昌齡於袁州，其子孟揚於全州，孟揆於永州。壬申（初八），再將孟昌齡安置封州（今廣東肇慶市封開縣東南），孟揚連州，孟揆賀州（今廣西賀州市），另再追奪已死的楊戩使相。乙亥（十一），因左正言程瑀上言，認為將蔡京置於韶州這等善地是便宜了他，程瑀斥蔡京的罪名之一是「內則陰連宦官，相與倡為豐亨豫大之說，以開奢麗夸侈之端」，另便是「以至委軍政於童貫，使之專恣於外。賞罰不公，飢寒不恤，將士怨嗟，卒致構患外國，幾覆宗社。」凡是童貫之過失，蔡京都有責任。欽宗便將蔡京移當年蘇軾被貶的儋州（即昌化軍，海南儋州市西北）安置，他的寶貝兒子、童貫伐燕的搭檔蔡攸亦移雷州（今廣東湛江市雷州市）安置，罪名之一就是「燕山之役，攸與童貫同為宣撫，喪敗師徒，蓋以萬計，卒不能取燕山，乃開關以招金人，為南犯之計」。童貫自然逃不了重責，言官早已具奏狀論童貫罪惡，法當誅戮。丁丑（十三），言官再力指童貫「罪盈惡稔，訖藏甲養士，跋扈難制，反形逆節，彰彰著見，已合誅夷。而致寇召亂，幾覆宗社，何可久逭天誅，大違人願？」欽宗就借言官之口，是日以童貫罪大責輕，即令將他移往趙良嗣家屬被置的吉陽軍安置。同日，欽宗詔蔡京、蔡攸、童貫、王黼、李彥、楊戩、朱勔等人以前恃勢買入的田產屋業，若有人申訴，都要給還。被勒令上路的蔡京，卻去不了貶所儋州，他在鄂州（今湖北武漢市）便患病，半昏半醒而飲食不進，甲申（二十），捱到潭州（今湖南長沙市，翌日（乙酉，廿一），便病故於州內的東明寺（一說昌明寺），一代大奸就此收場，得年八十。陸游說蔡京祖某、其父蔡準和蔡京都巧合地在七月二十一日死亡。宣和六賊中，他是惟一沒被誅死，時人都以他不被誅為恨。據陸游所記，蔡京在宣和末年病篤，人皆以

他必死，惟有晁沖之對陸父陸宰說，蔡應未到死期，說他敗壞天下至此，若然晏然死於牖下，備極哀榮，就沒有天理。果然蔡病死於貶途。朱熹則說因蔡京保佑欽宗儲位，故後來欽宗獨治童貫等，而責蔡京罪輕。加上當時執政大臣如吳敏輩都是他門客，由其薦引之故；不過，宋廷仍詔蔡京子孫二十三人已分貶湖南及江西遠地，遇赦仍不許量移。〔註69〕

　　對於欽宗君臣將蔡京貶死一事，朱熹則指出其事之過當。他說欽宗即位後，朝中諸人盡攻蔡京，卻未暇顧國家利害。朝廷應該將蔡京貶過嶺，便了卻一事，而不是今日去幾官，分司西京，明日又去幾官，又移某州，後日又移某州，至潭州而蔡京病死。自此一年間，朝臣就只理會得箇蔡京，這後面光景迫促了，金人之來，已不可遏。朱熹又明白指出這時王黼、童貫和梁師成皆被斬，正因他們曾欲廢立，欽宗平日不平之故。〔註70〕

　　蔡京與童貫，一文一武，都是徽宗最為寵信，被宋人視為罪惡滔天的姦臣。他們起初相互勾結，互相引薦，以取得相位及樞使高位；不過，後來因爭權爭寵而傾軋。蔡京曾反對童貫取燕山之謀，但知道是徽宗之意後，就沒有堅持，而聽主子包括鄭皇后之意旨辦事。沒有蔡京的協助與支持，童貫雖得寵，徽宗還不敢授童貫違反祖制的權力與官位，二人有點似唐玄宗的李林甫（683～753）與高力士（690～762）的關係，李林甫敗壞朝政，種下安史之亂之禍根，就近於蔡京；惟高力士則權勢及作惡就遠遜童貫，反而近似梁師成。

〔註69〕《宋史》，卷二十三〈欽宗紀〉，頁429；《十朝綱要》，卷十九〈欽宗〉，靖康元年七月壬申至乙酉條，頁566；《會編》，卷四十九〈靖康中帙二十四〉，靖康元年七月十一日乙亥至二十一日乙酉條，葉七下至十四上（頁370～373）；《靖康要錄》，卷九，頁902，907～908，928～932，937，951，963；《長編紀事本末》，第八冊，卷一百四十八〈欽宗皇帝·誅六賊〉，葉九上下（頁4473～4474）；《宋會要輯稿》，第八冊，〈職官六十九·黜降官六〉，頁4911；王明清：《揮麈錄·餘話》，卷二，第406條，「蔡元長令費孝先畫卦影」，頁236；陸游：《家世舊聞》，卷下，頁202；陸游：《老學庵筆記》，卷四，頁43；黎靖德：《朱子語類》，第八冊，卷一百三十〈本朝四·自熙寧至靖康用人〉，頁3127～3128；程敏政：《新安文獻志》，卷三〈程瑀·論蔡攸罪狀〉，葉十三上下；《全宋文》，第一百九十六冊，卷四三二四〈胡銓二六·龍圖閣學士廣平郡侯程公（瑀）墓誌銘·淳熙三年〉，頁36（原載《胡澹庵先生文集》卷二十三）。按《宋會要輯稿》將童貫移吉陽軍之詔繫於七月十二日。又王明清記蔡京帥成都時，曾令費孝先畫卦影，歷歷悉見後來之事，無差毫之失。末後畫小池，龍躍其中，又畫兩日兩月，一屋有鴟吻，一人掩面而哭。蔡京不曉其意，後竄潭州昌明寺，就悟到他將死於此處。

〔註70〕黎靖德：《朱子語類》，第七冊，卷一百一，「楊中立」，頁2572。

三、誅死南荒

蔡京死了，欽宗君臣下一個要殺的就是童貫。言官殺氣騰騰地上言，痛斥童貫之餘，已全然不顧徽宗的顏面。他們心中明白，童貫之罪，許多都是徽宗造成的。惟他們長期受著內心看不起的內臣之氣，早已怨憤難平，於是連番上言，除重提童貫之舊惡，又危言他或連結舊部，有不軌之企圖：

> 臣契勘前後臣僚論列童貫罪惡非一，理合誅夷。陛下仁慈未欲置之死地，從輕貶竄，於貫恩德厚矣。臣訪問貫尚遲回方命，不即就道。今來朝廷使奉迎上皇，竊慮貫稔惡弗悛，規免謫命，尚欲僥倖還朝。緣貫姦凶久著，軍民怨憤，欲食其肉。近者金人犯，圍城逾四十日，民庶不堪圍閉之久。叩闕洶洶，歸罪宦官，毆擊而死者十數輩。貫若復入都城，竊恐別致生事，兼前此陛下，嘗降指揮，令貫守禦京城，乃敢盡室南奔。官為太師，寵極王爵，去國之日，更不朝辭。揆其情實殊無人臣之義也，兼已罷宣撫司職事，卻復擁精兵自衛，按春秋法，是謂叛逆。罪惡如此，若不重寘典刑，何以厭服眾心。望陛下斷自淵衷，更賜黜責施行，仍降睿旨，令開封府多差得力使臣，管押前去，至貶所取進止。〔註71〕

廷臣一奏未成，就再上一奏：

> 竊觀自陛下臨御以來，臺臣、諫臣以至學士大夫奏疏上書，皆乞誅童貫以謝天下，陛下聖度涵容，久未賜可。臣竊以謂祖宗垂憲於治安無事之時，殺大臣在所當禁。至後世有臣亂天下，危宗社而不殺之，非祖宗之志也。況貫閹腐刑餘，在祖宗時止堪掃除之役，豈真所謂大臣也哉？貫握兵權幾三十年，大姦大惡，不可縷數，臣獨論其可殺而不可赦者。壞太祖皇帝之兵制，敗真宗、仁宗皇帝之信譽，指其蹤而使擒。契丹舊臣，痛入骨髓，假手女真，俾之報怨，旁結西夏，共為敵讎。虜騎欲入，貫猶趣往太原，經紀雲中。虜破沂、代，即舍太原以歸，具舟楫載所親兵及兵之家屬，佩陝西、河北、河東宣撫使印，浮汴渡江淮西去。貫於是時何有陛下？陛下奈何卒赦之？惟陛下思夷狄侵奪，實生於貫，

〔註71〕《會編》，卷五十六〈靖康中帙三十一〉，靖康元年九月二十一日甲申條，葉十一下至十三上（頁421～422）。據臣僚在九月甲申（廿一）上奏，這篇奏文是劾童貫的第五章，在童貫責令吉陽軍安置後所上。

致上皇前日之播越，軫陛下父子之情。肅邸今日之拘縻，傷陛下
兄弟之愛；念太祖、太宗百戰以得之天下，一童貫實危之。此而
不殺，臣恐太祖、太宗含怒於上天未已也。臣願陛下奮乾剛，發
睿斷，即貫之貶所檻至京師，陳百官，召六師，誅於觀闕之下，
醢其軀以賜戰士，函其首以遺女真。戰士受醢，必踴躍以增氣，
女真發函，必悚惕而畏威。契丹之怨稍平，女真之師自退矣。苟
或不然，則垂盡老奴將死牖下，受侮四夷，貽譏萬世，無以慰祖
宗之靈，則女真之兵，恐未殄也。

此奏未盡，臣僚再次上言，羅織童貫謀逆的罪名，一定要將他置之死地
而後快：

臣按童貫以奴隸之資，荷不世之遇，夤緣恩寵，包藏禍心。近
者臣僚論其罪惡，備載章疏，以其養兵於家，儲甲於庫，有潛謀不
軌之兆。陛下寬宥，姑投海裔。今日竊聞有司檢校器用，復有交椅
以青龍首金銀背為飾者；士論傳駭，以為貫之不軌蹤跡暴白，無甚
於此。伏望斷自淵衷，正其典刑，天下幸甚。

欽宗准奏，就在七月辛卯（廿七），詔童貫有罪十：「首薦朱勔起花石，
引趙良嗣滅契丹，修延福宮等。朕在東宮，屢為搖動，策立之時有異語；不
俟敕命，擅去東南；差留守不授命；東京解圍，聞而惡之；家中有龍飾之物；
私養死士。前項罪不容誅，亦可告諭中外。」欽宗即命監察御史張澂（？～
1143 後）帶同開封府公人前往追在貶途的童貫，隨所到州軍行刑迄，函首
赴闕，當議齎送宣撫司軍前。又嚴令一行人有漏泄者，依軍法。並命童貫子
孫已降指揮送吉陽軍編管，就命張澂交割予所在州軍，選派官員，多差兵級
管押前去。張澂既出國門，欽宗又給他御札三字「速密全」，令他晝夜兼行。
〔註72〕

〔註72〕《靖康要錄》，卷九，頁 973～978；卷十一，頁 1088；《宋史》，卷二十三〈欽
宗紀〉，頁 429；卷二百〈刑法志二〉，頁 5001；《十朝綱要》，卷十九〈欽宗〉，
靖康元年七月辛卯條，頁 567；《東都事略》，卷十二〈本紀十二‧欽宗〉，葉
三下（頁 236）；《宋宰輔編年錄校補》，卷十三〈靖康元年〉，頁 842～843；《長
編紀事本末》，第八冊，卷一百四十八〈欽宗皇帝‧誅六賊〉，葉九下（頁 4474）；
《會編》，卷五十〈靖康中帙二十五〉，靖康元年七月二十七日辛卯條，葉十
上至十五上（頁 379～381）；卷五十六〈靖康中帙三十一〉，靖康元年九月二
十一日甲申條，葉十三上下，頁 422；曾敏行：《獨醒雜志》，卷九，第 227
條，「童貫之死」，頁 87。

　　欽宗公佈童貫的十大罪狀，說他薦朱勔起花石，並非全是事實，童貫後來還劾朱起花石致方臘起事；不過，朱勔確是在大觀元年由童貫補軍功授官而起家的（見第三章），當然，朱的罪過，也可以算在童的頭上。〔註73〕至於說他搖動欽宗儲位，及策立時有異語，以及不受留守之命，不俟欽宗同意，便扈從徽宗往東南，都是深觸欽宗大忌而臣僚過去不敢言的。這次由欽宗聖旨說出他不肯放過童貫的真實理由。可憐童貫這時仍不知欽宗已命使臣千里追殺他。

　　就在欽宗宣告童貫罪狀時，同日仍有言官上奏嚴劾童貫，將童貫比為唐德宗（742～805，779～805在位）時在涇原作亂的朱泚（742～784），請將他誅殺，其奏云：

> 竊觀童貫以閹臣僕隸之微，盜有兵權幾二十年，其壞祖宗軍政，開河朔邊患，結新造之遠夷，棄耶律之舊好。禍及華夏，至於今不止。其過惡誤國在蔡京父子、王黼之上，然其誅斥獨輕於二人，公論固已鬱矣。臣為陛下言其大者以消未萌之禍。童貫久持內外兵柄，陝右諸路勁兵，號曰勝捷，陰常蓄養為牙兵，以市私恩。其督戰也，不使之臨行陣，特以自衛而已。戰而勝則歸功厚賞，不勝則擁之以遁，其賞功之猥濫至數千人，皆為將校，驕縱飽滿，無復鬥志。其實有戰功者，皆抑而不賞，使西北戰士歸怨朝廷者，皆貫縱之使至此也。其隨上皇之南狩也，貫劫之東下，日用券直或旬時犒賜，至純用金銀以給之，過為優厚，冀得其死力。朝論洶洶，至今以為疑也。臣又觀近日張思（師）正領勝捷餘卒，敗於河東，潰而東歸。宣撫副使李彌大執思（師）正而戮之，復遣敗亡餘卒赴真定為援。將卒疑懼，挾其渠首以叛，淄青至今震動，貽患一方，論者恨其遣潰師之遽而誅思正之早也。……臣聞諸道路，山東叛卒文其旗曰「負冤勝捷」，欲自沂密入寇淮浙。萬一聞貫尚在，數懷蓄養之恩，一旦烏合，豈不大為東南之患。此臣所以夙夜過計，不能無涇師得朱泚之憂也。陛下豈得不過為之慮哉？況貫自用師持權以來，毒流夷夏，以無事無罪之民，驅之死地，所殺傷者，不啻數十萬眾。緣貫而破

〔註73〕有臣僚在八月甲辰（十一）上言，要求宋廷再將朱勔誅殺時，也一併將蔡京等人的罪狀開列，童貫的罪是「驕兵政，困將士於外而害邊鄙，繼之者則有譚稹，致使天下無可戰之卒」，但沒有提到他有推薦朱勔之罪。參見《靖康要錄》，卷十，頁1012。

－332－

產流離者，延及四方之民，皆陛下之赤子也。今以誅一貫之身，曾不足以謝穹蒼之怒，兆庶之怨。陛下尚疑而不忍者，此微臣之所不曉也。伏望陛下遣一介之使，即貶所正典刑，聲其罪惡，以謝天下無辜之民，以絕群小懷怨之望。〔註74〕

　　殺童貫無疑可以振奮人心，惟欽宗最需要的是救亡，他除了一再下詔促臣下解太原之圍外，似乎無法可想。七月戊子（廿四），金使蕭仲恭從開封還，他呈上搜獲欽宗在四月寫與耶律余睹（覩）的黃絹蠟書。這進一步給金人有借口再度侵宋。諷刺的是，欽宗當日要結好遼將耶律余睹（覩），就將當日聯金攻遼的責任推在童貫頭上，說宋廷應該「誓和之舊，義當興師，以拯顛危。」但由於「姦臣童貫等違國擅命，沮遏信使，結納仇讎，購以金繒，分據燕土。金匱之約，藏在廟祧，委棄不遵，人神恫怨。致金人強暴，敢肆陸梁，俶擾邊境，達於都畿，則惟此之故，道君太上皇帝深悼前非，因成內禪。」金人截獲這份諜文，那能不興師問罪，欽宗又能推在誰人頭上？〔註75〕

〔註74〕《十朝綱要》，卷十九〈欽宗〉，靖康元年七月乙酉至丙戌條，頁566～567；《會編》，卷五十〈靖康中帙二十五〉，靖康元年七月二十七日辛卯條，葉十上至十一下（頁379）；《編年綱目》，卷三十，頁796；《宋史》，卷三百八十二〈李彌大傳〉，頁11777；《東都事略》，卷十二〈本紀十二・欽宗〉，葉三下（頁236）；卷一百二十一〈宦者傳・童貫〉，葉五上下；杜大珪（編）：《名臣碑傳琬琰之集上》，卷十三〈韓忠武王世忠中興佐命定國元勳之碑〉（趙雄撰），葉八上下。按言官此奏繫於七月二十七日辛卯，以張澂為御史中丞，有誤。又奏中所提到的勝捷軍將張師正，據《東都事略・欽宗紀》和《童貫傳》載，他率兵救太原，戰敗，兵潰遁歸，至大名府，被宣撫（副）使李彌大執而殺之，其部勝捷軍殘兵懷反側，有大校李福相約為亂，鼓行而東，犯濮州（今山東菏澤市鄄城縣）趨長清縣（今山東濟南市長清區），劫掠淄州（今山東淄博市）、青州間，脅從者四五萬，號稱二十萬，所過無復噍類。至章丘縣（今濟南市章丘區）臨城問罪：「童大王有何罪，而朝廷殺之？」章丘令乘城言，「此朝廷處分，非小邑之罪也。」遺以牛酒犒之，乃舍去。後賴李彌大命韓世忠所部五百討平於臨淄河，殺李福。餘棄甲而遁，眾猶滿萬人。韓世忠單騎入其軍，說我輩皆西人，平生惟殺番軍，幾曾作賊。於是眾皆拜降。按《十朝綱要》將誅張師正事繫於七月乙酉（廿一），韓世忠平亂事繫於七月丙戌（廿二）。《東都事略・欽宗紀》則將勝捷軍叛犯濮州，而由韓世忠平之事，繫於靖康元年七月辛未（廿七）。又據趙雄所撰的〈韓世忠神道碑〉，誅殺張師正的是宣撫使李綱，疑由李綱下令，李彌大執行。

〔註75〕《金史》，卷三〈太宗紀〉，頁55；《大金弔伐錄校補》，第七十八篇〈黃絹間諜結構書〉，頁227～228；《繫年要錄》，第三冊，卷五十八，紹興二年九月條，頁1043～1044；第六冊，卷一百三十七，紹興十年九月條，頁2326。耶律余睹最後在紹興二年秋以久不遷，怨望而叛，當時金太宗往燕山府，留他守太

這時河東宣撫副使劉韐至遼州，募兵四萬人，與解潛及折可求、張俊、苗傅等諸將約期七月進兵援太原：王淵與劉韐出平定軍遼州路，解潛與折彥質出威勝軍路，張灝與折可求出汾州路。宗翰在太原聞宋援兵眾多，於是多積糧於南關，佯若聞解潛至而怯懼，故意匿藏強壯兵馬，使宋軍輕敵。辛卯（廿七），解潛自威勝軍進兵，屯於南關，他以為金兵真的遁走，派人載運其留下的糧食。宋軍正裝載金人糧草時，癸巳（廿九），金人突然出兵，擊潰解潛軍於南關，宋軍死者枕籍，不能再戰。劉韐曾遣部將賈瓊自代州出金人之後，並許義軍以爵祿，得首領數十人，而復五臺，然亦兵潰，部將王彥陣亡。〔註76〕

八月丙申（初三），欽宗知道李綱難當救太原重任，就將他召還。欽宗已無人可用，屢用屢罷的种師道仍然成為救亡的希望。欽宗命种以同知樞密院事為宣撫使巡邊，令徽猷閣待制折彥質為參議官。然种已病重，作用有限。庚子（初七），以彗星出現，欽宗避殿減膳，並詔侍從條上民間疾苦，欽宗的做法卻無濟於事。同日，金太宗正式下詔左副元帥宗翰、右副元帥宗望再伐宋。這時宋西路軍盡數敗北，先是張孝純子、河東察訪使張灝率兵出汾州以援太原，為金將拔离速敗之於郭柵。然後是折可求率兵二萬從府州涉黃河，由岢嵐軍、憲州（今山西忻州市靜樂縣）欲出天門關（今山西太原市陽曲縣尖草坪區關口村），以援太原，卻被金兵據守天門關不克，於是越山取松子嶺，擊金人於交城子夏山（今山西呂梁市文城縣西社鎮東社村子夏山），但宋軍以勞待逸，亦被擊潰。而張思正引兵出汾州，號有眾十七萬。戊申（十五），夜襲金人於文水縣（今山西呂梁市文水縣），斬首數百級。己酉（十六），再戰，卻被金鐵騎直衝而大敗，宋軍自相蹂踐而死數萬人，坑谷皆滿。張思正與部

同府，他就和燕山統軍槁里謀為變，盡約燕雲之郡守契丹漢兒，令盡殺女真在官、在軍者。天德知軍偽許之，遣其妻來告。為完顏希尹捕獲其馳書者。宗翰誅槁里，命希尹殺余睹。余睹知悉，父子逃西夏，不納，又逃往韃靼，其酋受希尹命，偽迎他於營帳中，而以兵圍之。最後余睹父子皆死。他之叛，連累原為遼臣的西京副留守李處能被殺，南京留守郭藥師和河東南路步軍都總管蕭慶（？～1140）下獄，後釋之，但郭藥師的家財盡為宗翰所奪。蕭慶後來在紹興十年（1140）九月以右宰相被金熙宗所殺。

〔註76〕《宋史》，卷二十三〈欽宗紀〉，頁429；卷四百四十六〈忠義傳一・劉韐〉，頁13164；《十朝綱要》，卷十九〈欽宗〉，靖康元年七月癸巳條，八月癸卯條，頁567；《會編》，卷五十〈靖康中帙二十五〉，靖康元年七月二十七日辛卯條，葉八上至九下（頁378）。按解潛兵敗南關之月日，《十朝綱要》繫於八月癸卯（初十），當係宋廷收到兵敗消息之日。

將冀景收餘卒奔汾州。宋將劉臻（疑為劉輪）以兵出壽陽，亦為金將婁室所破。庚戌（十七），張灝誅敗將及被疑有異心的部將冀景。這個冀景說來是童貫麾下最不成材的人，他不死於戰陣，卻以兩番怯戰，丟失要地而失律被誅。是日宗翰軍自西京出師。辛亥（十八），婁室等敗張灝於文水縣。宋廷在壬子（十九），因張灝的奏報，詔降都統制折可求兩官，並令李綱體量張思正等罪責輕重，降奪官資，依舊軍前使喚，責以後效。劉輪見解潛兵敗後，就留下張俊及苗傅守信德府（即邢州），他自己逃返京師。宋廷將他降八官落職。經此一役，宋河東軍完全被打垮，威勝軍、隆德府、汾州、晉州、澤州、絳州民眾皆渡河南奔，州縣皆空，金人乘勝圍太原。至於宗望的東路軍在丁未（十四）入寇後，雖攻廣信軍和保州不克，而改轉攻真定府。癸丑（二十），攻陷保州。同日，金將耶律鐸破宋兵於雄州，那野等敗宋兵於中山府。庚申（廿七），金將攻取中山府屬的新樂縣（今河北石家莊市新樂市）。〔註77〕

　　面對危局，宋廷只好再遣使向金人議和，八月壬子（十九），派著作佐郎劉岑（？～1167）借太常少卿充計議使，奉使金國，以閤門宣贊舍人馬識遠副之。又命宗澤（1059～1128）借宗正少卿，使宗望軍前，著作佐郎李若水借秘書少監奉使宗翰軍前。乙卯（廿二），改以童貫的舊僚王雲借禮部尚書，充大金國和議國信使，馬識遠充副使；劉岑改充大金軍前和議使。並令周望依舊充正旦國信使。丙辰（廿三），怕金人嫌王雲官階不高，就除他借吏部尚書。同日，罷詹度中山府路安撫使。庚申（廿七），令王雲許以三鎮賦稅給金人議退兵。〔註78〕

〔註77〕《宋史》，卷二十三〈欽宗紀〉，頁430；《金史》，卷三〈太宗紀〉，頁55；《宋會要輯稿》，第八冊，〈職官六十九・黜降官六〉，頁4912；《十朝綱要》，卷十九〈欽宗〉，靖康元年八月丙申至己酉條，頁567；《靖康要錄》，卷十，頁1000，1031；《會編》，卷五十一〈靖康中帙三十六〉，靖康元年八月三日乙未條，葉七下至十一下（頁385～357）；卷五十七〈靖康中帙三十二〉，靖康元年十月十日壬寅條，葉七下至十三上（頁426～429）；《大金國志校證》，卷四，頁57；李澍田（主編）：《金碑匯釋》，張中澍（校注）：〈完顏婁室神道碑〉，頁33～34；《李綱全集》，中冊，卷五十二〈奏議・奏知賞罰董有林冀景等箚子〉，頁595。
〔註78〕《宋史》，卷二十三〈欽宗紀〉，頁430；卷四百六十八〈忠義傳一・李若水〉，頁13160；《十朝綱要》，卷十九〈欽宗〉，靖康元年八月甲寅至乙卯條，頁567；《靖康要錄》，卷十，頁1032，1035～1037，1053；《會編》，卷五十二〈靖康中帙三十七〉，靖康元年八月二十日癸丑條，葉一上（頁390）。欽宗在八月辛酉（廿八），再派馬軍副都指揮使曹曚為王雲之副使。

　　欽宗在八月己未（廿六），因御史中丞李回（？～1133後）之劾奏，又將他曾倚重的太宰徐處仁罷為觀文殿學士充中太乙宮使，理由是他與少宰吳敏論事不協，在他面前紛爭。據載徐處仁甚至擲筆中吳敏面，令吳鼻額為黑。欽宗也同時將吳敏罷為觀文殿學士、醴泉觀使，而改以中書侍郎唐恪為少宰兼中書侍郎，尚書右丞何㮚為中書侍郎，禮部尚書陳過庭為尚書右丞，開封府尹聶昌（即聶山）除同知樞密院事，代替在同月戊午（廿五）被罷的許翰，而劾徐、吳的御史中丞李回就陞為簽書樞密院事。在欽宗擢用的宰相中，徐處仁資格最老，官聲較佳，他在宣和間，請寬民力以弭盜賊。擔任大名尹時，以剛廉見稱。他在七月庚寅（廿六）上奏論蔡京時，就揭示一個事實，「蔡京用事之初，惡元祐臣僚之不右己也，首為黨論以禁錮之。既而京與鄭居中、王黼相繼當國，各立說以相傾，凡二十餘年，搢紳士大夫除托附童貫、梁師成、李彥、朱勔及諸近習道士之外，未有不經此三人除用者。」徐處仁本人就是徽宗朝極少數不附蔡京、童貫等人的直臣。當童貫得勢時，出使陝西，欲平物價，他敢於對童提出異議，而招致童使本路轉運使劾其倡異論，侵辱使者，而被罷職召還。他任知潁昌府時，有民得罪內臣，雖赦不原，徐又為民申訴，而被童貫擠之而奪職提舉鴻慶宮。欽宗擢他為相，正如前述，其中一個原因是他並非童貫一黨，但他並沒有匡救時局，好像寇準那樣的「戰時宰相」的能力，他任宰相才半年便被罷。欽宗不停的更換宰執，但越換越糟，他已無人可用。〔註79〕

〔註79〕《宋史》，卷二十三〈欽宗紀〉，頁 430；卷三百七十一〈徐處仁傳〉，頁 11518～11521；《靖康要錄》，卷九，頁 970～971；卷十，頁 1003，1042～1044，1048～1051；《會編》，卷五十一〈靖康中帙三十六〉，靖康元年八月三日乙未條，葉一上至七下（頁 382～385）；《繫年要錄》，第一冊，卷五，建炎元年五月丙申條，頁 126；卷六，建炎元年六月壬午條，頁 169。按徐處仁罷相的月日，《會編》繫於八月三日乙未，大誤。另《靖康要錄》記有臣僚（據《會編》疑即為李回）在八月己未（廿六）上奏批評徐處仁初以蔡京之薦而進身，自縣令不三年而執政，說不聞其有善政，又當欽宗以其治郡之能，「擢位首相，蓋將與圖回天下之務，取生民愁嘆之弊而盡革之。而器局凡陋，不得大體，智識滯誤，不通時變，則不能宅百揆，熙庶職，以副具瞻之望，太宰之職，可冒居乎？」「河東之役，師老糧匱，為天下憂，日甚一日，而和議之使未遣，擾民之事益繁，怨嗟並興，上天見異，穀未及穫，飛蝗蔽空。而處仁與敏傲然自肆，略不引避，意在歸過人主，殊失愛君之義。」這番批評並不公道，說他依附蔡京，可他卻曾在置裕民局事逆蔡京之意，蔡因令言官劾之，將他出知揚州。說他視天變不見，也並非事實。至於說他器局淺陋，不通時變，都是主觀的評說。欽宗以徐拿不出方法處理危局，就以李回之奏，罷徐處仁出知東平府，吳敏知

至於吳敏，只因他力勸徽宗禪位欽宗，欽宗以其忠，才擢為宰相，其實是庸才一名。他靠依附蔡京至顯位，據宋人筆記所記，他在宣和間，曾著《中橋見聞錄》一書，記當時之事，但他不敢明言，大多是隱語，例如稱「安」者是說蔡攸，因他字居安。「實」者就指童貫，以「實」內藏「貫」。「木」者就指林靈素或朱勔，蓋二人姓中有木。〔註80〕不過，當欽宗繼位，他又看風轉舵，上奏欽宗，一方面說當法太祖以武定天下，然須持之以久，以除大難；另一方面又說自蔡京、王黼壞文，高俅、童貫壞武，綱紀大亂，禍釁已久。〔註81〕他是典型的投機份子，比起徐處仁更差勁，不幸的是欽宗卻重用他。

就在欽宗再派使者向金人求和，以及罷免不能挽救危局的徐處仁時，他派的密使張澂先趕到桂州（今廣西桂林市），見童貫未至，就轉往南雄州（今廣東韶州市南雄市）。據陸游所記，張怕童貫知道他來會自殺，不能明正典刑。就先派親事官一人馳往南雄見童貫，到達後就通謁拜賀童於中庭，騙童貫說將有中使來賜茶藥，又說會宣召他回京，聞說會復用他為河北宣撫使。童貫問真確否？親事官就說現時的將帥都是後進，不可委任，主上與大臣熟計，以有威望及熟知邊事的無如童大王。童貫聞之大喜，對左右說又是少他不得。翌日（八月丙辰，廿三）張抵達，宣讀聖旨，數其罪，即將童貫處斬於使院，據說不過三刀就把童誅殺。張將童的屍體倚於門闑，切斷之，取其首，用水銀生油等養浸固護，而以生牛皮固函，帶回京師覆命。他的屍身大概就在南雄就地掩埋。據說童貫死的地方，忽然有物在地如水銀鏡，徑三四尺，俄而斂縮不見。因傳言有勝捷軍死士欲奪回童貫之首，張怕失去了難以覆命，就將童貫首置於竹轎內，他坐在其上；不過，所傳劫童貫首之事皆妄。童貫死

揚州，並令二人速赴新任。到八月壬戌（廿九），徐以衰老無堪，請致仕或宮觀，欽宗就命提舉西京崇福宮。徐處仁是欽宗朝值得注意的宰相，他有心求治，但形勢環境均無法令他有所施展，他也不具備能斷大事的武幹，主和主戰拿不定主意，而欽宗並未有全力支持他。在他之下的唐恪、耿南仲及聶山均想排去他與吳敏，取而代之，故教言官劾他去位。徐處仁在靖康二年初應天府被圍時，適在城中，都人指為奸細，殺其長子直秘閣徐庚，他悲傷感疾。高宗即位後，在五月丙申（初七），以他自觀文殿大學士提舉西京嵩山崇福宮為大名尹、北道都總管。他猶力疾入見而行。他在六月壬午（廿四）卒。他的忠誠始終如一，其子即是撰寫《卻掃編》的徐度。

〔註80〕費袞：《梁谿漫志》，卷六，「吳丞相著書」條，頁70。
〔註81〕李幼武（纂集）：《宋名臣言行錄續集》，文淵閣《四庫全書》本，卷二，「吳敏」，葉二下至三上。

時七十三歲，說來仍算得是高壽，卻不得善終。張將其首帶回京師，九月壬午（十九）宋廷令梟其首於都市，京師百姓見之皆悅。童貫和蔡京一樣，生時風光無兩，死時卻極窩囊。〔註82〕

欽宗殺童貫，他與宰執大臣的確很保密，大概怕童貫所養的死士會救他。有不知就裡的言官仍在八月甲辰（十一）上言罵童貫敗壞軍政，說他困將士於外而害邊鄙，而繼之者的譚稹，致使天下無可戰之卒。〔註83〕

欽宗的擔心是有根據的，據《揮麈後錄》的記載，欽宗下詔殺童貫時，就曾諭宰執說：「貫素姦狡，須得熟識其面目者銜命追路，即所在而行刑，庶免差誤。」少宰唐恪舉薦曾與童貫有往還的張澂為欽差。欽宗即除張為監察御史裡行。張有一女，年十餘歲，為張所鍾愛。這時正天寒，張以熱湯盪酒以飲，忽聞有此命，駭愕戰掉之餘，打翻了熱湯，錯手傷其女而死。張號慟不已，恨唐恪切骨。他到南雄州，果然童貫不防有他，被他奉旨誅殺。這次張澂出使，實在危險，童貫的門人故吏甚多，張弄不好隨時反被童所殺。故張深恨薦他的唐恪。〔註84〕

痛恨童貫的廷臣意猶未盡，當欽宗宣佈童貫十大罪狀後，有臣僚上言請將他及臣僚前後劾奏童貫的八篇表章播告天下，以釋百姓憤怒之心，又可召

〔註82〕《宋史》，卷二十三〈欽宗紀〉，頁430；卷四百六十八〈宦者傳三・童貫〉，頁13661；《會編》，卷五十二〈靖康中帙二十七〉，靖康元年八月二十三日丙辰條，葉一上至四下（頁390～391）；《靖康要錄》，卷十一，頁1104；《宋宰輔編年錄校補》，卷十三〈靖康元年〉，頁843～844；陸游：《老學庵筆記》，卷三，頁32～33；張鳴鳳（？～1552後）（編），杜海軍、閭春（點校）：《桂勝・桂故》（北京：中華書局，2016年12月），《桂勝》，卷七，「張澂・龍隱巖詩」，頁117；《桂故》，卷四，頁295。按《宋宰輔編年錄》將童貫被誅的日子繫於九月己卯（十六），疑為宋廷收到張澂報告的日子。又據《桂勝》，張澂先至桂州，曾遊名勝龍隱巖，留有〈龍隱巖詩〉。

〔註83〕《靖康要錄》，卷十，頁1012。

〔註84〕王明清：《揮麈錄・後錄》，卷三，第166條，頁92～93；《靖康要錄》，卷七，頁824；《十朝綱要》，卷二十一〈高宗〉，建炎三年七月甲申條，頁616。王明清引俞彥時之言，記唐恪在靖康二年初罷相留京，當徽欽二帝被擄北去，金人立張邦昌為帝，逼宋廷臣聯銜勸進，唐簽名畢就仰藥自盡。建炎中，張澂陞任御史中丞，這時唐恪家人陳乞恤典，張抗言唐恪不能抗金人之命，雖死不足褒贈，於是他的恩數盡罷。張怨唐給他如此的任務，又間接害死他的愛女，故有此報復。惟《皇宋十朝綱要》卻記張澂在建炎三年七月甲申（初八），自尚書右丞責授散官居住衡州，張之官職不是御史中丞。按據《靖康要錄》，張澂在靖康元年六月辛丑（初六）擢監察御史。並非在七月才除監察御史裡行。

和氣而懷夷狄。〔註85〕欽宗君臣這些做法，除了讓人痛恨童貫等人出一口惡氣外，於救亡無補於事。童貫的首級給人觀看後，下落如何，沒有記載。童貫的家人自身難保，加上後來金人再兵臨城下，人心惶惶，其首級有否收回埋葬，或就地燒毀，或給京師民眾啖之碎之，就沒有人再根究。比起梁師成、李彥以至梁方平等被誅的權閹，童貫身首分處南雄和開封兩地，而首級被梟示眾，其收場更慘。在宣和六賊中，王黼被人刺殺於野店，也是身首異處，但還稍勝於童貫被梟首示眾之下場。

童貫之死，宋人好述異的多有說法和預兆。據洪邁及侯君素的說法，童貫將敗死的一年，有一天其庖人方治膳，忽然鼎釜磔磔有聲。一會後，所烹的肉全化為蝴蝶，數及萬餘而飛舞自如，直至堂中。童貫大怪之，命僮僕執撲，都不能將這些蝴蝶擊下。忽然有兩犬穿婦人衣，持椎像人立，並說這易撲矣，各揮梃縱擊，蝴蝶就紛紛墮地，盡成鮮血，而二犬也消失。不久童貫被誅。〔註86〕

另佚名所撰之《妖化錄》也記在靖康元年，童貫轎中木板上竟生雜草，破刈而復生，人以為妖異。未幾，京師被金兵攻破。異花文木又變回柴薪。人以為妖變先有兆。〔註87〕

在徽宗朝不可一世，權傾朝野，擁掌兵權二十多年的童大王就以欽宗繼位，被指為金人入寇的禍首而被誅。宣和七年六月，徽宗以他建立極大功勳而特封其為郡王，才一年後他便被誅殺，並抄家除爵，斥為萬惡不赦的姦臣。他的大起大落仕途，是整個宋代內臣中空前絕後的。宋廷不因童貫被誅而能挽回危局，還從九月開始一步一步走向滅亡。

〔註85〕《會編》，卷五十六〈靖康中帙三十一〉，靖康元年九月十九日壬午條，葉十一下至至十三下（頁421～422）。

〔註86〕洪邁：《夷堅志》，補卷二十一，「童貫咎證」條，頁1746；陶宗儀（1329～1410）（編）：《說郛》，文淵閣《四庫全書》本，卷一百十八上，宋侯君素撰《旌異記》，葉三十六上下。

〔註87〕陶宗儀（編）：《說郛》，卷一百十八下，《妖化錄》（宋宣靖），葉一上下。

宣和六賊圖

第九章　玉石俱焚：靖康之難述論

　　童貫死了，欽宗與大部份朝臣都出了一口惡氣，恨惡內臣害民的老百姓也痛快了一陣子，但欽宗君臣馬上面臨的問題是，殺了童貫等禍國殃民的奸臣，就能讓金人像正月時議和息兵嗎？

　　宋廷朝臣在童貫伏誅後，心情仍久久不能平服，對弄權的內臣猶有餘悸。有內侍喧爭殿門，欽宗詔以罰金贖罪，但給事中兼侍讀譚世勣（1074～1127）劾其不恭之罪，因言：「童貫輩初亦甚微，小惡不懲，將馴至大患。」疏入，據說內臣們都側目。〔註1〕

一、土崩瓦解

　　欽宗君臣仍未想到下一步挽解危亡的法子前，堅守二百六十天的太原終於在糧盡援絕，城中軍民餓死者十之八九，甚至煮弓為食，取筋皮為糧的情況下，在九月丙寅（初三）被金兵攻陷。起初宗翰久攻太原不下，乃於城外築舊城居之，號曰元帥行府。據《大金國志》及《會編》所記，宗翰盡破太原外圍諸縣後，就以「鎖城法」以困太原。鎖城法就是於城外矢石不及之地植以鹿角，築城環繞，厚有數里，中為小徑往來，分兵防守。他後來返雲中

〔註1〕《東都事略》，卷一百九〈譚世勣傳〉，葉八下至九上（頁 1680～1681）；《繫年要錄》，第一冊，卷四，建炎元年四月庚午條，頁 107；《宋史》，卷三百五十七〈譚世勣傳〉，頁 11231。譚世勣字彥成，長沙人，舉進士初任郴州教授，又中詞學兼茂科，為秘書省正字。他不肯附蔡攸及梁師成，六年不得遷。欽宗即位，曾派他以禮部侍郎兼侍讀為副使迎徽宗還京。他在靖康之難被擄，後被釋回。張邦昌僭位時，以疾不肯接受權直學士院偽職，他在二年四月庚午（十一）卒。後贈延康殿學士諡端潔。

府避暑，就留大將銀朮可攻城。八月底他從雲中府回到太原，乘勝急攻，金兵攻城之具曰礮石、洞子、鵝車、偏橋、雲梯、火梯共數千。據曾敏行所記，金人發礮攻城，幸而王稟結索網以障之，金人礮無所施。王稟雖然盡力設法防禦，但太原終被攻陷。知太原府兼河東經略安撫使張孝純及其子張浹被執，張不肯降，不食累日，後被宗翰強令進食，執其去。馬步軍副都總管王稟與金兵在城下戰，突圍而出，卻被金騎追及，他力戰不止，當部曲盡亡時，士卒勸他投降，他說「城破，士無鬥志，又且門阻，天亡稟也，稟豈惜死，違天命而負朝廷哉？」然後負太原廟中統平殿所取太宗檀香真容像，繫其背投汾河而死。宗翰後來獲其屍，令張孝純驗之，恨其多殺傷金兵，就向屍指罵，率諸將執兵同踐之，並暴屍於野。統制高子祐、統領李宗顏、運副韓總、太原府通判方笈、張叔達、運判王毖、提舉單孝純、并代雲中路廉訪使者狄充（《要錄》作狄流，為狄青孫）等三十餘人皆被殺，通判王逸自焚死。王稟是繼种師中後，另一員殉國的童貫大將，當童貫在太原逃歸京師，他與張孝純沒有隨童逃走，而是堅守太原至死。他死事慘烈，宋人咸惜之。《靖康小雅》的作者嘆息王稟「公之不濟天也，雖亡身徇義，其如天何？彼尸將相之任，愚不知機，莫不尚貪其生，不肯盡節，然往往不免拘執或不得其死。孰若公挺然自斷，視死如歸。忠烈如是之盛哉！」又以詩哀之云：「矯矯虎臣，捍城於并。殫其智力，沮茲奔鯨。攻踰九月，賊不能乘。無食無援，百雉乃傾。負像赴水，義不苟生。大節卓偉，千載光明。」王稟殉國，比起當日臨難而逃，不久前被誅的童貫，他的評價就高得多。〔註2〕

<hr>

〔註2〕《宋史》，卷二十三〈欽宗紀〉，頁430；《十朝綱要》，卷十九〈欽宗〉，靖康元年九月丙寅條，頁567～568；《金史》，卷三〈太宗紀〉，頁55；卷七十二〈銀朮可傳〉，頁1658；《靖康要錄》，卷九，頁911～912；《大金國志校證》，卷四，頁56，59；《會編》，卷五十三〈靖康中帙二十八〉，靖康元年九月三日丙寅條，葉一上至十二上（頁395～401）；王明清：《揮麈錄·三錄》，卷二，第322條，「王稟、徐徽言、李邈忠義事跡」，頁193；曾敏行：《獨醒雜志》，卷八，190條，「結索網以拒礮」，頁73；《繫年要錄》，第五冊，卷一百二十一，紹興八年七月己丑條，頁2028。據王明清所記，當金兵攻太原時，王稟隔一兩日就率輕騎出城，揮大刀直闖敵營，左右轉戰，得金兵首級百十，方慢慢歸去，習以為常。這時宣撫使張孝純見城危，一日會監司食，謀降金人。王稟知之，率所將刀手五百人謁見張，列刀於前，問眾人欲官否。眾曰然。王就說為朝廷立功，則官可得。王又問眾人欲賞否。眾曰然。他就說為朝廷禦敵則賞可得。王就說眾人既欲官又欲賞，宜宣力盡心，以忠衛國，他又說眾人中有言降者將如何。群卒舉刀說願以

　　欽宗君臣尚未收到太原失守的壞消息，廷臣還在找代罪羊。九月戊辰（初五），再將誤國的吳敏落觀文殿學士及宮祠，壬申（初九），再責吳為崇信軍節度副使涪州（今重慶市涪陵區）安置。同日，再將蔡攸移萬安軍（今海南萬寧市）安置。丙子（十三），又以中書舍人胡安國（1074～1138）上言，再將譚稹移昭州（今廣西桂林市平樂縣西南）安置，王安中移象州（今廣西來賓市象州縣）安置。胡安國特別嚴劾王安中「自大臣建節，知燕山府，委任重矣，而畏避童貫，專務蒙蔽，民力殫殘，敵情變動，軍食缺乏，師徒失律，略不上聞。數奏祥瑞，以固寵祿。一旦敵騎深入，社稷幾危。推原本因，其罪與蔡攸等。乃居漢東近地，公論以為不允。今并圍未解，朔部戒嚴，若非恃賞罰之公，厭服人心，何以攘卻外侮乎？」戊寅（十五），以李綱不能救太原，諸將皆敗，欽宗將他罷宣撫使除觀文殿學士知揚州。壬午（十九），童貫首級送至京師，張澂覆奏他在七月二十九日出門，八月一日起發，連夜趕路，八月二十三日到南雄州，從京師至南雄計三千五百餘里，已遵旨將童貫處斬，首級以黑漆木匣盛貯，及用水銀生油養浸固護，齎管前來。欽宗就命他交樞密院交割，又令三省檢出臣僚前後劾童貫之奏章，並張澂所奏，令開封府在二十一日以大字於市曹要處出榜，曉示標首，讓京師民眾觀之。張澂則以勞

此戮之，王又說若他言降當如何。群卒說亦請戮之。王再說若宣撫與眾監司言降又如何，群卒說亦戮之。於是張孝純以後絕不敢言降事，而城中兵權盡在王稟手中。王稟於城中，都有隄備。金兵巧設機械，屢出奇計來攻。王稟都等其來而破解之。但金兵圍益急，民益困，倉庫軍儲且盡，城中之人至相食，軍士要煮弓弩筋膠充饑。到兵勢既竭，外援不至而城陷時，王稟父子就背負太宗御容赴火而死。王明清這則記載大大稱頌王稟的忠勇。關於王稟的生平事蹟，李華瑞教授有專文考論，可以參考。據李氏所考，王稟字正臣，生年不詳，據王國維（1877～1927）所考，他得年約六十。其祖王珪（？～1041），是慶曆元年（1041）二月宋夏好水川（今寧夏固原市西吉縣境內之籠落川、什字路河川）之役陣亡的勇將。其父王光祖（？～1090 後），在神宗元豐時隨李憲開邊有功，又平瀘州（今四州瀘州市）夷，官至客省使嘉州刺史太原府路副總管，卒年六十七。李氏盛稱王稟守太原城有方，說後來紹興十年（1140）陳規（1072～1141）與劉錡（1098～1162）守順昌府（今安徽阜陽市），陳規後撰《守城錄》，總結守城思想，雖沒有明言提及王稟，但從其守城思想的諸多方面看，與王稟的實踐頗有相同之處。參見李華瑞：〈北宋抗金名將王稟事跡述評〉，原刊《中州學刊》1995 年 2 期，後收入李著：《宋史論集》（保定：河北大學出版社，2001 年8 月），頁 276～288。又狄流為狄青孫，死於太原時官并代雲中等路廉訪使者、武功大夫貴州刺史，紹興八年七月己丑（初五），狄家訴於朝，於是特贈他拱衛大夫貴州防禦使，官其家五人。

除起居舍人。同日（十九），與童貫朋比為姦的蔡攸也令賜自盡。挑起燕山之役的禍首到此全被誅殺。〔註3〕

欽宗君臣試用各種辦法解決危機。九月丙子（十三）正式擢用其母舅王宗濋自定國軍承宣使為奉國軍節度使，充殿前副都指揮使，統率京中禁軍防禦金兵。戊寅（十五），宋使李若水攜帶厚禮見宗翰於榆次，但宗翰不允宋廷所許的條件。乙酉（廿二），再詔孫傅（？～1127）以玉輅押赴金求和。丙戌（廿三），欽宗建三京及鄧州（今河南南陽市鄧州市）為都總管府，分總四道兵。庚寅（廿七），任命前門下侍郎、知大名府北京留守趙野為北道都總管，知河南府西京留守王襄為西道都總管，知鄧州張叔夜為南道都總管，知應天府胡直孺（？～1131）為東道都總管。並以龍圖閣待制知襄慶府顏歧（？～1141）、徽猷閣直學士張㿃（？～1140後）、貴州刺史高公純（？～1128後）、直龍圖閣知海州（今江蘇連雲港市）朱勝非副之。中書舍人胡安國對趙野的任命有所保留，說他拜右丞時，正是童貫和譚稹分掌兵柄於外，王黼、梁師成和蔡攸紊亂三省政事於內，造成兵革之禍。趙野在其間卻不聞救正，現今如何可授以重任，惟欽宗不納。同日，因臣僚之言，欽宗再罷李綱提舉洞霄宮。（李綱在十月癸巳朔〔初一〕再貶為保靜軍節度副使，安置建昌軍〔今江西撫州市南城縣〕）。諷刺的是，言官居然批評李綱「行軍用兵，徒知襲童貫之迹，妄自尊大，為僚佐者罕見其面，獨持淺智，不能用賢，果致債敗」，把白面書生的李綱比作沙場老將的童貫，實在不倫。總之，童貫是敗將的代號。是日，中書舍人劉珏（1078～1132）又奏劾前守中山府有功的詹度，翻他的舊賬，說他當年倡議取燕山，說他在宣和四年間，致書童貫，說今不取，必為金人先，說是他促成燕山之役。劉又說去冬金人索取四名宋臣，就是童貫、譚稹、張覺和詹度，說詹之罪不在王安中和譚稹之下，而與童貫和趙良嗣相同。又說

〔註3〕《宋史》，卷二十三〈欽宗紀〉，頁430；《會編》，卷五十四〈靖康中帙二十九〉，靖康元年九月五日戊辰至十三日丙子條，葉一上至十一下（頁402～407）；卷五十五〈靖康中帙三十〉，靖康元年九月十九日壬午條，葉七上至十三上（頁412～415）；卷五十六〈靖康中帙三十一〉，靖康元年九月十九日壬午條，葉十上至十一下（頁420～421）；《十朝綱要》，卷十九〈欽宗〉，靖康元年九月壬申至丁亥條，頁568；《靖康要錄》，卷十一，頁1081～1083，1088，1093～1094，1104，1107；胡寅：《斐然集》，卷二十五〈行狀・先公行狀〉，頁524；趙甡之：《中興遺史輯校》，靖康元年九月十三日丙子條，頁17。據《中興遺史》所載，王安中在九月丙子（十三）到象州，猶有詩曰：「後人誰促漁陽戰，舊守猶邊象郡來。」似是將責任推在童貫等頭上。

去秋蔡靖屢以金人點兵為言，但詹度獨說金兵不會如此，於是不設備，他請將詹度遠貶嶺南。胡安國也附和劉議。欽宗於是接受言官之言，將剛罷知中山府的資政殿大學士新知荊南府詹度，罷職提舉南京鴻慶宮。辛卯（廿八），欽宗除了派閣門宣贊舍人張亢（？～1129後）奉使宗翰軍前，劉衍奉使宗望軍前外，再派給事中黃鍔（？～1129）由海道使金國議和（按：《靖康要錄》將黃出使繫於十月二十八日）。〔註4〕

　　新任西道都總管的王襄在九月底，回應欽宗早在八月初以彗星出現，命侍從上奏論事，他深刻的指出蔡京和童貫雖死，但二人為政治軍之弊未革，於是造成現時京師無兵可用之危機：

　　　　臣伏思陛下即位以來，綿歷三時，天下之民戴目傾耳，如旱苗之得甘澤，餓夫之望美食，雖祖宗法度日形於詔旨，而京、貫規模未改於章程。詔旨以謂循舉故事，率皆已行，臣恐皇天昭昭在上，有所未孚也。京、貫用事二十餘年，京變法度於內，貫壞邊鄙於外，王黼益之，以至於今日。今日之法度，非祖宗之法度，亦非熙、豐之法度，乃蔡京之規模也。今日之邊鄙，非祖宗之邊鄙，亦非熙豐之邊鄙，乃童貫之施設也。陛下守蔡京之規模而不改，遵童貫之施設而不除，在廷之臣，懷畏避而不敢輕言，疏遠之人，希榮利而不敢輕議。而欲致休祥，召和氣豈易能哉！蔡京為相，恣為紛更，祖宗、熙、豐之法，無一事不遭變改者。凡所變改者，未有不為害者也。……及王安石為相，思復三代民兵，故創教保甲而潛消禁旅。臣元豐間，往來京師道中，京南自延嘉以北，廢營壞壘三十餘里，當時禁衛精兵，不知幾千萬人。也其後蔡京枉費，軍儲闕乏，衣糧

〔註4〕《宋史》，卷二十三〈欽宗紀〉，頁 431；卷三百七十八〈劉珏傳〉，頁 11665～11668；《十朝綱要》，卷十九〈欽宗〉，靖康元年九月戊寅至壬辰條，頁 568；《靖康要錄》，卷十一，頁 1093，1107，1109～1114，1119～1121；1130～1140；卷十二，頁 1200；《宋會要輯稿》，第八冊，〈職官五十四·外任宮觀〉，頁 4486；〈職官七十一·雜錄〉，頁 4963；《會編》，卷五十五〈靖康中帙三十〉，靖康元年九月十五日戊寅條，葉一上至七上（頁 409～412）；卷五十六〈靖康中帙三十一〉，靖康元年九月十九日壬午條，葉一上至八下（頁 416～419）；胡寅：《斐然集》，卷二十五〈行狀·先公行狀〉，頁 525～526。考宋廷臣僚除了嚴劾與童貫有關的人外，一有機會就嚴厲批評童貫當權時的不法。在九月丙戌（廿三）臣僚論改官之法時，就批評當年童貫奉使陝西和兩浙時，不按成制，每一狀所薦屬不下數十人，既無考第，又無舉主，端坐州縣，且未嘗親戰陣之事，若非靠饋送禮物，就必是其僕隸而與之。

不充，則教閱之法弛；人無顧惜，則姑息之心生。故弱者鬻食於市，強者負擔於路。高俅壞之於內，童貫斃之於外，數十年間不知其銷折幾何人。皇城諸班之地，今為殿閣池臺矣；京城廢營之地，今為苑籞甲第矣。郡縣之民，佃空營地以自給者，蓋千百計。富室大家，尚養健僕數人，以待暴客。陛下以萬乘之尊，威懾四海，而皇城之內，無諸班以宿衛；京城之中，少禁旅以鎮守；近畿輔郡，兵將備禦，殆同戲事。一有邊警，則遠追閩越之人，盡舉淮浙之眾。此輩飲食異好，風土異宜，往來萬里，載罹寒暑，雖未遇敵，而疾病勞憊者十已四五。萬一南方鼠竊狗偷如異日之警，則何以待之！借使無警，全然得歸，萬里之人，豈可再致！是動天下之兵，而困天下之眾也。

王襄又分析批評童貫自以為建功立業，開拓熙河，奪取青唐的成就，其實竭盡財力而並未增強國力：

> 陝西秦鳳路，祖宗開拓鞏州矣。熙、豐之時，又闢熙、河、蘭、會州以為熙河路，阻河為界，設為三關，平土豐草，可以耕牧，甚美功也。神宗皇帝時，有獻青唐之策者。神宗以為國家之外廄而不取也。神宗皇帝得疊、宕等州，盡空三百里地，而漢、蕃兩不居之也。蓋青唐之馬最良，而蕃食肉酥，必得蜀茶而後生。故熙、豐時置茶馬司，大率以茶一籠，計費三千，而易百千之馬。歲以蜀茶易馬二萬四。以三十年為率，則國用馬常四十萬矣。中國之兵安得不強？夷狄之勢安得不弱？自湟、鄯、廓州之入中朝，而茶司之本又盡於市珠玉，國馬至今蓋無幾矣。神宗皇帝之不建疊、宕等州，豈不以城之無利，守之實難，又且以賜忠順之蕃，使耕牧於其間也！疊、宕之地既皆不毛，而湟、鄯諸州萬山堳塽，殆非人跡之所涉。童貫仰國家之財，悉兵民之力，收復三州，增築城寨，又於熙、豐所空之地建城，而自以為功。分屯兵將，轉輸糧食。夫弓箭手民兵，五路之根本也。每差戍守，一月一易，則必人市頭口，負乾糧器械所需之物而趨焉。路逢蕃寇，則多致殺掠。或得戍滿，三數月間，又當復往。如此勞費，無有已時。而熙河包氏之兵，最為忠順，神宗皇帝特寵異之。心一不滿，勢必不為吾用，此熙河之兵所以寡弱而不振。四路之兵，恐亦復然。今之士夫，見邊兵之凋弊，則以謂

未必勝於東兵；見西馬之病瘠，則以謂未必及於東馬。蓋不見其強
盛之時，而獨見其衰弊之後耳。陝西之財，百萬為率，常以七十萬
獨供熙河，而以三十萬供秦鳳、涇原、環慶、鄜延、永興軍路也。
熙河之財，十常七八以供新邊之費。則是童貫之新邊，常困竭陝西
之諸路。陝西之諸路，常煩朝廷之應副，而貽患於天下之諸路
矣。……陛下今日政事，果悉舉祖宗之故事乎？果因循京、貫之規
模乎？京、貫之惡，天下無不欲殺之者，蓋以其蠹賊生靈，蠹害國
家以至於今日也。〔註5〕

　　王襄所論各種弊病的根源縱使頗有道理，但惟時已晚，宋廷只盼向金求
和，惟金兵已東西兩路長驅直進。金兵繼在九月丙寅（初三）取太原後，金
將鶻沙虎取平遙（今山西晉中市平遙縣）、靈石（今山西晉中市靈石縣）、孝
義（今山西呂梁市孝義市）、介休（今山西晉中市介休市）諸縣。辛未（初
八），宗望破宋軍於井陘，取天威軍（井陘縣附近），克真定府，曾隨童貫平
方臘的大將吉州防禦使、都鈐轄劉鎮（靖）（一作劉竫、劉翊）與金人巷戰
被殺（按：《金史》將劉鎮誤作李邈）。宋廷贈安化軍承宣使，紹興六年三月
壬午（十五）依太常議，諡劉鎮剛愍。劉是繼何灌、楊可勝、种師中、王稟，
另一員童貫麾下殉難的大將。《靖康小雅》的作者有詩悼曰：「將軍死綏，古
人所長。有如劉公，與城俱亡。兵弩如山，公以身當。生竭其勇，力挫犬羊。
天未悔禍，虜益鴟張。公雖瞑目，萬古傳芳。」至於當年力諫童貫不要聯金，
而陰佐遼以圖之的知真定府青州觀察使李邈則被俘。金人來攻時，李邈向宣
撫副使劉韐求援，且間道以蠟書上聞，皆不報。城被圍，他且戰且守，相持
四旬。城破，李邈巷戰不走，將投井自殺，為金人所獲。宗望迫他下拜，他
不屈，金人以火燒其鬚眉及兩髀，亦不顧。後宗望脅之歸燕山，他被囚三年，
金人要他知滄州，他不屈，並祝髮為僧，金人怒擊殺之，卒年六十九。高宗
在建炎三年（1129）十月贈昭化軍節度使，諡忠壯。童貫麾下諸將中，李是
才兼文武，有智有勇的人，欽宗曾以他自中衛大夫、果州團練使權主管馬軍
司公事、權樞密副都承旨，出為河北西路制置使守真定府。（按：接替他為
馬帥的，是童貫另一大將郭仲荀）當他視事真定時，兵不滿二千，錢不滿二
百萬，他自度無以拒敵，就諭民出財，共為死守，民就恃他為固，才數日，

〔註5〕趙汝愚（編）：《宋朝諸臣奏議》上冊，卷四十五〈天道門・災異九〉〈王襄・
　　　上欽宗論彗星・靖康元年九月上〉，頁479～482。

籌得錢十三萬貫，粟十一萬石，募民為勇敢亦數千人。惜新募之兵皆無鬥志。若論才能，他可能比已老朽的种師道兄弟更佳，惜壯志不酬。他是童貫賞識而殉於靖康之難的另一員大將。是月，夏人乘機攻佔童貫早年隨王厚收復的西安州。〔註6〕

十月戊戌（初六），宗翰與宗望會於平定軍，商議一同舉兵。據趙永春的研究，右監軍完顏希尹主張先取河東和河北，但宗翰堅持直取開封，認為取得開封，兩河就不戰而下，他的主張得到宗望的同意。金人確定了攻宋的策略後，和談只是麻痺宋人的手段。〔註7〕

〔註6〕《十朝綱要》，卷十九〈欽宗〉，靖康元年十月丁酉條，頁568；《宋史》，卷二十三〈欽宗紀〉，頁431；卷四百四十七〈忠義傳二・李邈、劉翊〉，頁13178～13179；《金史》，卷三〈太宗紀〉，頁55；《大金國志校證》，卷四，頁430；《會編》，卷五十七〈靖康中帙三十二〉，靖康元年十月二日甲午至六日戊戌條，葉一上至四上（頁423～425）；《靖康要錄》，卷十，頁1074；《繫年要錄》，第二冊，建炎三年十月乙亥條，頁580；第四冊，卷九十九，紹興六年三月壬午條，頁1681；王明清：《揮麈錄・三錄》，卷二，第322條，「王稟、徐徽言、李邈忠義事跡」，頁194；《景定建康志》，卷二十六〈官守志三・侍衛馬軍司題名記〉，頁1246（按：該條將李邈訛寫為「李邈」）。考金人攻克真定府的月日，《金史》繫於九月辛未（初八），《靖康要錄》及《會編》所引之《靖康小雅》亦作九月辛未（初八），當是。《十朝綱要》、《宋史》及《大金國志》均繫於十月丁酉（初五），而《會編》繫於十月戊戌（初六）。當是宋廷收到消息之時。又考《十朝綱要》、《會編》、《靖康要錄》、《大金國志校證》及《宋史》所記的真定府都鈐轄劉靖、劉翊、劉竫當是《繫年要錄》所記的劉鎮的訛寫。這個劉鎮是否當年佐童貫平方臘的大將劉鎮？從官位來看有點不像，因劉鎮平方臘有功，不應只是防禦使，可能曾一度被貶。惟他在靖康元年任真定府都鈐轄，與王稟任太原府都鈐轄的兵職相當，又似是同一人。又《會編》稱李邈優於吏職而拙於應變，惟《靖康要錄》及《會編》引之《靖康小雅》卻批評李邈措置乖謬，說在九月己巳（初六），金兵登城，李邈不能死，為金兵所辱而囚之。而劉鎮為都鈐轄，以身率眾，晝夜搏戰城上。金兵力攻兩日，城遂陷，劉仍率眾巷戰，到麾下將盡，他就對其弟說不能被金兵所擒，就策馬挺刃潰圍欲出，但諸門已為金兵所守，於是往孫氏園山亭中解繮自縊而死。按《靖康要錄》及《靖康小雅》均貶李而揚劉，說真定之失罪在李邈。《宋史・劉翊傳》則說金兵初攻真定之北壁，劉翊（鎮）拒之。金兵就偽徙攻東城，李邈中計，命劉鎮往東城接應。第二晚，金兵暗中移攻城具還攻北城，金兵攀堞而上，於是城陷，並執李邈。此番記述似指真定之失守與李邈調度無方有關。惟《揮麈錄》及《宋史・李邈傳》則表揚李之忠義。不知《靖康要錄》的作者汪藻及《靖康小雅》的作者為何對李邈有如此負面評價。

〔註7〕金人第二次攻宋的經過概略與分析，可參見趙永春：《金宋關係史》，第二章，頁68～73。

是日，金使保靜軍節度使楊天吉（？～1127 後）〔註 8〕與王汭到來，宋廷應金人所求，取蔡京、童貫、王黼、吳敏和李綱等九人家屬，並詔王時雍（？～1127）及曹矇館之。另答允給犒師十萬疋先行，命吏部員外郎王及之（1067～1117）充伴送官，借給事中黃夏卿、閤門宣贊舍人趙說充大金國生辰使副，另以徽猷閣待制、宣撫司參謀折彥質為龍圖閣直學士，充河北、河東路宣撫使。這時金人提出甚麼條件，欽宗都會答應，更不會理會蔡京、童貫等家人給金人拿去的命運。矛盾的是，欽宗要挽救危亡，卻不能不靠童貫的陝西舊部。十月己亥（初七），欽宗又詔童貫的大將文州刺史辛康宗齎詔撫諭陝西五路制置司的將士。順帶一提的是，童貫的幕僚馬擴早前被劉韐指為降金，囚於真定府，他趁真定被攻陷，從真定府獄中脫身，易服走西山和尚洞，結集兩河義兵據山寨自保。庚子（初八）（《會編》繫於十日壬寅），金將妻室克汾州，兵馬都監賈宣死之，知州張克戩（？～1126）仍率眾巷戰，金人擒之，他自殺而亡，一家死者八人。石州（今山西離石市）隨後亦降。辛丑（初九），欽宗下哀痛之詔，命河北、河東諸路帥臣傳檄所部，許便宜行事。壬寅（初十），金兵陷威勝軍，執知軍張堯佐。丙午（十四），蒲察克平定軍，遼州降。同日，欽宗集從官於尚書省，議三鎮應否棄守。並召种師道還。甲辰（十二）（按：《會編》繫於十八日庚戌），欽宗下詔，以人才難得，不要計較那些被蔡京、王黼、童貫和梁師成所薦之人，就盡皆屏逐。用人要緊，只要他們洗心革面，就可以召用。同日，出使宗翰軍前的李若水回來覆奏，除了報告宗望與宗翰在宋廷要否割三鎮的取態上分歧外，又說所過地方的軍民皆願死戰。李自己反對割三鎮之餘，又指責已死的蔡京用事，新政流毒，致河北、河東兩路民不聊生，再斥因童貫開邊，致燕雲首禍，搜民膏血，以事空虛。又令丁壯疲於調發，產業蕩於誅求。因而令道路嚎呼，血訴無所，塗炭枝梧。李若水之言，卻不中欽宗之聽。丁未（十五），欽宗改以禮部尚書馮澥知樞密院事。庚戌（十八），又委任童貫的心腹門客，曾與童一起扈從徽宗至鎮江，已罷為金吾上將軍提舉亳州明道宮的范訥為檢校少保、寧武軍節度使、河北、河東路宣撫使。另以李回（？～1132 後）為太尉大河守禦使。是日，遼舊將小鞠錄驅幽薊叛卒與夏人、奚人攻陷麟州建寧寨（今陝西榆林市神木縣東 30

〔註 8〕《繫年要錄》，第一冊，卷九，建炎元年九月壬辰條，頁 217。考楊天吉的官職，群書不載，《繫年要錄》據《要盟錄》得載他在建炎元年九月壬辰（初五），以保靜軍節度使出使西夏，約西夏侵宋。他以後的事蹟不詳。

里，名院家寨子），知寨敦武郎楊震與子居中及執中力戰而死，只有長子楊存中（1102～1166）從征河北得免。如第五章所記，楊震在宣和三年曾從折可存征方臘，至台州黃巖縣，擒方大將呂師囊，又解台州之圍，進官修武郎，而其父楊師閔在童貫取燕山時，以河東第三將駐軍靜寨城，且沿檄武州。他們父子均算得上是童貫的舊部。楊宗閔在建炎元年十二月亦以永興軍副都總管戰死長安，父子均死於難。辛亥（十九），王雲至真定府，遣人報金人已不只要宋廷割三鎮，還要索取五輅冠冕及上尊號，並要康王同來。壬子（二十），欽宗只好詔太常禮官集議金主尊號，又命翰林學士王寓為尚書左丞副康王使宗望軍求和，王寓辭不行。癸丑（廿一）（《會編》作十七日己酉，《金史》作十一月十四日乙亥），金人陷隆德府，殺戮甚眾，劫掠無遺，執知府張友極（一作張有極）。丙辰（廿四），金兵越過回牛嶺，陷平陽府。知府經略使林積仁（？～1129 後）與都統制劉銳棄城走。金兵又陷威勝軍（《金史》作十一月初七戊辰）。戊午（廿六），宋廷貶王寓為單州團練副使，命馮澥代行。庚申（廿八）（《會編》作廿六），侍御史胡舜陟以知中山府陳亨伯求救蠟書，其詞哀切，請宋廷援中山府，但欽宗已無兵可援。庚申（廿八），絳州被潰散軍兵并本州軍兵放火自亂，知州朝散大夫李弼傳（一作李元孺，？～1133 後）和通判徐昌言（？～1137 後）棄城走，軍民劫軍資庫，市易務官史秉義殺數十亂民始稍定。值得一提的是，絳州是河東漕司歲計之所，四川一百八綱盡在絳州下卸，然後河東州軍轉請，有金銀縑帛糧斛約三百萬，這時只剩下童貫平貨場匹帛兩綱目六十萬，皆被奪去。河東州縣相繼陷落之際，好發議論的侍御史胡舜陟在辛酉（廿九），再上言痛責王黼和童貫合謀以棄遼百年之好，約金人以滅其國，於是上帝震怒，禍延國家，使金人猖獗，莫之能禦，屠戮士庶，攻陷城邑，長驅中原，問罪於都城，而宋軍之出，莫不敗北。他批評朝廷賞罰不明，而內臣猶執事權，頑頑恣睢，無所忌憚，任用未得其正。欽宗即詔三省照胡之議施行。不過，胡舜陟再多說這些話也阻止不了金兵的攻勢。據《中興遺史》所記，胡本人也病急亂投醫，在十月上言涪陵（今重慶市涪陵區）人譙定究極易數，洞曉諸葛亮（181～234）八陣法。欽宗令詔赴闕。胡氏之高見比後來孫傅之流相信六甲神兵好不了多少。十一月壬戌（初一），宗翰軍攻陷澤州（《金史》作十一月十九日庚辰），知州高世由以城降。又夏人從十月丁酉（初五）開始進攻懷德軍（即平夏城，今寧夏固原市原州區黃鐸堡鎮黃鐸堡村），歷時一月，終於在十一月丙寅（初五）（《會編》作十一月一

日壬戌），以潛穴地道十數處的方法攻陷，知軍劉銓、通判杜翊世只有疲兵千餘抗之而食不足，城破，二人不屈而死。面對此危局，宋廷再拿已貶的內臣譚積出氣，以侍御史胡舜陟之言，籍沒譚之家資。宋廷這時病急亂投醫，中樞宰執已沒有人拿得主意。除了派使臣向金人求和，就是將已被貶之臣屬再重責。〔註9〕

　　早在十月丙午（十四）（按：《皇宋十朝綱要》作九月壬辰（廿九）召還的种師道，卒於是月辛酉（廿九），得年七十六。欽宗臨哭之慟，輟視朝五日，賜衣衾棺槨龍腦麝臍以殮，贈開府儀同三司。种生前不獲欽宗重用，死時卻哀榮備至，實是諷刺。他巡邊至懷州時，曾獻上最後的謀議，他以金人今番必然大舉，鋒銳不可當。他說宋廷沒有納其前議，現時青、滄、衛、滑四州既不駐兵，就無籬藩之助。他請欽宗幸長安以避其鋒。至於守御戰鬥之事，本非欽宗宜任，責在將帥便可。他這番為欽宗安危著想的建言，可欽宗君臣竟以為怯，只將他召還。他因病不能入見，宋廷以劉韐代為宣撫使。王曾瑜認為种師道經歷了太原之戰後，已完全明白戰爭形勢的嚴峻，他不再持有初援開封時的樂觀估計。欽宗君臣卻莫名其妙地拒絕他的良言。王氏說得好，

〔註9〕《宋史》，卷二十三〈欽宗紀〉，頁431；卷四百六十六〈忠義傳一・楊震、張克戩、李若水〉，頁13160，13166～13169；《金史》，卷三〈太宗紀〉，頁55～56；《會編》，卷五十六〈靖康中帙三十一〉，靖康元年九月十九日壬午至二十一日甲申條，葉九上至十四上，頁420～422；卷五十七〈靖康中帙三十二〉，靖康元年十月五日丁酉至六日戊戌條，葉一下至四下（頁423～425）；十日壬寅條，葉七上下（頁426）；卷五十八〈靖康中帙三十三〉，靖康元年十月十七日己酉至十八日庚戌條，葉一下至六上（頁430～433）；十下至十二下（頁435～436）；卷五十九〈靖康中帙三十四〉，靖康元年十月二十四日丙辰至二十九日辛酉條，葉一上至十二上（頁437～443）；卷六十一〈靖康中帙三十六〉，靖康元年十一月一日壬戌至五日丙寅條，葉一上至五上（頁453～455）；《十朝綱要》，卷十九〈欽宗〉，靖康元年十月丁酉至十一月丙寅條，頁568～569；《靖康要錄》，卷十一，頁1146～1147，1150，1163～1166；卷十二，頁1177～1178，1186～1187，1189，1196～1198，1202～1203，1213；趙甡之：《中興遺史輯校》，靖康元年十月二十六日戊午條，頁21；劉一止：《苕溪集》，卷四十八〈宋故武功大夫貴州刺史永興軍路馬步軍副都總管特贈右武大夫光州防禦使累贈太師魏國公楊公墓碑〉，葉一上至六下；〈楊震墓誌銘〉，葉十三下至十四下；趙汝愚（編）：《宋朝諸臣奏議》，下冊，卷一百五十〈總議門・總議六〉〈胡舜陟・上欽宗論反正六事・靖康元年十月上，時為侍御史。詔令三省照應施行〉，頁1722～1723；李若水：《李忠愍集》，卷一〈箚子・使還上殿箚子三道〉，頁203～205。關於馬擴幸運逃出真定府牢獄，奔西山和尚洞山寨始末與評論，可參見姜青青：《馬擴研究》，第五章，頁211～217。

當金兵初犯開封時，本來不須逃避，欽宗卻怕得要逃。此時卻不納忠言，端居開封，坐以待俘。在童貫尚存的陝西軍大將中，誠如王氏所論，种師道雖還算不上是真正擁有折衝禦侮能力的將帥，但比起欽宗所用一批包括李綱只會紙上談兵的文臣宰執，他無疑還是惟一富有軍事經驗的執政。欽宗不肯用他信他，不一定因他是童貫的舊部，可能因他在入援後一直無功，其弟也援太原戰敗而死。後來欽宗說悔恨不聽他之言而失國，徒添後人的惋惜。种師道是童貫麾下惟一官至樞府執政的武將，也是宋英宗朝郭逵以後，除了童貫以外，非文臣而獲委樞臣的人。〔註10〕

　　宋廷情況越來越不妙，十一月丁卯（初六），宗翰破宋軍堅守多時的懷州，將官王美投壕死，守臣直秘閣霍安國、通判直徽猷閣林淵、鈐轄濟州防禦使張彭年、都監趙士諤、張譔、于潛，統領沈敦、張行中均不降同時被殺。〔註11〕戊辰（初七），欽宗往种師道宅澆奠，大概欽宗已悔不聽种之忠言。是日，王雲自宗望軍前單騎歸來，報告欽宗，金人已提高議價，一定要三鎮，不允就進兵京師。中書舍人孫覿即上奏請棄三鎮。同日，高宗返京，馮澥罷知樞密院事為資政殿學士。己巳（初八），欽宗集百官議於延和殿，討論應否割三鎮，各給筆札以述其見。右諫議大夫范宗尹（1100～1136）等七十餘人請

〔註10〕《宋史》，卷二十三〈欽宗紀〉，頁 431；《十朝綱要》，卷十九〈欽宗〉，靖康元年九月壬辰條，十月辛酉條，頁 568～569；《靖康要錄》，卷十二，頁 1204；《會編》，卷五十七〈靖康中帙三十二〉，靖康元年十月三日乙未條，葉一上（頁 423）；卷六十〈靖康中帙三十五〉，靖康元年十月二十九日辛酉條，葉一上至二下（頁 444），十二下至十三上（頁 449～450）；王曾瑜：〈宋欽宗和他的四名宰執〉，頁 168。按《十朝綱要》所記种師道召回的日子當是宋廷發出詔令的日子，《宋史》所記的日子當是种返回京師之日。據《會編》所記，种在十月乙未（初三）除河北巡邊使，未行，再命為河東宣撫使，以疾召還京師。當時他已病，到鄭州疾篤，昏塞而復蘇，他的部曲請他留下來。他說臨軒之語，忍不進耶！希望能入見欽宗。他抵河陽已疾甚，欽宗聞之，急召還京，宣醫治之不報。至於他死的日子，《靖康要錄》繫於十一月乙丑（初四）。

〔註11〕《會編》，卷六十一〈靖康中帙三十六〉，靖康元年十一月六日丁卯條，葉五下至十六下（頁 455～460）；《宋史》，卷二十三〈欽宗紀〉，頁 433；卷四百四十七〈忠義傳二·霍安國〉，頁 13175～13176；《十朝綱要》，卷十九〈欽宗〉，靖康元年閏十一月甲午條，頁 570～571。按懷州之陷，《宋史》及《十朝綱要》均繫於閏十一月甲午（初三），當是宋廷收到消息之時。考霍安國在收復燕山後，以直秘閣為轉運判官。宣和七年知懷州。靖康元年路允迪奉使至懷州，奏表其治狀，加直龍圖閣，歲中進右文及集英殿修撰，徙知隆德府，未幾復知懷州，金兵至，他守禦不遺餘力，拜徽猷閣待制。

予，戶部尚書梅執禮（？～1127）、兵部尚書孫傅、吏部侍郎呂好問、左司諫秦檜等三十六人反對。庚午（初九），呂好問上言防衛京師及防河需用宿將。為此之故，像劉延慶這等人也被欽宗起用。癸酉（十二），欽宗仍存幻想，罷免主張棄地的右諫議大夫范宗尹，又禁京師民以浮言相動；但形勢比人強，河北宣撫副使折彥質臨時募集的兵十二萬卻在甲戌（十三）師潰。西路金兵也由氾水關渡黃河，河北提刑許高、京西提刑許克守氾水，與士卒望風而潰於洛口。金將完顏活女率兵長驅渡河，知河陽燕瑛（？～1126）和西京留守王襄棄城遁，燕為亂兵所殺。宗翰於是陷河陽、西京及鄭州。知鄭州宋伯友（？～1133後）棄城遁（宋廷在十一月癸巳將宋降三官罷）。宋廷重譴折彥質為海州團練副使永州安置，其他失律官員許高、許克均黜降，這時宋廷的言官仍然追究燕山之役有關官員的責任，欽宗就將詹度責授海州團練副使郴州安置，已死的和詵和薛嗣昌追奪生前官職。又擢陞在十月丙辰（廿四）在西北門禦敵有功的韓世忠為正任防禦使。又令發運使翁彥國（？～1127）充制置使，令募起發軍民二萬人，在十二月上旬到京勤王。另欽宗只好在乙亥（十四）派刑部尚書王雲副高宗使宗望軍，許割三鎮，並奉袞冕車輅，尊金主為皇叔，且上尊號十八字。並令京畿人戶盡移入城，再除秘閣修撰孫昭遠（？～1127）充西道副總管。丙子（十五），金使王汭到來，要盡取河北地，陛對殊不遜，有「姦臣輔闇主」之語。欽宗只好許之，再派馮澥及李若水使宗翰軍。他們抵中牟，守河兵相驚以為金兵至，左右謀間道逃去，李若水堅持不可效戍卒潰逃，令敢言者斬而繼續行。這邊不肯奉詔的何㮚就罷為中書侍郎，只留任開封府尹。其缺由尚書左丞陳過庭代之，而以兵部尚書孫傅為尚書右丞。欽宗還聽信孫傅及其母舅王宗濋的推薦，命江湖騙子郭京（？～1127）為成忠郎領選六甲正兵所，使募生於六甲年的所謂六甲神兵萬二千人禦敵。是日，率萬騎防河的簽書樞密院事李回潰歸，塞滿京城門。京師宣佈戒嚴。庚辰（十九），宗望諸軍渡河，開德府臨河縣、大名府大名縣（今河北邯鄲市大名縣）、德清軍（今河南濮陽市清豐縣）、開德府（即澶州，今河南濮陽市）皆被攻下。宋廷無人可用之餘，辛巳（二十），又特與失踪多時的童貫驍將姚平仲敘正任刺史，令州軍訪尋。壬午（廿一），宗望命楊天吉、王汭和撒離母來，議割黃河為界。欽宗命耿南仲使宗望軍，聶昌使宗翰軍，許畫黃河為界。欽宗在癸未（廿二）覆宗翰的書信中，應金人之索求，將金人指名索取的官員狀況交待：「所有蔡京身亡，王黼、童貫已誅，馬擴不知所在，吳敏涪州安置，李綱

夔州安置」。是日，與高宗一同使金的王雲到磁州，卻被土人所殺。磁州人以
王雲脅高宗北去，故殺之而勸高宗留下。說來王雲死得有點冤枉。他先為童
貫幕僚，然後多次出使金議和，故被人視為奸佞。欽宗也在這日委京師四壁
提舉官：東壁孫覿（後改委王時雍），西壁安扶（？～1127），南壁李擢（？～
1153），北壁邵溥（？～1148），每壁三萬人，差部將和小使臣等七百員，以孫
傅都提舉，殿帥王宗濋都統制，並命原守東壁的劉延慶及范瓊統軍，分佈四
壁。這時欽宗君臣已不計較所用之人是否童貫舊部。甲申（廿三），統率京師
防務的孫傅再陞同知樞密院事，御史中丞曹輔（1069～1127）陞簽書樞密院事，
秦檜陞御史中丞。並以京兆府路安撫使范致虛為陝西五路宣撫使，命督陝西
勤王軍入援。乙酉（廿四），宗望大軍再度兵臨城下（《金史》作廿五日丙戌），
欽宗只好派人持蠟書出關召兵，又約康王（高宗）及河北守將來援，但多為
金的邏兵所獲。丁亥（廿六），种師中部將、中山府路副總管王瓊與鄭建雄（？
～1127後）率兵八千勤王，宋廷以為京城巡檢，欽宗賜白旗書忠義二字以賜。
這是第二次勤王軍首先應援的。戊子（廿七）， 宗望的東路軍攻通津門，守
將范瓊率兵屯陳州門，出兵焚其寨。己丑（廿八），南道總管張叔夜將兵三萬
（《會編》作一萬三千人）勤王至京師，至玉津園，欽宗即以他為延康殿學士。
宗望又遣劉晏來議，其實是緩兵之計，等宗翰大軍前來。庚寅（廿九），欽宗
巡視東壁勞軍，並再命何㮚為門下侍郎。少宰唐恪曾和种師道一樣，勸欽宗
幸洛陽，據秦、雍以圖恢復，但何㮚詆其不然，欽宗腦筋不清，居然同意堅
守京師待援。當西京洛陽失守後，欽宗要西走洛陽也不可得。〔註12〕

〔註12〕陳東（撰），鄭明寶（整理）：《靖炎兩朝見聞錄》，收入朱易安、傅璇琮（主
　　　編）：《全宋筆記》第三編第五冊（鄭州：大象出版社，2008年1月），上卷，
　　　頁147～151；《宋史》，卷二十三〈欽宗紀〉，頁432～433；卷三百五十七〈王
　　　雲傳〉，頁11230；卷四百六十八〈忠義傳一・李若水〉，頁13160；《十朝綱
　　　要》，卷十九〈欽宗〉，靖康元年十一月戊辰至庚寅條，頁569～570；《靖康要
　　　錄》，卷十二，頁1216～1222，1232～1235，1239～1240，1242，1244，1246
　　　～1251，1256，1258，1260，1269；卷十三，頁1281～1282，1284，1290，
　　　1293～1294，1296，1298，1300～1302，1306，1309～1313；卷十二，頁1328
　　　～1329；《會編》，卷六十一〈靖康中帙三十六〉，靖康元年十一月五日丙寅條，
　　　葉四上至五上（頁454～455）；卷六十二〈靖康中帙三十七〉，靖康元年十一
　　　月七日戊辰至八日己巳條，葉一上至十三上（頁462～468）；卷六十三〈靖康
　　　中帙三十八〉，靖康元年十一月九日庚午至十八日己卯條，葉一上至十六下（頁
　　　469～476）；卷六十四〈靖康中帙三十九〉，靖康元年十一月庚辰至二十五日
　　　丙戌條，葉一上至十二上（頁478～483）；卷六十五〈靖康中帙四十〉，靖康

二、城破國亡

欽宗在危機日益嚴重時，除了走馬燈似不斷更換宰執，及聽言官劾奏，重責敗官敗將以至蔡京、童貫這些前朝權臣外，就無計可施。不幸從何㮚到孫傅，都是一蟹不如一蟹，成事不足，敗事有餘的無用書生。已死的童貫，一方面成為欽宗君臣以至京師百姓洩憤的對像，抄他的家，重責他的家人和部屬，另一方面又不得不用他的陝西軍部將以至僚屬如王雲等以挽危亡。然不到一月，京師便失陷。

值得一提的是，在政和八年（重和元年）五月上書痛斥童貫取燕山之謀，以及他的種種不是的安堯臣，在十一月辛卯（三十）以承務郎的小官上書欽宗，他精辟地分析欽宗繼位後所用之宰執，從吳敏、徐處仁、耿南仲、何㮚到趙野、馮澥等之能力與他們如何不濟，這是北宋行將覆亡前宋廷臣對靖康政事之失的一篇精要論述，幸得《會編》將之傳世，可惜安堯臣人微言輕，而且就是欽宗肯聽，已是為時已晚：

> 臣觀陛下續承之初，首用吳敏為右相，使之代天理物而制曰定禁中之策，靖我邦家，且上皇始厭萬幾，內禪於陛下，陛下天性至孝，感泣退避慈諭數四，方即大寶。此乃天命，人心咸有所歸，敏可與焉？當制學士，非敏之黨而何？敏，蔡京門人也。京父子既幸脫於鼎鑊，京之黨亦未加誅戮，其門生故吏，與夫黨之枝葉，又且磨牙搖毒，尚居要津者，實敏為之援。昔人以燕雀之翮，不奮六翮之用，其敏之謂乎？繼以徐處仁為左相。處仁之材，固優於治郡而未聞有宰天下之能。入據公輔之任，虜騎侵軼天下，可謂多事矣。碌碌居位，無所建明，其所薦拔，亦無出其右者。昔人以㯟梲之材，不荷棟梁之任，其處仁之謂乎？耿南仲、何㮚二子，書生也，平居

元年十一月二十六日丁亥至庚寅條，葉一上至十下（頁485～490）；《大金弔伐錄校補》，第一〇三篇〈宋主回書·許割黃河為界〉，頁293～294；《楊時集》，第三冊，卷三十七〈誌銘表碣八·樞密曹公墓誌銘〉，頁909～915。按題為陳東所撰的《靖炎兩朝見聞錄》，上卷從靖康元年十一月初五日，逐日記載金兵圍城之事，內容可與《會編》等書比較，其繫日子略有出入。又據楊時所記，從御史中丞遷簽書樞密院事的曹輔對何㮚並不信任，以他輕儇不可任，也不同意唐恪以死守城中的禦敵方法。他副何㮚守禦京師，何忌之，奏遣他使金，曹留金營七日而歸。他苦勸何㮚不要信六甲神兵可以禦敵，他力爭不從。他卒於建炎元年五月高宗即位不久。楊時為他寫墓誌銘，在楊時筆下，曹輔是靖康後期執政中頭腦較清楚的一人。

高談闊論，是古非今，使眩於名實而不知所守，置之翰苑可也，若使之輔佐英主，安國家，定社稷，實非所長。其連茹彙征，可不諭而知也。中書門下，王政之所由出，天子所與論道。經邦者也，職在統治百官，以參佐機務，開掌出納，命令之重，陛下發號施令，舉措云為有悖於理，而礙於法者，當封駁論列，則事過無舉。今以趙野之徒為之，野性齟齬，但知奉行陛下詔旨而已，必不能為陛下執奏於前，上以拂人主之邪，下以損百姓之害，庶乎陳善閉邪，引當道也，其所引類，又當如何？非特此也，下至省臺寺監，遠及監司帥臣，與夫郡縣之吏，尚習宣和故態，咸以欺君罔上，背公營私，持祿保位。既得患失，凡蠹國害民之風，莫之能革，而務以委靡軟熟之辭，上惑聖聰。是則掠美於己，非則斂怨於君，曷嘗有致君之心，憂天下之志，面折廷諍，如南衙群臣者哉？馮澥可謂剛毅守節矣，方崇觀姦臣用事之際，奮不顧一時之禍，以攖人主之威。當時有識之士，以為美談。自陛下擢為諫議，正國步多艱，天下之士，翹首跂踵，冀澥日以忠言進於前，致明主於三代之隆，以全令名，以和天下。累月之間，不聞建一大計，定一大事，成一大功，徒與楊時是非熙寧元祐之學而止耳。則政事闕失，生民攜貳，陛下何由而知之？其他庸庸之徒，可不問而知也。〔註13〕

安堯臣對欽宗和戰不定，用人朝三暮四，也間接地批評，而他所指的徽宗姦臣，雖未點名，也看出包括他多年前批評過的童貫：

自古王者重謹繹，故易有開國承家，小人勿用之戒。仲尼亦惡利口之覆，邦家者以是養雞者不畜狸，牧獸者不育豺，植木者憂其蠹，保民者除其賊，良有以也。頃者陛下當敵國來寇，則納李梲、鄭望之、李鄴之徒割地謬計，命李邦彥主和議，復與之盟，以紓目前之禍。洎敵人退師，口血未乾，則又納庸人之議，命种師道、姚古、种師中援三鎮，謂祖宗之地，寸土不可與人，但守陵寢所在，誓當固守。頃緣姦臣誤國，敗累朝不渝之盟，致虜兵憑陵，宗社傾

〔註13〕《會編》，卷六十五〈靖康中帙四十〉，靖康元年十一月三十日辛卯條，葉十下上至十二下（頁490～491）；黃震：《黃氏日抄》（四），卷三十八〈讀本朝諸儒理學書六・晦庵先生語類二・熙寧至靖康用人〉，頁170～171。考安堯臣對欽宗朝宰執的評價，後來朱熹也有相同的看法，朱熹評徐處仁曾忤蔡京，舊做方面有聲，後卻錯繆。孫傅略得，又好六甲神兵。

危。陛下誕布惟新，不忍生靈重困鋒鏑，遂捐金帛，割土地，復講
累朝舊好。既盟之後，虜情頗悟前日之非，遽爾退師，執政大臣曾
不歷算周思，復熒惑陛下，使陛下失信於夷狄。夫前日之渝盟，今
日之失信，利害較然明矣。臣固知為此者，非賢人君子，有愛國憂
君之志，攄忠憤以為宗社大計也，乃姦凶之黨，尚懷蠹國之心，必
欲傾覆神器而已。……奈何陛下將相大臣，半為姦黨遺類，陛下雖
欲奮然有為，無股肱心膂之寄，可任以大事。〔註14〕

　　據王明清所記，安堯臣在靖康初年官宣義郎、成都府華陽縣丞。他這番
上書，欽宗親批示云：「安堯臣昨所上書，議論慷慨，愛君憂國，出於誠心。
可特轉奉議郎，除見缺臺諫官。」但詔書甫下，安堯臣已死。〔註15〕

　　欽宗在閏十一月壬辰朔（初一），並沒有聽安堯臣的忠言，仍任命何㮚為
右僕射兼中書侍郎，代替被侍御史胡舜陟痛劾而被罷的少宰的唐恪。知樞密
院事聶昌也被胡舜陟痛劾，除了說他為蔡京一黨外，又說蔡京和童貫愛婢皆
蓄於其家，另童貫的名馬，本來有旨送太僕寺，也給他據為己有；不過，聶
昌沒有去職，童貫的名馬愛婢都成為他的戰利品。另外，欽宗又加劉延慶檢
校少傅，依前上清寶籙宮使，一廂情願地靠所謂宿將守衛京師。欽宗又擢呂
好問為兵部尚書，張叔夜除延康殿學士，而棄地的劉韐罷宮祠。已成為危城
的開封，金兵未攻入已發生多起的軍民作亂。同日，金人攻善利門，統制姚
友仲（《宋史》訛寫為姚仲友）選五軍中神臂弓硬手一千五百人策應禦之（按：
《金史：宗望傳》記是日宋兵一萬出城來戰，宗望選勁勇五千，使當海、忽
魯、雛鶻失擊敗之）；但由樞密承旨王健（？～1139後）所募的所謂奇兵卻作
亂，由尹奇帶頭殺使臣數十人，並毆傷王健，大內前大擾，殿帥王宗濋斬數
十人乃定。是日唐恪出都，民眾欲擊之，他因求去，罷為中太一宮使。癸巳
（初二），宗翰與大將銀朮可及斡英（1106～1179）父子率主力軍抵開封，金
兵兩路會師後，金人攻東水門，矢石飛注如雨，宋軍以纜結網承之，才稍殺

<hr>

〔註14〕同上。

〔註15〕王明清：《玉照新志》，卷一，頁 19；《繫年要錄》，第八冊，卷一百九十二，
　　　　紹興三十一年九月壬辰條，頁 3444。按王明清以欽宗讀畢安堯臣在政和八年
　　　　之奏而稱許不絕，並即命擢堯臣官。筆者認為欽宗也因讀了安堯臣十一月的
　　　　上奏而動容。又王明清記欽宗命下而堯臣已死。但《繫年要錄》卻記宋廷在
　　　　紹興三十一年(1161)九月壬辰（廿三），授右承議郎安堯臣主管台州崇道觀。
　　　　這個安堯臣是否就是三十五年前上書欽宗的同一人，待考。

其勢。欽宗幸東壁撫勞將士。范瓊遣班直五十人下城，卻幾乎全被殺，賴劉光國援得免。金兵又攻通津門甚急，姚友仲領前軍將副部隊千人策應，軍兵有下城接戰，殺傷相當。是冬京師苦寒，宋廷可說雪上加霜。欽宗君臣除了信任先前的六甲奇兵鬼話外，又信日者王俊民之言，以迎土牛借春，至日益張青旗以應木德，就從東壁開始。城上守兵就借此作亂，指東壁統制辛康宗（《靖康要錄》及《會編》作辛永宗，《宋史》作辛亢宗）易幟就是通敵，殺他父子。辛康宗是童貫部將，當時兵民皆驕，不能制御，士卒不滿他治軍嚴，就誘百姓作亂於宣德門，擊登聞鼓請誅辛。有軍士且倡言辛康宗是童貫親戚，不使城上射金兵，只欲金兵上城，分明是通敵。又說他易青旗以叛應金人，於是百姓喧騰，聚數千人，紛紛上城，擊殺辛康宗父子及部將十數人，動亂至晚才止，宋廷只殺為首一二人，於是軍紀蕩然。宋廷只好罷民守城，改用保甲。辛康宗被殺，反映京師人民對童貫之招寇仍怨恨不止。京師暴民亂兵殺守城之童貫部將，陸續有來。〔註16〕

是月甲午（初三），雨雪交作，欽宗繼癸巳（初二）幸東門（一作京城西壁）勞軍，再被甲登城，幸京城北壁，以御膳賜士卒，他自己就改以火飯以進，士卒皆感激流涕；不過，眾人見衣紫袍，執骨朵以侍的殿帥王宗濋，就盡皆切齒。金兵攻通津門，宋軍數百人縋城而下禦之，焚其炮架五、鵝車二。欽宗又想起被他重貶的李綱，恢復他元官，驛召他為資政殿大學士領開封府，想靠他救亡。乙未（初四），金人入青城，攻朝陽門。范瓊則夜劫金寨，報稱殺敵數百。丙申（初五），欽宗幸宣化門，行泥淖中，民皆感泣。他以張叔夜數戰有功，召見安上門，拜資政殿學士。是日，東道統管胡直孺自應天府以兵一萬前來，至拱州與金人遇，兵敗被執。丁酉（初六），復用馮澥為尚書左丞。戊戌（初七），金人派蕭慶（？～1140）來。同日，殿帥王宗濋魯莽不智

〔註16〕陳東：《靖炎兩朝見聞錄》，上卷，頁 150～152；《宋史》，卷二十三〈欽宗紀〉，頁 433；《金史》，卷三〈太宗紀〉，頁 56；卷七十二〈銀朮可傳・毅英傳〉，頁 1658～1659；卷七十四〈宗望傳〉，頁 1706；《十朝綱要》，卷十九〈欽宗〉，靖康元年閏十一月癸巳條，頁 570；《靖康要錄》，卷十三，頁 1309～1301；1317～1326；1329，1331；《會編》，卷六十四〈靖康中帙三十九〉，靖康元年十一月二十五日丙戌條，葉十二上至十三上（頁 483～484）；卷六十六〈靖康中帙四十一〉，靖康元年閏十一月一日壬辰至三日甲午條，葉一上至四上（頁 494～496）；趙甡之：《中興遺史輯校》，靖康元年閏十一月初一壬辰條，頁 25。考辛康宗之被殺，《靖康要錄》繫於十一月廿八日，《會編》繫於十一月丙戌（廿五）。唐恪被京師民擊，《靖康要錄》繫於十一月廿九日。

地領牙兵千餘人與金人戰於城下，結果大敗而回，統制高師旦死之。己亥（初八），金人攻通津門及善利門甚急。庚子（初九），宗翰再派蕭慶及楊真誥等四人來議，要求宋人貸糧，蕭慶堅持要欽宗出城會盟。乃詔都水監丞李處權及閤門宣贊舍人吳德沖為報謝使。欽宗又擢張叔夜簽書樞密院事，令引所部兵入城，並命孫傅措置四壁。是日，金人攻善利門和通津門，賴善戰的統制姚友仲禦之，姚分布床子弩、九牛弩、大小礮座，又於城上絞縛虛棚。金兵轉攻宣化門，姚友仲領兵守南北拐子城，捍水門不可犯。金兵急攻二拐子城，矢石如雨，櫓樓皆壞。而一直被欽宗信任守城的內臣李毂這時才以失律被除名勒停。辛丑（初十）至癸卯（十二），金人兩番進攻南壁。張叔夜與范瓊欲分兵襲之，但宋軍遙見金兵，就馬上奔還，自相踐踏，溺於城隍死者以千計。為了提高守將士氣，欽宗又在壬申（十一）再加劉延慶為檢校太傅，命他代劉韐為京師守禦使，並急詔河北守兵盡起軍兵民倍道入援，許免五年租賦。甲辰（十三），亳州失守。從是日到丙午（十五），天降大雨化成冰，天大寒，士卒冷得不能執兵器，甚至有僵仆而死者。欽宗雖在禁中徒跣求晴，但天不祐宋，勤王軍又不至，城中兵可用者只有衛士三萬，但已損失十之五六。金人攻城更急，拾城下矢石反射城上，樓櫓盡為所壞。宗望與宗翰又派蕭慶來說，不須欽宗出城，只要大臣計議，親王為質，蕭慶要何㮚出城，何色變，欽宗亦不許。己酉（十七），欽宗派尚書左丞馮澥、簽書樞密院事曹輔、與宗室仲溫及士希等使金求和，並命在相州的高宗為兵馬大元帥，以延康殿學士知中山府陳遘（亨伯）、秘閣修撰知磁州宗澤、集英殿修撰汪伯彥（1069～1141）副之，速領兵入衛。辛亥（二十），金人來議和，要親王出盟。壬子（廿一），欽宗再遣馮澥及宗室趙士希使金軍，既至，金人即送二人歸，不交一談，一定要何㮚及親王至。金人於是攻通津門、宣化門益急，范瓊冒險以千人出戰，渡河卻遇冰裂，沒者五百餘人，士氣更受挫折。甲寅（廿三），大風自北起，俄大風雪，連日夜不止。乙卯（廿四），金人派劉晏前來，促宋以親王及宰相出盟。就在這關鍵時刻，宋廷君臣居然相信郭京可以妖法破敵，何㮚促郭率六甲正兵七千七百七十七人兼何㮚所募奇兵五千出戰。丙辰（廿五），郭京稱用六甲法，盡令守兵下城，大開宣化門出攻金人，結果大敗，郭託言下城作法，引餘兵二千人自宣化門南遁，至襄陽府（今湖北襄陽市），屯洞山寺。（按：郭京在靖康二年四月欲立宗室為帝，後為統制官隨州觀察使張思正所捕獲）。金兵分四翼輕易在午時衝斷宋軍，一舉登城，眾皆披靡。金兵焚南薰諸門，

從閏十一月甲午（初三），往來東南兩壁策應，守城有功的統制姚友仲竟被亂兵所執毆殺，委棄溝壑。統制何慶言（一作何慶彥）、陳克禮及中書舍人高振力戰死，京畿提刑秦元領保甲斬關遁。被貶多時，後獲欽宗復用，委督視東壁的內臣保德軍承宣使黃經臣赴火而死。《靖康小雅》的作者有詩悼黃經臣，文臣寫詩哀悼內臣，實屬罕見，惟詩也充滿著對內臣的偏見，曰：「在昔漢唐，亡由閹宦。出或用之，鮮不貽患。豈期黃公，獨稟高見。白髮虔心，有聞必諫。竭力東城，以身死難。揭名可磨，萬世炳煥。」諷刺的是，其他為欽宗所寵的內臣如鄧珪（？～1127後）、梁許、王孝竭、李植則降金。其中官至承宣使的鄧珪，傳宣至河北，為金人所擄，他就降金，並向新主人獻謀掠取開封珍寶，及搜捕宋宗室帝姬，包括徽宗第五女福金帝姬（即茂德帝姬，1103～1128），他又奉命持欽宗詔入城催發人與物，並率內侍百餘人入城監守后妃帝姬諸王妃。他是內臣中最可恨的。宗望軍入城後，就大掠巨室，焚燒已死的明達皇后家和已死的權閹藍從熙家，以及孟家（未考是孟昌齡家抑孟后家），焚燒數千間，掠婦女七十餘人出城。金兵破城當日，宋禁軍衛士入都亭驛，殺金使劉晏並從者三人洩憤，但已於事無補。開封從十一月二十五日受圍，凡四十日於是日午時被攻陷。欽宗於丁巳（廿六）奉徽宗及鄭皇后入居延福宮，命何㮚及濟王栩（1106～1130後）為請命使，向金軍求和。戊午（廿七），又遣何㮚與鄆王楷詣金軍，金人要何㮚對欽宗說，徽宗出郊議和。欽宗以徽宗病，只好親自前往，辛酉（三十），欽宗往青城，即被金人扣押。欽宗未有想到，殺掉童貫才四月，便城破國亡。金人破城後，索取童貫、蔡京、蔡攸、王黼、李綱、李彌大、劉韐、王安中、馬擴、詹度、陳遘（亨伯）、吳敏、徐處仁、折彥質、折可求、呂仲、張孝純及王稟等「干戾人」二十餘家親屬。在金人眼中，在名單之首已死的童貫、蔡京、蔡攸和王黼均是死有餘辜的，其家族也要處置，不可放過。欽宗只好照辦，其中被拘拿的童貫兒子有童師揚和童師孔等。〔註17〕

〔註17〕陳東：《靖炎兩朝見聞錄》，上卷，頁152～159，163；《東都事略》，卷一百二十六〈附錄四‧金國傳下〉，葉三下（頁1938）；《宋史》，卷二十三〈欽宗紀〉，頁433～434；《金史》，卷三〈太宗紀〉，頁56；卷七十四〈宗翰傳〉，頁1697；《十朝綱要》，卷十九〈欽宗〉，靖康元年閏十一月癸巳至辛酉條，頁570～572；《靖康要錄》，卷十三，頁1327～1338，1341～1359，1363，1369～1372，1376～1379，1382～1392，1400，1404～1408；卷十四，頁1419，1423，1426，1430～1436；卷十五，頁1580，1606；《會編》，卷六十六〈靖康中帙四十一〉，靖康元年閏十一月三日甲午至九日庚子條，葉三下至十上，（頁495～498）；

　　金人為何要拘拿蔡京、童貫等的家屬？百年後金人劉祁（1203～1250）站在金人的立場，稱美本國是「及取宋，責其背約，名為伐罪弔民，故徵索圖書、車服，襃崇元祐諸正人，取蔡京、童貫、王黼諸姦黨，皆以順百姓望，能用遼宋人材，如韓企先、劉彥宗、韓昉輩也。」〔註18〕事實是否真的如此，當日金人拘拿蔡京及童貫等人的家屬，應是大快人心的。

　　在這城破國亡的時刻，教人憤恨的是，為欽宗重用的京城四壁守禦使、負責守北壁的劉延慶與其子劉光國，並沒有死難，而是在城破之夜，奪與其宅相近的萬勝門（《宋史》作開遠門），帶班直長入袛候西兵及百姓萬人出奔。他們本來都是護駕先鋒，人們以為他們保護欽宗出走，不知他們卻帶頭先逃。據《中興遺史》所記，劉延慶與張叔夜曾勸欽宗出走，但欽宗未決，劉就說先為欽宗奪一門，於是其父子就在離其家不遠的萬勝門出逃。但他們都逃不掉，劉延慶甫過普安院，為金兵所邀擊，陷金明池而死（《宋史》說他至龜兒寺被金騎追及所殺），年五十九。劉光國居然還攜王黼愛姬張氏以逃，行十餘里，被金騎追及，他先殺妾然後自經而死。劉延慶徒眾李孝忠、党忠、祝進、薛廣、曹端、王在等，就潰去各地為盜。除了劉延慶父子外，據《金

十二日癸卯至十四日乙巳條，葉十三上至十五下（頁 500～501）；卷六十八〈靖康中帙四十三〉，靖康元年閏十一月十七日甲戌至二十三日甲寅條，葉一上至十六上（頁 511～518）；卷六十九〈靖康中帙四十四〉，靖康元年閏十一月二十五日丙辰條，葉一上至十一下（頁 519～524）；卷七十〈靖康中帙四十五〉，靖康元年閏十一月二十六日丁巳至三十日辛酉條，葉一上至十六下（頁 526～533）；卷七十七，靖康中帙五十二，靖康二年正月二十六日丙辰條，葉十三下至十四上（頁 584～585）；卷九十六〈靖康中帙七十一〉，〈諸錄雜記〉，葉七上（頁 709）；趙甡之：《中興遺史輯校》，靖康二年四月十六日乙亥條，頁 71；《大金弔伐錄校補》，第一零八篇〈取干戾人箚子〉，頁 312；《繫年要錄》，第一冊，卷六，建炎元年六月乙丑條，頁 159；確庵、耐庵（編），崔文印（箋注）：《靖康稗史箋證》（北京：中華書局，1988 年 9 月），《靖康稗史之三·開封府狀箋證》，頁 90；《靖康稗史之四·南征錄彙箋證》，頁 127，137～142；丁特起（撰），許沛藻（整理）：《靖康紀聞》，收入朱易安、傅璇琮（主編）：《全宋筆記》，第四編第四冊（鄭州：大象出版社，2008 年 9 月），頁 110；韋承（？～1127 後）（撰），程郁、瞿曉鳳（整理）：《甕中人語》，收入《全宋筆記》，第四編第八冊，頁 55。黃經臣之死，除了時人詠詩哀之外，南宋末人李伯玉（？～1235 後）為殉難的程振撰祠堂記，提到殉靖康之難諸臣，也提到黃經臣以內臣而殉。參見《全宋文》，第三百四十六冊，卷七九八四，〈李伯玉·程剛愍公祠記〉，頁 27～28。
〔註18〕劉祁（撰），崔文印（點校）：《歸潛志》（北京：中華書局，1983 年 6 月），卷十二，「辯亡」條，頁 135～136。

史‧闍母傳》，金兵攻克開封後，城中宋軍潰出而西者十三萬人，闍母與撻懶（戩英）分擊，大敗之。可見宋軍潰逃者眾。在童貫麾下的陝西軍諸將中，劉延慶名位最高，他以伐遼之役的敗將而被欽宗重新起用守城，在靖康之難中卻死得毫不光彩，可說辱沒陝西軍善戰的名聲。《會編》記他「頗練兵事，措置獨有法，過夜，即城下積草數百，蒸之以警」。當欽宗問他事勢如何，他就說大臣謂城不可破者皆欺罔朝廷，今日之事可謂危矣。他又言大臣奏捷於上前，大抵守禦獲勝，僅能自保，若或不勝則如何，何賀之有。似乎他還有一點本事，而又肯對欽宗說出真話，但在開封保衛戰中，他父子並無甚麼功勞，而且被京師人民所惡，指為罪魁。欽宗倚他為救危柱石，實在可悲。侍御史胡舜陟在靖康二年正月癸巳（初三）上奏，回顧城破國亡之由，便痛陳「方都城圍閉，諸將守禦，賞以勸功，豈易輕舉？今日集百官宣府，劉延慶轉官，明日集百官宣府，劉延慶轉官。延慶昔有邱山之罪，今無尺寸之功，不知何以得此恩數？但延慶善結內侍，人人喜為稱譽，故旬日之間，兩宣府制。賞及罔功，人心不服，將士孰不解體？劉光國恃有內援，兇悖尤甚，毆將作監丞江徽，臣於臺屬論列，其言不行。」《會編》所引的《林泉野記》說他守北壁有功，大概因其子劉光世在南宋時貴顯，就為他說一點好話。丁特起的《靖康紀聞》（亦名《靖康孤臣泣血錄》）就罵他「父子不念社稷安危，父子世受國恩，操履反愧於市人」。反而地位比他低，屬於姚家軍的姚友仲就英勇得多。〔註19〕若非其子劉光世在南渡後尚有表現，他們就把陝西軍的顏面丟盡了。

〔註19〕《宋史》，卷三百五十七〈劉延慶傳〉，頁 11237～11238；《十朝綱要》，卷十九〈欽宗〉，靖康元年閏十一月丙辰條，頁 571；《靖康要錄》，卷十三，頁 1389～1392，1400；卷十四，頁 1463；卷十五，頁 1521；《金史》，卷七十一〈闍母傳〉，頁 1642；《會編》，卷六十六〈靖康中帙四十一〉，靖康元年閏十一月十二日癸卯至十四日乙巳條，葉十三上至十五下（頁 500～501）；卷七十〈靖康中帙四十五〉，靖康元年閏十一月二十六日丁巳條，葉三上四下（頁 527）；二十七日戊午條，葉八下至十下（頁 529～530）；卷九十六〈靖康中帙七十一〉，〈諸錄雜記〉，葉七上（頁 709）；趙甡之：《中興遺史輯校》，靖康元年閏十一月二十六日丁巳條，頁 30～31；《繫年要錄》，第一冊，卷一，靖康元年十二月壬寅條，頁 24～25；《靖康紀聞》，頁 151～152。關於劉延慶的西夏酋豪族屬身份、家世、親屬和其不光彩的死亡，顧吉辰教授撰有一篇短文，可以參考。參見顧吉辰：〈西夏歸宋酋豪劉延慶的幾個問題〉，《寧夏社會科學》，1989 年第 4 期，頁 85～89。

三、靖康悲歌

　　欽宗從十二月壬戌朔（初一），成為金人的俘虜。金人派蕭慶向他索取降表。癸亥（初二），欽宗向金人投降，呈上降表。〔註20〕金人也要求歸還被殺的劉晏四人遺體，欽宗自然馬上辦好。是日高宗在幕僚的擁戴下，開大元帥府於相州。並在兩天後差置官屬，又傳檄諸郡起兵勤王。高宗的大元帥官屬中，包括耿南仲子耿延禧、外戚高世則，他後來信任的黃潛善，和後來引起苗劉兵變的作惡弄權之內臣藍珪（？～1142後）、康履（？～1129）。欽宗則在癸亥（初二）正式向金人投降，由中書舍人孫覿撰寫降表。金人許他從青城返京城。甲子（初三），欽宗御祥曦殿，金人索馬一萬匹，欽宗只好從御馬以下得七千餘匹送上。金帥又自諸庫取絹一千萬疋，又大索金五百萬錠，銀一千萬錠。欽宗只好詔開封府尹王時雍、徐秉哲（？～1133後）分東西廂督括。同日，金人又再索蔡京等家屬，這次名單上加上童貫子童師易及趙良嗣、蔡靖及王安中的家屬。丙寅（初五），欽宗派陳過庭、折彥質與劉鞈使割兩河地。丁卯（初六），欽宗罷王宗濋殿帥，差橫行指揮使左言（？～1130後）權領。己巳（初八），欽宗向金主上崇天繼統昭德定功修文成武光聖皇帝，金使則檢查左藏、元豐、大觀等庫，並緘封之。丁丑（十六），高宗至北京大名府。庚辰（十九），以滅宋，金主頒詔令臣屬敦勸農功。癸未（廿二），知信德府梁揚祖率兵一萬到大名府，他的部將包括原屬童貫舊部的張俊、苗傅等，梁以張俊最為得力，高宗任為統制。世事難料，原屬童貫陝西軍的張、苗部隊竟成為高宗大元帥府的骨幹。乙酉（廿四），金人促欽宗交納財物，欽宗只好命王時雍等十四人分諸壁受納。值得一提的是，當日負責殺童貫的張澂在丙戌（廿五）免試為中書舍人，因金人不久要派他去召高宗回來。開封府奉金人命，要三日盡數送納金銀疋帛，宋廷只好括盡民財以應，戚里連鄭皇后家也不放過，後來鄭家以隱匿金帛，詔追其父祖官。為宋廷言官痛恨的童貫及其家人早晚是其中的搜括對像。〔註21〕

〔註20〕《大金弔伐錄校補》，第一二五篇〈宋主降表〉，頁341；《宋史》，卷二十三〈欽宗紀〉，頁434～435；《十朝綱要》，卷十九〈欽宗〉，靖康元年十二月癸亥條，頁572；《金史》，卷三〈太宗紀〉，頁56；卷七十四〈宗望傳〉，頁1706。

〔註21〕《宋史》，卷二十三〈欽宗紀〉，頁434～435；《金史》，卷三〈太宗紀〉，頁56；《十朝綱要》，卷十九〈欽宗〉，靖康元年十二月壬戌至乙酉條，頁573；《靖康要錄》，卷十四，頁1437，1440～1443，1447～1448，1450～1451，1454～1464，1470，1482～1483，1486，1488，1490～1491；《會編》，卷七十一

　　欽宗向金投降翌年的靖康二年（1127），即後來高宗改元的建炎元年。正月辛卯朔（初一），欽宗過著一生最悲苦的新年，他朝見並賀徽宗於延福宮，父子大概相對無言。他仍要派六弟景王杞（1104～1131 後）和七弟濟王栩率文武百官及僧道往南城向宗翰及宗望賀年。二帥雖傳令派十一人回賀，但以索取的金帛不足，屢使人責備王時雍及徐秉哲二開封尹。欽宗於是派何㮚見二帥，商量元數，說城中已盡力搜括公私所有，宗翰怒斥之。當宋廷愁雲慘霧時，金廷則喜氣洋洋。高麗和夏就遣使來賀金太宗滅宋。宗翰與宗望又特派專使在癸巳（初三）上賀俘宋主表，並呈上欽宗的降表，作為獻給金主的新年大禮。賀文指責徽宗收燕山後，「曾未歷於歲時，已遽忘於恩造。動搖我封部，招納我叛亡。」又說當金興師問罪時，「佶則倉皇而遜位，桓惟哀泣以求存。議割三府之疆，請復兩朝之好。豈意我師甫退，信誓又渝。」金人這番話實在說得有理，曲在宋人。應如何處置宋廷，金知樞密院事劉彥宗在乙未（初五）上表，請復立趙氏，但金主不聽。根據金主的旨意，在開封的金兵一方面搜括京師的財寶，另一方面用盡辦法搜捕宋室的漏網之魚，特別是逃至相州的高宗。早在正月壬辰（初二），宗翰聞知高宗在開德府（即相州）即命欽宗召高宗回京，而由新任中書舍人的張澂持詔以行，學士院草詔書，宗翰審視再三，改動三次始遣，金人怕的是宋人在詔書做手腳。教人感慨的是，張澂在數月中竟連續擔任兩宗極凶險的差事：殺童貫當為其樂為，但迎高宗回虎口恐非所願。值得一提，是日宋廷向已死的高俅及其尚在的兄弟高伸及高傑的家資開刀，因高伸的侍女劉梅壽檢舉他們匿藏金銀不納，欽宗命責降二人，並充公其家資。高俅兄弟一年前與童貫護送徽宗到鎮江，中道與童反目，而得到欽宗的寬恕。但京師陷落，草木同枯，高氏兄弟也一樣在劫難逃。同日，金人又命欽宗派聶昌、耿南仲和陳過庭出割兩河地，兩河軍民卻堅守城池不肯奉詔，累月止得石州肯降。甲午（初四），宋廷再詔兩河民開門出降。庚子（初十），金人索金銀益急，何㮚和李若水卻勸欽宗親至金軍中談判，欽宗從之，命太子監國，自己就再去青城，卻不知此去從此不歸。壬寅（十二），北道總管趙野與河東北路宣撫使范訥合軍南京應天府，號宣總司。除了范訥外，也有不少原隸童貫之河北守臣，包括童貫部將知霸州辛彥宗及

〈靖康中帙四十六〉，靖康元年十二月一日壬戌至四日乙丑條，葉一上至十二上（頁 534～540）；卷七十二〈靖康中帙四十七〉，靖康元年十二月五日丙寅至二十二日癸未條，葉一上至十四上（頁 541～547）。

高陽關副總管楊惟忠，在癸卯（十三）引軍往援高宗。高宗即命楊惟忠為都統制，辛彥宗為先鋒。乙巳（十五），宋廷差侍從郎官二十四員再分括金銀，首個目標就是籍沒已死多時的梁師成家資。金兵在丁未（十七）往含輝門劫掠，並焚五嶽觀。據辛棄疾（1140～1207）所記，是日金人遣使入城，致敕書徽宗，書曰：「北國金皇帝書付弟南朝宋皇帝，近者北遼無道，殺伐無止，朕既殲滅，以寧人民，以開皇圖，大有華夏。比緣奸臣童貫、蔡京詿誤兩朝，以致禍亂，使勞我師遠至汴京，今已救時弔伐，以遂和好。叔姪是敘，進幣是行。汝可應令保育天和，以撫萬民。以河為盟，萬載一決，吾無偽言，汝其知矣。天輔十年月日」。這道辛棄疾斥其詞泛濫虛偽，皆甘誘不實之語的敕書，多半是降金的遼臣所撰，又一次點了童貫奸臣的名，顯而恨惡之亟。己酉（十九），開封府括到金十七萬八千兩，銀六百萬兩，表段一百萬疋，納金人軍前。乙卯（廿五），金人指名要童貫、蔡京家祗應凡千餘人選端麗者。戊午（廿八），金人軍前又來取蔡京、王黼及童貫家姬四十七人，以及皇后冠、御馬裝具。宋人只好如數照辦，遣送的包括三人的遺存家屬以及徽宗女福金帝姬。在金人控制的京城，欽宗君臣是任人魚肉。不幸的是，欽宗投降後，仍雨雪不止，而物價騰貴，京中凍餓死者枕籍。宋廷上下不斷上書宗翰，請釋放欽宗，卻不知金人早有另立傀儡之意，徽宗、欽宗父子悲慘的命運很快便到來。陝西五路經略使知永興軍范致虛雖在癸丑（廿三）率兵勤王至陝州並克潼關，范檄勇將知晉寧軍兼嵐石路沿邊安撫使徐徽言守河西，徐率兵取回麟州、府州及豐州（今陝西榆林市府谷縣西北）三州，又取回嵐州（今山西呂梁市嵐縣）及石州，但遠水救不了近火。〔註 22〕

〔註 22〕《宋史》，卷二十三〈欽宗紀〉，頁 435；卷四百四十六〈忠義傳一．李若水〉，頁 13161；卷四百四十七〈忠義傳二．徐徽言〉，頁 13191；《金史》，卷三〈太宗紀〉，頁 56；《十朝綱要》，卷十九〈欽宗〉，靖康元年十二月癸未條，頁 570；二年正月癸巳至己酉條，頁 572～573；《靖康要錄》，卷十四，頁 1465～1467；卷十五，頁 1515～1519，1524，1527～1533，1536～1538，1540～1542，1549～1550，1560～1564，1568～1569，1579～1582，1597～1600；《會編》，卷七十四〈靖康中帙四十九〉，靖康二年正月一日辛卯至十五日乙巳條，葉一上至十七下（頁 554～562）；卷七十六〈靖康中帙五十一〉，靖康二年正月十七日丁未至十八日戊申條，葉一上至十三下（頁 571～577）；卷七十七〈靖康中帙五十二〉，靖康二年正月十九日己酉至二十六日丙辰條，葉一上至十四下（頁 578～585）；卷七十八〈靖康中帙五十三〉，靖康二年正月二十七日丁巳至三十日庚申條，葉一上至四上（頁 586～587）；《繫年要錄》，第一冊，卷一，靖康元年十二月戊申至甲寅條，頁 28～30；韋承：《甕中人語》，頁 57；《靖康

值得一提的是，在正月丙午（十六），被扣於金營的河東、河北路宣撫使劉韐自殺。劉曾任童貫幕僚，在靖康之難中，欽宗雖委以重任，但他的表現乏善足陳，他肯以身殉國，還算有點氣節。陳與義（1090～1138）有詩挽他，說「一代名超古，千年淚染衣。當時如有繼，猶足變危機」，又說「河洛傾遺憤，英雄歎後塵。煌煌中興業，公合冠麒麟」，實在有點抬高了他。王稱、陳均和南宋末的劉克莊（1187～1269）評說劉韐初在陝西為童貫所知，後來一生跟從童貫，任以軍事。及河北死事，即諡忠顯，他本來是誤國之人，以能殉國故宋廷棄瑕錄忠，算是的論。他的同僚好友宇文虛中為他撰寫神道碑，對他事蹟溢美不已，究其實他是志大才疏之人，於挽救危局殊無貢獻。王稱還將他納入〈忠義傳〉，實在便宜了他。〔註23〕

二月辛酉（初一），金人繼續索取金銀及各樣合用人物，宋廷為濟城中饑民，就將籍沒譚稹家所得的白米一千石豆粟，委官濟民。另又拆毀高俅及楊戩宅以作柴薪。童貫家大概已抄無可抄，這次就不在查抄之列。至於蔡京的府第早在閏十一月己亥（初八）已被焚毀，拆無可拆。宋室的噩夢很快到來。丙寅（初六），金主即降詔，降徽宗及欽宗為庶人。丁卯（初七），宗翰即命徽宗、鄭皇后、鄆王楷以下諸王、王妃、公主、駙馬等出宮至青城。戊辰（初八），宗翰命翰林學士吳幵與吏部尚書莫儔自軍前齎金人詔書回城，令百官軍

稗史箋證》，《靖康稗史之三‧開封府狀箋證》，頁90；舊題辛棄疾（撰），燕永成（整理）：《南燼紀聞錄》，收入朱易安、傅璇琮（主編）：《全宋筆記》第四編第四冊（鄭州：大象出版社，2008年9月），頁22；《大金弔伐錄校補》，第一九六篇〈左副元帥宗翰右副元帥宗望俘宋主表〉，頁524。考轟昌奉命往見宗翰議和，他仍稱是童貫和王黼苟利忘義，失信於邊，致國家有意外之難。並非國家失信於金。十一月己丑（廿八），宗翰命楊天吉陪他去河東，命他諭宋守臣投降。他在十二月癸酉（十二）到絳州城下，城門不開，郡官逃盡。惟有監倉趙子清領州事。郡人聞轟昌來割地，大怒，在癸未（廿二）出兵掩殺，將他捽下馬，屠裂而死。

〔註23〕陳與義（撰），白敦仁（校箋）：《陳與義集校箋》（上海：上海古籍出版社，1990年8月），卷二十九〈劉大資挽詞二首〉，頁811～814；《靖康要錄》，卷十五，頁1587～1596；《東都事略》，卷一百十一〈忠義傳‧劉韐〉，葉七上（頁1713）；《十朝綱要》，卷十九〈欽宗〉，靖康二年正月丙午條，頁573；《會編》，卷七十五〈靖康中帙五十〉，靖康二年正月十六日丙午條，葉一上至十五上（頁563～570）；《編年綱目》，卷三十，頁811；劉克莊：《後村先生大全集》，《四部叢刊》本（臺北：臺灣商務印書館據上海涵芬樓景印賜硯堂舊鈔本，1965年），卷一百二十八〈書‧辛巳答傅諫議〉，葉七下至八下（頁1135）；《宋史》，卷二十三〈欽宗紀〉，頁435。

民推戴異姓新君。孫傅連上六狀，請立趙氏，他在上金人狀中，將罪責再推在童貫等頭上，說欽宗「自即位以來，日修政德，並無虧失，惟是失信一事，上累譴呵。蓋緣親政之初，偶為謀臣所誤，繼已重行竄責。檢會上皇時，昨為大遼信誓，並係童貫、李良嗣、王黼等妄起事端，並行處斬了當，以此顯見嗣君悔悟前失，非有他心。」但金人不允。庚午（初十），吳、莫二人再自金營回來，稱宗翰怒說若宋人不在明天了事，就舉兵屠城。辛未（十一），百官被迫向金人請立前太宰張邦昌為新君。同日，因降金之內臣鄧珪之獻計，朱皇后及太子趙諶以及南班宗室均被押赴金人軍前。宋臣包括孫傅、張叔夜、秦檜均哀求金人收回成命。值得注意的是，秦檜所上宗翰之書對童貫貪功禍國，加以指斥：「頃童貫、蔡攸貪土地之奉主欲，營私而忘國計，屯兵境上，欲滅大遼，以取燕雲之地，方是時也，契丹之使交馳接境，祈請於前，為貫、攸計，宜偽許而從其請，乃欲邀功以兼人之地，遂貽患於主而宗廟危。今雖焚屍戮族，又何益哉。今元帥威震中原，功高在昔，乃欲用讎間之論，矜一己之功，其於國計亦云失矣。貫、攸之為，可不鑒哉？」但金人意決，不服的宋臣不少以死明志，包括多番使金的李若水及少宰唐恪。唐自殺，李若水則痛罵金人而被殺，死事尤烈。金人也殺不肯盡括金銀之戶部尚書梅執禮、侍郎陳知質、刑部侍郎程振和給事中安扶。並重杖在城破前一再上書論政的侍御史胡舜陟及殿中侍御史胡唐老（？～1129）、監察御史姚舜明（？～1135）等人，以他們沒有交納金銀。值得一提的是，金人在丁丑（十七），指名要取何㮚及高俅的家屬，高俅已死多時，他也沒有參與燕山之役及惹怒金人的種種行徑，金人要抓他家屬，也許看上他家的財產。總之，宋廷臣僚不分忠姦，都在劫難逃。於金人而言，順我者生，逆我者亡。欽宗在庚辰（二十）致書開封尹徐秉哲，痛陳「朕之宗廟二百年矣，為閹宦姦臣敗壞，朕父子兄弟枝葉致無所歸」。徽宗、欽宗都信用內臣，欽宗用梁方平守黃河，用李㲄守京城，其他如鄧珪之流，均一再敗事，後來鄧珪還投靠金人。欽宗現時悔悟，為時已晚。〔註24〕

〔註24〕《宋史》，卷二十三〈欽宗紀〉，頁435～436；卷三百二十八〈安燾傳附安扶傳〉，頁10568；卷四百六十八〈忠義傳一‧李若水〉，頁13161～13162；《金史》，卷三〈太宗紀〉，頁56；《十朝綱要》，卷十九〈欽宗〉，靖康二年二月丙寅至乙酉條，頁573～574；《靖康要錄》，卷十五，頁1601～1606，1610～1612，1619～1620，1626～1629，1633～1642，1645～1650，1653；卷十六，頁1661

　　不過童貫所用的人，也有是忠義不屈的。當年為童貫平方臘籌餉設經制錢的陳亨伯，在靖康末年當金將左監軍完顏昌圍攻中山府時，他卻冒圍入城固守，踰半年而金人不能攻下。靖康二年二月丁亥（廿七），金兵攻城急，他命總管盡括城中兵迎敵，但以眾寡不敵而辭，陳怒斬之以徇，而命素有勇名的步將沙振使往。但沙振推辭，陳堅持要他去集兵。沙振懼，就潛入帥府，殺害陳亨伯及其子陳錫並僕妾十七人。沙振出，帳前卒怒責他大敵當前而竟殺主帥，就將沙振執而捽裂之。因城中無主，乃開門出降。金兵見其屍，稱他是南朝忠臣，就斂而葬於鐵柱寺。高宗即位後，贈特進，諡愍節。〔註25〕

　　三月辛卯朔（初一），被金人欽點的張邦昌入南薰門。壬辰（初二），金人發出命令，若三日內不立張為帝，就盡殺城內人。丙申（初六），統制官宣贊舍人吳革父子謀起義於通津門，欲挽救欽宗，卻被已降金的統制范瓊及左言誘殺，被殺者還有使臣百餘人。丁酉（初七），金人正式立張邦昌為大楚皇帝。庚子（初十），金人令取宗室，開封尹徐秉哲令京師民結保，不得藏匿。丁巳（廿七），宗望脅迫徽宗北行，由滑州道進發。四月庚申朔（初一），是

〜1668，1672〜1675，1678，1681〜1682，1687〜1688，1691〜1692，1696〜1698，1701；《繫年要錄》，第一冊，卷二，建炎元年二月癸酉條，頁52〜53；《會編》，卷六十六〈靖康中帙四十一〉，靖康元年閏十一月八日己亥條，葉九上（頁498）；卷七十八〈靖康中帙五十三〉，靖康二年二月一日辛酉至五日乙丑條，葉四上至十三下，頁587〜592；卷七十九〈靖康中帙五十四〉，靖康二年二月六日丙寅至十一日辛未條，葉一上至十五上（頁593〜600）；卷八十〈靖康中帙五十五〉，靖康二年二月十一日辛未至十三日癸酉條，葉一上至十上（頁601〜606）；卷八十一〈靖康中帙五十六〉，靖康二年二月十四日甲戌至二十一日辛巳條，葉一上至十二下（頁607〜612）；卷八十二〈靖康中帙五十七〉，靖康二年二月二十一日辛巳條，葉一上至十四下（頁613〜620）；卷八十三〈靖康中帙五十八〉，靖康二年二月二十一日辛巳至三十日庚寅條，葉一上至十上（頁621〜625）；汪藻：《浮溪集》，卷二十四〈神道碑·尚書刑部侍郎贈端明殿學士程公神道碑〉，頁271〜274；王明清：《揮麈錄·三錄》，卷二，第320條，「秦會之陳讜狀」，頁190。按被金人所殺的給事中安扶是哲宗朝官至門下侍郎的安燾（1034〜1108）之子。

〔註25〕《宋史》，卷四百七十二〈忠義傳二·陳遘〉，頁13182〜13183；《繫年要錄》，第一冊，卷二，建炎元年二月丁亥條，頁61〜62；《呻吟語》，頁23。據《呻吟語》所載，徽宗抵中山府，諭守將出降。守將痛哭，不奉詔，被提轄沙貞殺之以降。此記與《繫年要錄》不同。又早在靖康元年九月丁卯（初四）死於中山府北寨的河東將折可存，是否就是被陳亨伯所殺拒命的中山府兵馬總管，暫不能確定，從年月來看似乎不是。折可存也是長期追隨童貫的一員戰將。若他果戰死，他當是繼王稟後另一名童貫將領殉於靖康之難。參見牟潤孫：〈折可存墓誌銘考證兼論宋江之結局〉，頁219。

日大風吹石折木，宗翰擄徽欽二帝及皇后及太子並宗族四百七十餘人隨他們北歸，由鄭州道進發。凡法駕、鹵簿，皇后以下車輅、冠服、禮器、法物、大樂、教坊樂器、祭器、八寶、九鼎、圭璧、渾天儀、銅人、刻漏、古器、景靈宮供器、太清閣、祕閣三館書、天下州府圖及官吏、內人、內侍、技藝、工匠、娼優、府庫蓄積，為之一空。從太祖建國，至欽宗失國，共一百六十七年，京師所儲的官私財寶，金人拿得走的，都取去。同月丙戌（廿七），宗翰與宗望押解徽欽二帝歸金國，開始二帝悲慘的俘虜生涯。據曹勛(1096～1174)的《北狩聞見錄》所記，金人在途中，又故意拿出張覺當年投降金朝及金人處分其首級的文字來羞辱徽宗，徽宗無奈，只好辛酸地辨解一番，說今城破國亡，禍變及此，尚何文字之有。後聞張邦昌僭位，就泣下霑襟。不久，宗望又引徽宗見立於其馬前的叛將郭藥師和張令徽。郭藥師叩馬跪奏徽宗，口稱因死戰數回敗北才被迫投降，有負徽宗之恩，言迄淚下。宗望稱郭仍忠於南朝。徽宗見此一惺惺作態的叛臣，只能無奈地說，天時人事理合如此，但當日欠一死節。郭退下後，宗望就語帶諷刺的表示郭不忠於北朝，則不忠於南朝，暗諷徽宗錯用郭。不知徽宗此時有否怨怪童貫有眼無珠，錯納郭藥師。誠如周志琪和李少偉所論，要怪責的是徽宗用人不當，對郭等降將重用時青睞有加，無用時棄如敝屨。又不察郭藥師生性敏感多疑，兩次叛降均因對於統治者缺乏信任，稍有異動便心生猜忌，另看不透郭的圓滑世故和巧言令色，而受其阿諛奉承所惑。五月庚寅朔（初一），因已於四月己巳（初十）避位的張邦昌遣使相迎，高宗即位於南京應天府，正式標誌北宋的終結，南宋的開始。值得一提的是，高宗抵南京後，即任命劉延慶長子、鄜延副總管劉光世為大元帥府都提舉五軍。〔註26〕

〔註26〕《宋史》，卷二十二〈徽宗紀四〉，頁 417；〈欽宗紀〉，頁 436；《金史》，卷三〈太宗紀〉，頁 56～57；卷七十四〈宗翰傳〉，頁 1697；卷八十二〈郭藥師傳附郭安國傳〉，頁 1833～1835；《十朝綱要》，卷十九〈欽宗〉，靖康二年三月丙申至五月庚寅朔條，頁 574～575；《靖康要錄》，卷十六，頁 1701，1703，1705～1713，1717～1718，1721～1723，1726，1749～1753，1759～1761，1773，1782，1787～1788，1793～1794，1826，1834，1848，1877；《會編》，卷八十三〈靖康中帙五十八〉，靖康二年三月一日辛卯至六日丙申條，葉八上至十二上（頁 625～627）；卷八十四〈靖康中帙五十九〉，靖康二年三月六日丙申至九日己亥條，葉一上至十上（頁 627～632）；卷八十七〈靖康中帙六十二〉，靖康二年三月二十八日戊午至二十九日己未條，葉一上至五下（頁 646～648）；卷八十九〈靖康中帙六十四〉，靖康二年三月二十九日己未至四月二日辛酉條，葉一上至十二下（頁 659～664）；卷九十二〈靖康中帙六十七〉，

開封胡裡胡塗地陷落的緣故及經過，以及北宋臣民所受到的劫難和曾有的抗爭，王曾瑜教授和梁偉基博士分別有專文論析，值得參考。史稱的靖康之難即指此。〔註27〕

徽、欽二帝成為亡國之君，他們是否昏君？二人治國無方，臨事不明，用人不當，說他們是昏君，並無冤枉。欽宗才性平庸，毫無主見，是不爭之事實；惟徽宗絕頂聰明，藝術才華一流，操弄帝王術更是手段高超，要說他庸，實在難以說得過去。應該是徽宗是昏而不庸，聰明反被聰明誤。梁偉基博士考證，在金兵攻陷開封後，因宗望與宗翰爭權，宗望提出以徽宗五女、已嫁蔡京子蔡鞗的茂德帝姬和親，但徽宗堅決反對，可見他就是到成為階下囚仍頭腦清楚，不肯受此屈辱。〔註28〕

徽宗第十五女仁福帝姬（1116～1127）早在北行前，於二月二十五日死於劉家寺。三天後，十四女賢福帝姬（1115～1127）也死於劉家寺。在北行路上徽宗親人死亡甚多，首先是其弟燕王俁在四月乙亥（十六）卒，徽宗哭之慟，殮以馬槽。十月壬午（廿六），四女安德帝姬卒於多昂木寨。建炎二年（天會六年）八月，五女茂德帝姬歿於兀室寨，欽宗朱后亦於同月自殺。〔註29〕徽

靖康二年四月十日己巳條，葉九上下（頁683）；卷九十五〈靖康中帙七十〉，靖康二年四月二十四日癸未至二十八日丁酉條，葉十二下至十四下（頁703～704）；卷一百一〈炎興下帙一〉，建炎元年五月一日庚寅朔條，葉一上至二下（頁741）；佚名：《呻吟語》，頁23；曹勛（撰），朱凱、姜漢椿（整理）：《北狩見聞錄》，收入朱易安、傅璇琮等（主編）：《全宋筆記》第三編第十冊（鄭州：大象出版社，2008年1月），頁184～186；《繫年要錄》，第三冊，紹興二年九月條，頁1043～1044；第八冊，卷一百九十三，紹興三十一年十月條，頁3381；卷一百九十五，紹興三十一年十二月丁卯條，頁3541；周志琪、李少偉：〈北宋滅亡原因再認識——基於徽宗朝對待遼降宋官員政策的考察〉，《佳木斯大學社會科學學報》，第35卷第1期（2017年2月），頁127～130。又郭藥師後官金南京留守，紹興二年九月，因耶律余睹叛，他被連累下獄，後雖獲釋，偌大家財被宗翰所奪。完顏亮即位後，詔他恢復本姓。他的兒子郭安國（？～1161）（《繫年要錄》作其孫郭瑞孫），後侍完顏亮至刑部尚書，隨完顏亮伐宋為先鋒將右議軍。他奉命北返查探軍情，紹興三十一年十二月，他至滑州聞完顏亮被弒，就留不進。他隨後被誅。

〔註27〕王曾瑜：〈北宋末開封的陷落、劫難和抗爭〉，收入王著：《絲毫編》，第十二篇，頁173～181；梁偉基：〈圍城告急：金兵鐵蹄下的開封〉，《中國文化研究所學報》，第五十三期（2011年7月），頁57～87。

〔註28〕梁偉基：〈從「帝姬和親」到「廢立異姓」——北宋靖康之難新探〉，《新史學》，第十五卷第三期（2004年9月），頁1～46。

〔註29〕《靖康稗史之三．開封府狀箋證》，頁98；《靖康稗史之四．南征錄彙箋證》，頁160；《呻吟語》，頁22～23、27、28。

宗父子在悲痛之下，於建炎二年八月（天會六年，1128）抵達金都，丁丑（廿五），素服見金太祖廟後，入見乾元殿，徽宗卻被金太宗故意羞辱地封為「昏德公」，詔文中翻他從結海上之盟開始，如何敗盟的舊賬，把他罵得狗血淋頭，夠得上昏庸，其中說他恃邪佞為腹心，雖未點名，實為童貫莫屬：

> 制詔趙佶，王者有國，當親仁而善鄰，神明在天，可忘惠而背義？以爾頃為宋主，請好先皇，始通海上之盟，求復山前之壤。因嘉懇切，曾示俞允。雖未夾攻以助威，終以一言而割錫。星霜未變，釁隙已生，恃邪佞為腹心，納叛亡為爪牙。招平山之逆黨，害我大臣；違先帝之誓言，怨諸歲幣，更邀回其戶口，惟巧尚于詭辭。禍從此開，孽由自作，人神以之激怒，天地以之不容。獨斷既行，諸道並進，往馳戎旅，收萬里以無遺；直抵京畿，豈一城之可守？旋聞巢穴俱致崩分，大勢既已云亡，舉族因而見獲；悲銜去國，計莫逃天。雖云忍致其刑章，無奈已盈於罪貫。更欲與赦，其如理何？載念與其底怒以加誅，或傷至化，曷若好生而惡殺，別示優恩，乃降新封，用遵舊制，可封為昏德公。

金太宗也沒有放過欽宗，也將他大罵一番，羞辱地封為「重昏侯」：

> 制詔趙桓，視墜網以弗張，維何以舉？循覆轍而靡改，載成爾輸。惟乃父之不君，忘我朝之大造。嚮因傳位，冀必改圖，且無悔禍之心，翻稔欺天之惡。作為多罪，矜持姦謀。背城下之大恩，不割三鎮；構軍前之二使，潛發尺書。自孽難逃，我伐再舉，兵士奮威而南指，將臣激怒以前驅。壁壘俱催，郡縣繼下。視井惟存乎茅苙，渡河無假乎葦航。豈不自知，徒嬰城守。果為我獲，出詣軍前。尋敕帥臣，使趨朝陛。罪誠無赦，當與正於刑名；德貴有容，特優加於恩禮。用循故事，俯降新封，可封為重昏侯。

大概是降金的遼翰林學士的大手筆，把徽、欽二帝羞辱得無以復加，以報亡國之恨。徽、欽二帝在敵人的屠刀下，又被迫連上四道謝表，感謝金人不殺之恩。他們在十月戊寅（廿七）被徙於韓州（今遼寧昌圖縣西北八面城東南），建炎四年（天會八年，1130）七月丁卯（廿七），再徙鶻里改路。二帝畢生不能返國，童貫兩個主子，首先是鄭皇后死於建炎四年九月甲辰（初五）於五國城（今黑龍江哈爾濱市依蘭縣），年五十二。然後是徽宗於紹興五年（天會十三年，1135）四月甲子（廿一）（《金史》作廿三日丙寅）亦死於五國城，

年五十四。徽宗與鄭皇后所生的長女嘉德帝姬則卒於紹興十年（天眷三年）十二月。令人感慨的是，徽宗父子成為階下囚時，據陪著徽宗、欽宗被擄至金的內侍王若沖（？～1134 後）所撰的《北狩行錄》所記，在紹興三年六月丁未（廿四），徽宗第十四子沂王㮙（1110～1133）和駙馬都尉劉文彥（？～1133）（尚徽宗十六女顯德帝姬，1110～1133 後）竟首告徽宗謀反，蔡京子蔡絛（尚徽宗五女茂德帝姬），告訴徽宗第十一子莘王植（1108～1133 後）和駙馬都尉宋邦光（？～1133 後，尚徽宗四女安德帝姬），派內臣徐中立稟告徽宗。徽宗召集欽宗及諸王臣僚合議，派莘王、與十三子徐王棣（1109～1133 後）、宋邦光、蔡絛往見金使，金使要欽宗等多人同去對質，金人樂見徽宗家人內訌，最後誅殺沂王和劉文彥結案。至於誅殺童貫的欽宗，就死於紹興三十一年（1161）五月辛卯（十九），年六十二。金熙宗（1119～1150，1135～1150在位）在皇統元年二月乙酉（十六），大概給高宗一點面子，在改封遼天祚帝為豫王同時，也將已死的徽宗改封為天水郡王，尚在的欽宗改封為天水郡公，不再稱二人為昏公昏侯。〔註30〕

〔註30〕《靖康要錄》，卷一，頁 20；《十朝綱要》，卷二十一〈高宗〉，建炎四年九月甲辰條，頁 622；《宋史》，卷二十二〈徽宗紀四〉，頁 417；〈欽宗紀〉，頁 436；卷二百四十八〈公主傳‧徽宗三十四女〉，頁 8783～8785；《十朝綱要》，卷十五〈徽宗‧皇子二十九‧莘王植、徐王棣、沂王㮙〉，頁 394；〈公主三十四‧安德公主、茂德公主、顯德公主〉，頁 398～400；王若沖（撰），程郁、余珏（整理）：《北狩行錄》，收入朱易安、傅璇琮（主編）：《全宋筆記》第四編第八冊（鄭州：大象出版社，2008 年 9 月），頁 96～97；《呻吟語》，頁 28～31，35，39，44；《會編》，卷二百一十一〈炎興下帙一百十一〉，紹興十二年八月二十三日癸未條，葉十上至十一上（頁 1521～1522）；《靖康稗史之三‧開封府狀箋證》，頁 98；《金史》，卷三〈太宗紀〉，頁 59，62；卷四〈熙宗紀〉，頁 70，76；《大金弔伐錄校補》，第一九七篇〈降封昏德公詔‧天會六年八月，《太宗皇帝實錄》內錄到〉，頁 526；第一九八篇〈降封重昏侯詔〉，頁 528；第一九九篇〈昏德公表〉，頁 529～530；第二百篇〈又謝表‧昏德公、重昏侯經過，詔遣使館之，賜以幣帛酒食，仍許其諸女相見，昏德公上表謝〉，頁 531；第二百一篇〈重昏侯謝表〉，頁 532；第二百二篇〈昏德公表〉，頁 533。按王若沖是欽宗被冊為太子的宮僚，任勾當左右春坊事，與欽宗關係密切。靖康二年正月庚子（初十），當欽宗已被囚於金軍中，仍降御筆令他與邵成章護衛皇太子赴宣德門議事（見第八章注 34），他對欽宗始終忠心耿耿。又考清乾嘉大史家趙翼（1727～1814）對徽宗父子被金人封昏德公和重昏侯一事，做了一點考證。他考出金人在紹興十一年（皇統元年，1141），追封已死的徽宗為天水郡王，尚在的欽宗為天水郡公。趙翼也檢視朱熹的《通鑑綱目》，記晉懷帝（284～313）於永嘉五年（311），書漢人（即劉淵所建之漢國，即前趙）遷帝於平陽，封平阿公。六年（312）又書漢國封帝為會稽郡公，不云降封平阿

徽宗蒙難，教人感慨的是，他在位時對寵信諸臣，後來被人眾口一詞斥為姦臣的，均賜書褒美，置於御書閣中。其中蔡京得御書為「君臣慶會」，蔡卞得「元儒亨會」，王黼為「得賢治定」，蔡攸得「濟美象賢」及「緇衣美慶」，朱勔得「顯忠」，高俅得「風雲慶會」，童貫得「褒功」。除了蔡卞外，其餘六人均死於靖康之歲。這批御書後來被金人帶走，還是留在宋室之手，史所不載。若徽宗重觀他這些御書，不知有何感想。他寫「褒功」賜童貫，肯定他的功勞，以他為功臣；然而靖康之難，卻是因他而起。〔註31〕

這場史稱靖康之難的浩劫，比起西晉懷、愍二帝被害的永嘉之亂（304～316），以及後晉出帝（914～974）的開運之禍（947）還要慘烈。據聶傳平的研究，因金兵圍城，造成開封園林盡毀，水道填淤，疾疫橫行，死者估計三十餘萬。〔註32〕那個起意聯金滅遼，最終引致金人南侵，而令宋室淪亡，生靈塗炭的童貫，此後自然成為南宋臣民千夫所指的罪魁禍首，百死不得贖其辜。

靖康之難之發生，自然緣於徽宗朝種種弊政，特別是聯金滅遼的失計，以及宋廷以後多次敗盟的不智。欽宗繼位後，雖誅殺徽宗所寵的包括蔡京、童貫、王黼、梁師成等權閹姦臣，並廢除乃父許多弊政，為元祐黨人平反，但他所託非人，所任的宰執不是志大才疏的，就是平庸無能之人，無法處置國家重大的危機。人們看好的李綱，絕無一百多年前景德之役中才兼文武，力挽狂瀾的戰時宰相寇準（961～1023）的威望、經驗、膽識與才具；而眾人所期望甚切的宿將种師道，也遠及不上當日在澶州統領宋軍成功抵禦遼軍的知兵老將李繼隆（950～1005）。李、种二人被罷死後，欽宗所用的徐處仁、唐恪、吳敏等人，都旋用旋罷，最後所用的宰執，竟然是相信六甲神兵鬼話

公為會稽郡公。另五代漢高祖天福十二年（947），書契丹封晉主石重貴（914～974）為負義侯，徙之黃龍府（今黑龍江哈爾濱市依蘭縣）。隱帝乾祐二年（949），又書契丹遷晉主石重貴於建州（今遼寧朝陽市西南黃河灘喀喇城），不云遷負義侯於建州。趙翼說帝紀所封，以著其實，而仍故號，以存其體，他說朱熹的權度精矣。意指朱熹知道如何撰寫與徽欽二帝境況相類而敏感的晉懷帝和晉出帝的出處。參見趙翼（撰），欒保群、呂宗力（校點）：《陔餘叢考》（石家莊：河北人民出版社，1990年1月），卷十五，「昏德公、重昏侯」條，頁234～235。

〔註31〕王明清：《揮塵錄·後錄》，卷七，第217條，「本朝先正御書碑額與御書閣名」，頁129～130。

〔註32〕聶傳平：〈靖康之難中金軍圍汴造成的生態災難〉，載姜錫東（主編）：《宋史研究論叢》第十七輯（保定：河北大學出版社，2015年12月），頁159～174。

的何桌和孫傅之輩。在將相乏人下，欽宗本人優柔寡斷，毫無決斷力，是和是戰，該留該走全無主見，結果大好江山，輕易喪失。另外，欽宗一朝的言官，持論激烈，宰執稍有過失，無不給他們劾至體無完膚，非掛冠下台不可。他們對徽宗的寵臣，所謂宣和六賊，更是狂打猛攻，不留餘地，要置諸死地而後快。諷刺的是，這些力攻蔡京、童貫的言官，往往剃人頭者，人亦剃其頭，瞬即被另一批言官打倒。例如與陳東一同奏劾蔡京、童貫等的太學生雷觀，獲欽宗授以太學博士，但到五月丙寅（初一），便被授與外任宮觀差遣。御史中丞陳過庭在五月庚午（初五）再劾他在太學輕浮爭競，論大臣進退而實立朋黨，再被黜為外任監當官。而一再嚴劾蔡京、童貫父子的監察御史余應求，方才在五月初連番上言，在同月辛未（初六），就被欽宗責以「言事迎合大臣」，即罷言職與外任河北知州差遣，並令即日出國門，遺缺由范宗尹補替。一再嚴劾童貫的侍御史李光，曾論奏左諫議大夫馮澥推尊王安石之學，鼓惑人心，但馮反而陞吏部侍郎。六月丁酉（初二），右正言崔鶠（1057～1126）再劾奏馮，並要欽宗判定馮、李孰是孰非時，欽宗卻維護馮。七月壬辰（廿八），李光就被欽宗斥責，說他論李擢不當。欽宗說即位之初，未有人敢論蔡京，李擢卻敢先論奏他，如今李光劾李擢，顯然是為蔡氏報復。欽宗即罷李光言職，授他小郡。一些言官看到李光得罪失寵，在七月辛未（初七），又落井下石，痛劾李光巧言似正，大佞似直，說他「操邪枉之心，為謟諛之行，趨走蔡攸之門，傾心死黨，附麗權貴，左談右說，欲保全蔡氏父子。方京之未責也，則鉗口而不言；及京之貶西都也，知天下之共憤鬱而未伸，昌言曰：須置京湖南上下。……而光欲鼓惑人聽，陁塞公議。……爾後不得已，窺陛下之意，伺臺諫之評，方始共論蔡攸。尚肆面護，以為大臣黨蔽蔡氏，蓋不知黨蔽之者，實光也。」欽宗於是再責李光，命吏部給他與遠小郡監當。另外屢劾蔡京父子，又劾現任宰執徐處仁、吳敏、唐恪的左正言程瑀，這時被人指為李綱死黨，七月癸巳（廿九），即以忤旨降任屯田員外郎，八月庚子（初七），更被劾假公濟私，惟知植黨而損公議，被貶為遠小州監當官，勒令即日出國門，授添差監漳州（今福建漳州市）鹽稅。而在徽宗朝曾多次奏劾童貫的左正言許景衡，在五月辛未（初六），御史中丞陳過庭以許為其妹夫，許任左正言，二人同在言路實有妨礙，就請自罷中丞職。欽宗不許，但超擢許為太常少卿兼太子諭德，讓陳過庭留任。許景衡在六月乙巳（初十）還召試中書舍人。八月壬戌（廿九）才獲授中書舍人的劉珏，卻奉門下侍郎耿南仲之

意，在九月丁丑（十四）就劾許這時才因陳過庭陞中書侍郎而請引嫌回避，是不識大體，說他但知恐有求進之譏，而不知大臣升黜，未可求去之嫌。許於是被落職宮觀。幸而中書舍人胡安國認為詞頭所言許景衡懷姦徇私未有實據，故繳還詞頭。劾人不成，劉珏自己在十月辛亥（十九），卻被落職提舉亳州明道宮，他的罪名是論中書舍人安扶劾李綱二章，引用韓琦和韓絳語失當。制詞批評他投機，「不惟喻德之義，依違顧望，首鼠不進，援兇人於琦絳之間，引仲淹而自比。始言踴躍自奮，有嘉報國之心，卒言輕率無謀，宜正誤朝之罪。」〔註33〕從上述的事例，可以看到這些言官，心胸狹隘，不識大體，專門撿拾小事打擊異己，而置國事於不問。

言官能識大體的大概只有像理學名臣胡安國的少數人。他在八月壬戌（廿九）與劉珏並除中書舍人後，如上所述，既彈奏王安中及趙野等人，但也敢維護正人及有才者。好像甚有才識的葉夢得，於宣和七年四月壬戌（廿一）自吏部尚書罷職，黜提舉南京鴻慶宮後，於靖康元年二月為與他有深交的吳敏復用為龍圖閣直學士應天尹，隨著吳敏倒台，而再在十月被罷職落宮祠時，胡安國就繳還詞頭，為葉夢得上疏申理。他稱葉雖自少年不自慎重，為蔡京所知，躐居要官，誠為可罪，但他頃由謫籍起守蔡州，治郡事理甚明。再移潁昌，政聲尤著。許、潁間士民至今思之。近日南都（應天府）不治，自葉著、陳迪和宋昭年等相繼任留守，都軍儲闕乏，不能彈壓，各生變故，幾至危亂。到葉夢得接任，數月內府事便嚴肅，糧餉充溢，其治狀不可掩沒。現時

〔註33〕《靖康要錄》，卷六，頁723，731～737；卷七，頁803～807；卷八，頁842，875～877；卷十，頁987，991，1003～1006；卷十一，頁1096～1097；卷十二，頁1184～1185；胡寅：《斐然集》，卷二十五〈行狀·先公行狀〉，頁524；卷二十六〈墓誌銘·資政殿學士許公墓誌銘·代文定作〉，頁563；《全宋文》，第一百四十六冊，卷三一四七〈胡安國二·繳王安中隨州安置晁說之許景衡落職宮觀詞頭疏〉，頁139～140；第一百九十六冊，卷四三二四〈胡銓二六·龍圖閣學士廣平郡侯程公（瑀）墓誌銘·淳熙三年〉，頁36～37。胡安國該疏原載《歷代名臣奏議》卷一百八十二。考程瑀字伯寓，饒州浮梁縣人，《宋史》卷三百八十一有傳，胡銓為他撰寫墓誌銘。他被貶是因支持李綱而攻擊耿南仲所致，王曾瑜先生也視程瑀為李綱的同道，自然反李綱的人就以他為李的死黨。南宋初李綱復相，他獲召還，但隨李罷相，他便被投閒。後來以秦檜的引薦而復召為給事中，最後坐秦檜黨而被落職與宮觀。當秦檜後相後，又獲起用為兵部侍郎兼侍讀，但後來因與涉及修私史的李光有往來而被降官。他卒於紹興二十二年（1152）。王曾瑜先生對他的生平有所考述，因他在南宋初年依附秦檜，就沒有太多的肯定。參見王曾瑜：〈李綱的同道〉，頁192～196。

敵患日深，所在州郡人情震駭，倘或變生倉卒，而好像葉夢得材具優裕的人，必可捍禦外盜，保守一州，應棄瑕責效，復用葉，而不應為了他是蔡氏所引用而棄諸閒散。胡安國在疏中又為童貫屬僚劉韐上言，說他前在越州，當方臘壓境時，他設計謀，卒保越州，而破方臘，他後在真定，亦著聲跡，只為他是童貫所引用。胡認為不應為他是童貫之黨而廢其才不用。另外他也為王黼所引用的湖南安撫使郭三益（？～1128）說話，認為不應以他為王黨而廢其才不用。宋廷接納其議，葉夢得在十月乙卯（廿三）以朝散大夫復龍圖閣待制知杭州。而劉、郭二人也得留任要職。〔註34〕可惜宋廷言官像胡安國的言官太少。

欽宗起初利用言官出手清算他憎惡的童貫諸人，但言官殺得眼紅，也承襲元祐以後言官論事不留餘地，不識大體的作風，結果造成朝廷無日無之的內耗內鬥，於是人人都是五日京兆，如何有精神和長遠的計劃去應付金人的侵犯？欽宗用言官作其耳目，作其打手，卻不知言官一旦失控，誰人上台都被他們刻意撿拾別人過錯，論奏一番，以博取上位，這就大大影響政務的推行。大敵當前，言官卻只知內鬥，說他們誤國並不過份。欽宗沒有制止言官過激的行為，他是應負責任的。後人都知道，北宋亡國，徽、欽二帝當負最大責任，但南宋君臣自然不敢對二帝置一詞，而只好對他們眼中的姦臣權閹，特別對已在欽宗朝盡數誅殺的所謂「宣和六賊」口誅筆伐，將一切責任歸罪於他們。值得一提的是，在靖康元年一年間多番上書，劾奏童貫及諸權閹過惡的侍御史胡舜陟，在靖康二年正月城破國亡時，他再上一奏痛斥因內臣專政而成今日之禍。他對童貫的指責過去已很多，多次也只是簡單一句說他敗壞軍政：

> 自崇寧以來，祖宗之制墮廢殆盡，而政事號令悉出閹寺，因循積靡，以成今日之禍。臣請為陛下言其本末：始蔡京當國，圖為根深不拔之計，復萌移鼎不臣之心，遂結宦寺，倚為肘腋，假以峻秩，

<hr>

〔註34〕《會編》，卷四十二〈靖康中帙十七〉，靖康元年二月二十六日壬戌條，葉四下至五上（頁314～315）；《靖康要錄》，卷十，頁1055；卷十一，頁1168；胡寅：《斐然集》，卷二十五〈行狀‧先公行狀〉，頁524～525；《宋會要輯稿》，第八冊，〈職官六十九‧黜降官六〉，頁4906；《全宋文》，第一百四十六冊，卷三一四七〈胡安國二‧繳葉夢得落職宮觀詞頭并召還袁植呂祉等人疏〉，頁137～139；《繫年要錄》，第一冊，卷七，建炎元年七月甲午條，頁181。胡安國該疏原載《歷代名臣奏議》卷一百四十一。據太學正吳若在靖康元年二月壬戌（廿六）對御史中丞許翰所言，說葉夢得「棄於人倫，遽典名郡」，因聞知吳「敏與葉夢得深交，知其無罪」。葉夢得因出知杭州，就逃過靖康之禍一劫，他在建炎元年七月甲午（初六），復為龍圖閣直學士。

付以事權。於是群小蝟毛而奮，膺節鉞之重、位師傅之崇者，比比皆是。童貫握兵柄於外，以壞軍政，梁師成執國政於內，以壞朝政，李彥掊克以害民，楊戩營繕以傷財。此則內侍之渠魁者。其他營求聲色，刱造游晏，更新侈靡，市花木禽獸以熒惑人主之心術者，如王仍、張見道、鄧文誥之徒，不可悉舉。賞罰生殺，出自其口，所喜則致之青雲，所怒則擠之陷穽，差除舉措，悉由中出，宰相充位，奉行文書。至政和、宣和間，其勢尤盛，各立門戶，公受貨賂，以販鬻官爵。凡駔儈小流、奴隸庸材，皆引以為公卿侍從、牧守使者，故政和、宣和所除宰執，盡出其門。當時大臣與梁師成書，顯稱門生，略無羞愧。士夫相習成風，皆以附麗內侍為榮。自大臣以至州縣小吏，故皆汲汲貪狗財利，以為致身之資，禮義廉恥，盪然不復張矣。是以今日人才極乏，風俗極弊，生靈極弱，而夷狄憑陵，莫之能禦，職此之由也。……臣嘗論李戩奏狀至詳，謂戩不可提舉京城所，其詞痛切，不蒙施行。臣又嘗論戩於京城所拘占店宅物業，沮上皇罪己之詔，乞賜廢斥，不蒙施行。又嘗論內侍領外局非祖宗之制，乞行罷廢，不蒙施行。又嘗論譚稹招制義軍，為患河東，責降昭州，極為輕典，乞籍沒其資產田宅，不蒙施行。其餘臺諫臣僚論內侍者多矣，亦不聞誅一有罪者。臣所謂罪或從釋者此也。〔註35〕

　　胡舜陟說諸權閹弄權導致北宋亡國自然不錯，汪聖鐸先生的專文便歷數童貫、譚稹及梁師成等的罪責，尤其是童貫造成的禍害。不過，好像胡舜陟這些人，議論不少而流於空論的居多，胡本人便曾上言論禦金之策，卻只是紙上談兵，並無果效。言官只知批評或空談，靖康之禍他們也實在責無旁貸。〔註36〕研究北宋黨爭的羅家祥教授，便慨言在嚴峻形勢下，宋廷士大夫仍黨

<hr>

〔註35〕《靖康要錄》，卷十五，頁1519～1521。
〔註36〕汪聖鐸：〈北宋滅亡與宦官〉，頁115～126；《宋史》，卷三百七十八〈胡舜陟傳〉，頁11668～11670。考胡舜陟字汝明，自號三山老人，徽州績溪（今安徽宣城市績溪縣）人。《宋史》有傳。他登大觀三年進士，歷州縣官，而為監察御史，遷侍御史。他雖逃過靖康一劫，高宗繼位後，卻因先後奏劾李綱與秦檜而被貶出朝，後來更被秦檜黨羽誣陷受贓及誹謗朝廷，下獄而死。他的生平事蹟，臺灣前輩學者程光裕（1918～2019）曾撰有三文詳考，且對他評價頗高。對於胡舜陟的禦金論，程氏評價很高，說他論講和、守禦二策互為運用，勿督諸將決戰，是保存戰力的良策，又說守河之計，乃針對精銳敵騎，充份利用自然條件而為之戰略，重視諜報，嚴守軍機，選擇良將，設置四鎮，都是最佳的戰略措置。又說宰執得人，強化中樞之領導，提高抗金意識，精

爭不斷，既有國是之爭，又有學術之辨，復有用人之爭，造成嚴重的內耗。羅氏且點了楊時、崔鷗和李光等人的名，批評他們不顧大體，發於非時、發非所宜的詭激言論，決不能給予過高的評價。〔註37〕按楊時號為賢者，理學名臣，李光也被視為直臣。他們尚有如此的負面評價，餘就不足論了。〔註38〕

　　手執兵權二十多年的童貫，他一手操控的宋軍竟無力抵抗金人的入侵，自然罪無可赦。歷史自然沒有假設，設若在宣和七年十二月，童有早年之勇氣，肯留在太原與張孝純和王稟合力抗敵，由他指揮調遣他熟悉的各路陝西軍來援太原，也許不會像後來宋軍各自為政，被金兵逐一擊敗。他指揮大軍，怎樣也會比劉韐、李綱這些白面書生要強。就是最終城破身死，他也算得一條好漢。另外，他若在欽宗繼位後，肯接受欽宗的任命，留守京師，而不去

神與物質結合，發揮總體戰力，則謀略又屬上策。程氏說胡著有《師律陣圖》，以文臣而嫻熟兵略，實為文武兼資之賢者。不過，筆者認為程氏對胡舜陟這些空泛而屬老生常談的評價過高。可參見程光裕：〈讀宋史胡舜陟傳〉，原刊《第二屆國際華學研究會議論文集》，1992 年 5 月，現收入宋史座談會（編）：《宋史研究集》，第二十五輯（臺北：國立編譯館，1995 年 11 月），頁 315～337；程光裕：〈《鮚埼亭集》中的胡舜陟〉，原刊《論浙東學術》，1995 年 2 月，現收入宋史座談會（編）：《宋史研究集》，第二十七輯（臺北：國立編譯館，1997 年 12 月），頁 465～479；程光裕：〈胡舜陟的禦金論〉，載岳飛研究會（編）：《岳飛研究》第四輯——岳飛暨宋史國際學術研討會論文集（北京：中華書局，1996 年 8 月），頁 259～265。

〔註37〕羅家祥：《北宋黨爭研究》（臺北：文津出版社，1983 年 11 月），第七章〈靖康黨論與黨爭的流播〉，頁 317～336。按王曾瑜教授對欽宗朝的言官，包括許翰、陳過庭、李光、崔鷗、許景衡、程瑀、余應求、馬伸、吳給、張所等人，則給予以較高的評價，說他們彈劾佞臣，力圖匡補時弊，並在危難時表現了氣節。王氏說欽宗雖然有時似有虛心聽納的姿態，而對待台諫官的一些重要議論，卻沒有採納。王氏對欽宗朝言官的評價與羅氏不同。筆者認為宜對上述欽宗朝的言官個人品質與言論作具體分析，評估其議論的建設性。參見王曾瑜：〈從台諫制度的運作看宋代的人治〉，原載《中國社會科學院歷史研究所學刊》第一集，後收入王著：《中華古政治史論集》（北京：中國社會科學出版社，2013 年 1 月），頁 35～70，有關欽宗朝台諫的討論，見頁 48～50。

〔註38〕楊時的最近期研究，可參見楊渭生：《南宋理學一代宗師楊時思想研究》（上海：上海古籍出版社，2018 年 11 月）。考李光在紹興八年十二月因秦檜建議，認為他有人望，也不反對和議，高宗乃擢為參知政事，他後來與秦檜議不合，勢成水火，給秦檜指使台諫官劾奏而被罷，貶黜嶺南，到紹興二十八年，當李已至年八十二才獲放還。因李光一直反對秦檜而被重貶嶺南十八年，時人都推許他。他在紹興年間的經歷，王曾瑜教授有專文考述，可參見王曾瑜：〈趙鼎和李光〉，原載《文史》第四十二輯，後收入王著：《岳飛和南宋前期政治與軍事研究》（開封：河南大學出版社，2002 年 10 月），頁 523～536。

領親兵保護徽宗出逃鎮江，欽宗就算一開始就不信任他，也不一定要狠下心來把他殺掉，也許還會借助他與陝西軍的關係，讓他率軍救援太原或留守京師。事實上到南宋初年，高宗還要靠他的陝西軍舊部劉光世、楊惟忠、王淵、張俊、吳玠及韓世忠等作為捍衛新政權的武力。童貫卻兩番不智地逃走，最後害了自己，也害了主子，更讓宋王朝玉石俱焚。靖康之禍，當然徽、欽二帝、當政文臣及好發大言的一眾言官，都有不能推卸的責任，童貫和蔡京等早已失勢被誅的宣和賊臣，自然成為眾矢之的。靖康之禍，是他們君臣的共業，是他們一同造的孽。北宋的滅亡有其必然也有偶然的因素，宋室本大有機會逃過一劫，卻最終覆亡得不明不白。是人謀不臧，抑天意難測？還是天作孽，猶可恕；自作孽，不可活。

陶晉生老師的近作《宋代外交史》第十章的小結，對北宋聯金滅遼與北宋的滅亡有很精辟的論述，在這裡茲引述如下：

　　北宋末年的大勢，在收回燕雲後，若能一方面安撫新得的土地和人民，一方面充實國防，整軍經武，則至少可以暫時維持類似宋遼間的和平關係。但昏庸的徽宗君臣被恢復燕京沖昏了頭，於大事慶祝之餘，不積極經畫收復的疆土，收拾戰亂後的秩序，以及安定燕京地區的人民。因此北宋滅亡的原因，可以說主要是君臣昏庸無能，蔡京、童貫等人好大喜功，西面圖謀平服夏國，北方又想摧毀遼朝，人力物力不能應付這樣的耗損。軍事方面，攻遼燕京失敗而被金人看到宋軍的弱點。在外交方面，聯金滅遼不一定是錯誤的政策，但是既然要執行此一政策，各方面都應配合，尤其當時金人並無進兵中原的意向，既然訂立條約，就應當像以前與遼朝所訂條約一樣的遵守。但是當政者居然破壞剛訂立的和約，容納叛亡，給金人進兵的藉口。這時候的宋朝，政治和軍事似已完全癱瘓。至於開國以來的強幹弱枝國策，雖然不能說一定造成國家積弱，卻因自與遼議和之後，長期的和平，令舉國上下因循荒惰，軍政腐敗。王安石努力改革，卻因當政時日不多，用人不當，加以舊黨制肘，得不到神宗的全力支持。北宋末年，新黨當政，於削弱西夏後，希冀聯合新興的女真，一舉消滅契丹，收復十六州。終於演出在國力不充實的情形下輕率從事軍事冒險的失敗悲劇。〔註39〕

〔註39〕陶晉生：《宋代外交史》，第十章〈聯金滅遼與北宋滅亡〉，頁237～238。

　　當然，誠如陶老師上文的分析，北宋之亡是徽宗君臣的共業，不盡是童貫一人之過。但他與靖康之禍的關係，自南宋以來，已是密不可分，他被公認是導致北宋亡國的禍首罪魁。下一章將會從南宋以降人們對他的評價，客觀評論他是否真的十惡不赦。

靖康之難中回天乏術被金人所俘的可憐皇帝宋欽宗

開封現僅存的兩座宋塔：繁塔（天清寺塔）（上）與鐵塔（開寶寺琉璃塔）（下）

第十章　死有餘辜：南宋君臣對童貫的評價

　　徽、欽二帝被擄北去後，在虎口逃生的高宗君臣，在深切反思靖康之禍發生之原由時，一方面後悔在徽宗晚年出現許多妖孽及災異事，乃天意示警而竟不察，[註1]另一方面也暗裡認為是天道循環，是太祖報復太宗百年前弒

[註 1] 按《十朝綱要》及《宋史全文》便記載從宣和三年始，許多星變、災異及妖孽之事。災異星變方面，早在宣和三年春，日有變，忽青黯無光。六月，河決於恩州。宣和四年正月壬申（十二），熒惑犯天街，二月辛丑（十二），太白犯壘壁陣。四月童貫出師攻遼前，連數夕有流星出沒十餘夕，十一月又有流星出王良，至紫微垣內上輔星，有尾迹照地。宣和五年四月乙巳（廿二）太白犯鬼，八月辛巳朔（初一），翰林天文局奏是日當日食而不食。壬午（初二），歲星犯井。九月己未（初九），熒惑犯司怪，庚午（二十），太白犯房。十二月，京師地震。六年閏三月庚辰（初三），熒惑犯五諸侯。而從是春到閏三月，京師連續兩次地震，宮中殿門皆震動作聲，遠方的蘭州地及諸山草木都陷入地，山下麥田變成在山上。宣和七年七月，熙河地震，有裂數十丈者，蘭州尤甚，陷數百家，倉庫俱沒。而河東諸郡多有地震。九月壬辰（廿四），熒惑犯鬼。靖康元年三月壬辰（廿六），流星出紫微垣。六月丙辰（廿一），太白、熒惑、歲、鎮四星聚張。壬戌（廿七），彗星出紫微垣。七月彗出東北，北拂帝座，掃文昌。閏十一月乙卯（廿四），城破前，除大雨雪外，彗竟天。至於妖孽之事，據二書及《鐵圍山叢談》所記，在元豐末年，曾有異物大如席，夜見於寢殿上，不久神宗崩。至元符末年，又數見此物，不久哲宗亦亡。此物在大觀年間漸白日出現。政和以後，遂作大形，廣丈餘，狀似龜，行動硻硻有聲，黑氣蒙之，氣之所及，腥血四灑，後習為常。到宣和末年，它寖少出而亂作，蔡絛認為這就是《五行志》所謂「黑眚」，在宣和二、三年春夏間，洛陽和京畿，忽有物如人或似犬，其色黑不能辨眉目，夜出掠小兒傷食之，後雖是白晝，它也會出現，賴有力者執槍棒為衛，兩年此患才息。蔡絛就說不數年，金人就敗盟攻佔開封和洛陽兩都。除「黑眚」之異外，在宣和六年十二月，都城有賣青果的男

兄奪位，以及南唐李煜（937～978）及吳越錢鏐（852～932）報復奪國殺身之恨，他們借轉世金太宗吳乞買（或說斡離不，即宗望）、宋徽宗及宋高宗來報宿怨。〔註2〕這當然是感性的反應，卻是不能公開談論及多有忌諱的。清李

子，竟孕而誕子，蓐母不能收，易七人始免而逃去。又有酒保女朱氏女（一作妻），年四十餘忽生髭，長六七寸，疏秀甚美，宛然一男子。徽宗卻詔特度她為道士。教人駭怕的是，宣和六年正月甲子（十五）上元節夜，徽宗御樓觀燈，簾幕重密，下無人知，忽有人躍出，黑色布衣，似僧寺童行形狀，以手指簾上說：「汝有何神，而敢破壞吾教。吾今語汝，報將至矣。」據載徽宗怒甚，命內臣傳旨治之。於是箠掠亂下，又加炮烙，此人卻不語，亦無痛楚狀。又命斷其足筋，俄施以刀臠，以致他血肉狼籍。徽宗大為不怡，罷一夕之歡。至暮，仍不知他是何人，付獄審之，將他殺卻也沒有結果。宣和七年八月，有都城東門外賣菜男，負擔至宣德門下，忽然迷惘，放下擔子，向門戟手而言：「汝壞吾社稷矣。太祖皇帝、神宗皇帝使我來道，尚宜速改也。」邏卒捕得此人，下開封獄，一夕而省，卻不知之前說過甚麼。此人也被處決。九月，有狐由艮嶽直入禁中，據御榻而坐，徽宗詔毀狐王廟。《宋史全文》又記，在十一月徽宗祀南郊禮畢，降壇而得邊報。當他還御郊宮之端誠殿，時天未明，百官皆賀，忽然有鶚正鳴於殿屋之上，與贊拜之聲幾乎相應和，甚為異常，聞者駭之。這時已報金人敗盟。參見《十朝綱要》，卷十八〈徽宗〉，宣和三年六月條，頁522；宣和五年八月辛巳朔條，頁530；宣和六年閏三月乙未條，頁533；十二月癸丑條，頁535；七月庚午朔條，九月壬辰條，頁537～538；卷十九〈欽宗〉，靖康元年三月壬辰條，頁564；《宋史全文》，卷十四〈宋徽宗〉，頁971，973～979，981～982；卷十五〈宋欽宗〉，頁1011，1018；《鐵圍山叢談》，卷三，頁45。

〔註2〕自南宋以還，便有轉世報應之說，以金太宗吳乞買或宗望為宋太祖轉世，徽宗是南唐李後主李煜轉世，高宗是吳越開國主錢鏐轉世，用以報復太宗奪國殺害之恨。關於吳乞買轉世說，據宋人無名氏所撰《呻吟語》，說吳乞買在阿骨打在位時嘗使汴京，人稱其貌類宋太祖塑像，眾皆稱異。因是他下令伐宋，並盡俘宋太宗子孫，於是宋人就有宋太祖轉世吳乞買，以報相傳燭影斧聲太宗弒兄奪位之恨。高宗後來傳位於太祖後人孝宗（1127～1194，1162～1189在位），就加深這種說法，認定高宗為補祖先之過，於是作出這不尋常之傳位決定。至於李煜轉世為徽宗，宋人張端義的《貴耳集》便記徽宗就是江南李王。稱神宗一天幸秘書省，閱江南李王圖，見其人物儒雅，再三驚嘆。不久徽宗生。張稱徽宗文采風流過李後主百倍，到徽宗被擄至北方，金人用李後主見太祖時典故。張氏沒有說，後來南宋王銍《默記》記李後主為太宗毒死，而強幸其妻小周后之惡。故更有人相信李後主轉世徽宗，是去敗壞宋的江山以報怨。關於高宗轉世是錢鏐報怨，始見載於周必大之記，周說在淳熙十四年（1187）十一月丙寅（廿九），當孝宗與臣下討論高宗的喪事時，孝宗對洪邁說，高宗時有一個老內臣，說高宗將誕生時，徽宗夢見吳越錢王。錢牽他的衣服云：「我好來朝便留住我，終須還我河山，待教第三子來。」在同一條下，周必大又記下洪邁關於此異聞的另一版本：洪邁稱其父洪皓（1088～1155）有一侍妾，原籍東平府（即鄆州），其母為徽宗明節劉皇后婢女。據說其母也在宮中聽到所謂金甲神人自稱錢武肅王（即錢鏐），轉世為高宗的異聞。洪皓後來在金地購得此侍妾，

慈銘（1830～1894）也認為這種釋氏輪回之說，殊未可非，雖則他認為所謂徽宗為李後主後身，高宗為錢鏐身，斡離不為太祖後身，以至說伯顏（1236～1295）為周世宗（921～959，954～959 在位）後身，都是人心報復云，未足為據。〔註3〕

一、恨惡猶新：高宗、孝宗君臣對童貫的評價

　　高宗君臣及孝宗（1127～1194，1162～1189 在位）以降的臣民，對於靖康之禍所以發生的最合理的解釋，就是此場大劫，率由蔡京、童貫等徽宗朝奸臣所致。〔註4〕高宗朝主政的宰臣從李綱、呂頤浩、張浚（1097～1164）、

因得聞這則異聞。張端義亦記徽宗夢見錢鏐要他還兩浙舊疆，醒後與鄭皇后言之，她也說有此夢，不久，韋妃（即韋太后）誕下高宗。明田汝成（1503～1557）所輯撰的《西湖遊覽志餘》，也記三日後，徽宗視高宗之貌，對韋妃戲言高宗酷似浙臉。田汝成說韋氏雖籍開封，原籍是浙人，實有所本，而高宗與錢鏐均巧合地同得壽八十一。就是清乾嘉大史家、精通宋遼金元史的錢大昕也相信此說，並賦詩以誌，他說錢鏐的後身高宗，就好過李煜的後身徽宗。又說高宗知天意，於是神器復傳予太祖後人孝宗。其詩云：「宿世漫傳錢具美，今生已勝李從嘉。金爐一觸知天意，此座當歸藝祖家。恬憺希夷性自然，高居德壽儼神仙。中年便釋蒼生擔，安富尊榮又卅年。」不過，南宋人袁文卻認為宋太祖轉世為宋高宗，他列舉太祖與高宗種種相同的地方，又說人皆以高宗為「小太祖」。然袁文顯然為太祖後人孝宗繼位提供一種天命有歸的說法而已，而聰明地避開了太祖轉世報怨的負面說法。清人所輯的《宋稗類鈔》則說金將斡離不（即宗望）陷汴京，殺太宗子孫幾盡。宋臣有詣其營者，觀其貌絕類太祖。又說王安石為太宗弟、被迫害而死的秦王廷美（947～984）後身，高宗乃錢鏐後身。上述說法在明代以後越說越玄。參見王銍（？～1144）（撰），朱杰人（點校）：《默記》（與《燕翼詒謀錄》合本）（北京：中華書局，1981 年9月）；卷上，頁4；《呻吟語》，頁 38～39；周必大：《文忠集》，卷一百七十二〈思陵上〉，葉三十五下至三十六上；張端義：《貴耳集》，卷中，頁30；田汝成（輯撰），劉雄、尹曉寧（點校）：《西湖遊覽志餘》（上海：上海古籍出版社，2018 年3月），卷二〈帝王都會〉，頁12；袁文：《甕牖閒評》，卷八，頁140～141；潘永因（？～1662 後）（輯）：《宋稗類鈔》，文淵閣《四庫全書》本，卷一，葉四十二上下；錢大昕（撰），陳文和（主編）：《嘉定錢大昕全集》，第十冊，《潛研堂詩續集》，卷三〈宗陽宮即宋德壽故址〉，頁38。

〔註3〕李慈銘（著），張寅彭、周容（編校）：《越縵堂日記說詩全編》（南京：鳳凰出版社，2010 年4月），〈內編・評論門・釋道（附域外）類十二〉，第二條，頁503。

〔註4〕徽宗朝的弊政，以至王安石熙豐之政的影響，都是不少南宋人認為導致靖康之禍的原因。馮志弘所撰一文，據部份南宋人的議論，探索靖康之難的成因；不過，該文沒有指出，南宋人迴避了徽、欽二帝的責任，只尋找代罪之人。而該文引述的李綱、李光以至楊時，其實也脫不了在欽宗朝誤國的責任。該文還應

范宗尹、趙鼎以至秦檜，都經歷靖康之痛，都對蔡京、童貫等甚有惡感或並無好感。至於在欽宗朝痛劾六賊的言官，更不在話下。他們繼續執行欽宗朝對蔡京、童貫等之處置，明詔規定不可給他們平反，不可赦其親屬之罪。他們將一切罪過歸於蔡、童諸惡，就能使徽、欽二帝的責任不被提起。這當然是高宗同意的最佳處理方法。

對於童貫的部屬，高宗君臣是區別處理。童貫麾下的陝西軍將領，是高宗政權賴以生存的力量，故絕大部份均予以留用及重用。而童貫屬下的文臣，帶頭擁戴高宗的人如董耘、范訥等，高宗不但不加罪，還予以重用。確有才幹的人，如宇文虛中、程唐、王序等，也量才任用。不過，文臣言官對他們就不輕易放過，一再翻他們的舊賬，揭他們與童貫的關係，他們多半幹不下去。童貫這些僚屬自身難保之下，就沒能為童貫講一句較公道的話。

高宗末年到孝宗初年，宋廷為徽宗、欽宗修史，蔡京、童貫等就被史臣定為姦臣，從《中興姓氏姦邪錄》、《東都事略》到《三朝北盟會編》、《建炎以來繫年要錄》等官方或半官方的記載，莫不以童貫為禍國殃民的大姦臣。南宋中期以後，臣民對童貫的評價，均沿續南宋初年官方的定調；不過，也開始含蓄討論徽宗的責任。

高宗在建炎元年（靖康二年，1127）五月庚寅（初一）甫即位，就下詔收敘放逐官員，但明令惟蔡京、童貫、王黼、朱勔、李邦彥、孟昌齡、梁師成、譚稹及其子孫，皆誤國害民之人，見流竄者更不收敘。〔註5〕另外，宋廷繼續查抄他們的家產，其中王黼家的黃雀鮓就有八十甕，而童貫家劑成的理中丸就近千斤。徐度感慨地說它與唐代宗宰相元載（713～777）被抄家胡椒八百斛無異。〔註6〕

注意朱熹的評論。參見馮志弘：〈靖康之難的成因是甚麼？——從南渡時人的認識說起〉，《上海大學學報》（社會科學版），第32卷第4期（2015年7月），頁94～105。

〔註5〕《會編》，卷一百一〈炎興下帙一〉，建炎元年五月一日庚寅條，葉十四下至十五上（頁747～748）；熊克：《中興小紀》，卷一，頁5；《宋會要輯稿》，第九冊，〈職官七十六‧收敘放逐官二〉，頁5117；周煇：《清波雜志校注》，卷二，第1條，「蔡童罪惡」，頁39；卷五，第7條，「蜂兒」，頁193～194；《宋史》，卷二十四〈高宗紀一〉，頁443。按南宋人周煇在其筆記小說中即引述高宗即位赦書這一條。

〔註6〕徐度：《卻掃編》，卷上，頁129；周密：《齊東野語》，卷十六，「多藏之戒」條，頁297；王士禛：《居易錄》，文淵閣《四庫全書》本，卷二十五，葉十上下。按王士禛記童貫被抄家，得劑成理中丸八百斤。

　　高宗在五月甲午（初五）任痛恨童貫的李綱為相，卻在六月己巳（十一），引用赦書恢復多名在靖康初年被黜的朝臣帖職，包括被指奴事童貫以進身的通奉大夫程唐，獲宦者薦（似是梁師成）而為京尹的金紫光祿大夫王革，及出朱勔門而獲屢典地方的朝散大夫李倫。朝臣反對復用宣和六賊的門人，權中書舍人汪藻就不書錄黃以示抗議。高宗只好妥協，將三人原議恢復的帖職降一級：王革從龍圖閣直學士降待制，程唐自寶文閣直學士降待制，李倫自顯謨閣待制降為秘閣修撰。〔註7〕

　　在徽、欽二朝一直嚴劾童貫的許景衡，在六月甲子（初六），自朝奉郎提舉杭州洞霄宮獲起用為試給事中。據李綱所記，高宗曾想以他為御史中丞。他未即至，李綱建議他抵行在才委用之。許到任後也反對讓王安中自責授昭化軍節度副使象州安置，復中大夫，許任便居住。他上奏批評王安中昔日帥燕山，親見郭藥師之跋扈，常勝軍之糜費，金人之侵侮邀索，卻沒有奏報宋廷，而措置守禦，都為固寵而畏禍，一味左右彌縫以苟延歲月。他更說議者都以燕山之役，導致中原之禍者，是童貫倡之，而王安中實成之。他說童貫已正典刑，而王安中只是竄遠方，已是寬恩，今引赦例得自便，實屬不當。他說赦書明載蔡京、童貫、梁師成誤國之罪，雖其子孫猶不得預收敘之例，如何說王安中與之同罪，就可得自便？高宗納其言，詔更待另一次恩赦才取旨。〔註8〕

〔註7〕《繫年要錄》，第一冊，卷六，建炎元年六月己巳條，頁 162：《十朝綱要》，卷二十一〈高宗〉，建炎元年五月甲午條，頁 608。

〔註8〕《繫年要錄》，第一冊，卷六，建炎元年六月甲子條，頁 157；卷六，建炎二年五月甲申至乙酉條，頁 327；第二冊，卷三十二，建炎四年三月乙丑條，頁 646；卷三十五，建炎四年七月乙丑條，頁 699～700；許景衡：《橫塘集》，卷九〈論王安中自便箚子〉，葉五下至六下；胡寅：《斐然集》，卷二十六〈墓誌銘‧資政殿學士許公墓誌銘‧代文定作〉，頁 563～564；《宋史》，卷三百六十三〈許景衡傳〉，頁 11345～11346；《宋會要輯稿》，第四冊，〈儀制十一‧尚書丞郎追贈〉，頁 2530；第九冊，〈職官七十八‧罷免下〉，頁 5209；李綱（撰），鄭明寶（整理）：《建炎進退志》，收入朱易安、傅璇琮（主編）：《全宋筆記》第三編第五冊（鄭州：大象出版社，2008 年 1 月），卷二，頁 70。考許景衡上此奏未繫年月，他於建炎二年五月乙酉（初二），因請高宗渡江駐蹕，被黃潛善使言官論其失，因自尚書右丞罷為資政殿學士提舉臨安府洞霄宮。他旋即在同月憤死。據此，許景衡上奏當在建炎元年六月至建炎二年五月間。疑他當在建炎元年六月至七月在御史中丞之職上駁斥王安中許自便的詔命。高宗在建炎四年（1130）三月乙丑（廿三）詔賜許景衡家所僦溫州官屋一區。高宗因言他即位以來，執政中張愨第一忠直至誠，遇事敢言，無所回避。其次就是許景衡。

　　許景衡是朝臣中首次認為靖康之禍，童貫倡之，而王安中成之。即童貫並不負所有責任。據周煇所記，陳公輔也與許景衡看法相同，指出「當日之事，貫實造謀，然非黼與安中，亦無緣便為。蓋貫倡之，黼成之，安中贊助之，所以致中國之禍也。天報甚明，故貫、黼首被誅戮，然安中尚全腰領，議者怪焉。」〔註9〕

　　宋廷內外都譴責六賊誤國，教高宗警惕的，首先是童貫的舊屬直寶文閣知洺州王麟（？～1127），在七月甲午（初六），被州民認為他有異志。據說金人以他為童舊部，就在城下呼他為王姑丈以間其民心。他及全家即被洺州軍民所殺。然後在八月戊午朔（初一），杭州就發生兵變，事緣軍校陳通本來只得州兵三百，但得到童貫的殘兵（當是童在靖康元年正月帶往江南的勝捷軍）歸附，見杭州富實東南，因謀為變。遇到軍士以衣糧不足而有怨言，就一拍即合，當晚叛變。軍士百餘人縱火，殺轉運判官吳昉及副將白均等以下十二人。翌日，執知杭州龍圖閣直學士葉夢得。九月戊戌（十一），自小堰門出兵萬餘，先衝擊浙東安撫司，安撫使鮑貽遜率將士迎敵，殺七百餘人。辛丑（十四），陳軍夜劫兩浙路提點公事周格之寨，殺之。提刑司所統之蘇、秀兵遂入杭，與陳軍合。周格所部淮南兵不肯從，盡為浙兵所害。陳軍復以金帛派人誘諸郡，使據城相應。浙東安撫使翟汝文慮變生肘腋，於是引兵返越州，於是賊勢益熾。直至十二月辛酉（初八），陳通之叛才被王淵率軍平定。童貫殘部作亂的事，給宋廷君臣留下不少的陰影。他在高宗君臣心中，自然不會有好印象，雖然平亂的王淵本來也是童貫的部將。〔註10〕

可見許的份量。又考在建炎四年七月乙丑（廿五），范宗尹當政時，以赦書詔復李邦彥、李綱、吳敏、耿南仲為首，包括王安中、蔡懋、馮澥等的前宰執官職，許他們自便居住。但言者反對，其中以王安中及蔡懋開邊之罪，皆不當赦。高宗只好妥協，詔俟另一次恩赦才施行。

〔註 9〕周煇：《清波別志》，卷上，頁149。陳公輔且痛斥王安中居燕山餘二年，只父事郭藥師，脫身得歸，備知郭反狀已形，但無一語，還推譽郭之功狀，說燕民安靖。又上諛言，希求再用，罪惡之大，無與為比，所以未誅，只是時候未到而已。

〔註10〕《繫年要錄》，第一冊，卷七，建炎元年七月甲午條，頁181～182；卷八，建炎元年八月戊午朔條，頁202；丙子條，頁210；卷九，建炎元年九月甲午至辛丑條，頁219～221；卷十一，建炎元年十二月辛酉條，頁256；熊克：《中興小紀》，卷二，頁18，26；《會編》，卷一百十六〈炎興下帙十六〉，建炎二年三月二十六日庚戌條，葉二上下（頁847）；趙甡之：《中興遺史輯校》，建炎元年七月六日甲午條，頁80。

　　受李綱賞識，原籍陝西號稱知兵的河東經制副使傅亮（？～1162後），在是年七月面奏高宗時，指出現時河東經制使所募得兵萬人，都來自盜賊及潰兵，未經訓練，難以取勝。他說其實陝西正兵及弓箭手皆精銳，只是過去童貫賞罰不當，精銳的隱於民間，每應點集者，皆是其家人。今日若以厚資募之，并將家子弟，不旬日就可得二萬人，與正兵相表裡，必可得勝而州縣可復。高宗與李綱以為然，就命傅亮及經制使王璹（？～1140），撥川綱之在陝西者募兵。〔註11〕傅亮談到陝西軍的潛力，也就批評童貫過去的弊政，這就加深高宗對童貫的惡感。

　　李綱本人自然有機會就痛斥童貫，他上奏論軍政時，就翻童貫征遼平方臘之舊賬：

　　　　國朝軍政，最號嚴明，自童貫、高俅主兵以來，其制始壞，團結保伍廢，而無以相維持；教閱戰陣廢，而無以習攻擊；甲冑五兵，初不服練；旌旗金鼓，初不習熟；禁戒號令之威不振，而無以作士氣；上下階級之法不行，而無以一士心；兵將取於臨時，而初不相知，彼此遞相觀望，而初不相救；盧溝之潰，反以金帛招集，則逃亡潰散者不誅矣；浙東之役，擄掠良民財物者，悉皆官軍，則騷擾亂群者不罰矣；僕廝親近，皆受高爵，而立功者不賞；以收身不到為名，而死敵者不恤。紀律如此，而欲驅之以抗大敵，豈不難哉！是以金寇再犯王室，則控扼之兵，望風先潰；攻圍帝都，則救援之師逗撓不進。其因循至此，非一日之積也。〔註12〕

　　李綱又列舉童貫在燕山之役，竟然推功朱勔父子及其婿知秀州周審言，他們三人並未從征。李認為可以推知其餘所賞都是濫賞。他又說聞知燕山之

〔註11〕《靖康要錄》，卷八，頁871；李綱（撰），鄭明寶（整理）：《建炎進退志》，收入朱易安、傅璇琮（主編）：《全宋筆記》第三編第五冊（鄭州：大象出版社，2008年1月），卷二，頁64～65；卷四，頁91；《繫年要錄》，第一冊，卷七，建炎元年七月丙辰條，頁195～196。考傅亮在靖康元年六月廿七日見任房州（今湖北十堰市房縣）文學，御史中丞陳過庭推薦他，說他博通古書，深曉時事，論議慷慨，智略縱橫。說他之前充制置司勾當官，未幾被劾輕儇而責為陝西監當，又改湖南遠處摻官，陳過庭以當今師旅方興，人才難得，請加以試用。據王曾瑜先生的考證，傅亮在建炎二年正月兵敗降金，後以金主完顏亮（1122～1161，1150～1161在位）諱改名傅慎徽，他仕金頗有政績，《金史》將他收入〈循吏傳〉，他卒於大定（1161）初年。參見王曾瑜：〈《宋史》與《金史》雜考〉，第二十二條「傅亮避諱改名」，頁678～680。

〔註12〕李綱：《李綱全集》，卷六十二〈奏議・乞修軍政箚子〉，頁661。

役，劉延慶擁精兵十五萬於盧溝河。卻聽信間言，以為遼將會劫寨，於是立焚積聚，率中軍先遁，十五萬眾於是一夕俱潰。童貫卻不能誅殺這些敗將敗卒，反以銀絹招集潰兵，那想要士卒知懼實難矣。〔註13〕

東南道總管、宗室趙子崧（？～1132）在高宗即位後進延康殿學士，建三屯之議時，回顧紹聖之後開邊的情況，也斥責童貫耗費大量人力物力，而所得不多，且後患無窮：

> 紹聖之後，章惇、蔡京相繼用兵，以幸厚賞，所得尺寸，所費山嶽，視人命若草芥，用邦財如泥土。童貫尤無遠慮，凡一出師，敗績則掩覆，而不以聞。取荒地築遠壘，則錙銖以計功。疲敝生靈，略無所措，遂使五路精兵，皆困弱逃亡，不可復用，此開邊之患，驗在目前也。末流略地，燕山馴致禍亂，可不鑒哉？〔註14〕

除了治軍的問題外，童貫取燕雲而致金人入寇的教訓，宋人記憶猶新。據岳珂所記，岳飛在是年八月，當他詣河北招撫使張所（？～1129）時，便論及童貫取燕雲事為失策。岳飛這番評論確實道出童貫以至宋廷之失算：

> 國家用兵爭境土，有其尺寸之地，則得其尺寸之用，因糧以養其兵，因民以實其地，因其素習之人為嚮導，然後擇其要害而守之。今貫不務以兵勝，而以賄求。敵人既得重賄，陽諾其請，收其糧食，徙其人民，與其素習之士席卷而前，付之以虛空無用之地，國家以為燕雲真我有矣，則竭天下之財力，以實之不知要害之地，實彼所據，彼俟吾安養之後，一呼而入，故童貫取燕雲而不知爭關，是以虛名受實禍也，河南河北正亦類此。〔註15〕

同月乙亥（十八），高宗用張浚之言，罷免拜相不足三月的李綱。太學錄陳東和撫州崇仁縣布衣歐陽澈（1091～1127）上書請留下李綱，並罷去黃潛善、汪伯彥等佞臣。歐陽澈的上書，更殺氣騰騰地請高宗對宣和六賊包括童貫的後人及屬僚盡數「殲滅」：

〔註13〕 李綱：《李綱全集》，卷六十二〈奏議・乞置賞功司箚子〉，頁664。

〔註14〕 《會編》，卷一百七〈炎興下帙七〉，建炎元年六月五日癸亥條，葉七下至八上（頁786）。

〔註15〕 岳珂（編），王曾瑜（校注）：《鄂國金佗稡編續編校注》（北京：中華書局，1989年2月），《金佗續編》，卷十七〈百氏昭忠錄〉，卷一，頁1390～1391；李幼武（纂集）：《宋名臣言行錄・別集》，文淵閣《四庫全書》本，下卷八，「岳飛信國武穆王」，葉三上下。

　　臣竊觀六賊既誅，其子孫雖以罪譴而羈留四方。然實為大患也。臣觀比者金人來侵，童貫麾下當時勝捷兵，反乘勢作亂者數矣，此亦將帥非人，不能撫御，使之懷畏，故至此禍。然亦貫之黨類尚未夷滅，而為亂之招也，蓋六賊門人碁布，星列於天下者，皆強藩悍將，懷私恩而視國為讎敵者，有之幸災樂禍而欲快私忿者，有之反為內應而與賊同謀者，有之甚者陰懷叛逆，欲與子孫連衡而起，以刷乃祖乃父之恥者有之。嗚呼！當時六賊黨與之爵祿者，皆國家之賜予，今日反歸恩於私室而忘君父之大義。臣子之心果安在哉？未有仁而遺其親者也，未有義而後其君者也。不仁不智，無禮無義，則殺之猶雀鼠可也，尚何所惜？若不正典刑，以行誅戮則國存亡未可保也。臣愚欲乞陛下睿斷，應六賊子孫，悉與殲滅，仍乞籍記其當時死黨如鄧珣、范致虛、薛昂之流，不許典名藩，掌兵權，庶幾變不生也，其暴惡已彰。如前日蔡州之倅帶番人入城者，即與斬首以謝天下，仍乞滅族，以絕後患。臣觀項者張懷素與吳儲等謀反，為范寥所告。開封府制勘懷素等供言，蔡京亦嘗與謀。是時開封府尹林攄並御史中丞余深，實主其事。二人乃京死黨，力為掩覆，凡文款及京者，必盡焚毀，京遂幸免。其後京擢攄、深於宰執者，皆報其恩也。臣謂若攄、深之流，亦國之賊，懷私恩而背君父，其罪莫大焉。況不發京之惡，則是與之同謀也。今日亦當明告其惡，梟首於市，庶使奸臣賊子望風畏憚，潛銷於冥冥之中也。臣又聞崇寧間，蔡京專權跋扈，壞亂綱紀而人莫敢誰何。於時台諫乏官，如陳瓘、任伯雨、何昌言、江公望等，乃能抗章數十，論列其罪惡，瓘等即被罪謫，飲恨而死者多矣，所存者惟何昌言一人也。今日陛下雖能用之，不過處之工部而已，非所以旌忠直之言，而為台諫之表也。臣愚欲乞陛下擢之近侍，以賞其直，庶使朝廷忠諠之臣，肯抗章鯁切，指摘權臣之失也。今夫聖人有先見之明，故見機而作，不俟終日，皆能圖患於未然。台諫之章，有議權臣之失者，彼必熟思審察，然後敢聞天聽，其言必有益於國家，非為身謀也。臣願陛下每覽奏章，曲加省察，無以台諫之言為輕也。臣竊聞轟昌頃時亦嘗疏蔡京之失，知其必致大亂。上皇不加睿斷，便行竄謫。及御制〈鳴鑾堂記〉，反指昌為小人，意其離間君臣之義。既而京罪惡暴露，窺

伺神器，動搖國本，上皇悔悟，擢昌於謫籍者，豈非思其言之當耶？借使上皇英斷，早從昌言，竄謫京於散地，委昌於樞要之職，使振領綱紀，勵精咸訓，嚴敕邊備，廣牧熊羆之使，以振虎賁之旅，則國必不辱於敵人矣。臣言輕不足以取信於陛下，然臣所乞殲夷六賊之後，及乞誅蔡氏死黨林攄、余深輩者，蓋臣竊意梁師成、王黼、李彥、蔡京、童貫、朱勔，當時勢傾天下，陰結黨與，誓生死不相背負。不滅其子孫，則死黨尚有異謀；死黨既有異謀，則朝廷不能無患。陛下為社稷計，為生民憂，則螻蟻輩何足惜？若不速於誅戮，則朝廷萬一掣肘，誰肯為陛下奮身者也，誰肯赤心以圖國家之大事耶？臣所謂默默者可防正，指此也。又所謂欲斷不斷，反受其亂，亦指此也。臣願陛下大明誅賞，以示天下無猶豫而不決，無濡滯而不行。禍如已迫，悔之何及。然臣書既達天聽，必有大臣為六賊子孫鑽皮出羽，而為之掩覆者，棄短取長，而為之引援者。陛下亦必狐疑猶豫，以臣之言為狂妄，以大臣之計為可信。臣知此而必欲獻其說者，忠義之氣不可遏也。陛下能用臣計，悉與殲滅，則祖宗有靈，而社稷有福。為大臣誤不用臣言，則誠恐他日禍起，陛下思臣之言，又復若思种師道勸滅金人餘黨，而不從其計矣。機不可失，願陛下裁之。

　　歐陽澈顯然是一個涉世不深的天真書生，雖然高宗也不喜蔡京、童貫等六人，也不會起用六人的親屬；但朝中文武臣僚，極少數是與蔡京、童貫等毫無淵源的，要高宗盡數罷去這些對高宗有用的臣子，那是不可能的。歐陽澈擴大打擊面而又抬高自己的愚蠢做法，既開罪了當權的黃、湯等人，又變相責備了徽宗與欽宗，那可是高宗不能容忍的。結果他與陳東上書後，就在八月壬午（廿五），因黃潛善之議，被高宗所殺。〔註16〕歐陽澈的上書，反映許多地方士子對蔡京、童貫的痛恨，歐陽澈的上書，也指出他們擅權結黨之禍害。高宗雖以一時之怒殺他，但對他之上言仍有所保留。翌年二月乙亥（廿六），便為他平反。〔註17〕

〔註16〕歐陽澈：《歐陽修撰集》，文淵閣《四庫全書》本，卷二〈奏議中・上皇帝第二書〉，葉十上至十二下；《宋史》，卷二十四〈高宗紀一〉，頁448；卷四百五十五〈忠義傳十・陳東、歐陽澈〉，頁13361～13362。

〔註17〕高宗在建炎三年（1129）二月己巳（二十），用誅殺童貫、時任御史中丞張澂之言，罷免黃潛善及汪伯彥之相職，以戶部尚書葉夢得為尚書左丞，張澂陞

　　比歐陽澈聰明的太學生汪若海也上書，他曾在建炎元年正月和太學生徐
揆、丁特起、何烈各自為書上宗望和宗翰，求釋放欽宗。他後來從圍城逃往
高宗的大元帥府，並獻上據說他在避兵火於艮嶽，獲石神磐固侯授鷗夷子所
撰的秘籍《麟書》（其實是他寫的）。該書用四言韻文概述靖康之禍的緣由，
其中稱「夫諸橫流，天戒罔憂。闍競指鹿，相不問牛。狡容是用，乃有攸攸。
以燕伐燕，猾褢是遊。唇亡齒寒，蛇不食猴。一豬治燕，首鼠兩頭。」「闍競
指鹿」一詞就注謂宦者童貫用事。「相不問牛。狡容是用，乃有攸攸」就注指
王黼及蔡攸輩。〔註18〕

<hr>

為右丞。同月乙亥（廿六），為陳東及歐陽澈平反，贈二人承事郎，官有服親
一人，恤其家。參見《宋史》，卷二十五〈高宗紀二〉，頁461；《繫年要錄》，
第二冊，卷二十，建炎三年二月乙亥條，頁420。關於陳東和歐陽澈被殺和後
來平反的始末及其意義，可參閱王曾瑜：〈陳東和歐陽澈之死〉，原載《宋史
研究論文集》（1996年宋史年會編刊），後收入王著：《岳飛和南宋前期政治與
軍事研究》，頁465～474。

〔註18〕汪若海（撰），李國強（整理）：《麟書》，收入朱易安、傅璇琮（主編）：《全
宋筆記》第四編第三冊（鄭州：大象出版社，2008年9月），頁204～205；《繫
年要錄》，第一冊，卷一，建炎元年正月丙午條，頁27；第二冊，卷二十九，
建炎三年十一月丁卯條，頁597；卷三十六，建炎四年八月戊子條，頁715；
卷四十五，紹興元年六月癸未條，頁837～838；卷四十七，紹興元年九月乙
卯條，頁871；第六冊，卷一百三十五，紹興十年五月壬辰條，頁2269；卷
一百三十七，紹興十年八月庚午條，頁2316；第七冊，卷一百八十，紹興二
十八年九月辛未條，頁3167～3168；第八冊，卷一百八十三，紹興二十九年
八月己卯條，頁3243；《宋會要輯稿》，第十冊，〈選舉三十四．特恩除職二〉，
頁5912。汪若海是歙縣（今安徽黃山市歙縣）人。據他自述，他於靖康元年
十一月二十五日，從張叔夜幕中，為兵火所逼，倉皇走艮嶽，居一夕，而遇
上原居太湖之石神磐固侯，囑他將這本《麟書》獻給嗣君（即高宗）。汪沒說
在何年月獻上，據《繫年要錄》，他在四月，和簽書樞密院事曹輔所遣的太學
錄楊愿及另一太學生陳抃先後從京師圍城首至高宗的大元帥府上書，大概他
在這時向高宗呈上這篇《麟書》，而獲補官出仕。他自然比歐陽澈聰明，也很
有膽色。不過仕途卻是大起大落。建炎三年十一月，禁軍大將楊惟忠及權知
三省樞密院滕康、朝散大夫劉玨等扈從孟太后及後宮避金人追殺，他和何大
主任幹辦官，卻令滕康和劉玨失和，而致隊伍失散，從官從人死亡者眾。四
年八月戊子（十八），四人均被責，他與何大主並除名，嶺南編管。他絕處逢
生，本來自江東赴編管的英州（今廣東英德市），行至撫州，有叛意的鄂州將
李允文（？～1131）以書招之，大將張俊的參議官湯東野引他見張俊，結果
汪若海成功代張俊招降了李允文。九月乙卯（廿二），汪也得以復官為承務郎。
張俊本來想奏留汪為他的招討司幹辦公事。當高宗從輔臣知道汪得罪之因後，
就不許汪留在張俊軍中。他浮沉十年，在紹興十年（1140）五月，當金兵進
攻順昌府，他以通判身份毅然持大將劉錡之奏向朝廷請援。劉錡與知府陳規

　　對於高宗容許有足疾的內臣陳良弼以肩輿入橫門，左正言鄧肅在是年七月論奏其非之餘，就重提舊事，說「雖宣和以前，宦官最盛，不聞童貫、梁師成等敢用肩輿，輒入橫門者。今良弼之寵，方之童貫等，無萬分之一，便敢輕視朝廷失禮如此，傳之天下，有損聖德。」他以為「忍以一黃門之故，輕變祖宗之法乎？」。〔註19〕

　　不過，高宗並未重視鄧肅之忠言。同年十二月庚午（十五），高宗以宮中資深的內臣缺乏，居然重新起用未被金人帶走，在靖康末年守城無功而被除名勒停的李殻（因避高宗諱而改名李志道），將他復職為內客省使、保慶軍承宣使、差入內內侍省都知。高宗大概並不清楚李殻的穢史，右諫議大夫衛膚敏立刻上言反對，歷數李殻在徽宗朝的過惡，稱「志道在上皇朝用事最久，其弄權怙寵，勢可炙手。一時達官貴人，多出其門，撓法害政，以亂天下。」認為其罪不在童貫、梁師成及譚稹之下，即不將他遠貶，也不應用赦典復用他。另外殿中侍御史張浚也力言李殻誤國為深，不應引赦典敘復。高宗這次從善如流，就沒有復用李殻。〔註20〕李已算幸運，他為了保命，在兵荒馬亂的時候，竟向金兵獻上軍器庫所藏的珍貴武備，獻上「黑漆皮馬甲二萬副，太祖平唐火箭二萬隻，金汁火砲樣、四勝弩。」〔註21〕他的做法已是叛國行為，當時卻沒有人檢舉他。否則，他的下場可能會和童貫一樣。此事亦見高宗君臣對童貫等的惡感。

　　（1072～1141）在戰勝金兵後，為他請功。七月庚午（廿八），以功自右承議郎特遷一官。不過，此後浮沉多年，他在紹興二十八年（1158）九月仍以右朝散大夫知偏遠小郡的道州。他入對，備言靖康末年所予曹輔書獻於朝。高宗特詔汪是元帥府補官，就加他直秘閣改知好地方的江州。他到二十九年（1159）八月仍任直秘閣知江州。

〔註19〕鄧肅：《栟櫚集》，卷十二〈奏箚子十九章・辭免除左正言第七・乞正內臣陳良弼典刑箚子〉，葉十四上至十五上。

〔註20〕《繫年要錄》，第一冊，卷十一，建炎元年十二月庚午條，頁262；汪藻（1079～1154）：《浮溪集》，《叢書集成初編》本（北京：中華書局，1985年新一版），卷二十五〈誌銘・尚書禮部侍郎致仕贈大中大夫衛公墓誌銘〉，頁296；《朱熹集》，第八冊，卷九十五上〈行狀・少師保信軍節度使魏國公致仕贈太保張公行狀上〉，頁4805；《宋史全文》，第四冊，卷十六上〈宋高宗一〉，頁1073；《宋史》，卷二十四〈高宗紀一〉，頁449～451；卷二十五〈高宗紀二〉，頁453～459；卷三百七十八〈衛膚敏傳〉，頁11663。考高宗在十月丁巳（初一）已至揚州，至建炎三年（1129）初一直以揚州作為行在。

〔註21〕《會編》，卷九十七〈靖康中帙七十二・諸錄雜記〉，葉五下（總頁715）。

　　監察御史張守在是年底應詔上書論軍政時，再一次指出童貫執掌軍政帶來的積弊，他說「本朝之兵，自童貫、高俅等壞之，而勤沮之法費，驕惰之風成，出戍則亡，遇敵則潰，小則荷戈攘奪以逞，大則殺掠嬰城而叛」。他又指比年兵不用命，望風奔北，乃賞罰失當所致，這正是童貫等，敗壞軍政所致。他說自童貫、譚稹之流用兵以來，第賞之際，專徇請託，上則權勢，次則親舊，甚至於賄賂公行，相與為市。於是膏梁之徒不涉行陣者皆附名其間，而被堅執銳冒犯矢石者皆不得而預。朝廷惟憑所上功狀等差而授爵秩，一有失當，就歸怨朝廷，於是群下解體，鮮復自效。〔註22〕他又痛言自童貫握兵，勢傾天下，「內之朝廷公卿，外之帥守、監司，下至州縣小吏，升沉進退，捷於影響。故凡持節所至，官無高卑，俯伏廷謁，附託以進，而風俗流失，國勢陵遲，馴致夷狄內侮之禍，貫亦不免斧鉞之誅，此忠臣義士所為慟哭流涕者也。」〔註23〕

　　宋廷言官對於童貫之舊僚並不放過，在童貫舊僚中，當年為他撰寫罷花石綱手詔的董耘，在投閒多年後，在建炎元年（靖康二年）正月丙申（初六），以徽猷閣待制為高宗元帥府參議，位耿延禧下，高世則上，日赴軍中謀議。高宗常和三人共飯，詢問古今治亂和軍中情實，關係密切。三月戊午（廿八），董陞為徽猷閣直學士。四月丙戌（廿七），遷徽猷閣學士。五月壬辰（初三），高宗以他提舉萬壽觀，留行在，仍兼侍讀。六月己未朔（初一），又命他往勞準備拜相的李綱。甲子（初六），他試兵部侍郎。七月辛卯（初三），再獲試兵部尚書。建炎二年（1128）正月甲午（十二），殿中侍御史張浚卻劾他，「自布衣諂事童貫，南征北討，首尾幕中，納賄賂以市官，資飭表章以肆欺罔，海內咸怨。陛下總師濟、鄆，仍緣獲進，蓋有所自，豈可濫居高選。」高宗於是罷董為延康殿學士，提舉杭州洞霄宮。董耘後來又出知饒州，高宗在紹興三年（1133）九月曾授他提舉萬壽觀兼侍讀，但言者說他夙貪，高宗就收回成命。至紹興五年（1135）三月，他自請宮祠告老。但在七月，宋廷言官又劾他在知饒州日，起內帑錢不如期，在七月己亥（廿八）貶秩一等，制詞毫不

〔註22〕張守：《毗陵集》，附錄一〈論委主將置軍籍以書功績箚子〉，頁228～229（原載《歷代名臣奏議》卷一八九）；楊士奇（1364～1444）（撰），《歷代名臣奏議》，文淵閣《四庫全書》本，卷二百二十三，葉九上。按劉雲軍點校本未收此條。

〔註23〕張守：《毗陵集》，附錄一〈論諸將請私箚子〉，頁231～232（原載《歷代名臣奏議》卷一九六）。

客氣，翻他的老賬，說他「以列尚書之重，膺殿學士之榮，出綰郡章，不聞報政。按章來上，弛慢有端。何昔者悉意竭力於權倖之人，而乃今曠事瘝官於君父之役？削官一等，尚免嚴科。往思省循，毋重後悔。」制詞所說的權倖之人，呼之欲出。言官仍記著他曾侍童貫。高宗總算念舊，紹興五年十二月壬寅（初四），詔給他和耿延禧、高世則等帥府舊僚，令所在州各賜田五頃。但言者仍論不可，高宗只好收回成命。董在紹興七年（1137）正月丙子（十四），自端明殿學士、降授左太中大夫提舉江州太平觀卒於明州，特贈資政殿學士。二月，他以元帥府官屬特恩，其家獲賜銀絹各二百疋兩。言官這次就不好再逆高宗之意。〔註24〕

對依附童貫而得官的人，宋廷也明令嚴加磨勘。十月甲寅（初三），吏部侍郎劉珏等即上言，以吏部方置司討論濫賞之弊，內有特置出身，非泛補授，或冒濫爵賞，不合參部，以及蔡京、童貫、朱勔、王黼之家使臣出身，應緣四選合行削奪之人，他請應在闕合磨勘關陞者，候討論批鑿印紙驗實畢日，方行磨勘。而在外曾承本部及本州討論，保明不是追削之人，仍許錄白其出身應所授文字，然後方許他們投下磨勘。高宗詔從其請。〔註25〕

〔註24〕熊克：《中興小紀》，卷三，頁30；《宋會要輯稿》，第三冊，〈禮四十四・賻贈一〉，頁1704；《宋會要輯稿》，第二冊，〈禮二十・諸祠廟・雜錄〉，頁989；《繫年要錄》，第一冊，卷一，建炎元年正月丙申條，頁21；卷三，建炎元年三月戊午條，頁84；卷四，建炎元年四月丙戌條，頁114；卷五，建炎元年五月壬辰條，頁122；卷六，建炎元年六月己未朔條，頁146；甲子條，頁157；卷七，建炎元年七月辛卯條，頁180；卷十二，建炎二年正月甲午條，頁276；第二冊，卷二十，建炎三年二月癸酉條，頁420；第三冊，卷六十八，紹興三年九月庚辰條，頁1193；卷六十九，紹興三年十月甲辰條，頁1205；第四冊，卷八十，紹興四年九月丁卯條，頁1349；卷八十七，紹興五年三月丁酉條，頁1489；卷九十一，紹興五年七月己亥條，頁1573；第五冊，卷一百八，紹興七年正月丙子條，頁1818。董耘罷兵部尚書後，初寓居於高郵（今江蘇揚州市高郵市）。紹興三年前復知饒州。三年五月丙辰（初二），董以端明殿學士知饒州上言，請致祭唐代張巡（709～757）和許遠（709～757），以旌忠烈，以為萬世臣子之勸。高宗從之。九月庚辰（廿九），高宗再以董耘提舉萬壽觀兼侍讀，但言者論他凤貪，其命遂寢。十月甲辰（廿三），高宗又命他與汪伯彥、梁揚祖、耿延禧及高世則編類元帥府事蹟，仍對董眷寵。但董在紹興四年九月卻上言鄱陽湖有水寇，宋廷詔水師派兵千人收捕，江東宣撫使劉光世以他所言不實，九月丁卯（廿一），董被責降秩一等。到紹興五年三月，他請宮祠退休，高宗就在是月丁酉（廿四），授他提舉江州太平觀。

〔註25〕《宋會要輯稿》，第六冊，〈職官十一・磨勘〉，頁3330～3331。

　　在宣和五年時任燕山府路都轉運使的呂頤浩，當年反對輕舉，並親身經歷童貫取燕山而引致金人入寇。金人攻陷燕京，呂被執後幸獲釋，劫後餘生，當高宗在建炎元年五月即位應天府後，呂在六月壬戌（初四）獲召赴行在，授徽猷閣直學士知揚州。他雖以疾辭免，但仍致書宰執分析時局，指出宋軍當恃長江之險以抗金騎，又指出昔日夏人號善用兵，與宋軍相持，互有勝負，宋軍未嘗像今日之慘敗。他以涇原、環慶等路，皆山險之地，並非夏的騎兵之利；但自金人犯邊，宋軍遇之不待接戰就即奔潰，蓋平原曠野，步不能抗騎，他認為宜避其鋒。他痛言三十年來，童貫和譚稹掌兵，軍政盡壞，賞罰不明，人無鬥志。必定先革此弊，然後可以說戰。〔註26〕他又追述政和年間，童貫奉使遼國，得趙良嗣於盧溝河，竟聽其狂計，遣使由海道至女真通好，於是引致後來之禍。〔註27〕他對童貫之誤國自然痛恨不已。

　　其實不用呂頤浩多說，高宗對於童貫等人的惡感並沒有改觀。宋廷在建炎二年十一月己酉（廿九），即詔蔡京、童貫、王黼、朱勔墳上之剎廟皆毀之，收其田充省計。〔註28〕

　　宣城人周紫芝（1082～1155）在此時應詔上書，他除請高宗復任李綱外，又慨言欽宗即位後種種施政之失，並點名或不點名指責蔡京、王黼、童貫、梁師成四人朋比為奸，竊人主之權，且在金兵寇城時南逃。他又說若非言官及太學生上言，諸奸差一點就得以免受典刑；但他們援引之人，仍然受到重用或委以兵柄。他引宇文粹中之例，以證蔡京、童貫的門人之不堪：

> 　　更易執政大臣，無慮數人，如白時中、李邦彥、吳敏、耿南仲、徐處仁、唐恪之徒，相繼進用。不過數月，輒復罷去，其餘近侍之臣，更出迭入，不可勝數，初無損益，徒有變更，用人不專，類皆如此，有一李綱乃不能用。……願陛下之于綱，盡以國計傾心付之，勿惑於詆訾不根之言。……朝廷玩於燕安，不思慮患之日久矣。自蔡京、王黼相繼用事，交結朋比，倚為腹心，遂使奄腐擅政，憸人竊權，人主孑然，以至孤立。言之及此，可為寒心。……前年敵既

〔註26〕呂頤浩：《忠穆集》，文淵閣《四庫全書》本，卷五〈書·上時政書〉，葉十三上至十五下；張鉉（？～1311後）：《至大金陵新志》，文淵閣《四庫全書》本，卷十三上之下，葉三十二上至三十三下；《繫年要錄》，第一冊，卷六，建炎元年六月壬戌條，頁152。

〔註27〕呂頤浩：《忠穆集》，卷二〈論彼此形勢〉，葉三上下。

〔註28〕《繫年要錄》，第一冊，卷十八，建炎二年十一月己酉條，頁382。

寇城，元老大臣，下逮百官有司，爭挈妻孥，順流東下，為自安計，方其平時，皆坐竊榮寵，及緩急之際，藐如路人，此豈人臣之節乎？有如此曹，皆在可誅之域，而朝廷不加深治。後雖欲責以效死而弗去，烏可得耶？六賊之惡逆，暴著遠夷，義當戮於兩觀，梟其頭顱，狀其惡而聲之，以播告萬方，使天下知中國有威斷之君，四海畏聖主擅生殺之柄，然後國威自立，敵氣日銷。而當時猶且遷延歲月，處以善地。元惡有如蔡京，猶得保其腰領而死。賴台諫之臣與太學之士，懇惻屢言，然後僅得署正典刑，亦未足以快天下跂足之望也。其同惡之臣，有出於蔡京、王黼、童貫、梁師成援引而進者，非特不能盡逐而去之，猶且倚以為用或付以兵柄，或委以重鎮，其它固未易悉數。如宇文粹中之守建康，臣生東南，親見其事，方王室遭圍困之患，實臣子自奮之秋，而勤王之師，沮抑不遣，傲睨慘毒，無所不至，驅徒數百，以誅元帥為名，至於害及平民，流血滿野，執縶囹圄，如鞠囚徒。粹中身為人臣，屈首下賊，處之恬然，不能抗罵以死，偷活須臾，下污士類，上辱朝廷，皆蔡京用事之人，不即罷去，遺患遂及于此。乃知賞罰黜陟，人主之大權，不可不明，亦不可不敏。〔註29〕

　建炎三年（1129）二月庚申（十一），呂頤浩被高宗任為同簽書樞密院事、江淮兩浙制置使兼知建康府。〔註30〕三月癸未（初五），禁軍大將苗傅及劉正彥發動兵變，他們揭榜於市，傳檄諸州，略曰：「大臣盡出閹寺，士卒多自私門。朝廷微弱，未能明正典刑，天其以予為民除害，應有大臣罪惡並內侍官，並行誅戮。本為生靈，別無所希。」苗、劉二將先殺掉剛拜為同簽書樞密院事的御營司都統制王淵，然後大殺弄權的內臣康履等人，迫高宗退位，擁元祐孟太后（1073～1131）攝政，孟太后下御樓出門見苗劉二人，為高宗辯護，說：「自道君皇帝任蔡京、王黼，更祖宗法度，童貫起邊事，所以招致金人，

〔註29〕周紫芝：《太倉稊米集》，文淵閣《四庫全書》本，卷五十七〈書一首・上皇帝〉，葉一上至六下；《會編》，卷一百二十四〈炎興下帙二十四〉，建炎三年三月二日庚辰條，葉四下至六上（頁907～908）。考周紫芝此書，《會編》繫於建炎三年三月庚辰（初二），惟據文中稱「前年虜既寇城，元老大臣下逮百官有司，爭挈妻孥順流東下」，可推斷此書當在建炎二年以後上，書中請高宗復用李綱，也當在建炎元年八月乙亥（十八）李綱罷相以後。又周在紹興十二年（1142）始登第，他此時以布衣上書。

〔註30〕《宋史全文》，卷十七上〈宋高宗三〉，頁1116。

養成今日之禍。豈關今上皇帝事？」諷刺的是，被殺的王淵和發動兵變的苗、劉二將都屬童貫舊部，但在苗、劉二人眼中，閹人都是作惡的。〔註31〕

呂頤浩在三月庚寅（十二）上書元祐孟太后，再提及內臣之禍害，他和孟太后一樣，第一個就點了童貫的名。他說：

> 臣契勘自崇寧以來，內侍童貫、譚稹互掌兵柄二十餘年，賞罰不明，號令失信，西則侵陵夏國，北則與契丹敗盟，致將帥解體，士卒不用命。皆緣內臣基禍，流毒天下，遂令徒黨為害。近聞將相大臣剿戮內侍，誠可以快天下之心，紓臣民忿怒之氣。〔註32〕

呂頤浩稍後進兵至平江（蘇州）之北，見到前來勤王的張浚，對他舊事重提說：「事不諧，不過赤族。頤浩曩諫開邊之失，幾死宦官之手，承乏漕輓，幾陷穹廬之城。近者倉卒南渡，舉室幾喪。今日為社稷死，豈不甚快邪？」〔註33〕呂說他幾乎死於其手的宦官，自然就是童貫和譚稹。後來呂頤浩與張浚、韓世忠及張俊平定苗劉之亂，擁高宗復位，然後在紹興初年兩度拜相，為高宗信任不替。在呂主政下，童貫、譚稹等自然被視為禍國殃民之大惡。紹興初年主管大宗正司的宗室趙令時（字德麟，1061～1134），因曾詔事譚稹，高宗令罷職易為環衛官。雖然呂頤浩稱許趙讀書能文，而蘇軾曾薦之，但高宗以趙為清議所薄而不肯將他留任。〔註34〕

張浚對童貫等之態度也與呂頤浩相同，他在建炎三年三月壬寅（廿四）傳檄內外，討伐苗劉叛軍，恢復高宗帝位時，也論說：「宋有天下垂二百年，

〔註31〕《會編》，卷一百二十七〈炎興下帙二十七〉，建炎三年三月條，葉五上（頁925）；《宋史全文》，卷十七上〈宋高宗三〉，頁1120～1123；劉時舉（？～1261後）（撰），王瑞來（點校）：《續宋中興編年資治通鑑》（北京：中華書局，2014年5月），卷二，頁31～32；《繫年要錄》，第二冊，卷二十一，建炎三年三月癸未條，頁429～432；《宋史》，卷二百四十三〈后妃傳下‧哲宗昭慈孟皇后〉，頁8635；卷四百七十五〈叛臣傳上‧苗傳〉，頁13805。

〔註32〕《繫年要錄》，第二冊，卷二十一，建炎三年三月庚寅條，頁446；《會編》，卷一百二十八〈炎興下帙二十八〉，建炎三年四月初一日戊申條，葉二上（頁929）；《宋史全文》，卷十六上〈宋高宗一〉，頁1047；卷十七上〈宋高宗三〉，頁1126。馬光祖（？～1269）（編），周應合（？～1275後）（纂），王曉波（校點）：《景定建康志》，收入王曉波、李勇先、張保見、莊劍（點校）：《宋元珍稀地方志叢刊》甲編，（成都：四川大學出版社，2007年6月），第三冊，卷四十八〈古今人傳二‧呂忠穆公頤浩〉，頁2018～2019。

〔註33〕《宋史全文》，卷十七上〈宋高宗三〉，頁1131。

〔註34〕羅大經：《鶴林玉露》，乙編，卷一，「王定國趙德麟」條，頁122～123。

太祖、太宗開基創業，真宗、仁宗德澤在民，列聖相傳，人心未厭。昨因內侍童貫首開邊禍，遂致虜騎，歷數侵陵。」將北宋之亡，歸罪於童貫開邊。〔註35〕

　　另一名中興名臣，後來拜相的趙鼎也與呂、張之取態相近。六月己酉（初二），高宗以天雨不止，召郎官以上赴都堂言闕政。時任司勳員外郎的趙鼎在翌日（初三）就上書請罷王安石配享神宗廟庭，他從王安石變法說到童貫開邊致禍，趙鼎的言論代表南宋主流士大夫否定熙豐新政的立場；不過，他對於童貫的抨擊相對較輕，認為比起蔡京之過，他與王黼之徒反而不足道：

　　　　社稷不幸，乃有王安石者用事於熙寧之間，以一己之私，拂中
　　　　外之意，巧增緣飾，肆為紛更，祖宗之法，掃地殆盡，於是天下始
　　　　多事，而生民病矣。假辟國之謀，造作邊患，興理財之政，困窮民
　　　　力，設虛無之學，敗壞人材，獎小人，抑君子，塞言路，喜奸諛，
　　　　扇為刻薄輕浮之俗，日入於亂。賴宣仁垂簾，深鑒其害，首因改元，
　　　　昭著至意。所行者仁宗之法，所用者仁宗之人。涵養十年，民瘼小
　　　　愈，夫何治世之日少，亂世之日多。復有蔡京者崛起於崇寧之初，
　　　　竊堯舜孝悌之說，托紹述熙豐之名，畢力一心，祖述安石，以安石
　　　　之政，敷衍枝蔓，浩然無涯，至於不可限極。而後已兵連禍結，外
　　　　侮交乘，二聖北轅，朝廷南渡。則安石辟國之謀，而蔡京祖述瀆武
　　　　之患也。繁文酷吏，上下相繩鞭撻，追呼農畝失業，則安石理財之
　　　　政，而蔡京祖述厚斂之患也。僥冒躐進，依阿取容，當官有營私之
　　　　心，而臨難無仗節之義，此又安石敗壞人材之科，而蔡京祖述賓興
　　　　賢能之患也。瀆武而兵禍不解，厚斂而民心離散。至於賓興賢能之
　　　　弊，則習為軟熟柔佞之資，無復禮義廉恥之節，士風凋喪，君子道
　　　　消矣。故凡今日之患，始於安石，成於于蔡京，自餘童貫、王黼輩，

〔註35〕朱熹（撰），郭齊、尹波（點校）：《朱熹集》，第八冊，卷九十五上〈行狀‧少師保信軍節度使魏國公致仕贈太保張公行狀上〉，頁4813；馬光祖、周應合（纂），王曉波（校點）：《景定建康志》，第三冊，卷四十八〈古今人傳二‧呂忠穆公頤浩〉，頁2020；《繫年要錄》，第二冊，卷二十一，建炎三年三月癸卯條，頁465～466；《會編》，卷一百二十七〈炎興下帙二十七〉，建炎三年三月條，葉六上下（頁926）。按此檄文由呂頤浩領銜，由張浚撰寫，署名還有兩浙西路兵馬都監周杞、兩浙路提點刑獄趙哲（？～1130）、兩浙西路兵馬鈐轄湯東野、御營前軍統制張俊、御營平寇左將軍韓世忠、殿前都指揮使劉光世等人。《景定建安志》則記此檄書為呂頤浩所撰。

曾何足道？今貫、黼已誅，而安石未貶，猶得配享廟庭，蔡京未族

而子孫飽食安坐，臣謂時政闕失，無大於此者。

高宗採納趙鼎之議，遂罷王安石配享神宗廟庭。靖康初年已有廷臣提出此議，而爭議紛然，於是始決。〔註36〕

在此氣氛下，宋廷自然不會對童貫有何好話。九月辛未（廿六），因宰相呂頤浩的奏請，高宗恢復已故的沈積中資政殿學士的官職及合得致仕遺表恩澤。當制的綦崇禮（1083～1142）在制詞中，除了提到沈前知真定府時，力陳不可取燕山，其所獻書具在，而為童貫深惡，致置獄根究其罪外，又稱童貫為「權臣甚惡」、「已誅元惡」，批評童貫燕山之役的誤國：

敕：乃者燕山之役，謀之不臧。貪目前尺寸之利，而亡以善其

後。靡敝中國，啟釁夷狄，卒成意外之禍。嗚呼！誰生厲階，至今

為梗。既往何及，言之痛心。以爾故具官某，頃使朔陲，備聞初議，

迨今師閫，實始興言。乃獨抗章，陳其不可，致權臣之甚惡，陷獄

吏之深文，奄至沒身，遂遭削籍，載惟前事，良惻朕心。矧元惡之

已誅，顧重辜之未洗。是用還文階之峻秩，復秘殿之隆名，仍推延

世之恩，併畀漏泉之澤魂，而不泯尚克歆，承可。〔註37〕

另外，童貫過去統軍治郡，不按規矩濫補手下之人的官職的許多做法都一一被宋廷文臣否定。例如在建炎二年十月丙子（廿五），都省上言以近奉詔討論崇觀以後冒濫賞補官的事，提出禁止之法，而舉出蔡京父子、童貫、王黼、朱勔之家使臣補官減年的惡例，高宗令加以改正。另外，在建炎四年（1130）四月辛丑（三十），宰相呂頤浩上奏，指他三十年前曾在陝西鄜延、環慶等路，看到「每出師，用兵成功則賞，敗事則罰，罕曾給降空名告敕。自童貫開邊，後來統制官乘國家多事，每遇出兵，過有要求，多乞空名告劄，軍前書填，

〔註36〕趙鼎：《忠正德文集》，文淵閣《四庫全書》本，卷一〈論時政得失・建炎三年六月初三〉，葉四下至六下；《繫年要錄》，第二冊，建炎三年六月己酉條，頁507，510。

〔註37〕《宋史》，卷三百五十四〈沈積中傳〉，頁11164；卷三百七十八〈綦崇禮傳〉，頁11680～11683；綦崇禮：《北海集》，文淵閣《四庫全書》本，卷二〈沈積中可特追復資政殿學士還舊官與合得致仕恩澤制〉，葉一下至二下；《繫年要錄》，第二冊，卷二十八，建炎三年九月辛未條，頁577；《宋會要輯稿》，第九冊，〈職官七十六・追復舊官〉，頁5131。考綦崇禮字叔厚，高密（今山東濰坊市高密市）人，《宋史》有傳。他幼穎悟，十歲已能作邑人墓銘。登重和元年上舍第，在欽宗朝官至起居郎。高宗即位初年即拜中書舍人，賜三品服，人稱他進用之速，近世所未有。高宗猶以得之為晚。

與親舊技術無功之人，致名器太輕，無以激勸赴功力戰之士」，他嚴厲批評童貫在徽宗朝執掌兵權時濫授職位之弊，請求禁止這種做法。高宗准奏，詔稱：「比年以來，爵賞失實，名器浸輕，人不加勸。蓋自童貫、譚稹之流統兵，乘時射利，預乞空名告勅、宣札，任意書填，馴致今日，未能遽革，深屬冒濫。可自今後應將帥、監司、守臣等，並不得陳乞空名告勅、宣劄。如係實有功人，即仰保明申奏，以憑推賞。雖大臣出使，亦當遵守。如違，重寘典憲。」〔註38〕

紹興元年（1131）七月，宋廷討論蔡京、王黼、童貫、譚稹、李邦彥、朱勔、梁師成、孟昌齡、楊戩父子親黨門人，規定得官的改轉者皆降八官。高宗君臣仍沒有完全寬恕蔡、童的親故門人。〔註39〕十月丁卯（初四），宋廷詔朝請郎耿延禧復龍圖閣學士，但中書舍人程俱（1078～1144）反對，他說京城之陷，咎由耿南仲和耿延禧父子專以和議阻天下勤王軍。程更指「致天下之亂者，蔡京、王黼、童貫及京之子攸」，童貫被視為致亂之禍首，仍為朝臣之公論。〔註40〕這時宋廷對童貫過去提出的命令，都一概否決。高宗倒並不全因人廢言，是月戊寅（十五），詔如童貫所提的，有可行事件，就令樞密院參酌取旨。〔註41〕

值得一提的是，高宗對同屬徽宗寵臣，和童貫一同握兵，被指為敗壞軍政的高俅子弟，卻採寬大處理。是月庚午（初七），就讓其子高堯明（？～1134後）自起復宣義郎知建康府溧水縣（今江蘇南京市溧水區）敘宣教郎。高堯明曾因父恩為戶部員外郎，靖康元年五月隨高俅死而停廢，現時給他治邑。程俱以高堯明在服中為理由，上奏反對，但高宗不納。高堯明在十二月到任，做滿一任，到紹興四年（1134）二月才離任。〔註42〕

〔註38〕《宋會要輯稿》，第六冊，〈職官八‧吏部一〉，頁3236；第十四冊，〈刑法二‧禁約二〉，頁8339；呂頤浩：《忠穆集》，卷三〈乞免給降空名告敕劄子〉，葉八下至九上。

〔註39〕《會編》，卷一百四十七〈炎興下帙四十七〉，紹興元年七月條，葉十上（頁1070）。

〔註40〕《繫年要錄》，第三冊，卷四十八，紹興元年十月丁卯條，頁881；程俱（撰），徐裕敏（點校）：《北山小集》（北京：人民文學出版社，2018年11月），卷三十九〈狀劄五‧繳詞頭狀〉，頁656～657。因程俱的反對，高宗就只將耿延禧復徽猷閣待制，提舉江州太平觀。

〔註41〕《繫年要錄》，第三冊，卷四十八，紹興元年十月戊寅條，頁888。

〔註42〕《繫年要錄》，第三冊，卷四十八，紹興元年十月庚午條，頁884；第四冊，卷九十一，紹興五年七月辛卯條，頁1569；程俱：《北山小集》，卷三十九〈狀

　　朝臣對童貫卻不像對高俅一樣，紹興二年（1132）六月丁酉（初八），當臣僚論及封樁錢時，仍然批評說「自童貫用事陝西已來，財用費出不復驅磨，因得侵盜蠹耗。比年軍旅薦興，州縣帑廩空乏，不免取給於民，而官吏並緣為奸，輒為一切科斂之政。既不知兵行實數，又不知住程期日，但憑探報，虛增兵數，寬約住程，批請日限，斂取錢米，有至數倍應用之數者。事過之後，乾沒其餘，或以豐己自利，或以交結市恩，上下謾不檢察，民受其弊。」宋廷從之，詔恢復軍兵經過州縣收支過錢糧去處，分別委監司專差屬官遍往州縣，驅磨元收到及實支、見剩之數，收其贏餘，儲在別庫，以備不時之需，避免斂民，庶幾姦吏不得侵盜。〔註43〕在不少廷臣眼中，甚麼弊端都緣於童貫用事時。

　　值得一提的是，宋廷在紹興二年二月，經查考後，發現在建炎元年開始發賣的蔡京、童貫、王黼和朱勔在浙西的田地，到今已六年，竟然未售的尚有五千餘畝。宋廷乃詔發運使姚舜明（？～1135）處置。〔註44〕童貫等貪腐的負面形象再一次震驚了高宗君臣。

　　紹興四年六月癸未（初五），楊戩的妻姪拱衛大夫同州觀察使胡恢，本來在靖康中已致仕。有大將（據傳是韓世忠）薦他筋力未衰，於是高宗詔起用他並恢復舊官。左諫議大夫唐煇（？～1145）上奏反對，指胡恢用楊戩恩澤補官，數年間共轉十九官，任後苑作、製造御前生活所，及主管御前事務，而盜取恩賞，人所切齒。現時繫名軍中，便任掌兵官，月俸不下數百千。唐煇說胡恢這種權閹親屬可以再任，那麼童貫、梁師成和譚稹之徒，他們的親屬亦當任用矣。高宗納其言，就罷胡恢之任。〔註45〕宋廷朝臣這時仍堅持童貫親屬不可復敘官。這次連帶本來沒在名單上的楊戩親人也受累。

　　朝臣對童貫的惡感一直未除，對他在陝西施行的博糴法，也斥為弊法。紹興四年六月甲辰（廿六），戶部尚書提舉榷場貨務都茶場黃叔敖（？～1138）被罷為徽猷閣學士提舉臨安府洞霄宮，就因他被殿中侍御史魏矼（？～1151）論在理財種種過失，其中就包括他在紹興三年推行童貫之博糴法，賣爵為官

　　　　箚五・繳江東大使司辟持服人狀〉，頁 663；周應台（纂）《景定建康志》，卷二十七〈官守志四・溧水縣廳壁記〉，頁 1305。考高俅姪高堯咨（？～1135後）在紹興五年七月辛卯（二十），因繳納其父高伸冬祀日奏除直秘閣告及賜紫敕，獲授自右承奉郎監西京中嶽廟。

〔註43〕《宋會要輯稿》，第十三冊，〈食貨六十四・封樁〉，頁 7772。
〔註44〕《繫年要錄》，第三冊，卷五十一，紹興二年二月辛未條，頁 930。
〔註45〕《繫年要錄》，第三冊，卷七十七，紹興四年六月癸未條，頁 1295。

戶，自承信郎至迪功郎，低價出售。令到這些兼併之家成為官戶，蔭及二代，而與公卿無異，悉免科徭。〔註46〕

紹興五年十二月辛亥（十三），殿中侍御史周葵（？～1162後）也上言請革除蔡京、童貫、梁師成及朱勔等妄立名目所補授的大小使臣之家，使這些本不應屬官戶的弊政。他請將這些人一例選募充役，以減寬貧民下戶之力。事下吏部，吏部覆奏，以給使授官，於本選無理為官戶之文。請將蔡京等恩補官及童貫等妄作名目之人，如周葵所奏，予以革除。〔註47〕

靖康之難過去十多年，朝臣仍然對童貫招致北宋之亡，耿耿於懷。紹興八年（1138）春，朝臣錢端禮（1109～1177）經過盱眙，有幸得見《睢陽五老圖》時，感慨金人南侵，便評說「小人乘勢竊弄威權，隱善揚惡，前有呂惠卿、王荊公之蠹政害民，後有蔡京、童貫容誘金寇，陰霾禍心，斲喪神器，蕩析中朝。」〔註48〕

曾經在靖康年間多番嚴劾童貫的孫覿，除了在宣和七年為章綡寫墓誌時，直寫童貫代譚稹為宣撫使，卻出師而敗，再出而燕山七郡與朔、武州皆不守外，他在紹興九年（1139）為左中奉大夫柳瑊（1071～1136）寫墓誌時，就表揚柳氏任陝西漕臣時，一直不附童貫，反對童所創平貨務法，並斬殺由童貫包庇，濫殺平民以冒功的勝捷軍，以後官軍過州境就不敢犯。孫記柳後來知洺州，有疾，由司錄事李承勵權州事。州兵聞他病，就倡言倉粟惡，逐倉官嘩眾作亂。柳聞變，力疾披衣，出譙門，坐亭宣詔，命三校率其屬捕殺首亂的人，而釋其餘，然後回衙休息。但李承勵逢童貫之惡，以柳病不任事，移書馳告童貫，自以為功。不久，柳就被黜三官，而李就進五官。孫覿最後說柳「屢觸童貫被斥，朝廷韙其諒，而貫方用事，權震天下，雖宰相亦憚其威。」把童貫當權時賞罰不公，橫行霸道的情況再一次披露出來。〔註49〕

〔註46〕《繫年要錄》，第三冊，卷七十七，紹興四年六月甲辰條，頁1303。

〔註47〕《繫年要錄》，第四冊，卷九十六，紹興五年十二月辛亥條，頁1640。

〔註48〕卞永譽：《式古堂書畫彙考》，卷四十五，葉六十一上至六十三下。

〔註49〕孫覿：《鴻慶居士集》，文淵閣《四庫全書》本，卷三十三〈宋故左朝請大夫直龍圖閣章公墓誌銘〉，葉十八上；〈宋故左中奉大夫致仕柳公墓誌銘〉，葉二十上至二十四下；《繫年要錄》，第三冊，卷七十三，紹興四年二月壬寅條，頁1248～1249。按柳瑊卒於紹興六年（1136），但孫覿要到紹興九年才為他寫墓誌。又《要錄》記在紹興四年二月壬寅（廿二），當柳瑊自左中奉大夫授提點浙東刑獄公事時，殿中侍御史常同（？～1150）就劾他「頃知洺州，不能鎮撫士卒，以致軍變，身中數刃。近數交結辛道宗，求賜章服，陛下灼見其

童貫不僅死後被人臭罵，還禍延子孫。他的子孫不是被金人拘拿，就是被宋廷列為永不錄用。紹興元年正月己亥（初一），宋廷頒佈大赦，規定應編配、羈管、安置、居住命官並與理為一赦，編配諸色人特與減三年，三歲理為揀放年限。但明令蔡京、童貫、王黼、朱勔、李邦彥、孟昌齡、梁師成、譚稹及其子孫都是誤國之害民之人，而苗傅、劉正彥、王均甫、馬柔吉、王世修、張達、苗翊、苗瑀、范瓊及其家屬，皆係反逆之家，更不移放。〔註50〕有份導致靖康之禍的殿帥王宗濋和知燕山府王安中，卻得以此赦令先後在紹興元年三月丙午（初九）及己酉（十二）得到復敘：王宗濋復忠州團練使，王安中復中大夫（按：王在建炎四年七月原本獲赦，但被收回）。另在靖康末任西道都總管覆師的王襄也在同月癸亥（廿六）復正議大夫，原尚書左丞蔡懋復中大夫。另外，高宗又特別擢用在宣和間任部使者，因忤童貫而掛冠而去的朝請大夫柳瑊為福建提點刑獄公事。〔註51〕

據宋人筆記所述，初入仕的人必具鄉貫戶頭、三代名銜、家口年齒及出身履歷，若注授轉官，又加舉主有無過犯。崇寧、大觀年間，就要申報不係元祐黨籍。到了紹興年間，就要申報不係蔡京、童貫、朱勔、王黼等親屬，需召保官結罪。〔註52〕即是說建炎元年五月的禁令，一直並未解除。童貫的家人皆不准授官。

關於童貫的後人，據《朱子語類》及《中興遺史》所記，童貫兒子除了前述的童師敏、童師禮、童師孔、童師揚、童師易外，還有子號童五十者，認蔡京之愛妾小李夫人為妹，她生子蔡絛，後來尚徽宗女。〔註53〕考童師揚、童師孔及童師易為金人所拘外，童師敏及童師禮大概在童貫被誅前已死，〔註54〕童

無恥，罷之。」結果高宗罷柳這一差遣。李心傳指出常同所說柳知洺州處置軍變的情況，和孫覿所記完全不同。大概常同所據的，是童貫據李承勵的報告。而孫覿所寫的，就依照柳自己的辯解。

〔註50〕《宋會要輯稿》，第十四冊，〈刑法四・配隸〉，頁8469。

〔註51〕《繫年要錄》，第二冊，卷四十三，紹興元年三月丙午條，頁801；己酉條，頁802；癸亥條，頁806。

〔註52〕趙升（？～1236後）（編），王瑞來（點校）：《朝野類要》（北京：中華書局，2007年10月），卷三〈入仕〉，第171條，「腳色」，頁67。

〔註53〕《朱子語類》，第八冊，卷一百三十〈本朝四・自熙寧至靖康用人〉，頁3128；趙甡之：《中興遺史輯校》，靖康元年七月二十一乙酉條，頁13。

〔註54〕據《宋史・郭僎傳》所載，河南祥符人郭僎（？～1129），在徽宗時權祥符縣尉。當時童貫子童師閔（敏）死，奉敕葬邑境，郭僎任道途之役。童貫命撤民屋當道者，郭氏不怕童貫，反而先籍收童氏屋數十楹，欲毀之。童貫即令

貫後人尚存的，到了南宋後，已消聲匿跡。

童貫的女婿內臣李琮，也不容於宋廷言官。李在靖康間已知幾納官，到建炎間致仕。因給事高宗藩邸，故在紹興七年正月戊寅（十六），高宗又令他再仕，李失去證明其資格的料歷，高宗卻以不用保任特給之，命他提舉江州太平觀。但右司諫王縉（1073～1159）在五月丁亥（廿六）就反對，以道路籍籍，都說李琮乃童貫之婿，宣和間倚仗童貫聲勢，罪惡不可具言。說他曾奉使東南、淮浙騷動。市井小人尚能言之。當年讓他致仕，已是寬恩，今又再仕，實在不合理，請追寢前命。他又說「（徽宗）梓宮未返，天下痛憤，忍令童貫婿再仕乎？」權中書舍人呂本中（1084～1145）也繳還詞頭，表示反對。由於言官的反對，高宗詔李琮前降再仕與差宮觀的指揮更不施行。〔註55〕

至於童貫的故吏門人，在南宋以後也屢受非議，不能再立足朝堂。和童貫關係最密切、官拜同知樞密院事的宇文虛中的經歷則是非常獨特，最值得一談。

他在靖康末年被貶後，高宗即位後，於建炎元年五月庚子（十一）自提舉亳州明道宮安置韶州，他曾上疏自陳，述說他在靖康年間的作為，包括自拱州與李邈收召東南兵入援，又在姚平仲劫寨失敗後，出使金人解釋，並迎高宗還闕，但高宗不報。建炎元年十一月庚寅（初四），高宗詔募人出使金，以迎還徽、欽二帝及母后。建炎二年二月壬戌（初八），他就應詔使金，才自安化軍節度副使復大中大夫提舉萬壽觀，乘驛召赴行在。五月丙申（十三）以資政殿大學士充大金通問使後改祈請使，請還二帝，而以楊可世弟楊可輔為副。六月底，他們經過開封，留守宗澤病重，七月癸未朔（初一），宗澤卒，宋廷就命他攝留守事。十月丁丑（廿六），他們才渡黃河北去，先去雲中府。建炎三年正月，金人遣還通問使劉誨和副使王覿，本來也要遣還宇文虛中和楊可輔，但虛中以二帝未還，就獨留不歸，而囑楊可輔以蠟書報宋廷。建炎四年七月，川陝宣撫制置使張浚派使臣楊安去雲中府找他，並以其家書遺之。

勿毀之，於是民居得免。可知童師敏已死在童貫之前。參見《宋史》，卷四百五十二〈忠義傳七‧郭僎〉，頁13307；田文鏡（1662～1733）、王士俊（1683～1750）等（纂）：《河南通志》，文淵閣《四庫全書》本，卷五十五〈名宦中‧開封府〉，「宋郭僎」葉七下。

〔註55〕《繫年要錄》，第五冊，卷一百八，紹興七年正月戊寅條，頁1818；《宋會要輯稿》，第九冊，〈職官七十七‧致仕上〉，頁5176；張栻（1133～1180）：《南軒集》，文淵閣《四庫全書》本，卷三十八〈王司諫墓誌銘〉，葉十二上；《宋史》，卷三百七十六〈呂本中傳〉，頁11635～11636。

是日二人見於南驛。翌日，虛中以鑾書寫的經文并跋語二張，交給楊安。其書曰：「緩頰不效，被囚累年。歸望永絕，待死而已。家有艱勤，但告君父。勉思忠孝，勿負吾心。繼此勿用嗣音，有損無益。江左人錢釗、傅昇勿令近行在，此乃勾引者。」另一張大略言：「石頭雙林，雖未出世，氣象已咄咄逼人。」又言：「當堅忍其心，有進無退，眾魔將降，吾道自勝。」又言，「若見尊宿，併可告此。」他暗言反金的耶律大石勢漸盛，希望張浚奏上高宗。但楊安還至汾州，便為邏者所獲，囚之多時。數月後，才回到閬州覆命。這年九月，當年在太原譏諷童貫，後城破被俘的張孝純，這時被宗翰從雲中府遣歸，宇文虛中有詩送他。二人都不知宗翰安排張去東平府做劉豫（1078～1143）偽齊的尚書左丞相。千古艱難，張孝純此番失節，就不為宋人所諒。按張孝純早在政和後期已為童貫麾下之陝西監司，後來出任河東帥臣，算是童的僚屬，雖然他並不阿附童，並且在太原被圍時痛斥童貫，但他不像王稟之死於太原，而事金人扶持的劉豫，那和宇文虛中雖事金而不忘宋，評價就不一了。紹興元年十一月丁酉（初四），高宗賜宇文家錢千緡，以其奉使日久，守節不屈。紹興二年九月辛酉（初四），出使金國五年的王倫（1084～1144）至行在，高宗嘉其勞，特遷右朝散大夫充右文殿修撰。王倫為宇文虛中說話，說他奉使日久，守節不屈，於是高宗授虛中子右朝奉郎宇文師瑗添差福建路轉運判官，讓他繼續奉母居閩中。另再遣左迪功郎潘致堯使金，命賜宇文虛中金百兩，銀五百兩。宇文虛中在金，不時密奏宋廷，報告金的虛實。是月，他在雲中府聞知金人將寇蜀，就派使臣相稱間道以告宣撫處置使張浚，且呈上高宗所賜御封親筆押字為憑信，書中兩傍細字作道家符籙隱語云：「善持正教，有進無退。魔力已衰。堅忍可對。虛受忠言，寧殞無悔。」「虛受忠言」就隱其名。他又遺其家人書言：「中遭迫脅，幸全素守。惟期一節，不負社稷。一行百人，今存者十二三人。有人使行，可附數千緡物來，以救艱厄。昨有人自東北來，太上亦須茗藥之屬，無以應命，甚恨甚負。」於是其夫人黎氏奏以縑帛茗藥附通問使潘致堯，不過，潘已起行。十一月己未（初二），宰相呂頤浩上奏論軍情時，就說觀宇文虛中密奏，稱金力量減弱，雖未可盡信，但金騎連年不至淮甸，必有牽制。呂所言之密奏當指此。高宗派他使金，就是讓他刺探金之軍情。他一直留在雲中府，到紹興四年七月甲子（十七），才從雲中府開始往金國。他後來一直留在金國，受其官，並和留在金受封乾文閣待制的蔡靖共為金人參定官制，詳定禮儀。據宋使王繪所記，金重臣宗翰和

希尹都很喜歡他，宗翰甚至說得汴京不及得到他。宇文和他們是通家往來。高宗起初很厚待他，紹興四年九月乙丑（十九），高宗派吏部員外郎魏良臣（1094～1162）及閤門宣贊舍人王繪使金，就吩咐二人，見到宗翰，就說宇文虛中久在金國，其父母老，日望其歸，請早日放回。紹興五年七月丁亥（十六），前述宇文虛中在建炎四年底以蠟書遺其家，這時才輾轉到達其妻安定郡夫人黎氏手上。黎氏呈上高宗，高宗從其請，賜其家於福建田十頃，以慰其出使之勞。紹興七年四月，宋金初次議和，派徽猷閣待制王倫使金，高宗還應中書之請，賜宇文虛中黃金五十兩，龍鳳茶十斤，以慰忠勤。高宗想和金議和，想到宇文虛中在金廷有良好的人事關係，就厚賜他，連帶留落金廷的朱弁（1085～1144）也獲賜。他卻牽涉入金人的權爭。紹興十年（1140）九月，客星守陳，太史以告宇文虛中，他就告訴尚書右丞相陳王希尹，但希尹不以為怪。希尹與宗弼爭權，就給宗弼誣以謀反，為金熙宗（1119～1150，1135～1150 在位）所殺，同時被殺還有和他同是宗翰心腹的右宰相蕭慶。宇文虛中這次沒被牽連，已是幸運。紹興十二年（1142）六月，宋金議和，金都元帥宗弼索取宇文虛中家屬，本來早前宇文虛中因王倫使還，附奏若金人索取其家屬，就以死於賊為言。但在秦檜影響下，八月，其妻黎氏及其子宇文師瑗皆被遣送金。紹興十三年（1143）九月，秦檜攻擊洪皓（1088～1155）之餘，又對高宗詆毀宇文虛中，以致高宗說人臣之事君，不可以有二心，為人臣而二心，在《春秋》之法，皆所不赦，並令黜降洪皓。宇文虛中仕金至禮部尚書翰林學士承旨加特進。紹興十五年（1145）二月，宇文虛中卻被唐括酬斡家奴杜天佛留誣告謀反，金熙宗詔有司審問，羅織他家中圖書為謀反證據。九月壬子（初九）。全家被殺。據說他曾以蠟書來告宋廷，想以之為外應，但深惡他的秦檜自然不納。直至紹興三十一年（1161）五月戊戌（廿六），高宗為欽宗之死成服致哀時，曾經劾蔡京父子及童貫的程瑀之姪太學生程宏圖等上書，請正秦檜誤國之罪，雪趙鼎與岳飛之冤外，更請追賜宇文虛中官爵，並為之立祠。這是宋廷士大夫為他平反之始。他在孝宗淳熙年間，贈開府儀同三司，諡肅愍。賜廟仁勇，且為置後，即宇文紹節（？～1213），紹節官至簽書樞密院事。開禧初年，虛中加贈少保，賜姓趙氏，並有文集行世。不過，朱熹卻斥他從童貫開燕山，隨童貫亦多年，但未嘗有一言諫童貫之失。朱熹又說他後來奉使金國，金人留之，奉為國師，凡事必咨問，甚敬信之。凡金人制禮作樂，創法建置，皆是他所教。後來且取其家眷。朱氏言下頗鄙其人。

清錢大昕則認為他不忘故國而獲禍。比起童貫，他身後的評價就好得多。當然，他在世時自身難保，就無從為故主說一句較公道的話。〔註56〕

　　順帶一提是從宇文虛中使金，然後在建炎三年正月獲釋還的楊可輔，他在是年三月苗劉事變時，是張浚的參議軍事，奉張命往鎮江促劉光世率兵勤王。三月癸卯（廿五），他以參議官與辛道宗、趙哲諸將隨呂頤浩和張浚勤王，協助高宗復辟。四月辛亥（初四），與眾將入見高宗。當苗傅揮軍犯壽昌縣時（今浙江建德市壽昌鎮），他奉詔催督嚴、徽、衢、信、饒、池州之縣尉部領新舊弓箭手，三合把隘防守。他後任兩浙東路兵馬副總管。紹興元年十月己卯（十六），當辛道宗罷浙東馬步軍副總管時，他上書盡言時政，據說辭旨切

〔註56〕《宋史》，卷二十五〈高宗紀二〉，頁454，456；卷三百七十一〈宇文虛中傳〉，頁11528～11529；《金史》，卷七十九〈宇文虛中傳〉，頁1791～1792；《宋史全文》，卷十六下〈宋高宗二〉，頁1096，1099；《會編》，卷一百四十九〈炎興下帙四十九〉，紹興元年十二月丁丑條，葉十二下至十二上（頁1084～1085）；卷二百十五〈炎興下帙一百十五〉，紹興十五年十月條，葉一上至六上（頁1545～1547）；《繫年要錄》，第一冊，卷五，建炎元年五月庚子條，頁131；卷十，建炎元年十一月庚寅條，頁247；卷十三，建炎二年二月壬戌條，頁294；卷十五，建炎二年五月丙申條，頁334；卷十六，建炎二年七月癸未朔條，頁349；卷十八，建炎二年十月丁丑條，頁373，十一月辛卯條，頁377；卷十九，建炎三年正月乙酉條，頁392；第二冊，卷三十七，建炎四年九月戊申條，頁725；卷三十九，建炎四年十一月壬寅條，頁752～753；第三冊，卷四十九，紹興元年十一月丁酉條，頁896；卷五十八，紹興二年九月辛酉至壬戌條，頁1032～1033；丁亥條，頁1043；卷六十，紹興二年十一月己巳條，頁1062～1063；卷七十八，紹興四年七月甲子條，頁1315～1316；第四冊，卷八十，紹興四年九月乙丑條，頁1346～1347；卷八十一，紹興四年十月甲辰條，頁1375～1376；卷八十四，紹興五年正月條，頁1426；卷九十一，紹興五年七月丁亥條，頁1566；第五冊，紹興七年四月丁酉條，頁1845～1846；第六冊，卷一百三十七，紹興十年九月條，頁2326～2327；卷一百四十五，紹興十二年五月乙卯條，頁2458；六月己巳條，頁2461；卷一百四十六，紹興十二年八月戊辰條，頁2474；卷一百五十，紹興十三年九月甲子條，頁2550；卷一百五十四，紹興十五年九月壬子條，頁2632；第八冊，卷一百九十，紹興三十一年五月戊戌條，頁3395～3396；熊克：《中興小紀》，卷三，頁36；黎靖德：《朱子語類》，第七冊，卷一百三十〈本朝四・自熙寧至靖康用人〉，頁3130；錢大昕（撰），陳文和（主編）：《嘉定錢大昕全集》，第三冊，《廿二史考異》，卷七十九〈宋史十三・宇文虛中傳〉，頁1478。錢大昕認為宇文虛中仕金已久，究宜入於《金史》。關於宇文虛中仕金而被殺的始末，已故的劉浦江教授（1961～2015）曾有文考論之。參見劉浦江：〈金代的一椿文字獄——宇文虛中案發覆〉，原載《慶祝鄧廣銘教授九十華誕論文集》（石家莊：河北教育出版社，1997年），現收入劉著：《遼金史論》（瀋陽：遼寧大學出版社，1999年5月），頁23～34。

直，就一併被罷職。到紹興四年三月壬申（廿二），他才以左武大夫忠州團練使獲知鼎州。六月丁酉（十九），加忠州防禦使充湖南兵馬鈐轄。直至紹興十六年（1146）三月辛卯（廿二）他以左武大夫、忠州防禦使卒。〔註57〕

　　至於他的兄長楊可昇，在宣和五年隨童貫入燕山，並以惠州團練使知檀州。燕山失守後，他率部返西邊。紹興元年二月金兵攻陝西，他知慶陽府，堅守不降。五月辛亥（十六），金涇原帥趙彬出兵攻慶陽府，楊可昇擊退之。十月甲申（廿一），張浚承制授他靜難軍承宣使，惟宋廷以楊可昇未落階官，不准。紹興二年二月，金兵再攻慶陽府，楊可昇詐降，但為金人識破而被殺。十二月辛丑（十五），張浚向宋廷為他請恤，自起復靜難軍承宣使贈感德軍節度使。他是繼楊可勝，楊家第二個殉國的人。宋廷在紹興五年十月壬寅（初三），因川陝宣撫司之奏，就擢楊可昇子武節大夫楊子儀為環慶路兵馬鈐轄，以錄楊可昇殉國之節。〔註58〕比起辛家將，楊家兄弟的地位雖稍遜，但為宋

<hr>

〔註57〕《宋會要輯稿》，第十四冊，〈兵十‧出師四‧苗傅劉正彥〉，頁8806；《繫年要錄》，第二冊，卷二十一，建炎三年三月甲午條，頁452；癸卯條，頁465；卷二十二，建炎三年四月辛亥條，頁483；第三冊，卷四十八，紹興元年十月己卯條，頁888；卷六十五，紹興三年五月乙卯朔條，頁1130；卷七十四，紹興四年三月壬申條，頁1260；卷七十七，紹興四年六月丁酉條，頁1300；第六冊，卷一百五十五，紹興十六年三月辛卯條，頁2652；《會編》，卷一百四十九〈炎興下帙四十九〉，紹興元年十月三日丙寅條，葉五上（頁1081）；十二月丁丑條，葉十二下至十二上（頁1084～1085）。

〔註58〕《宋史》，卷二十六〈高宗紀三〉，頁487～488；卷二十七〈高宗紀四〉，頁496；《繫年要錄》，第二冊，卷四十二，紹興元年二月丁酉條，頁796；卷四十八，紹興元年十月甲申條，頁891；第三冊，卷六十一，紹興二年十二月辛丑條，頁1079；第四冊，卷九十四，紹興五年十月壬寅條，頁1602；《十朝綱要》，卷二十二〈高宗〉，紹興二年二月條，頁637；《會編》，卷十六〈政宣上帙十六〉，宣和五年四月二十八日辛亥條，葉十三下（頁117）。按《會編》將楊可昇訛寫為陽可昇。又按康譽之（？～1161後）所撰的《昨夢錄》對楊氏兄弟的事蹟有一則類似桃花源記的異說，稱「宣、政間，楊可試（疑即楊可世）、可弼、可輔兄弟讀書，精通易數，明風角、鳥占、雲祲、孤虛之術，於兵書尤邃，三人皆名將也，自燕山回，語先人曰：『吾數載前，在西京山中，遇出世老人，語甚款，老人頗相喜，勸予勿仕，隱去可也。予問何地可隱。老人曰：『欲知之否？』乃引余入山，有大穴焉。老人入，楊從之，穴漸小，扶服以入，約三、四十步即漸寬，又三四十步出穴，即田土、雞犬、陶冶、居民大聚落也。至一家，其人來迎，笑謂老人曰：『久不來矣。』老人謂曰：『此公欲來，能相容否？』對曰：『此中地闊而居民鮮少，常欲人來居而不可得，敢不容邪？』乃以酒相飲，酒味薄而醇，其香郁烈，人間所無。且殺雞為黍，意極歡至，語楊曰：『速來居此。不幸天下亂，以一丸泥封穴，則人何得而至？』又曰：『此間居民雖異姓，然皆信厚和睦，同氣不若也，故能同居。

廷守邊護國之勞，以致身殉，就似乎更可稱道。惜乎童貫麾下的兩宋之際的陝西楊氏將家未有人為他們立傳紀其忠勇之事。

　　高宗對童貫另一員敗軍之將張思正，起初也加以任用。他在靖康元年七月以隨州觀察使敗於汾州，坐停官編管道州，未行。他在靖康二年四月總算在襄陽擒獲江湖騙子郭京，他押郭京以獻，被本為京師百司健兒後淪落為寇的李孝忠所奪走，幸而張還能追及並將郭京刺殺，算是將功贖罪。六月乙丑（初七），高宗詔他赴其舊僚、新拜龍神衛四廂都指揮使御營司都統王淵下使用，候立功取旨。到建炎三年二月，他已復為恩州觀察使，是月庚申（十一），王淵奉命率精兵二千人還鎮江府，就命他統之。十二月戊子（十四），他以宜州觀察使為浙東馬步軍副總管屯明州。建炎四年正月丙辰（十三），當金兵再犯明州時，他卻和知明州劉洪道引所部奔天童山，所過盡撤其橋，害得民不得濟，死者數千，哀號震天。四月戊戌（廿七），宋廷追究失明州責任，將他降武功大夫、康州刺史，韶州居住。紹興元年七月丁巳（廿三），宋廷開恩，許他自便居住。他稍後復官為永州防禦使，到五年四月辛亥（初八），再復隨州觀察使。他一直被投閒，直到紹興十七年（1147）九月戊辰（初七）卒於台

苟志趣不同，疑間爭奪，則皆不願其來。吾今觀子神氣骨相非貴官即名士也，老人肯相引至，此則子必賢者矣。吾此間凡衣服、飲食、牛畜、絲纊麻枲之屬皆不私藏，與眾均之，故可同處。子果來，勿攜金珠錦繡珍異等物，在此俱無用，且起爭端，徒手而來可也。』指一家曰：『彼來亦未久，有綺縠珠璣之屬，眾共焚之。所享者惟米薪魚肉蔬果，此殊不闕也。惟計口授地，以耕以蠶，不可取衣食於他人耳。』楊謝而從之。又戒曰：『子來或遲，則封穴矣。』迫暮，與老人同出。『今吾兄弟皆休官以往矣。公能相從否？』於是三楊自中山歸洛，乃盡捐囊箱所有，易絲與棉布絹，先寄穴中人。後聞可試幅巾布袍賣卜，二弟築室山中不出，俟天下果擾攘，則共入穴，自是聲不相聞。先人常遣人至築室之地訪之，則屋已易三主，三楊所向不可得而知也。及紹興和好之成，金人歸我三京，余至京師訪舊居，忽有人問此有康通判居否？出一書相示，則楊手札也。書中致問吾家意極殷勤，且云：『予居於此，飲食安寢，終日無一毫事，何必更求仙乎？公能來甚善。』余報以先人歿於辛亥歲，家今居宜興，俟三京帖然，則奉老母以還。先生再能寄聲以付諸孤，則可訪先生於清淨境中矣。未幾，金人渝盟，予顛頓還江南，自此不復通問。」考《昨夢錄》有題為秦檜門客康與之（？～1156 後）所撰，李劍國考證實是其弟康譽之所撰。是書康與之所提到與三楊相交的先人是其父康倬（？～1131），又文中所提到的楊氏兄弟，楊可輔在南宋之仕歷見前，惟楊可世與楊可弼在燕山之役後事蹟不載，是否真的如康譽之所記，歸隱桃源，康氏所記聊備一說，待考。參見康譽之：《昨夢錄》，載李劍國（輯校）：《宋代傳奇集》（北京：中華書局，2001 年 11 月），「楊氏三兄弟」，頁 545～546，548～549。

州。他入南宋後，沒打過一場硬仗，金兵來了便跑。他的表現實在不像話，無怪高宗不再用他。〔註 59〕

至於童貫頗為倚信，甚有謀略的馬擴，在靖康元年十月在真定府易服逃脫後，當時兩河義兵各據山寨，屯聚自保，馬擴就奔往西山之和尚洞，被推為首領，他與金人相拒，或一日十數戰。但他新集之眾，兵器甲胄非良。他在靖康二年四月甲子（初五），與敵挑戰，他騎無甲，於是重傷仆地，為金人所擒，再囚於真定。宗望勸降不成，卻讓他閒居於真定。是年冬，受宋廷封武翼大夫趙邦傑的義軍領袖聚忠義鄉兵於五馬山寨，暗中聯絡馬擴，馬就在建炎二年與家屬十三人往五馬山寨，並在二月辛巳（廿七），奉逃歸而隱於真定府的徽宗十八子信王榛（1111～1128 後）抗金。馬自五馬山率五百人渡河，往開封見留守宗澤，再赴行在見高宗，出信王奏。二年四月，高宗授信王河外兵馬都元帥，馬擴遷拱衛大夫利州觀察使樞密副都承旨、元帥府馬步軍都總管。九月，五馬山寨有人走告金人，金的同知真定府韓慶和和副統埽喝恐馬擴引兵來，就告知右副元帥宗輔（1090～1135）及左監軍完顏昌，即大發兵至五馬山，攻朝天和鐵壁諸寨。諸寨無井，汲水於澗，當金兵斷澗道，諸寨遂陷。馬擴時在館陶（今河北邯鄲市館陶縣），韓慶和獲其母，信王不知所終，馬則在十月癸亥（十二）兵敗於清平縣（今山東聊城市高唐縣西南清平鎮），統制官阮師中等死於陣。統制官任琳引眾叛去，屬官吳銖等降金。馬知事不成，就由濟南府（今山東濟南市）歸宋。他在建炎三年三月庚辰（初二）應詔上書，累數千言，皆切事機。他指出靖康之難，其誤有四，其失有六，其中他指出「金既深入，童貫遁歸；京闕被圍，遽割三鎮」，他直指童貫之責任。他不幸遇上是月癸未（初五）爆發的苗劉之變，而被捲入亂事中。己亥（廿一），他被復用為拱衛大夫利州觀察使，充樞密都承旨兼知鎮江府。苗劉之亂平定後，他在是年四月甲寅（初七）被停官永州居住。到紹興元年三月甲辰（初七），宋廷加恩，許他自便。紹興二年正月，宋廷又命他招安曹成（？～1132 後）。紹興三年九月丙寅（十五），高宗詔尚在全州的馬擴以右武大夫和

〔註 59〕《繫年要錄》，第一冊，卷四，建炎元年四月乙亥條，頁 110；卷六，建炎元年六月乙丑條，頁 159；第二冊，卷二十，建炎三年二月庚申條，頁 411；卷三十，建炎三年十二月戊子條，頁 607；卷三十一，建炎四年正月丙辰條，頁 619；卷三十二，建炎四年四月戊戌條，頁 656；卷四十六，紹興元年七月丁巳條，頁 849；第四冊，卷八十八，紹興五年四月辛亥條，頁 1513；第六冊，卷一百五十六，紹興十七年九月戊辰條，頁 2688。

州防禦使召還。紹興四年十月丁亥（十二），自降授右武大夫和州防禦使復拱衛大夫、明州觀察使充樞密副都承旨。趙鼎很賞識他，說高宗用人如此，何患不得其死力？高宗就說馬擴知兵法，有謀略，不只是鬥將而已。於是參政孟庾（？～1157）請以馬擴兼留守司參議官。稍後他又兼江西沿江制置副使。紹興五年五月，他自武昌召歸，張浚薦之為都督行府都統制。紹興六年（1136）三月辛巳（十四），他自樞密副都承旨兼沿海制置副使。稍後出知鼎州。到紹興八年五月癸丑（廿九），以親衛大夫利州觀察使知鼎州召赴行在。他在八月奏上他的《奉使錄》。高宗以為人君不當有此心，臣下不當進此說。當是指責童貫不當倡金人夾攻之說。馬擴亦未因獻書獲得高宗恩賞，只命他以沿江制置副使屯鎮江。九月己丑（初六），他罷為荊湖南路馬步軍副總管。這時宋廷以為和議將成，大臣忌言兵事。他求退，於是授此職。他在紹興十一年（1141）致仕，而卒於紹興二十一年（1151）十二月。〔註60〕

　　黃寬重教授稱譽馬擴是務實之人，且是當時少數具有軍事素養，又實際參與外交折衝的人，儘管只任童貫幕僚，卻是少數熟知宋金軍政實力的人物。從他在徽宗時對邊境軍力配備、宋金實力評估、軍政措施的建議，以及南宋初年對高宗的奏議，以及招安曹成的事例，都可證明他是務實和穩健的。黃氏惋惜馬這種態度，和童貫等只重形式而姑息苟安的心態實不相容，故無法

〔註60〕　《大金弔伐錄校補》，第一零三篇〈宋主回書‧許割黃河為界〉，頁293～294；《繫年要錄》，第一冊，卷四，建炎元年四月甲子條，頁100；卷十五，建炎二年四月癸未條，頁325～326；卷十七，建炎二年九月己酉條，頁367；卷十八，建炎二年十月癸亥條，頁371；第二冊，卷二十一，建炎三年三月庚辰條，頁424～425；己亥條，頁456；卷二十二，建炎三年四月甲寅條，頁487；卷四十三，紹興元年三月甲辰條，頁800；第三冊，卷五十一，紹興二年正月壬寅條，頁921～922；卷六十八，紹興三年九月丙寅條，頁1184；第四冊，卷八十一，紹興四年十月丁亥條，頁1363；卷八十六，紹興五年閏二月辛亥條，頁1457；卷八十九，紹興五年五月甲申條，頁1528；卷九十九，紹興六年三月辛巳條，頁1681；第五冊，卷一百十九，紹興八年五月癸丑條，頁2005；卷一百二十一，紹興八年八月甲子條，頁2034；卷一百二十二，紹興八年九月己丑條，頁2042；《宋史》，卷二十五〈高宗紀二〉，頁455，457；卷二十八〈高宗紀五〉，頁524；熊克：《中興小紀》，卷三，頁35～36。按欽宗在十一月二十二日回書宗翰，提到金人所索宋官員的名單，就稱馬擴昨任真定府路廉訪使，今不知存亡。關於馬擴從真定府逃脫，據五馬山奉信王抗金，到南歸宋廷，浮沉宦海到過世的始末，可參見黃寬重：〈馬擴與兩宋之際的政局變動〉，第三節「領導抗金」，頁226～232」；第四節「宦海浮沉」，頁232～238；姜青青：《馬擴研究》，第五章〈兩陷牢籠，一再舉義〉，頁217～257；第六章〈浮沉宦海，蹭蹬餘生〉，頁258～309。

展現其才華。〔註61〕其實不只馬擴可惜，也是童貫的可惜。

　　據陳樂素（1902～1990）所考，馬擴的《茆齋自敍》當即是這本《奉使錄》，已佚，幸《會編》及《繫年要錄》徵引了二十餘段。書中多述宣和、靖康之事，〔註62〕是書記述他多次向童貫建議，而童貫也間有採納（事見前面有關章節）。大概馬擴念在故主之誼，在他的筆下，童貫的形象算是較正面。

　　至於童的門客如范訥，得到高宗所用，早就與童貫劃清關係。范訥在建炎元年五月壬辰（初三），高宗甫即位，就被委為京城留守。但在李綱拜相後，六月己卯（廿一），他被右正言鄧肅劾他擁兵而不戰，專懷顧望，無意勤王，軍律不嚴，不能戢士。只擁金而為去計，並且說『留守之說有四：戰、守、降、走而已。今戰則無卒，守則無糧，不降則走』。疏入，到七月辛丑（十三），范便被落節度使職，降授承宣使，令淄州居住。他一直沒被召用。他在紹興十五年十月乙酉（十三）以降授均州觀察使卒於夔州（今重慶市奉節縣）。高宗看到他的遺表，就說他是庸人，全不知兵。高宗念舊，就復他昭化軍承宣使。〔註63〕

〔註61〕黃寬重：〈馬擴與兩宋之際的政局變動〉，「結語」，頁239～240。

〔註62〕陳樂素：〈《三朝北盟會編》考〉，載陳智超（編），陳樂素（著）：《陳樂素史學文存》（廣州：廣東人民出版社，2012年11月），頁328～329，「茆齋自敍」。按陳氏引用《繫年要錄》卷一百二十一，紹興八年八月甲子條所記，「趙鼎等奏：親衛大夫利州觀察使馬擴將到《奉使錄》，記海上之盟，約金人夾攻事。」故陳氏疑《奉使錄》即《茆齋自敍》。陳氏亦將《會編》及《繫年要錄》徵引該書的章節列出，並言《長編紀事本末》亦徵引數段。惟陳氏只指出馬擴乃馬政子，熙州狄道縣人，史無傳，而未有再補考馬擴後來的事蹟。關於《茆齋自敍》一書的價值及流傳始末，可參見姜青青：《馬擴研究》，第七章〈英雄故事，幾度述說〉，頁318～331。另傅朗云將《茆齋自敍》從《會編》輯出，加入校勘和注釋，收入《金史輯佚》一書。參見李澍田（主編）：《金史輯佚》（長春：吉林文史出版社，1990年12月），《茅齋自敍》，頁103～150。

〔註63〕《宋史全文》，卷十六上〈宋高宗一〉，頁1039,1051；《繫年要錄》，第一冊，卷四，建炎元年四月丙寅條，頁101～102；卷六，建炎元年六月己卯條，頁167；第六冊，卷一百五十四，紹興十五年十月乙酉至丙戌條，頁2635；《會編》，卷一百七〈炎興下帙七〉，建炎元年六月五日癸亥條，葉五下至六上（頁785）；卷一百十一〈炎興下帙十一〉，建炎元年七月十三日辛丑條，葉二上（頁810）。考宗室東南道總管趙子崧早在靖康二年（即建炎元年）四月便上言高宗，說宣撫使自童貫、譚稹和蔡攸輩為之，即取侮四夷，散亂天下，現時范訥居此任，卻逗撓自營，罪狀明白，痛劾范不當任。

　　紹興三年十二月丙午（廿六），提點坑冶鑄錢陳遜，被殿中侍御史常同（？～1150）劾他當年因依附童貫，獲童特薦改官。常同指他諂事權臣，即得現職，而職事曠廢，如何可以擔任監司？結果陳遜與其他被劾的十二人皆罷。〔註64〕

　　在建炎元年六月被言官劾當年奴事童貫以晉身的寶文閣學士程唐，貶降為徽猷閣待制後，在建炎三年十二月己卯（初五），出任陝西都轉運使，他的同鄉兼同侍童貫舊僚王序則以徽猷閣宣學士知鳳翔府。高宗詔他們不許辭免，如違，就重行竄責。不過，王序在紹興五年四月己酉（初六），以審量濫賞，自左銀青光祿大夫追八官及職名。他在紹興六年十月卒。〔註65〕程唐的仕途，也好不了許多。紹興二年閏四月丁未（十七），因張浚的推薦，復為寶文閣學士，充任張的參謀官，負責措置財用。張浚說程唐累該赦宥，合復舊職。紹興四年四月癸未（初四），因被張浚以便宜命出知瀘州（四川瀘州市），前三日獲召赴行在，高宗令宣撫司遣官權管職事，程卻被給殿中侍御史常同繪影繪聲地翻他諂事童貫的舊賬：

> 唐本成都富人，方其欲事童貫，大雪中乞憐於貫之門嫗，因得見於庭下。貫與杭子，坐於其側，飲以卮酒，若飼奴僕。然唐不恥也，因獻渾金佛羅漢像一堂，得為成都府路提舉茶馬。唐既出貫門下，遂遣二使臣，創第於貫之宅前，盡蓄珍奇玩好之物，伺貫意旨，即以獻納。貫嘗築一堂，生日落成之。唐為製錦繡帛幕地衣，若堂之大小，高下曲折，因為壽而獻焉。凡此所費，悉出於茶馬司侵盜之弊，實自唐始。又其狂妄之性與浚契合，故浚喜之，用為謀議之官，同惡相濟，遂致誤國。今罪狀敗露，猶為瀘南之帥，輕率生事，豈不致寇。浚之處唐，唐之自處則善矣。奈朝廷何，奈生靈何。二人之罪，狼籍貫盈，若以常法，止從褫職斥罷，恐不足為小人之戒。欲望特賜貶竄施行。

　　程唐給御史罵得如此不堪，高宗於是將他自知瀘州、寶文閣學士、宣撫處置使司參議官落職，提舉江州太平觀，許本州居住。程唐是有幹才的人，才會被張浚所用；但他作為童貫舊僚的身份，就不容於宋廷的言官。程唐在

〔註64〕《繫年要錄》，第三冊，卷七十一，紹興三年十二月丙午條，頁1226。
〔註65〕《繫年要錄》，第二冊，卷三十，建炎三年十二月己卯條，頁604～605；《宋史》，卷二十八〈高宗紀五〉，頁520。王序在宣和時與程唐同事童貫以進，及他在紹興以後的事蹟，可參見第六章注10。

紹興五年二月壬寅（廿八），本來獲敘復集英殿修撰，但言官論他諂事童貫，不當敘官，於是宋廷收回成命。〔註66〕

　　童貫另一舊僚太常卿謝亮（？～1136）遭遇相近。他初以余深門客恩補官，後從童貫軍，在宣和末用為尚書郎。他在建炎二年正月癸巳（初八），怕被議論，就求出使，自朝奉大夫為主客員外郎，後被勒停。到紹興三年二月癸巳（初七）以奉使之勞，復右朝請大夫知筠州，但右司諫唐煇奏他「庸繆不才，又法當討論」，十日後，就罷其命。到紹興四年九月己巳（廿三），特勒停送雲安軍（今重慶市雲陽縣）編管，以知樞密院事、宣撫處置使張浚奏他緣童貫從軍，才獲調職。他後來復右朝散大夫，紹興五年十一月丁酉（廿八）本來命他知通州（今江蘇南通市），但言官不放過他，奏其罪，於是高宗收回成命。他在紹興六年六月己酉（十三）以右朝議大夫主管台州崇道觀上卒。〔註67〕

　　另外，左朝請郎、提舉臨安府洞霄宮劉個（？～1135後），在紹興五年六月癸亥（廿一）復秘閣修撰。他既用赦復官，又以言官之議追二秩，至是復其職名。但道學名臣、時任中書舍人的胡寅上奏反對，指他當年「服事蔡攸，以叨官爵，天下共知。其所歷差遣，則為大晟府按協聲律，則為提舉道籙院管幹文字，而非士大夫之所肯為也。其所轉官則緣按樂精熟及修道籙院，與管幹明節皇后園陵，而非年勞之所當得也。其所賜帶則因撰祥應記而非品職之所當賜也。其所譴則以臣僚論其諂事蔡攸，交結童貫而貶降，則以臣僚論其詭計秘謀，附會奸惡而禠職，至於勒停，廢棄不與士齒，而非過誤不幸，情可矜宥之人。今已累緣恩赦，盡還官秩，食祠宮之祿，僥倖甚矣。乃敢陳狀訴求復職，無恥之心，未嘗悛改。若使參華中秘，興論撰之列，則名儒碩

〔註66〕《要錄》，第一冊，建炎元年六月己巳條，頁162；第三冊，卷五十三，紹興二年閏四月丁未條，頁972；卷七十五，紹興四年四月癸未條，頁1267～1268；《宋會要輯稿》，第八冊，〈職官七十‧黜降官七〉，頁4922；《會編》，卷一百五十八〈炎興下帙五十八〉，紹興四年四月四日癸未條，葉八下至九上（頁1146～1147）。按常同之奏，《會編》比《要錄》所載的錄文較詳細，現引《會編》之文。考程唐在紹興八年十月為其舊僚、同任童貫隨軍轉運使，後在靖康元年任鄜延帥的王序的墓碑篆額，他所帶的官職為右通奉大夫、集英殿□□□提舉江州太平觀、遵義郡開國侯。其事可參見第六章注10。

〔註67〕《宋會要輯稿》，第八冊，〈職官七十‧黜降官員七〉，頁4920；《要錄》，第一冊，建炎二年正月癸巳條，頁276；第三冊，卷六十三，紹興三年二月癸巳條，頁1099；第四冊，卷九十五，紹興五年十一月丁酉條，頁1629；卷一百二，紹興六年六月己酉條，頁1723。

學，寓處其間者，心將何謂。臣恐非勸懲之道也。」宋廷納胡寅之言，就寢其命。〔註68〕劉個亦因依附蔡攸和童貫，而不容於士林。

五年七月壬申朔（初一），舊相左宣奉大夫朱勝非免喪後，授觀文殿大學士提舉臨安洞霄宮。胡寅上奏反對此項任命，他除了指朱勝非與張邦昌都是鄧洵武婿，王黼之客，苗傅與劉正彥之陰黨外，又力數他過去的過失，包括他為相時曾將張澂、王安中等人復職。其中胡寅嚴斥王安中，說他諂事梁師成，隨童貫收復燕雲，為國產禍之人。〔註69〕不過，胡寅嚴劾的朱勝非，和主流朝臣對童貫的看法卻無異致，說「宣和以來，宦者童貫弄兵，蔡攸並竊樞柄，邊帥大率皆小人，以賄賂用之，軍政盡廢，非徒士卒驕惰不可用，且零落盡矣，金虜大舉南牧，不復可以支持。」他也認為童貫敗壞軍政，導致宋室之失守。〔註70〕

左朝奉郎王弼中在紹興七年四月，原本被吏部劾以因童貫保奏而改官，而請追奪之。幸而左司諫陳公輔為他說公道話，首先指朝廷設審量之法，蓋為崇、觀至宣和以來姦臣用事，一時士人朋附結託，夤緣改轉，冒濫之甚。但好像王弼中，卻是當方臘大將呂師囊圍攻台州時，與本州司戶滕膂率眾官與軍民併力死守，保全一州。適逢童貫宣撫一路，合行具奏，於是他以功轉一官，不算是濫賞。若令追奪其官，恐怕失朝廷審量之意。高宗納其言，王弼中就不用降官。若非陳公輔為他說話，王弼中恐怕只因童貫保奏遷官，就不分皂白，被視為冒濫。〔註71〕

另外，同月丁未（廿八），因何灌子閤門祇候何蘚（？～1142後）出使金回來申訴，高宗就為何灌平反，將何復官為正侍大夫、忠正軍承宣使。正如上

〔註68〕胡寅：《斐然集》，卷十五〈繳奏‧繳劉個復秘閣修撰〉，頁321；《要錄》，第一冊，卷九，建炎元年九月甲辰條，頁222；第四冊，卷九十，紹興五年六月癸亥條，頁1552。考劉個於宣政間以大晟道籙院屬官遷徽猷閣待制，是諂事蔡攸和交結童貫所得。靖康初年隨著蔡、童失勢而被廢。到建炎元年九月甲辰（十七）自勒停人復承議郎。

〔註69〕《繫年要錄》，第四冊，卷九十一，紹興五年七月壬申朔條，頁1559；胡寅：《斐然集》，卷十五〈繳奏‧再論朱勝非〉，頁329～331；朱勝非：《秀水閒居錄》，「佚文」，頁408～409。考胡寅痛劾朱勝非，朱勝非同樣罵胡寅是凶愿躁進之士，說他是趙鼎所薦而任中書舍人，朝士皆畏之，說他行詞乖繆，眾論不容。又說他不孝。

〔註70〕朱勝非：《秀水閒居錄》，「佚文」，頁391；《會編》，卷一百四十〈炎興下帙四十〉，建炎四年六月十一日辛巳條，葉四下（頁1021）。

〔註71〕《繫年要錄》，第五冊，卷一百十，紹興七年四月癸巳條，頁1844。

述，高宗對童貫麾下諸將區別對待，用人之時，要提高將士士氣，加上何灌戰死開封城下，當日文臣追究他丟失黃河之罪。盡奪其官，也是不公平的。〔註72〕

高宗對童貫等內臣弄權一直持著戒心。七年十一月丙午（十八），以潯州（今廣西貴港市桂平市）編管的內臣李絪居然留滯於衢州和撫州踰年而不去。高宗就令兩路的提刑按察查究，將李押赴貶所。高宗又諭趙鼎說，衢、撫兩州的守臣也要為失職而貶。趙鼎回奏等查究後取旨，又盛稱高宗於近侍並不寬貸。高宗就表示小事便須繩治，無使滋長。趙鼎順著說如此就不會造成童貫典兵，梁師成預政。高宗就表示童貫和梁師成豈是一日至此？要在不可假以事權耳。於此，高宗隱隱地批評其父縱容童、梁二人之過。〔註73〕

童貫重要幕僚劉韐之子、徽猷閣待制劉子羽也逃不過言官的嚴劾，紹興八年五月丁酉（十三），已陞任御史中丞的常同，便劾劉子羽「獧浮刻薄，傾險殘賊。自其父時，奴事童貫，及張浚用事，以狂誕不根之說感動之，遂居上幕，專權妄作，排斥異己。生殺廢置，在其一言。但知有浚，不知有陛下。」常同把劉子羽新舊賬一齊算，於是高宗詔劉落職。壬寅（十八），劉再被責授單州團練副使漳州安置。〔註74〕

是年六月辛未（十七），當宋廷以為可與金議和，取回河南時。監察御史張戒（？～1160 後）卻冷冷地指出，所謂復中原，不過如童貫買燕雲之地，金人暫去復來，財與地卒兩失爾。他清楚地指出，自古豈有兵不能勝，而貨財可以卻敵復國乎？他說必兵強而後戰可勝，戰勝而後中原可復，徽宗梓宮可還，欽宗可歸。〔註75〕張戒雖評說眼前的事，但也點出當年童貫的愚昧。

在紹興八年三月己丑（初四）才拜參政的劉大中，在十月丁巳（初四），便被侍御史蕭振（？～1158 後）所劾而求去，高宗授他資政殿學士知處州。蕭振劾他的罪過，除了不孝，不養其父外，還有是他當年選調改官，本因童貫之薦，而他詭秘刻薄，眾所側目。〔註76〕

〔註72〕《繫年要錄》，第五冊，卷一百十，紹興七年四月丁未條，頁1850。

〔註73〕《繫年要錄》，第五冊，卷一百十七，紹興七年十一月丙午條，頁1952～1953。

〔註74〕《繫年要錄》，第五冊，卷一百十九，紹興八年五月丁酉條，頁1997～1998；壬寅條，頁2001。

〔註75〕《繫年要錄》，第五冊，卷一百二十，紹興八年六月辛未條，頁2014～2016；《會編》，卷一百八十四〈炎興下帙八十四〉，紹興八年六月十七日辛未條，葉二下至三上（頁1331）。

〔註76〕《繫年要錄》，第五冊，卷一百二十二，紹興八年十月丁巳條，頁2047～2048；《宋史》，卷二十九〈高宗紀六〉，頁536～537；朱勝非：《秀水閒居錄》，「佚文」，頁410。另參見第五章頁168註73。

　　曾在紹興元年十月至紹興二年四月任戶部侍郎，頗有建樹的柳約（？～1145），也在紹興八年十二月被秦檜所薦的殿中侍御史鄭剛中（1088～1154）所劾，說柳的為人早為高宗所知，說他當日「事童貫而求其薦，事路真官而問其術，姦淫之事又詳於孫悟之妹。其素行不待臣暴章而後露也。」《宋史‧柳約傳》記高宗當時因高麗請修貢，議遣使報聘，高宗顧廷臣無出柳約，便加戶部侍郎充其選，有意大用他，「當路（當指秦檜）忌之，諷言者誣以事，罷為提舉太平觀」，即指此事。高宗礙於言官之言，就將柳約再出為江州太平觀。〔註77〕總之，曾被童貫推薦的就是罪過，惟觀柳約的生平，從學問到能

〔註77〕鄭剛中：《北山文集》，《叢書集成初編》本（北京：中華書局，1985 年新一版），卷一〈懇留曾開疏〉，頁 17；《宋史》，卷三百七十〈鄭剛中傳〉，頁 11512；卷四百四〈柳約傳〉，頁 12222～12223；《繫年要錄》，第二冊，卷二十五，建炎三年七月庚子條，頁 529～530；卷二十七，建炎三年閏八月丙戌條，頁 547；第三冊，卷四十八，紹興元年十月丁卯條，頁 881；卷五十，紹興元年十二月壬申條，頁 911～912；丁丑條，頁 913；卷五十一，紹興二年正月丁巳條，頁 925～926；二月乙亥條，頁 931；卷五十三，紹興二年四月乙亥條，頁 959；第四冊，卷八十五，紹興五年二月己亥條，頁 1447；第五冊，卷一百二十三，紹興八年十一月戊戌條，頁 2065；戊申條，頁 2078～2079；卷一百二十四，紹興八年十二月戊午條，頁 2091；卷一百二十七，紹興九年三月壬午條，頁 2143；戊午條，頁 2154；卷一百三十一，紹興九年八月丙子條，頁 2205；卷一百三十二，紹興九年九月戊子條，頁 2211；第六冊，卷一百三十八，紹興十年十二月辛卯條，頁 2338；卷一百五十四，紹興十五年十一月己酉條，頁 2639；《宋會要輯稿》，第七冊，〈職官四十七‧判知州府軍監〉，頁 4278；第八冊，〈職官六十九‧黜降官六〉，頁 4904；第九冊，〈選舉十七‧武舉一〉，頁 5597；第十冊，〈食貨六‧限田雜錄〉，頁 6087；第十一冊，〈食貨二十‧酒麴二〉，頁 6432；〈食貨二十六‧鹽法五‧鹽法雜錄四〉，頁 6558～6559；第十二冊，〈食貨四十九‧轉運司〉，頁 7115～7116；〈食貨六十一‧限田雜錄〉，頁 7484。考鄭剛中此奏未繫年月，按他在紹興八年十一月戊戌（十六）自監察御史遷殿中侍御史，而他此奏，旨在求高宗留下試禮部侍郎兼侍讀曾開，奏中提到他之前曾上奏請罷柳約，但未見施行。按曾開在紹興八年十一月戊申（廿六）以禮部侍郎兼侍讀上言，在十二月戊午（初六）因逆秦檜議和之策，罷禮部侍郎充寶文閣待制知婺州（今浙江金華市婺州區）。後又改提舉江州太平觀。鄭剛中上奏請留他，當在十一月底至十二月初，而他上奏劾柳約，也當在十一月底至十二月初前。柳約是臨安人（亦作秀州華亭人），《宋史》有傳。他在大觀三年上舍進士，歷霸州教授，徙睦州，入為國子辟雍正，遷博士改宣議郎，充廣親宅子博士。他深於經學，屬辭粹微，大為學者師慕。後提舉福建鹽事，進著作佐郎。宣和五年十一月庚申（十一），以充武舉的府監發解別試所試官失職，罷著作佐郎，貶為徽州司錄。他後改通判宿州，召拜監察御史，當時得到童貫的推薦而復職。靖康初年兼權殿中侍

力都很不俗，只為曾被童貫推薦過，就被人攻擊。然從另一角度來看，童貫其實也知人，並非全是任人惟親。

另據葉夢得的記載，荊南人高荷，字子勉，學杜甫（712～770）詩，頗得句法，得到黃庭堅（1045～1105）的稱許。但他後來成為童貫的門客，而得蘭州通判之職，卒於任上。他以依附童貫而得官，為此不為時人所重，其詩亦得不到傳世。〔註78〕

至於童貫麾下諸將，正如本章開端所論，從姚古、劉光世、楊惟忠、王淵、郭仲荀，至韓世忠、吳玠、吳璘（1102～1167）、張俊、辛道宗（？～1148後）、辛企宗、辛彥宗、辛永宗（？～1149 後）、蘭整、孫渥諸將，以至在建炎三年發動兵變的苗傅、劉正彥二將，均以扈從擁戴之功，或戰功勞積而得到高宗重用。他們是高宗賴以鞏固其政權的力量，高宗不會因童貫之故而棄黜不用。宰相范宗尹在紹興元年七月，曾向高宗論奏文武臣僚濫賞的問題，以有論者認為諸大將楊惟忠、劉光世和辛企宗兄弟皆曾從童貫，建議他們也當貶削官職。高宗即表示宣和政事，不必一一皆非，他說人主留意文籍，自是美事，豈可與其他濫賞同科。即詔武臣濫賞，並免討論。他並不接納范宗

御史，論三鎮不可棄，後改工部員外郎進左司員外郎，因父憂去職而避過一劫。建炎三年七月他便以太常少卿兼御營司參議官，他在閏八月丙戌（初十），建議令土豪募民防江，不仰給縣官，二百五十人官其首，仰給者倍之。為高宗信任。他稍後出知嚴州，紹興元年三月戊戌（初一），建康府路安撫大使呂頤浩奏稱柳約守嚴州，依山據險，控扼衝要，使敵馬不奔衝，稱許他不避難事，毅然赴任。高宗詔進柳一職。十月丁卯（初四），再將他自集英殿修撰知嚴州召為權戶部侍郎，二年二月乙亥（十三）以出使高麗，真除戶部侍郎。他在戶部侍郎任上倒是用心辦事，因時制宜，如推限田之制、調整酒稅和整治鹽政，多有建明。但在是年四月乙亥（十四），卻被御史江躋（？～1132 後）劾他知嚴州時措置有失，而罷為提舉江州太平觀。事實上他守嚴州的措置得到宋廷的嘉許。到五年（1135）二月己亥（廿五）自左朝請大夫提舉江州太平觀復秘閣修撰。稍後又罷職。紹興九年三月壬午（初二），高宗又將他復職。而鄭剛中也在四月戊午（初九）罷御史改任樞密行府參謀官，不再有言責。柳約在八月丙子（廿九）出知單州，九月戊子（十一）再徙知蔡州。到紹興十年十二月辛卯（廿一），遷數文閣待制，仍提舉江州太平觀。他在紹興十五年（1145）十一月己酉（初八）卒。又鄭剛中提到的路真官是徽宗崇觀間著名煉丹捕治鬼物著名的道士，其生平事跡可見曾敏行：《獨醒雜志》，卷十，第 240 條，「路真官神術」，頁 93。

〔註78〕葉夢得：《石林詩話》，文淵閣《四庫全書》本，葉二十二上下；胡仔（1095～1170（纂集），廖德明（校點）：《苕溪漁隱叢話》（北京：人民出版社，1981年5月），前集，卷五十二，「高子勉」條，頁 355。

尹這一會影響軍心的建議。是月癸亥（廿九），反而將范罷相。〔註79〕當然，陝西軍諸將受到高宗重用後，也知情識趣，不會犯忌地議論朝政，為故主童貫說甚麼話。

高宗對劉光世、韓世忠與張俊三人的寵信人所共知，三人皆建節封王或追贈王爵，韓、張且拜樞密使。他們皆以戰功與忠誠為高宗所用。劉光世早在建炎元年九月庚申（初九），以平賊之功，自馬軍都虞候、威武軍承宣使、御營使司都巡檢使擢奉國軍節度使。三年癸未（初五），再遷檢校太保殿前都指揮使。韓世忠則以御營使司左軍統制光州觀察使為定國軍承宣使，而張俊就以拱衛大夫、徐州觀察使御營使司前軍統制，落階官。劉光世等曲意奉迎得寵的內臣康履（？～1129），而得到陞遷。這與他們當年靠童貫陞官並無不同。他們後來就以軍功不斷得到擢陞，成為高宗所用的最高級大將。〔註80〕

高宗對童貫手下次一級的將領也是量才而用。楊惟忠便是一典型例子，如上所記，他是環州西番人，起行伍，一直在童貫手麾下南征北討。靖康中他任高陽關路兵馬副總管，高宗建大元帥府於東平府，他在建炎元年正月便率所部來投，高宗以他為大名府路馬步軍副總管，大元帥府都統制。五月甲午（初五），高宗即位後便將他從定武軍承宣使、龍神衛四廂都指揮使，為建武軍節度使主管殿前司公事，加以重用。紹興元年十月庚午（初七），他自知江州復為江西馬步軍副都總管屯洪州（今江西南昌市）。紹興二年四月壬申（十一），他討平軍賊趙進後，五月辛酉（初二）便以檢校少保、捧日天武四廂都指揮使、建武軍節度使、江西兵馬副都總管卒於任上，年六十六。《要錄》稱他在宣政間在陝西頗有威名，及從高宗至東南，官崇志滿，不肯盡力，聲譽日衰。不過，高宗念舊，在紹興三年十月壬寅（廿一），賜楊惟忠家洪州田十頃，以他自河朔扈駕至南京，推戴擁立，於國有勞，故有是賜。據其孫女婿王蔚宗（1138～1176）墓誌所載，楊還贈太師、開府儀同三司，諡恭勇。他有子楊持（？～1159後），官至中大夫、直敷文閣。高宗對他實在不薄。〔註81〕

〔註79〕《繫年要錄》，第二冊，卷四十六，紹興元年七月癸亥條，頁850；李幼武（？～1172後）（纂集）：《宋名臣言行錄‧別集》，上卷二，「范宗尹」，葉十四上下；《會編》，卷一百三〈炎興下帙三〉，建炎元年五月五日甲午條，葉三下（頁756）。

〔註80〕《繫年要錄》，第一冊，卷二，建炎元年二月乙丑條，頁39；卷八，建炎元年八月庚申條，頁203；《宋史》，卷三百六十四〈韓世忠傳〉，頁11357～11368；卷三百六十九〈張俊傳〉，頁11469～11476；〈劉光世傳〉，頁11479～11485。

〔註81〕《繫年要錄》，第一冊，卷一，建炎元年正月戊申條，頁28；第三冊，卷四十

　　楊存中（初名楊沂中，紹興十二年二月十五日己卯賜名存中）是另一例子，其父楊震、其祖楊宗閔隨童貫攻夏平方臘，然後抗金而死。他在宣和末年也從童貫平山東、河北群盜，積功至忠翊郎。在靖康元年金兵再次來攻京師時，他隨張俊、田師中（？～1163）和後來發動兵變的苗傅從信德府守臣梁揚祖以萬兵入援。靖康元年十二月癸未（廿二），梁揚祖一軍往大名府投高宗的大元帥府，楊存中和張俊等成為高宗最早的一批從龍之臣，從此扶搖直上，得到高宗的無比信任。他起初在王淵麾下，在建炎三年二月金兵來攻時率兵守鎮江。他也從張俊平定苗劉之亂，此後屢立戰功，建炎三年十二月金人攻明州，他與田師中和趙密（1095～1165）力戰，最後張俊來援，擊敗金兵。他在紹興二年三月己酉（十八），便以中侍大夫密州觀察使神武右軍中部統制為神武中軍統制兼提舉宿衛親兵。當時衛兵不滿三千，楊以他們寡弱，於是招丁壯營牧圉，未半年就大張軍容，而且增置水軍五百人，置第六將。高宗就愈發眷寵他。他除負責保護高宗外，也率軍破群盜，紹興三年五月，他便率本部三千往嚴州討據白馬源作亂的遂安民繆羅，兩月後亂平，加兼帶御器械。九月乙亥（廿四），當殿帥郭仲荀出守明州，楊便兼權殿前司公事，後一度由劉錫代之，但到紹興五年七月，便再權殿前司公事，到十二月即真除，從此執掌殿前司。他也在紹興六年十二月率兵擊敗劉齊於淮西，並以此建節為保成軍節度使晉殿前都虞候主管殿前司公事。紹興九年正月壬辰（十一），他晉為太尉、殿前副都指揮使，成為名實俱符的殿帥。不過，他在紹興十年八月丁亥（十六），卻以淮北宣撫副使率軍迎戰金兵，以輕信金人情報，輕率出師而兵潰於宿州，只好退至壽春府，渡淮而歸。金兵因此屠宿州城，而潰兵死亡甚眾。幸而在紹興十一年二月，他聯合劉錡、王德、田師中、張子蓋（1113～1162）諸將敗金兵於柘皋（今安徽合肥市巢湖市柘皋鎮），挽回面子，也成為他一生最顯赫的戰功。他擔任殿帥二十五年，是高宗倚之統領禁軍的頭號

八，紹興元年十月庚午條，頁884；卷五十三，紹興二年四月壬申條，頁959；卷五十四，紹興二年五月辛酉條，頁979～980；卷六十九，紹興三年十月壬寅條，頁1204；第七冊，卷一百八十一，紹興二十九年二月己丑條，頁3188；趙甡之：《中興遺史輯校》，建炎元年五月五日甲午條，頁76；《會編》，卷一百三〈炎興下帙三〉，建炎元年五月五日甲午條，葉三下（頁756）；陳柏泉（編著）：《江西出土墓誌選編》（南昌：江西教育出版社，1991年4月），第53篇，「化州推官王蔚宗墓碣・淳熙五年十一月」，頁157～159。按楊惟忠子楊持在紹興二十九年（1159）二月己丑（初四），以左中大夫直秘閣添差江南西路安撫使參議官進秩一等。

心腹，高宗曾譽「楊存中唯命東西，忠無與二，朕之郭子儀也」。他除建節晉太尉外，還在紹興三十一年二月進太傅封同安郡王。最後在乾道二年（1166）卒，年六十五，以太師致仕，追封和王，諡武恭。在高宗朝的武將中，他的地位比得上韓世忠和張俊，可說是功名令終。〔註82〕

　　至於南宋初年在川陝抗金戰功彪炳的吳玠和吳璘兄弟，也是另一個例子。他們在童貫執掌西北軍政大權時，隸涇原軍，吳玠曾在政和中抗擊夏人來犯，補進義副尉權隊將，也在宣和三年隨楊可世征方臘，擒其帥一人。在宣和末年又擊河北群盜，累功轉忠訓郎權涇原第十一正將。靖康初年，夏人攻懷德軍，他以百餘騎突擊追北，斬首百四十有六，轉秉義郎擢本路第十二副將。吳璘年十八以良家子從涇原軍，戰西邊，他在宣和三年從楊可世入燕，靖康初年隨兄戰西夏，南渡後，一直隨兄抗金。他們兄弟地位在北宋末年尚不高，算不上是童的心腹嫡系。當高宗即位後，他們在川陝屢立大功，特別是和尚原（今陝西寶雞市西南）、仙人關（今甘肅隴南市徽縣東南）兩役，重挫金兵。他們後來建節封王，成為高宗在西邊的柱石，比美韓世忠、張俊及岳飛等名將。〔註83〕而最值得一提的是，吳璘在紹興三十一年（1161）九月，當金主

〔註82〕《宋史》，卷三十〈高宗紀七〉，頁555；卷三十二〈高宗紀九〉，頁599；卷三百六十七〈楊存中傳〉，頁11433～11440；《繫年要錄》，第一冊，靖康元年十二月癸未條，頁18～19；卷五，建炎元年五月庚寅朔條，頁118；第二冊，卷二十，建炎三年二月癸丑條，頁405；卷三十，建炎三年十二月癸卯條，頁614～615；第三冊，卷五十二，紹興二年三月己酉條，頁948；卷六十二，紹興三年正月戊寅條，頁1093；卷六十五，紹興三年五月己未條，頁1132～1133；卷六十七，紹興三年七月甲戌條，頁1162；卷六十八，紹興三年九月乙亥條，頁1191；第四冊，卷九十一，紹興五年七月乙未條，頁1571；卷九十六，紹興五年十二月己亥朔條，頁1631；第五冊，卷一百七，紹興六年十二月丙午條，頁1800～1801；第五冊，卷一百二十五，紹興九年正月壬辰條，頁2122；第六冊，卷一百三十七，紹興十年八月丁亥條，頁2320；第六冊，紹興十一年二月丁亥條，頁2351。

〔註83〕考吳玠、吳璘兄弟的軍功事蹟，詳見明庭傑（？～1140後）所撰〈吳武安公功績記〉及王曮（？～1173後）所撰〈吳武順王璘安民保蜀定功同德之碑〉，以及《宋史・吳玠、吳璘傳》。王智勇與楊倩描教授先後撰有兩本詳盡的吳氏將門傳記，值得參考。參見《宋史》，卷三百六十六〈吳玠、吳璘傳〉，頁11408～11420；《全宋文》，第一百八十四冊，卷四〇四七〈吳武安公功績記・明庭傑撰〉，頁248～257；第二百十冊，卷四六五九〈王曮・吳武順王璘安民保蜀定功同德之碑〉，頁146～158；王智勇：《南宋吳氏家族的興亡——宋代武將家族個案研究》（成都：巴蜀書社，1995年11月），第一章至第三章，頁1～172；楊倩描：《吳家將——吳玠吳璘吳挺吳曦合傳》（保定：河北大學出版社，1996年8月），第一章至第十章，頁1～199。

完顏亮（1122～1161，1150～1161 在位）南侵時，他再率其吳家軍奮戰西邊，戰積彪炳，到紹興三十二年（1162）五月時曾一度收復失去三十年的秦隴故土包括熙州、河州、洮州、會州、秦州、隴州（今陝西寶雞市隴縣）、環州、原州（今甘肅慶陽市鎮原縣）、蘭州、積石軍、鎮戎軍、德順軍等十二州軍，重震陝西軍的聲威。雖然最後因宋廷北伐失敗，與金議和，主政文臣只想保有四川，而不肯支持吳璘再戰下去，最終秦隴十二郡得而復失。〔註84〕

　　屬於种家軍嫡系的大將郭浩，也為高宗所重用。當种師中兵敗身死後，他率部返回西邊。高宗即位後即命他知原州。二年，金人攻涇州（今甘肅平涼市涇川縣），他率部來援，金兵退去，升本路兵馬鈐轄知涇州，稍後權鄜延帥。不過，當金兵在建炎三年陷晉寧軍（今陝西榆林市佳縣縣城西北神泉鄉大西溝村西古城），攻鄜州（今陝西延安市富縣）時，郭就駐兵境上，保存實力，放棄鄜州。此後他一直鎮守西邊。張浚宣撫川陝，以郭為秦鳳路提點刑獄權經略使知秦州。富平之戰後，他移知鳳翔府，與吳玠擊退金兵，守蜀道，以功遷防禦使。後隨吳玠戰和尚原，破金兵，遷彰武軍承宣使，後徙永興軍路經略使知金州（今陝西安康市）。紹興八年，拜龍神衛四廂都指揮使，位列三衙管軍。十年五月辛丑（廿八），金兵攻耀州（今陝西銅川市耀縣），他合鄜延、環慶兵拒戰，破之，以功建節為奉國軍節度使。十一年二月乙未（廿六），他以節制陝西諸路軍馬，與金兵作戰，收復商州（今陝西商洛市商州區）。十三年十二月己亥（十七），他來朝，高宗命坐賜茶。十四年（1144）二月己酉（廿八），高宗授他檢校少保、金、房等五州經略使兼知金州、步軍都虞候、樞密院都統制，他留至六月辛巳朔（初一）才返金州。九月辛酉（十三），宋廷授他金房開達州安撫使，建帥府。十五年十一月丙辰（十五）卒，年五十九，贈檢校少師，諡恭毅。淳熙元年（1174），賜廟於金州。他是种家軍中在南宋戰功和名位最高的將領。〔註85〕

〔註84〕關於吳璘收復秦隴十二郡的經過，可參見本書附錄二〈紹興三十一年至隆興元年宋金秦隴之役考〉。

〔註85〕《宋史》，卷三百六十七〈郭浩傳〉，頁 11440～11442；《繫年要錄》，第二冊，建炎三年三月庚寅條，頁 447；第六冊，卷一百三十九，紹興十一年二月乙未條，頁 2352；卷一百五十，紹興十三年十二月己亥條，頁 2561；卷一百五十一，紹興十四年二月己酉條，頁 2572；六月辛巳朔條，頁 2583；卷一百五十二，紹興十四年九月辛酉條，頁 2595；卷一百五十四，紹興十五年十一月丙辰條，頁 2639；《十朝綱要》，卷二十三〈高宗〉，紹興十年五月辛丑條，頁 673。

　　至於童貫麾下名位最高的姚古，他於建炎元年五月丙午（十七），本來坐覆師而責散官安置廣州，高宗也將他復為保靜軍節度使知河南府，但見他老邁無用，到六月癸亥（初五）高宗便將他罷職。另王淵也在建炎三年三月辛巳（初三），更以御營司都統制擢為同簽書樞密院事仍兼都統制。不過，他在是月癸未（初五）就被苗傅所殺。而和童貫關係至深且有姻親關係的辛家軍，除了辛康宗死於靖康之難外，名位最高的辛興宗及諸弟辛道宗、辛企宗（？～1144後）、辛永宗（？～1149後）及辛彥宗（？～1134後）都侍高宗有寵，一直擔任高宗的貼身護衛親軍。辛彥宗早在建炎元年正月便以知霸州率部投高宗，辛道宗在建炎元年十二月任江南都統制，後任樞密都承旨。辛興宗在建炎四年六月，以武信軍承宣使提舉亳州明道宮，統押所招之秦鳳諸州良家子赴行在，其弟辛永宗在建炎四年八月便奉命統領神武中軍精銳六百人護高宗於禁中。到紹興元年十一月丁酉（初四），以神武中軍統制權主管馬軍司公事。辛企宗也在紹興元年三月乙巳（初八）以淮康軍承宣使神武副軍統制任福建制置使。辛興宗卒於紹興元年八月戊寅（十四），高宗贈他檢校少保安化軍節度使。其諸弟繼續獲高宗重用。〔註86〕從辛家軍的例子，可知童貫的舊部，都不會逆高宗及當政文臣之意，為童貫說甚麼好話。

　　又如追隨童貫平定方臘，靖康元年末任馬帥，名位本在劉、韓、張三人之上的郭仲荀，他在建炎元年二月乙丑（初五）與何㮚、馮澥及曹輔等扈從欽宗往金營與宗翰及宗望擊毬。三月癸丑（廿三），僭位的張邦昌，說郭眾推忠謹，求准金人將他釋還。高宗即位後，他仍為高宗所用。八月丙子（十九），高宗便委他護衛孟太后從南京往江寧府，兼節制江淮荊浙閩廣諸州，制置東南盜賊事。建炎二年七月乙未（十三），又命他為東京副留守。在苗劉之亂甫

〔註86〕參見《繫年要錄》，卷五，建炎元年五月丙午條，頁 136；卷六，建炎元年六月癸亥條，頁 154；第二冊，卷三十四，建炎四年六月乙亥條，頁 679；卷三十六，建炎四年八月癸酉條，頁 707；卷四十二，紹興元年二月己卯條，頁 788；卷四十三，紹興元年三月乙巳條，頁 801；癸亥條，頁 806；卷四十六，紹興元年八月戊寅條，頁 856；第三冊，卷四十九，紹興元年十一月丁酉條，頁 896；趙甡之：《中興遺史輯校》，建炎元年十二月十七日壬申條，頁 89；《宋史全文》，卷十六上〈宋高宗一〉，頁 1060；卷十七上〈宋高宗三〉，頁 1120～1121，1137；王明清：《揮麈錄·後錄》，卷十一，第 288 條，「名家子知邵州」，頁 168～169。關於辛家將在兩宋之際的事蹟，辛更儒教授有一篇很詳盡的考證，可參見辛更儒：〈南北宋之交的辛家將考〉，載鄧小南、程民生、苗書梅（主編）：《宋史研究論文集》（2012）（鄭州：河南大學出版社，2014 年 3 月），頁 402～413。

作時，三年三月丁亥（初九），他又以殿前副都指揮使、東京副留守進昭化軍節度使。亂平後，在十一月庚午（廿六）又任兩浙宣撫副使守越州，高宗對他信任不替。十二月戊戌（廿四），他卻棄守溫州，四年正月癸丑（初十）就被貶汝州團練副使廣州安置。不過，到紹興元年四月己卯（十三），高宗復他為登州防禦使，五月辛亥（十六），命他主管殿前司公事。不過，李心傳注云，自高宗巡幸以來，三衙實無兵，只是空銜而已。稍後遷同州觀察使。十月己巳（初六），遷護國軍承宣使步軍都指揮使。二年九月丙子（十九），高宗再復他為武泰軍節度使。三年九月乙亥（廿四）又命他以主管殿前司知明州兼沿海制置使。他到明州後，正值風汛金人舟師南來之時，他即派小舟入海為斥堠，屯兵港口，據要緊地以待。紹興五年四月丙午（初三），他以檢校少保、武泰軍節度使知明州來朝。戊辰（廿五），高宗加他檢校少傅慶遠軍節度使，錄他控守海道之勞。七月壬申朔（初一），他自請休致，高宗因授他提舉江州太平觀。紹興九年正月戊戌（十七），宋金議和，高宗又委他為東京副留守。二月丁巳（初六）以他為太尉東京同留守。九月己亥（廿二），又命他率東京兵五千至鎮江。他在紹興十年正月甲午（十八）以疾求退，自太尉、慶遠軍節度使、東京同留守兼節度軍馬、京畿營田大使授醴泉觀使（按《宋史》作十一年四月十七日）。但張俊言郭有才，同年四月丁卯（廿三）又命他知鎮江府。他在十一年四月乙酉（十七），引疾求去，於是高宗授他醴泉觀使免奉朝請。他在紹興十五年十二月乙卯（十五）卒於台州。高宗對他始終寵遇不替。〔註87〕

〔註87〕《宋史》，卷二十四〈高宗紀一〉，頁448；卷二十五〈高宗紀二〉，頁458，462，470～471；卷二十六〈高宗紀三〉，頁475；卷二十七〈高宗紀四〉，頁500，507；卷二十九〈高宗紀六〉，頁539，541；卷二百〈刑法志二〉，頁5002；《繫年要錄》，第一冊，卷一，建炎元年正月辛丑條，頁24；卷三，建炎元年三月癸丑條，頁80；戊午條，頁85；卷六，建炎元年六月乙酉條，頁170～171；卷八，建炎元年八月辛酉條，頁203；丁丑條，頁210；卷十六，建炎二年七月乙未條，頁351；第二冊，卷四十三，紹興元年四月己卯條，頁811；卷四十四，紹興元年五月辛亥條，頁823；卷第三冊，卷四十八，紹興元年十月己巳條，頁882；卷五十八，紹興二年九月丙子條，頁1038；卷六十八，紹興三年九月乙亥條，頁1191～1192；第四冊，卷八十八，紹興五年四月丙午條，頁1509；戊辰條，頁1519；卷九十一，紹興五年七月壬申朔條，頁1558；第六冊，卷一百三十四，紹興十年正月甲午條，頁2242；卷一百三十五，紹興十年四月丁卯條，頁2260；卷一百四十，紹興十一年四月乙酉條，頁2365；卷一百五十四，紹興十五年十二月乙卯條，頁2644。

　　值得一提的是，與郭仲荀同為洛陽人，一力主戰，於紹興七年拜參政的
大詩人陳與義，曾為郭父撰寫墓誌銘，而稱許郭仲荀世為名將，說：

> 本朝郭氏，乃有累世之美，勳業書於竹帛，閭閻耀於一時。至
> 殿帥益顯，遂以宿將用也。不見其形，願察其影，其受祉若此，則
> 其所行可知矣。夫當頌以規者，同郡之至情也。天下方有難，非血
> 誠壯烈不足以解國家之憂。殿帥勉之！亦以告意氣之同者。〔註88〕

　　郭仲荀也是童貫麾下諸將中，在南渡後獲得高宗重用和獲得士大夫好評
的人，他個性謙退謹慎，不貪戀權位，自然也不會為童貫說甚麼話。

　　另一員戰功不著的童貫部將蘭整，也為高宗所用，他在紹興二年四月便
受命以平海軍承宣使權主管馬軍司公事，一度被降授孟州觀察使。同年九月
己卯（廿二），官復原職。四年十月，當邊報稱金人與劉豫入侵，宰相趙鼎議
親征，就命他與邊順為臨安府彈壓官。五年閏二月以龍神衛四廂都指揮使、
平海軍承宣使、充兩浙東路馬步軍副都總管駐紹興府。六年九月壬申（初七），
高宗將他調回京師充主管馬軍司公事，行宮供職。直至紹興七年六月癸巳（初
三），他因墜馬受傷才罷軍職，高宗以他提舉台州崇道觀。到紹興十二年十一
月己丑朔（初一）卒時，仍帶龍神衛四廂都指揮使、平海軍承宣使、兩浙東
路馬步軍副都總管的頭銜。十二月，高宗贈他保康軍節度使。〔註89〕他以忠
誠勤奮而為高宗所用。

　　值得一提的是，和蘭整在宣和六年十一月同隸童貫麾下的孫渥，他在宣
和七年十二月看著童貫逃回京師後，便返回西邊。高宗即位後，他一直在陝
西和四川擔任邊將，抵禦金兵來犯。他和蘭整一樣，雖未有赫赫戰功，倒也
是稱職能戰之將。建炎元年五月，他以鄜延統制官隨熙河經略使張深（？～
1136）勤王，高宗命張深返熙河，而命孫渥一軍留衛行在。張浚任知樞密院

〔註88〕陳與義：《陳與義集校箋》，前言，頁1～2，附錄一〈佚詩文‧跋郭節度父墓
　　　　誌銘〉，頁968。考陳集的注者未詳郭節度為何人，惟在南宋初年任殿帥而為
　　　　節度使，並世為將門，當是郭仲荀無疑。

〔註89〕《繫年要錄》，第三冊，卷五十三，紹興二年四月癸未條，頁962；卷五十八，
　　　　紹興二年九月己卯條，頁1038；第四冊，卷八十六，紹興五年閏二月甲子條，
　　　　頁1464～1465；卷一百五，紹興六年九月壬申條，頁1762；第六冊，卷一百
　　　　四十七，紹興十二月十一月己丑朔條，頁2498；《宋會要輯稿》，第四冊，〈儀
　　　　制十一‧武臣追贈‧承宣使〉，頁2544；第十四冊，〈兵三‧廂巡〉，頁8661；
　　　　《會編》，卷一百六十四〈炎興下帙六十四〉，紹興四年十月條，葉六上（頁
　　　　1185）。

事及宣撫制置使，在建炎三年十月以孫才優於辛興宗，就以他代為秦鳳帥。孫渥在同年九月癸亥（廿四）率秦鳳軍參預張浚指揮的富平（今陝西渭南市富平縣）大戰，參戰的包括環慶經略使趙哲（？～1130）、劉仲武子熙河經略使劉錫和涇原經略使劉錡。孫渥麾下則有秦鳳提點刑獄郭浩。宋軍慘敗後，孫渥在紹興元年二月收本路兵退保鳳州（今陝西寶雞市鳳縣）。四月丁卯朔（初一），他以保康軍承宣使知秦州徙為利州路經略安撫使兼知利州（今四川廣元市）。他後來調為川陝宣撫司參議官，五年四月癸酉（三十），他丁母憂，川陝宣撫副使吳玠請詔起復他。八年七月，他在閬州任上奉四川制置使胡世將（1085～1142）命，貸回易米數萬石給吳玠。但在九年十一月，因糧米被朝旨下令扣減，閬州戍卒歸罪於孫，謀叛變，幸而謀泄不果。十年三月己亥（廿四），他徙回熙州，離開四川。五月金兵來犯陝西，他以熙河經略使兼宣撫司參謀官隨川蜀宣撫副使胡世將到河池。他以河池平地無險阻，敵騎已迫近鳳翔，自大散關（今陝西寶雞市西南17公里大散嶺上）疾馳一二日即可到胡的帳下。他說當年吳玠閱兵至河池，幾為敵擒，其事不遠，請胡去仙人原，該地去河池才五六十里，而殺金平、家計寨天險足恃。但吳玠弟右護軍都統制兼秦鳳經略使吳璘抗聲反對，他說和尚原和殺金平之戰，就是他們兄弟出萬死破敵，他質問當時孫渥在何處，他說孫出此語沮軍，可斬也。胡世將接受，而其官屬韓詔說孫渥實失言，不宜居幕下。於是胡世將把孫渥遣還熙州。據說孫渥恐懼汗落，單馬趨出，對胡的親信說，他為胡忠謀，而反得罪，他說吳家小帥（吳璘）勇而銳，但未見其勝之道，他日無忘他所言。不過，吳璘等在六月卻打敗金兵，孫就沒話說了。他和蘭整一樣，也在紹興十二年卒，他在四月甲子朔（初一）以淮康軍承宣使、熙河蘭鞏路經略安撫使、馬步軍都總管兼節制利閬州屯行營右護軍軍馬卒於興州（今陝西漢中市略陽縣）。宋廷在六月贈他節度使。〔註90〕

〔註90〕《繫年要錄》，第一冊，卷五，建炎元年五月乙卯條，頁140；第二冊，卷二十八，建炎三年十月戊戌條，頁583；卷三十二，建炎四年三月辛酉條，頁644；卷三十四，建炎四年六月乙亥條，頁679；卷三十七，建炎四年九月癸亥條，頁730～731；卷四十二，紹興元年二月丁酉條，頁796；第三冊，卷四十三，紹興元年四月丁卯條，頁808；第四冊，卷八十八，紹興五年四月癸酉條，頁1521；第五冊，卷一百二十一，紹興八年七月條，頁2032；卷一百三十三，紹興九年十一月癸未條，頁2227；第六冊，卷一百三十四，紹興十年三月己亥條，頁2254；卷一百三十五,紹興十年五月辛卯條，頁2268～2269；

　　上文已一一交待童貫麾下陝西軍將領在宋室南渡後的概況。他們和童貫的關係親疏不一，親的如辛家兄弟、劉光世，疏的如韓世忠、張俊、吳玠、楊存中等，他們沒有為童貫家屬乞恩，也沒有要求宋廷為童平反，卻也沒有落井下石。他們效忠高宗，高宗給他們權位富貴，既然沒受到童貫牽連，也就不會多事，說三道四。

　　童貫在高宗朝的評價，我們最後需要思考的是在高宗朝長期當政的秦檜的態度。秦檜早在靖康二年二月上書宗翰指斥童貫貪功禍國（事見第八章），雖然他妻父之幼弟王仲嶷和童貫頗有淵源（事見第一章），但他和童貫無涉，他沒有需要為童貫說好話。值得一提的是，秦檜在紹興十二年十月丁丑（十八），以韋太后（1090～1159）回鑾之恩典，進封秦、魏兩國公。但他以封兩國與蔡京和童貫同，就請改封其母為秦、魏國夫人。〔註91〕從這事上可見到秦檜是不想與蔡、童二人沾上任何關係的。

　　值得一提的是，第一章提到那個認童貫是其父王珪出子，又多方巴結童而得到照應的王仲嶷，因屬秦的姻親，在秦檜在紹興元年八月拜相當權後，就一直得到秦的保護。他在紹興二年正月，已以顯謨閣待制居於福州（今福建福州市）。〔註92〕因秦勢大，不但沒有人敢翻他交結童的舊賬，連他在建炎四年在袁州（今江西宜春市袁州區）任上，及其兄王仲山在紹興三年十一月在知撫州任上降金的穢史也得到掩蓋。紹興六年，左正言辛次膺（？～1170）彈劾王氏兄弟曾投虜，不當復官，秦檜力救而得以無事。〔註93〕王仲嶷後來在秦檜的蔭庇下，官至左正議大夫提舉台州崇道觀，在紹興十三年，還可以

卷一百三十六，紹興十年六月己酉條，頁2283；卷一百四十五，紹興十二年四月甲子朔條，頁2449；《宋會要輯稿》，第四冊，〈儀制十一・武臣追贈・承宣使〉，頁2544；

〔註91〕《宋史》，卷三十〈高宗紀七〉，頁557；卷四百七十三〈姦臣傳三・秦檜〉，頁13758。

〔註92〕《十朝綱要》，卷二十一〈高宗〉，紹興元年八月丁亥條，頁627；陸增祥（編）：《八瓊室金石補正》，載國家圖書館善本金石組編：《宋代石刻文獻全編》，第一冊，卷九十七〈宋十六・烏可山題刻十六段〉，葉三十上下（頁233）。據《八瓊室金石補正》所載，紹興二年正月癸丑（廿一），時任參知政事的孟庾（？～1157）宣撫福建，按視城守，返京前邀嗣濮王仲湜（1073～1137）、罷相居於福州的李綱、龍圖閣直學士許份（？～1134）和時任顯謨閣待制的王仲嶷，以及官員多人，會於福州名勝烏石山長樂臺的瑞雲庵。

〔註93〕趙甡之：《中興遺史輯校》，紹興六年條，頁172；《繫年要錄》，第二冊，建炎四年八月甲申條，頁713；《宋史》，卷二十五〈高宗紀二〉，頁470。

復顯謨閣待制致仕。考慮了王仲嶷的因素，秦檜更不會為童貫說任何好話。
〔註94〕

　　順帶一提的是，當年負責誅殺童貫的張澂，在是年六月壬辰（初七），以資政殿學士、提舉臨安府洞霄宮卒。同月癸丑（廿八）當年對童貫窮追猛打的胡舜陟，則被秦檜誣陷受金，死於靜江府（今廣西桂林市）獄。〔註95〕二人一善終，一橫死，童貫有知，不知有何感想。

　　童貫家人的待遇在高宗禪位前，稍得轉機。因金主完顏亮南侵，高宗下詔親征，為了安撫民心，就行恩赦，紹興三十一年十月丁卯（廿八），應中書門下省之請，高宗詔蔡京、童貫、岳飛和張憲（？～1141）子孫家屬，令見拘管州軍並釋放任令居住。於是岳飛妻李氏與其子岳霖（1130～1192）等得以生還。至於童貫的子孫情況，就不載。〔註96〕岳飛和張憲忠義報國，卻和蔡京、童貫相提並論，實令人啼笑皆非。考元人徐孟岳有詩〈岳王墓〉云：「童大王歸事已離，岳將軍死勢尤危。直教萬歲山頭雀，去遶黃龍塞上旗。飲馬徒聞腥羶洛，洗兵無復望條支。湖邊一把摧殘骨，蓋世功名百世悲。」也頗教人不解為何將童大王與岳將軍相提並論。〔註97〕當然，正如前述，由童貫舊將吳璘所率領的陝西新軍吳家軍，在此詔頒下前一月，與金兵大戰於秦隴，並在之後一年中，重奪李憲、童貫當年開疆取得的熙、河、蘭、會、洮州、積石軍，以及一向屬於宋的秦、原、隴、環州、鎮戎軍、德順軍等十二州軍。倘若後來不是得而復失，也許立下收復失土大功的童貫舊部，會有一個說法

〔註94〕劉子健教授（1919～1993）撰有一篇很精彩的文章，考論秦檜親友，詳考王仲嶷父子兄弟子姪的穢史，值得參考，只是劉氏沒有細考王仲嶷在徽宗朝交結童貫的醜事。參見劉子健：〈秦檜的親友〉，原載《食貨月刊》第十四卷第七、八期（1984年11月），後收入劉著：《兩宋史研究彙編》（臺北：聯經出版事業公司，1987年11月），頁143～171，有關王氏兄弟子姪事蹟的考論見頁146～156。

〔註95〕《繫年要錄》，第六冊，紹興十三年六月壬申（應為壬辰）條，頁2536；癸丑條，頁2540。

〔註96〕《繫年要錄》，第八冊，卷一百九十三，紹興三十一年十月丁卯條，頁3479。關於高宗下詔親征及頒令特赦蔡京、童貫等家人的背景的考論，可參見楊俊峰：〈紹興辛巳親征詔草的隱沒與再現——兼論和議國是確立後歷史書寫的避忌現象〉，《臺灣師大歷史學報》，第53期（2015年6月），頁4～9。

〔註97〕田汝成（1503～1557）（輯撰），尹曉寧（點校）：《西湖遊覽志》（上海：上海古籍出版社，2017年12月），卷九〈北山勝蹟·岳武穆王墓〉，頁86。按陳衍（1856～1938）輯的《元詩紀事》卷三十二，第一句作「童大王回事已非」。

為他們的老上司童貫乞恩。高宗、孝宗也許愛屋及烏，給童貫一定程度的平反。這個千載難逢的機會失去後，童貫就注定釘死在姦臣之列上。

二、罄竹難書：宋廷史臣筆下的童貫

孝宗繼位後，雖然童貫家人獲得釋放，但責童貫以惡名的官方立場仍然不變；不過，童貫在徽宗以至欽宗時地位顯赫，國史要不要為他立傳？早在紹興二十八年（1158）八月戊戌（十一）修成的《徽宗實錄》已免不了記錄了許多童貫在徽宗朝的「惡行」，現在又要怎樣寫他的生平？隆興元年（1163）七月丙申（初七），宋廷應禮部員外郎兼權判秘書少監劉儀鳳（？～1166 後）等請求，以國史日曆所見的《靖康日曆》將及成書，惟其中文字遺逸，內有臣僚薨卒及死於兵者共四十一人，雖粗有事蹟，卻未曾立傳。他請下禮部開具所有要立傳姓名，下諸路轉運司，令所屬州縣多方求訪其人子孫親屬所在，抄錄墓志、行狀及一應干照修事蹟繳申本所，以備照用。劉又說其間係罪籍之人，見無子孫可以搜訪，及薨卒死事在靖康年份，而名字湮沒不存，恐士大夫曾有收得上件事跡，但可參照者，請就令搜訪施行。劉所提的這類人，正屬童貫、梁師成、李彥、梁方平等被誅之人。孝宗從之，詔合立傳姓名：河東路安撫使史杭（？～1126）、內侍李彥、歸朝官滑州邢曹石、太傅致仕王黼、責授彰化軍節度副使梁師成、責授左衛上將軍童貫、知陽武縣蔣興祖、知長垣縣（今河南新鄉市原陽縣）上官敏功、尉氏縣（今河南許昌市長葛市東北）主簿曹嗣宗、巡轄李克美、歸朝官趙良嗣、制置副使种師中、汾州守臣張克戩、統制官辛康宗、知河陽燕瑛、統制官高師旦、贈開府儀同三司張孝純、贈徽猷閣待制張浹、贈待制田灝、內侍梁方平、中書舍人高伯振、檢校太傅劉延慶、子光國、內侍梁揆、戶部尚書梅執禮、戶部侍郎陳知質、刑部侍郎程振、給事中安扶、閤門宣贊舍人吳革（？～1127）、徽猷閣直學士、通議大夫任熙明、建武軍節度使王稟、統制官何慶言、陳克禮、姚友仲、蔡京、蔡攸、朱勔、陳過庭、孫傅、張叔夜、何㮚。〔註98〕

〔註98〕《宋史》，卷三十一〈高宗紀八〉，頁 590；《宋會要輯稿》，第五冊，〈運曆一・修日曆〉，頁 2698～2698；《繫年要錄》，第六冊，卷一百四十九，紹興十三年八月乙巳條，頁 2545～2546。按史杭是濟源人，為代州沿邊安撫副使，死於靖康之難。紹興十三年八月乙巳（廿一），修武郎朱弁（1085～1144）自金還行在，就為史杭等人請恤。

　　為童貫等寫傳，史料不存，他們的親故多已不在，實在談何容易。四年後，在乾道三年（1167）五月戊申（十一），起居舍人兼權中書舍人兼同修國史、實錄院同修撰洪邁（1123～1202）再度上言，稱他得旨編修欽宗實錄、正史，除日曆所發到《靖康日曆》及汪藻所編《靖康要錄》，以及一時野史雜說與故臣家搜到文字外，緣歲月益久，十不存一。雖然靖康首尾不過年餘，然徽宗朝大臣多終於是年，其在今錄皆當立傳，詢之其家，已不可得，欲訪之故臣遺老，但尚存的早已無幾。若浸浸不問，則史策脫略，漫無綱紀。他見前敷文閣待制致仕孫覿，在靖康中嘗為台諫、侍從，親識當時之人，親見當時之事。他年雖老，筆力不衰。請詔孫覿以其所聞見，撰寫蔡京、王黼、童貫、蔡攸、梁師成、譚稹、朱勔、种師道、何㮚、劉延慶、聶昌、譚世勣等列傳；及一朝議論事蹟，凡國史實錄所當書者，皆令條列，上送實錄院。就可使遺文故事得以畢集，不至放失舊聞，以闕大典。宋廷從之。孫覿領旨後，在八月丙午（十二），上奏表示他擔心照旨意修史，將來會被怨家仇人指為誹謗。他表示欲自蔡京以下他親睹事跡有實狀者旋行記憶，每得十數事，就繕寫續申實錄院，以備史官採擇，而不欲以他的名義作傳。十月戊戌（初四），孫首先繳交蔡京事實。但以後就不見載他繳交有關童貫及其他人事實的記載。孫在兩年後卒，他到底寫了多少就不詳。〔註99〕

　　因孝宗繼位而在紹興三十二年（1162）十一月丙申（初四）獲賜進士出身的陸游，在條對時也批評童貫封王是惡例，他說「國初趙普有社稷大功，亦未嘗生加王爵也。唐將封王，始於安祿山，而本朝則始於童貫。此豈可法，而比年以來，浸以為常識者，莫不憂之。」〔註100〕陸游在此就將童貫比作叛唐之安祿山。

　　到孝宗的後期，宋廷對童貫當日開邊之禍，仍然不斷提起。淳熙八年（1181）正月癸丑（初六），權給事中趙汝愚（1140～1196）劾奏侍候退居太上皇的高

〔註99〕《宋會要輯稿》，第六冊，〈職官十八·實錄院〉，頁 3517～3518；馬端臨：《文獻通考》，第九冊，卷一百九十二〈經籍考十九·史·正史·中興藝文志〉，頁 5586～5587。據馬端臨所記，洪邁以孫覿熟知宣和、靖康事，乃奏令孫撰蔡京、王黼、童貫等人列傳。馬說孫頗徇愛憎，而洪卻多採之。究竟孫有否寫童貫傳稿，不詳。若有，以孫在靖康年間痛劾童貫之經歷，他筆下的童貫傳難有好話。

〔註100〕《陸游集》，第五冊，《渭南文集》，卷五〈條對狀〉，頁 2012；《宋會要輯稿》，〈選舉九·賜出身賜同出身〉，頁 5443；《宋史》，卷三百九十五〈陸游傳〉，頁 12057。據《宋史·陸游傳》，則稱陸上此一條狀繫於孝宗即位前。

宗有勞，獲特轉兩官的添差兩浙西路副總管、提舉德壽宮的內臣陳源（？～1196後）。趙切論內臣不可參預軍政，又引用高宗建炎三年的詔書所言：「自崇寧以來，內侍用事，循習至今，理宜痛革。自今內侍不許與主兵官交通，假貸饋遺，借役禁兵。」趙說當時內侍與兵官交通，借役禁兵，已經不可，現時給陳源一路副總管之任，恐非高宗當日所以防微杜漸之意。趙又說在神宗時，始令王中正（1029～1099）和李憲稍預邊事。是時朝廷法度峻整，若無甚害，而卒之夤緣攀引，竟引致後來童貫開邊之禍。孝宗就將趙之言進呈高宗，繼而又宣諭宰執。最後孝宗說服了高宗，只給陳源在京宮觀差遣，又規定以後有相似差遣者，皆改差在京宮觀。孝宗君臣這時仍以童貫為開邊致寇的禍首。〔註101〕

　　另在紹興五年登進士第、宰相沈該姪的沈作喆（？～1174後），在淳熙元年罷廢後所撰寫的筆記小說《寓簡》，曾憶述他在幼時「見蔡氏京、攸父子及王黼、童貫、梁師成輩，皆勢傾天下。及靖康之敗，屠戮如狗彘。夫以非材居大位，以非道擅重權，未有不亡者也。天地四時尚有消息，而況於人乎，況為非道者乎？」沈作喆對童貫等死有餘辜的下場大概代表當時主流士大夫的意見。〔註102〕

　　於乾道間登第、昭武（今福建邵武市）人右修職郎（亦作左修職郎）、監臨安府都鹽倉的李丙（？～1172後），在孝宗乾道七年（1171）前所編的《丁未錄》二百卷，上帙起於治平四年（1067）王安石召為翰林學士，迄於元豐八年（1085）神宗崩；中帙起於高太后垂簾，除呂公著（1018～1089）侍讀，迄高太后於元祐八年（1093）崩；下帙起李清臣（1032～1102）進策題請紹述新政，迄於靖康元年（1126）童貫被誅。按治平四年是丁未年，靖康元年也是丁未年，剛是一甲子，故以《丁未錄》為名。每事皆全載制詔章疏甚詳。中書舍人兼同修國史兼實錄院同修撰趙雄（1129～1194）等對此書評價甚高，趙在乾道七年十一月壬辰（廿二）上言，稱李丙樂於收書，勤於考古，嘗纂《丁未錄》，卷帙浩瀚，起治平之末（四年），迄靖康之元。趙雄說該書其間議論

〔註101〕《宋會要輯稿》，第七冊，〈職官四十八‧都鈐轄、鈐轄〉，頁4386；《宋史》，卷三百九十二〈趙汝愚傳〉，頁11982；《全宋文》，第二百七十九冊，卷六三一八〈劉光祖六‧宋丞相忠定趙公（汝愚）墓誌銘〉，頁90（原載《餘干縣志》，卷二十一，道光三年刻本）。

〔註102〕沈作喆（撰），俞鋼、蕭光偉（整理）：《寓簡》，收入戴建國（主編）：《全宋筆記》第四編第五冊（鄭州：大象出版社，2008年9月），「點校說明」，頁3，卷八，頁77。

更革，往往編年，該載殆備，請給劄傳寫。如見得此書果能稽考四朝未盡事跡，即請從本院保明，量加旌擢。宋廷從之，命合用紙劄，令臨安府供給。翌年（八年，1172）六月己亥（初二），宋廷詔以收到李丙的《丁未錄》一百冊，計二百卷，稱許李淹貫該博，用功甚多，特轉右承事郎。宋廷對此書之重視，在修國史時可以想像當會採納李丙的觀點。李丙將是書的上帙起於王安石獲召用，中帙起於李清臣進策，而終於童貫被誅，用意甚明，就是要將北宋之亡，歸罪於王安石、李清臣及童貫三人。李丙除了延續南宋以來貶新黨褒舊黨之觀點外，也繼續痛斥童貫是亡國之禍首的觀點。不過，他將童貫與王安石相提並論，又似乎過於抬舉他了。〔註103〕

南宋永嘉學派的創始人、人稱艮齋先生的大儒薛季宣（1134～1173）在孝宗朝上奏評論武臣獲孝宗特恩授官，認為不可。他即引述徽宗在崇寧中，初遣童貫使邊，並不由宣敕處分青唐事，於是「既啟惟亂之階，視往者之所為，來事當益深戒」。他間接批評了徽宗一開始就不應繞過中書委任童貫措置青唐事。他是少數宋臣敢批評徽宗用童貫的不是。〔註104〕

王明清在其筆記小說《揮麈錄》除多處言及童貫用事的劣跡外，他在記述富弼遺表中不點名批評童貫師傅李憲為「宮闈之臣，不可使之專總兵柄。人心不服，易以敗事」，又特別加上「後來童貫之徒是矣。」表明他對徽宗授童貫兵權的非議。〔註105〕

孝宗朝理財名臣李椿（1111～1183）任吏部侍郎時，上奏請裁抑中貴，他從童貫為禍說起，並論析內臣所以為惡，最後請嚴格裁抑其權：

　　　　自古宦官之盛衰。繫有國之興亡。臣不敢遠引漢唐之禍，切見宣和之末，童貫等罪惡貫盈，軍民怨入骨髓，京師百姓群起而攻宦官，殺之者不可勝數，旋致靖康之禍。建炎間，王淵交結宦官，不卹軍士，遂激成苗劉之凶逆，軍士求康履殺之，併及其黨，遂致明

〔註103〕晁公武（1105～1180）（撰），孫猛（校證）：《郡齋讀書志校證》（上海：上海古籍出版社，1990年10月），《讀書附志》，第1582條，「丁未錄二百卷」，頁1112～1113；陳振孫：《直齋書錄解題》，卷四〈編年類〉，「丁未錄二百卷」條，頁120；《宋會要輯稿》，第五冊，〈崇儒四·求書·藏書〉，頁2832；〈崇儒五·獻書升秩〉，頁2856；馬端臨：《文獻通考》，第九冊，卷一百九十三〈經籍考二十·史·編年·丁未錄二百卷〉，頁5614。
〔註104〕薛季宣：《浪語集》，文淵閣《四庫全書》本，卷二十六〈上台諫箚子〉，葉五上下。
〔註105〕王明清：《揮麈錄·餘話》，卷一，第373條，「富文忠上章自劾」，頁225。

受之變。前轍不遠，言之痛心。蓋宦者體膚既毀，性情柔忍，猜疑驕妬，不期然而然，其間雖有忠直之人，亦多眾所不容，所以互相視效，憑恃浸潤，交結受賄，以資相高。享用過厚，水陸厭飫，侵漁百姓，興建第宅，連亘街陌，始則人畏之，極則人惡之。畏且惡，以致群起而攻之，上貽國家之憂。仰惟陛下神聖在上，宦者雖漸盛，人雖畏之，未甚惡也。於此時有以裁制之，不至于極，則永無前日之患，於宦者亦保富貴，與國長久。……其委付差使，門禁宮戒之外，毋使干預人材政事，嚴禁士大夫及兵將官與之交通者。

孝宗聽到靖康和明受之語時，蹙頞久之，說幼亦聞之。於是將李椿之奏納入袖中回宮。李椿之奏，顯然深深打動孝宗，而童貫之極壞印象也深深烙印在孝宗心中。〔註 106〕

大詩人、時任吏部郎中兼太子侍讀的楊萬里（1127～1206），在淳熙十二年（1185）八月後論沿邊守備事宜時，論北宋在澶淵之盟後，和平有一百六十六年，只為宣和間聽王黼和童貫之言，用趙良嗣之策，遣使自海道約金人滅遼，結果滅遼後就有靖康之禍，他評說這是結外裔以取外裔之過。自然童貫罪無可恕。〔註 107〕

南宋名臣葉適（1150～1223）在淳熙十四年（1187）上奏孝宗論國是時，論到自北宋末以來宋廷屢敗，便說「女真方之前世，非勁敵也，然而童貫逃師於始至，种師道玩寇於被圍，李綱失守於太原，李回掃迹於河上，黃潛善不知南渡，杜充未戰迎降，趙鼎持重迄無定算，張浚經略屢致奔潰，此皆國家付託委心腹之大臣也。賢佞雖異，敗事豈殊。」他是少數朝臣沒有將一切罪過歸於童貫的。當然，他沒說童沒有責任。葉適便批評童貫用郭藥師伐燕拒金為失策，以諷張浚以為可以誘致遼人助攻金為非。〔註 108〕

〔註 106〕《宋史》，卷三百八十九〈李椿傳〉，頁 11937～11939；《宋史全文》，卷二十七〈宋孝宗七〉，頁 2286～2288；《全宋文》，第二百七冊，卷四六零零〈李椿四．乞裁抑中貴奏〉，頁 281～282（原載《歷代名臣奏議》卷二九三）。李椿以敷文閣直學士卒於淳熙十年（1183）十二月。他此奏當上於淳熙十年前。

〔註 107〕楊萬里：《誠齋集》，文淵閣《四庫全書》本，卷一百十三〈東宮勸讀錄．陸宣公奏議．論沿邊守備事宜〉，葉三下至四上；蕭東海：《楊萬里年譜》（上海：上海三聯書店，2007 年 5 月），頁 182，184。按楊萬里在淳熙十二年八月初八以吏部郎中擢兼太子侍讀，他撰此奏當在八月後。

〔註 108〕葉適：《葉適集》，第三冊，《水心別集》，卷十五〈外稾．終論五〉，頁 825～826；〈上殿劄子．淳熙十四年〉，頁 830～833。

道學大儒朱熹也指出宋初宦者只任走馬承受，到熙豐用兵，遂用宦者，童貫師承的李憲在西邊，權任如大將，馴至後來，就有童貫和譚稹之禍。〔註109〕他認為用童貫統兵，違反祖制，就導致靖康之禍。

故在此種氣氛下，相信撰於孝宗年間的私史童貫傳，即以《中興姓氏姦邪錄》為名，將童貫列為姦邪。該書歷數童貫出身及專權任事由來，及他的過惡，對他在徽宗朝拓地西北與平定方臘之亂的功績，則沒有一句好話肯定。〔註110〕

三、以史為鑑：從寧宗到南宋末宋室君臣對童貫的評價

童貫的姦臣誤國形象，從南宋中葉到宋末已深入人心，不可逆轉。楊萬里在寧宗慶元六年（1200）為左丞相京鏜（1138～1200）撰寫墓誌銘時，特別提到京鏜因反對授權閤內侍省押班王德謙（？～1197 後）為節度使時，就引述徽宗大觀、宣政時以童貫開邊，收服河湟，特令建節，自此楊戬、藍從熙又得之，譚稹、梁師成又得之，最終造成徽、欽二帝被擄，中原塗炭。他說此亂亡之覆轍，不可遵用。當寧宗（1168～1224，1194～1224 在位）說聞知並非只有童貫一人建節時，京鏜就說其後譚戩（應是楊戩及譚稹）、藍從熙也援例得之，他說寧宗曾不知這三人皆不得其死，他請寢王德謙建節之命，庶可保全他。結果寧宗從之。京鏜仍將北宋覆亡歸咎於童貫獲得重用。〔註111〕

〔註109〕黎靖德：《朱子語類》，第八冊，卷一百二十八〈本朝二‧法制〉，頁 3077。

〔註110〕《會編》，卷五十二〈靖康中帙二十七〉，靖康元年八月二十三日丙辰條，葉一下至六下（頁 390～392）；陳樂素：〈《三朝北盟會編》考〉，載陳智超（編）、陳樂素（著）：《陳樂素史學文存》，頁 307～308，「中興姓氏錄」。據陳氏的考證，此書分為忠義、奸邪、叛逆等諸傳，《中興姓氏姦邪錄》是其中一部份，最早當撰於紹興末年。

〔註111〕據李心傳所記，王德謙已除節度使，只因大臣交奏反對，於是不行，王並坐斥。而據楊萬里及《宋史》所記，當群臣對授王節度使提出異議時，寧宗表示可否只除王德謙一人為節度使。但京鏜說此門必不可啟，當初除童貫時，也說一人而止。此門一開，節度使以後，就必及儀同，儀同不已，就必及三孤和三公。他請寧宗效法真宗不予劉承規（950～1013）節度。而以大觀、宣政間童貫等授節鉞為戒。另葉紹翁（？～1220 後）記，王德謙獲授節度使，卻被結為義兄弟的韓侂胄（1152～1207）欺騙，韓說王有大勳勞，宜建節鉞。王回答說他是閹官，有此例乎，叫韓不要誤他。韓說已向寧宗奏上，即將宣麻授之。王唯唯而疑之。何澹時為御史中丞，韓密諭他，說王苦求寧宗授他節度使，寧宗勉強答應。韓請何全臺御史出奏反對，將來會幫他陞官。第二天，宋廷宣旨除王節度使，何真的如韓所教，合臺疏王之罪，請貶黜王。寧

　　寧宗時著名的江西詩派詩人王炎（1138～1218）為其先輩王愈（？～1134
後）的《二堂先生文集》作序時，亦批評童貫淹沒屬下王愈之功。他記王愈
在方臘之亂時守信州有功，但在《國史・徽宗紀》及〈方臘傳〉中均沒有記
載。他認為「蓋王黼用事於內，既娼公之功；而童貫握兵於外，又欲自專其
功，故（彭）汝方死賊之節見錄，而吾翁破賊之功見遺，史臣所不得而書也。」
王炎為先輩大抱不平。〔註112〕

　　王明清撰於慶元戊午（四年，1198）的《玉照新志》，回顧自神宗熙寧
開邊，到哲宗及徽宗紹述，「竄逐棄地之柄臣，取青唐，進築湟鄯銀夏，至
童貫、蔡攸乃啟燕雲之役，馴至靖康之禍，悉本二子紹述。思之令人痛心疾
首。」〔註113〕在他筆下，童貫就是靖康之禍的罪臣。

　　章如愚（？～1207後）撰於開禧三年（1207）後的《群書考索》也對童
貫所招致之弊害評議一番。他談到軍政時，就指「元祐以降，民兵亦衰。崇
觀以後，兵弊日滋，階級既壞，紀律亦亡。童貫握兵，恥於言敗，敗沒第言
逃突。河北將兵，十無二三，往往多是住招，以缺額封樁，為上供之用。陝

　　　宗礙於眾議，就將王貶降。王被貶出外時，猶持韓之袖泣，說韓誤他。韓
　　　假意對王說，他離開北關數里，便有詔書將他追還，只等罷了何澹。王猶
　　　相信韓的話，拜而囑之，最後卻死於貶所。這則故事除了反映韓侂冑之奸
　　　詐外，也證實寧宗確想授王德謙節度使，因臺官反對而罷。另年代久遠，
　　　王德謙似乎不知徽宗朝自童貫以下，多名內臣均授節度使。參見楊萬里：《誠
　　　齋集》，卷一百二十三〈墓誌銘・宋故太保大觀文左丞相魏國公贈太師諡文
　　　忠京公（鏜）墓誌銘〉，葉二十六下至二十七下；邢凱（？～1196後）：《坦
　　　齋通編》，文淵閣《四庫全書》本，葉十七上；《宋史》，卷三百九十四〈京
　　　鏜傳〉，頁12038；李心傳：《建炎以來朝野雜記》，甲集卷十二〈官制三〉，
　　　第310條，「宦官節度使」，頁240；葉紹翁（撰），沈錫麟、馮惠民（點校）：
　　　《四朝聞見錄》（北京：中華書局，1989年2月），乙集，「吳雲壑」條，頁
　　　48～50。
〔註112〕王愈是德興（今江西上饒市德興市）人，曾為秘閣修撰。他守信州（上饒）
　　　之功，除王炎一文外，汪藻所撰的〈信州二堂之碑〉亦有詳細記載。據《宋
　　　會要》，王愈在宣和三年四月己丑（廿五），即以權知信州上奏捕盜的善後工
　　　作。而據《繫年要錄》，他以贓被除籍，據王炎所言，是王黼構陷他的。紹興
　　　元年四月乙亥（初九），高宗復用他知無為軍（今安徽巢湖市），因他尚未復
　　　官為朝請大夫，稍後以他為承務郎。他卒年不詳。參見王炎：《雙溪類稿》，
　　　文淵閣《四庫全書》本，卷二十五〈二堂先生文集序〉，葉一下至六上；汪藻：
　　　《浮溪集》，卷二十〈碑・信州二堂之碑〉，頁223～224；《宋會要輯稿》，第
　　　十四冊，〈兵十二・捕賊二〉，頁8847；《繫年要錄》，第二冊，卷四十三，紹
　　　興元年四月乙亥條，頁810。
〔註113〕王明清：《玉照新志》，卷一，頁1。

右諸路，兵亦無幾。种師道將兵入援，止得萬五千而已。」他說後來無兵可援，童貫和蔡京怎能不負其咎？〔註114〕他談到童貫平定方臘，人以為功，他卻認為這就招致女真之師。等於王韶降服青唐木征（1036～1077），後來就招致靈州之敗。他說外寧必有內憂。人主不可頃刻忘儆戒之意。〔註115〕

對於蔡京在政和二年（壬辰歲）改武臣之制，章如愚也不以為然。他說宋初盡釋節度使兵權，而寵以虛名。但到徽宗時，凡節度、觀察、防禦、團練並為正任，並非只是名器濫褻，更讓童貫得以專兵稔釁。他認為這是蔡京改武官制導致十五年後靖康之難的發生。〔註116〕他除了指斥童貫封王為濫外，更認為太祖兵制壞於童貫。他說「宋朝之兵，自童貫、高俅壞之，而勸阻之法壞，驕惰之習成。出伐則亡，遇敵則潰。小則荷戈攘奪以逞，大則殺將攻城而叛。」〔註117〕

章如愚對蔡京和童貫互相利用，以至爭權的關係，也有很透闢的看法：

> 小人每輕啟兵端。熙寧之初，不過變新法耳。新法已變而兵興於熙河。元豐小人不過撼元祐耳。及其得志則兵興於湟鄯。蔡京始謀不過鉗制上下耳，及其求悅，則薦童貫以帥西師，而童貫始謀，亦不過望節鉞耳。及其得位，則納馬植於國以開邊隙，王於始謀，又不過傾蔡京耳。及其勢利相軋，則欲復燕，冀以要功名。蔡京欲固其寵，則興嚴武之師。王珪患失其位，則贊永樂之役。章子厚之於湟鄯，蔡京之於青唐，皆是謀也。雖王安石亦開熙河之端，況小人之不足道乎？〔註118〕

孝宗至寧宗時的名臣樓鑰（1137～1213）在嘉定元年（1208）初召除翰林學士時，上書論本朝專尚忠厚時，論靖康之禍發生，就歸罪「自王安石開邊結怨，王韶伐青唐，章子厚開梅山，劉彝、沈起生事於南蠻，童貫、蔡攸

〔註114〕章如愚（？～1207 後）：《山堂先生群書考索》，文淵閣《四庫全書》本，後集卷四十，葉十二下。

〔註115〕章如愚：《山堂先生群書考索》，續集卷二十五，葉二十二下；馬端臨：《文獻通考》，第八冊，卷一百五十三〈兵考五‧兵制〉，頁4595～4596；《宋史》，卷一百八十七〈兵志一‧禁軍上〉，頁4582。按章如愚之評論，為馬端臨所採，後再為《宋史》所襲。

〔註116〕章如愚：《山堂先生群書考索》，續集卷二十九，葉十八下至十九上。

〔註117〕章如愚：《山堂先生群書考索》，續集卷三十五，葉十九上；卷四十四，葉八上下。

〔註118〕章如愚：《山堂先生群書考索》，續集卷四十四，葉十一下至十二上。

起釁於北邊。有如高遵裕靈武之潰，徐禧永樂之陷，殺氣妖氛轉入中國，使中原百年丘墟。」他又說「宣和燕山之役，是時中國軍政大壞，委於姦人腐夫，以取禍敗。此又非所忍言。」他說曾假吏至燕山，親見舊邊所謂白溝河者，真一衣帶水，而安肅軍等處水櫃、榆柳、塘泊之遺跡，亦皆是人力設險，而非天險。只怪童貫沒有認真設險。在他筆下，童貫有過焉。〔註119〕樓鑰後來也在〈跋周尚書武仲詩軸〉一文中，稱他少讀楊時所撰周武仲墓誌銘，而讚賞周武仲「孤立於宣和中，獨祐陵知之甚深。公以御史觸忤權貴，屢蹈禍機。詰王黼，拒梁師成，極論童貫、蔡攸之罪，至往來使不測之敵，伏節不屈。」〔註120〕

　　邊政凡有可議的，宋廷文臣都慣性歸罪於蔡京和童貫。好像在嘉定二年（1209）時任湖南轉運判官的曹彥約（1157～1228），論辰州（今湖南懷化市沅陵縣）置刀弩手及土軍的利害時，就說「政和以前未有任是責者，一旦蔡京復領三省，童貫領樞密院，假熙寧開邊之意，邀五溪易集之功，設御筆以鉗制天下之心，侈爵賞以奔走天下之欲。謝勳、范世雄、張察之徒又從而鷹犬之。不旋踵而刀弩之效以著如此，而欲其無弊不可得也。」〔註121〕

　　寧德（今福建寧德市）人林駉（？～1216後）約在嘉定後期所編的《古今源流至論》，論到燕雲之役而群臣不議時，也慨言「崇觀宣和間，王黼、童貫有燕雲之謀，致金人踐蹂中國」。他也指出在徽宗朝「童貫握兵權於外，以典兵為常；梁師成擅文柄於內，以預政為例，陶鑄將相垂二十年。君子推其末流之禍，固蔡京、王黼為之罪，亦元豐大臣作俑之失也。」〔註122〕

〔註119〕樓鑰：《攻媿集》，《叢書集成初編》本（北京：中華書局，1985 年北京新一版），第五冊，卷二十五〈奏議・論本朝專尚忠厚・召除翰林學士〉，頁 358～359；〈奏議・論內外之治〉，頁 362；《宋史》，卷三十八〈寧宗紀二〉，頁 746～747；卷三百五十九〈樓鑰傳〉，頁 12047；《宋會要輯稿》，第五冊，〈崇儒七・經筵〉，頁 2899；第九冊，〈選舉一・貢舉一〉，頁 5261。考此奏乃樓鑰除翰林學士時所上。據《宋史・樓鑰傳》，樓在開禧三年（1207）十一月乙亥（初三）韓侂胄被誅後起為翰林學士。據《宋會要・選舉一》，樓在嘉定元年三月庚午朔（初一）以吏部尚書兼翰林學士知貢舉。按開禧三年十二月辛酉（二十），吏部尚書林大中（1131～1208）簽書樞密院事。樓當在開禧三年十二月二十日辛酉至嘉定元年初補吏部尚書兼除翰林學士。
〔註120〕樓鑰：《攻媿集》，第十二冊，卷七十二〈題跋・跋周尚書武仲詩軸〉，頁 971。
〔註121〕曹彥約：《昌谷集》，文淵閣《四庫全書》本，卷十一〈辰州議刀弩手及土軍利害劄子〉，葉二十六上下。
〔註122〕林駉：《古今源流至論》，文淵閣《四庫全書》本，後集卷四，葉十一下；續集卷八，葉十一上。

宋末大儒黃震（1213～1281）除了在其《黃氏日抄》借引述楊時撰寫周武仲墓銘及他上之奏議，多番斥責童貫誤國外，〔註123〕他也在所撰的《古今紀要》，借論本朝史事，批評童貫效李憲節制西邊諸將而握兵柄，並制置陝西而用兵西夏之非。〔註124〕不過，黃震間接批評了徽宗。

嘉定九年（1216）十二月乙丑（十七），理學名臣真德秀（1178～1235）以江東計度轉運副使論邊事，他回顧北宋之亡，是「自蔡京倡豐亨豫大之說，王黼開應奉享上之門，專以淫侈蠱上心，奢靡蠹國用。土木之功，窮極盛麗。花石之貢，毒遍江南。甚至內庭曲宴，出女樂以娛群臣；大臣入侍，飾朱粉以供戲笑。至於荒嬉無度，而朝政大壞矣。其失一也。自童貫、高俅迭主兵柄，教閱訓練之事盡廢，上下階級之法不行。潰敗者不誅而招以金帛，死敵者不恤而誣以逃亡。是賞罰無章，而軍政大壞矣。其失二也。」他又說「開國承家，小人勿用，而難任人，蠻夷率服。政宣之世，京、黼繼尸宰柄，貫、俅濫廁樞庭。其翱翔臺省，布列館殿，非歌頌書生，即膏粱子弟。非奴事閹尹，即翼附權臣，更引迭援，在廷皆小人矣。雖欲勿危得乎？其失六也。」論及童貫之罪過，他就說「政宣小人，專為蒙蔽，以欺上聽。劉法敗死西陲，而童貫以捷聞。……政和初遣使覘國，而童貫實行。遼之君臣，相顧竊笑，已有南朝無人之譏。北事既興，遂付戎律。以僕隸之才，當元戎之任，節制不明，諸將無所稟畏。庸懦不武，敵帥得以憑陵。未幾副之以蔡攸，易之以譚稹。其為駑怯，又益甚焉。於是女真知中國之無人，而異志興矣。」真德秀更直言：「徽宗之世，宇內承平，民物熙洽。不幸崇寧而後，羣小得志，陷害忠良，遂使在廷無一君子。迨政和初，遼國衰微，金人崛起，王黼、童貫之徒，希功寡謀，取侮敵人，馴致靖康之變，都城失守，二聖蒙塵，追念前失，可為隕涕。」〔註125〕真德秀已不諱言徽宗的責任。

十八年後，真德秀於理宗端平元年（甲午）（1234）二月應詔上封言事時，就宛轉說徽宗是受到姦臣童貫等蒙蔽，他說「宣和平燕之議，本自姦臣。徽

〔註123〕參見第七章注43，第八章注32及注48。

〔註124〕黃震：《古今紀要》，文淵閣《四庫全書》本，卷十七，葉十八上；卷十九，葉五下，葉三十三上。

〔註125〕真德秀：《西山文集》，文淵閣《四庫全書》本，卷五〈奏狀·江東奏論邊事狀·丙子十二月十二日上〉，葉十九下至二十一上；二十七下；劉時舉：《續宋中興編年資治通鑑》，卷十四，頁349～350；佚名（編），汝企和（點校）：《續編兩朝綱目備要》（北京：中華書局，1995年7月），卷十五，嘉定九年十二月條，頁278～281。

宗初無固必，其始也，布衣安堯臣上書斥童貫、蔡京妄開邊釁，大臣乞加竄
殛。上曰：言路閉塞久矣，豈可重罪，即命以官，此徽廟本心也。故其時內
而執政，外而邊臣猶有以正論進者，其後邪說浸淫，上誤聖聽，師行之日，
詔妄議北事者必罰無赦，而宋昭以上書狂妄，編竄海南，於是言路絕而禍階
成矣。」他也回顧童貫經營幽燕失敗的實情，乃「童貫圖幽燕不能得，而女
真得之；譚稹圖雲中不能得，而女真得之。我師敗於蘭溝甸，又敗於白溝，
又敗於燕城，而女真之兵所至輒克。我不能自取寸土，而即彼以求之，故歲
幣百萬之需，吾不能卻也，借糧之請，犒師之請，各以二十萬計，吾不能拒
也，驅職官富戶以往，而遺我空城，吾不能爭也。背雲中之約而自取之，我
不能校也，我無可恃之實，而惟敵是恃，故其禍至此而極」。〔註 126〕按真德秀
對童貫的批評，基本上沿襲安堯臣及陳東之論，有些地方不見得完全客觀，
另也徘徊於應否指出徽宗的責任。

　　與真德秀齊名的魏了翁（1178～1237），對童貫的指斥算是不多，他只
在端平元年正月應詔封事時，論童貫和章惇、蔡京、王黼等人循襲故智，結
怨西北，卒之棄信背盟，以開狄難，直至高宗渡江航海，久而後定。另他在
同年九月召除權禮部尚書論邊事時，也批評昔日王黼和童貫，既得燕之空城，
即移舊邊之戍以守，新邊一旦被女真長驅，新邊既棄，舊境亦失，越關渡河
如踐無人之境，他說往鑑明甚而今之新進少年，獨未知懲創。另他在在論《周
禮》時，就說王安石釋經，以「人主當享備物極，至童貫、王黼專刓應奉司，
以啟人主侈心，禍至不可勝言，學術誤國，原於康成先儒未有發此義者。」
〔註 127〕

　　在理宗淳祐中登第的呂中（？～1243 後），在其《類編皇朝大事記講義》
論宋朝政事時多番批評童貫，他在〈序論〉的「治體論」，卻首先指出宋廷
當權的蔡京（他沒說徽宗），因章惇之所未甚者而甚之，以民為敵，以士為
仇，卻寬恩濫於內臣，而峻法反加以善類。高俅和童貫之徒，竟妄加節度，
而元祐、元符之黨不使容身於天地間，此乃是寬失之縱弛，嚴失之慘刻，而

〔註 126〕真德秀：《西山文集》；卷十三〈對越乙藁・奏箚・甲午二月應詔上封事〉，葉
　　　　　一上至五上，九上。
〔註 127〕魏了翁：《鶴山集》，文淵閣《四庫全書》本，卷十八〈應詔封事〉，葉二十二
　　　　　下；卷一百五〈撰周禮折衷〉，葉十三上下；卷十九〈被召除禮部尚書內引奏
　　　　　事第五箚〉，葉二十下；彭東煥（編）：《魏了翁年譜》（成都：四川人民出版
　　　　　社，2003 年 3 月），〈正譜〉，頁 375～376，383。

刺顛倒錯謬，施之於非所當施之地。而在〈國勢論〉中則說「蔡京始謀不過鉗制上下耳，及其求悅，則薦童貫以帥西師」，尚未狠批童貫。但他以論太祖以後史事時，就借題發揮論列童貫的過失或宋廷用童之不智。例如他在論內臣督戰時，就舉李憲和童貫的例子，說二人在神宗和徽宗朝典兵權，預政柄，而嘆「一星之火，至於燎原；一寶之水，至於滔天，可不謹哉？」另他在引論太宗抑宦官時，就慨言國初大臣皆得以斥內侍，到章惇用郝隨，蔡京則奉梁師成，而王黼則事童貫（按：呂中這裡有錯，當是蔡奉童而王事梁）。呂中又說太宗時王繼恩（？～999）掌兵，有如童貫握重兵在外，但王不敢驕，因太宗有處置的方法，童貫就不是，朝廷卻無以制之。另他在論契丹時，也指因童貫請結好女真，夾攻遼國，最後女真既伐遼，遂有靖康之變。他在論神宗以後兵費時，就感慨自崇寧任童貫和王厚取湟鄯廓三州二十餘壘後，就一直在西北兩邊開拓，最後建燕山和雲中兩路，「甫及五載，禍亂遂作，中原板蕩，故疆淪喪矣」。他又在論神宗朝王安石用內臣程昉（？～1076）浚河之事時，就借題發揮，說變汴河之罪小，而信任宦官之罪大。他說後來童貫和梁師成濁亂天下，人以為始於李憲之用事，孰知起於王安石之用程昉。呂中在論神宗朝王韶和李憲開邊之經過時，自然順著批評「自李憲而後，童貫之徒出矣。自熙河用兵而後，章、蔡得志，皆從事於湟鄯之地矣！西事粗定，北事雖起，宣和起釁於燕雲，自安石取予之說啟之，此豈非遺禍於後日哉？」〔註128〕

呂中在以上的章節尚借論神宗以前的政事來斥童貫掌兵預政之禍，以及承著李憲開邊之勢而導致後來伐燕所致靖康之禍。他在評述徽宗朝政事時，就直指徽宗重用童貫等小人之弊。他首先指徽宗用童貫、梁師成，即是神宗命李憲經制之意而更甚，復湟州和燕山，即是開橫山和熙河之意而更甚。他更痛言徽宗教小人任事，歷數童貫從崇寧元年知杭州監製器，二年就隨王厚合兵十餘萬復湟州。同年十二月，徽宗即以王厚及童貫領新置的措置邊事司。

〔註128〕呂中：《類編皇朝大事記講義》，卷一〈治體論〉，頁 37～38；〈國勢論〉，頁45；卷三〈太祖皇帝〉，第47條，「平盜賊」，頁84～85；卷五〈太宗皇帝〉，第29條，「誅奸臣抑宦官」，頁112；第30條，「宦官除盜有功」，頁113；卷十二〈仁宗皇帝〉，第58條，「契丹」，頁251；卷十四〈神宗皇帝〉，第15條，「兵費」，頁271；卷十五〈神宗皇帝〉，第31條，「浚河」，頁286～287；第33條，「開邊自此始」，頁287～289。按呂中〈國勢論〉一節，部份與章如愚所論雷同，不知是誰因襲誰。參見本章注115。

四年，授童貫熙河等路經略安撫制置使，大觀四年，加童貫節度使，而開內
侍建節之例，當童貫復洮州後，恃功稍擅軍政，選置將帥，不關報朝廷，徽
宗也不問。政和元年，派童貫使遼。四年，命童領樞密院事，委他派人約女
真攻遼。然後在宣和三年，派童平方臘，四年命他巡邊，五年命他入燕。呂
中跟著指徽宗以童貫監製器，以朱勔領花石綱。其後以童貫而用蔡京，以梁
師成而用王黼。他又批評不應使之領西師，又縱之通女真，甚至命他討方臘，
於是給人覺得，一個童貫可以任內修外攘之功。他直言「夫宦官者，腹心之
患也；夷狄者，手足之患也。宦官者，根本之禍也；夷灰者，枝葉之禍也。」
又說崇觀以來，陰氣盛矣，而小人、宦官和邊塞是同一氣類，縱使當時無邊
塞之禍，亦有宦官之禍。呂中在論童貫使遼後，接納李良嗣取燕之策，然後
聯金攻遼卻兩度兵敗的經過時，就譏諷童貫和蔡攸是甚麼人，敢以蚊負山。
他慨言致靖康之禍，不在於取燕，而在童貫不能取燕。他指包括童貫的宣和
奸臣，知取燕而不知取燕之險，亦不知郭藥師亦必為侯景（503～552）。他
並引述遼人及金人對童貫之輕視，說難道中國無人，而要用上童貫這等閹人。
〔註129〕呂中之論，代表士大夫對內臣帶著強大不信任且深惡痛絕的偏見。

呂中評說欽宗朝政事時，也說誅童貫等六賊之論，不發於在廷之公卿，
而發於太學之諸生，此乃學校公議，是忠義之所激。他也慨嘆當時以四海之
大，竟無一人可以繫天下之望，緣於大臣多出於蔡京父子、童貫、梁師成、
王黼之門，他們素行已不足以信天下。不幸的是，沒有依附他們的人如徐處
仁到李綱等都無大才略。〔註130〕

晚宋的劉克莊（1187～1269）在〈跋徽宗賜和詵御筆〉稱許「爾詵雖武
人，猶能持南北誓好，師出無名之論」時，就批評當時王黼主謀於內，童貫
專征於外，堅持出兵。他斥王、童二人罔上誤國之罪，上通於天。劉在文中
還沒有指出王、童不過執行徽宗意願，並非罔上。不過，他在〈讀崇寧後長
編二首〉就批評徽宗任用奸臣、內臣以致政治敗壞之責任，包括授兵權予童
貫等內臣，而用其議夾攻遼國。詩云：

〔註129〕同上書，卷二十一〈徽宗皇帝〉，第 2 條，「黜陟大臣」，頁 362；第 4 條，「小
人任事」，頁 364～365；卷二十二〈徽宗皇帝〉，第 14 條，「小人通虜」，頁
373～374；第 15 條，「夷狄 邊備」，頁 376～377。
〔註130〕同上書，卷二十三〈欽宗皇帝〉，第 3 條，「學校公議」，頁 383；第 5 條，「大
臣輕重」，頁 384～385。

（一）

自入崇寧政已荒，由來治忽繫毫芒。初為御筆行中旨，漸取兵權付左璫。
玉帶解來放貴倖，珠袍脫下賜降羌。諸公日侍鈞天讌，不道流人死瘴鄉。

（二）

陳迹分明斷簡中，繞看卷首可占終。兵來尚恐妨恭謝，事去徒知悔夾攻。
丞相自言芝產第，太師頻奏鶴翔空。如何直到宣和季，始憶元城與了翁。

　　值得一提的是，劉克莊為理宗朝官至參政兼知樞密院事的鄭性之（1172
～1255）撰寫神道碑時，卻記鄭在寧宗嘉定十一年（1218）十二月四日輪對
時，稱「淮東忠義雖曰區處得宜，然主客之勢不宜偏重。昔童貫欲處常勝軍，
使其進有所依，退有所憚，固一時之良策，議者恨其不早爾，今宜取其策而
戒其失。」童貫死後九十多年，這是首次有宋臣肯定他用常勝軍守燕而以陝
西軍輔之監之之策。〔註131〕

　　魏了翁學生、嘉定十六年（1223）登第，為度宗（1240～1274，1264～
1274在位）奉為師的翰林學士牟子才（？～1265），在理宗淳祐十二年（1252）
論天變時，就引述宣和自元年之大水，徽宗御筆內批猶絡繹不絕，神霄寶籙
之崇奉仍自如，花石應奉之科擾仍無禁，直至梁師成和童貫之流結怨東南，
召釁西北，不到五六載，就寇入中國。他認為這是以陰召陰，理所必然。以
為北宋之亡，就亡於梁、童之罪過。他在翌年（寶祐元年，1253）再論朝士
干謁之非，從神宗朝「李士寧以卜祝賤流招權納勢，朝士曲意交結，多有書
尺往還，惟王旦一人無書尺」，而歷數「童貫輩以內侍彊幹為上所信，士大夫
爭趨其門，至書姓名於簿，宇文粹中一人無姓名」。後來因火災上封事，牟再
次指斥近習之溺，惟閹寺為甚，他說宣和的王黼、童貫就陰懷異志，搖撼國
本，欲廢立欽宗。而梁師成、朱勔陰賊於內，結怨於外。〔註132〕童貫和梁師
成都是他口誅筆伐的陰人。

〔註131〕劉克莊：《後村先生大全集》，《四部叢刊初編》本，卷四〈讀崇寧後長編二首〉，
　　　　葉七上下（頁34）；卷一百三〈跋題‧徽宗宸翰三〉，葉一下至二上（頁889
　　　　～890）；《全宋文》，第三百三十一冊，卷七六一九〈劉克莊一三三‧毅齋鄭
　　　　觀文神道碑〉，頁148。
〔註132〕《宋史》，卷四百十一〈牟子才傳〉，頁12355～12361；《全宋文》，第三百三
　　　　十四冊，卷七七零一〈牟子才四‧乞責輔臣以弭天變疏‧淳祐十二年〉，頁
　　　　286（原載《歷代名臣奏議》卷三一二）；〈乞斥枉道干謁者疏‧寶祐元年〉，
　　　　頁292（原載《歷代名臣奏議》卷一一七）；卷七七零七〈牟子才十‧上火災
　　　　封事〉，頁383～384（原載《歷代名臣奏議》卷三一二）。

曾於童子時謁見牟子才，被許以遠大，在理宗寶祐四年（1256）高中狀元的文天祥（1236～1283），在是年五月戊戌（初八）的廷對中批評徽宗的弊政時，也就引述「宣靖間創御筆之令，蔡京坐東廊，專以奉行御筆之職，其後童貫、梁師成用事，而天地為之分裂者數世，是可鑒矣。」〔註133〕

早文天祥一榜高中寶祐元年（1253）狀元的姚勉（1216～1262），在景定元年庚申（1260）三月，以承事郎秘書省正字上奏，劾權閹董宋臣（？～1260）時而論內臣之禍時，就說：

> 漢之曹節、王甫其權盛矣，他日東都宦者之禍非曹節、王甫遺之乎？唐之仇士良、魚朝恩，其燄熾矣，後來唐末宦者之禍，非士良、朝恩遺之乎？然則庇而護之者，適非所以保全之也。高宗朝張浚在督府，上疏乞斬馮益，趙鼎謂其罪雖曖昧未明，不可不置之疏遠，遂與外祠。外祠雖不如內省之樂也，而馮益則無康履之事矣。孝宗朝甘昇亦竊弄威福，厥後孝宗出昇湖州居住。湖州固可如錢塘之美也，而甘昇則無童貫之誅矣。然則疏而斥之者，正所以保全之也。〔註134〕

在姚勉筆下，童貫不得善終，正因他在內而徽宗寵之。他倒沒有說明，童貫犯了欽宗許多大忌，才非死不可，不關乎在內抑在外。

史官高斯得（1201～1277後）在景定三年（1263）九月，閱讀徽宗在政和六年賜趙遹御筆時，也引述趙遹兩度上奏，以不可輕信童貫，規取全燕以開邊釁。高評說趙的兩奏皆懇切有忠君憂國之誠，他以趙的諫伐遼之疏，只載於《三朝北盟會編》，而不載於國史，殊有失。他感慨趙遹在真定時，北事已萌而未盛。到趙去職始大熾。他說當時受任之臣，若皆如趙之老成持重，不徇姦臣，中天之禍豈會至此。〔註135〕他筆下的姦臣，自是童貫無疑。

童貫在整個南宋時期，不斷被文臣提起他導致靖康之難的罪過，指斥他是死有餘辜。文臣如此起勁地口誅筆伐他，除了掩蓋徽、欽二帝於亡國的責

〔註133〕佚名編：《宋寶祐四年登科錄》，文淵閣《四庫全書》本，卷四，葉二十五下；文天祥：《文山先生全集》（北京：中國書店，1985年3月），卷三〈文集・對策・御試策一道有題〉，頁52。

〔註134〕姚勉（撰），曹詣珍、陳偉文（點校）：《姚勉集》（上海：上海古籍出版社，2012年3月），卷三〈封事・擬上封事・庚申三月〉，頁19～20。

〔註135〕高斯得：《恥堂存稿》，卷五〈題跋・跋趙遹所受徽宗皇帝御筆〉，葉七上下。趙遹上奏的背景，可參第四章頁118及註89。

任外，最重要是以他為內臣弄權的鑑戒，警惕君主勿重蹈覆轍，在客觀上他們是成功的。終南宋之世，內臣不復徽宗朝如此專權任事，也再沒有出過權勢近似童貫的權閹。

第十一章　鐵案難翻：童貫在元代以後
##　　　　的評價變化

　　從元代以降，人們不用再忌諱議論徽、欽二帝的責任，對於童貫的評價，
雖然《宋史‧童貫傳》基本上抄錄宋國史的說法，但對於徽、欽二帝就多了
一點客觀的論述，對他們的過錯也不再諱言。明代士大夫感於宦官專權，對
於童貫等徽宗權閹，自然著意口誅筆伐，以寄他們對本朝宦官亂政之不平。
清代嚴禁宦官干政，文臣自樂於引述童貫覆國之教訓，惟清代宦官作惡不多，
清人論童貫之惡，也與明人輕重有別。然而，童貫作為靖康之難的禍首，仍
是鐵案難翻。

一、冷眼旁觀、借古諷今：元明人對童貫的評價

　　易代之後，元人對徽宗及童貫的批評較少了感情的因素，而多了事實的
剖析。外號清容居士的袁桷（1266～1327）奉詔預修遼金宋史時。他就指出
宋國史回避了徽宗背盟契丹，命童貫取燕京之事。另也諱言了徽、欽二帝圍
城受辱，北行遭幽禁之事。他主張據有關的私家著述補正。[註1]

　　宋遺民劉一清（？～1360後）在論宋廷兩番夾攻遼金的事上之誤，曾說
「宋之與鄰國有兩失。宋之與遼，自真宗澶淵之後，以姪事本朝，世守歡盟。
一旦從女真之請，議夾攻遼。高麗嘗遣使尋醫，託其言以勸中國矣，而徽宗
不信，又啟脣亡齒寒之患矣。童貫兵出白溝，而無紀律，兵抵燕京而即奔潰，

〔註1〕袁桷（撰），李軍、施賢明、張欣（校點）：《袁桷集》（長春：吉林文史出版社，
　　　2010年12月），下卷，《清容居士集》，卷四十一〈修遼金宋史搜訪遺書條例
　　　事狀〉，頁592～595。

金人哂之，反得以欺我，卒致靖康之禍。」〔註2〕劉氏並沒有將靖康之難全歸罪於童貫，他清楚知道要聯金伐遼，是徽宗的主意，只怪童貫執行得太差。

元人官修《宋史》，撰寫徽宗紀贊的史臣（可能是監修的脫脫），論徽宗失國之由，頗為中肯。其中特別提到蔡京與童貫是導引徽宗失國的兩大禍首，但徽宗的責任卻是主要的：

> 跡徽宗失國之由，非若晉惠之愚、孫皓之暴，亦非有曹、馬之篡奪，特特其私智小慧，用心一偏，疏斥正士，狎近奸諛。於是蔡京以猥薄巧佞之資，濟其驕奢淫佚之志。溺信虛無，崇飾遊觀，困竭民力。君臣逸豫，相為誕謾，怠棄國政，日行無稽。及童貫用事，又佳兵勤遠，稔禍速亂。他日國破身辱，遂與石晉重貴同科，豈得諉諸數哉？昔西周新造之邦，召公猶告武王以不作無益害有益，不貴異物賤用物，況宣、政之為宋，承熙、豐、紹聖椓喪之餘，而徽宗又躬蹈二事之弊乎？自古人君玩物而喪志，縱欲而敗度，鮮不亡者，徽宗甚焉，故特著以為戒。〔註3〕

但是，元史的編者在同書《宦者傳》的序則說「然而宣政間童貫、梁師成之禍，亦豈細哉？南渡苗劉之逆，亦宦者所激也。《坊記》曰：『君子之道，辟則坊與！大為之坊，民猶踰之。』可不戒哉！作《宦者傳》。」仍以童貫及梁師成作為靖康之禍的禍首。〔註4〕

明人對童貫的批評，和元人一樣，實際上是批評徽宗為主。他們已無須像南宋人那樣顧忌。好像明英宗朝大儒、河東學派創始人薛瑄（1389～1464）便批評「宋徽宗結金人攻遼之事，始於童貫挾馬植來，小人之肇亂也如此。」〔註5〕他稍後的鄭瑗（？～1481後）談到徽宗下令編的《宣和博古圖》時，就不客氣地說「予謂以道君之好稱文，而重以蔡京、王黼、童貫、朱勔等之巧求，曲飾以恩媚其君，受命鎮國二寶，尚不難於假托撰造，況其他乎？」〔註6〕

明宣宗（1399～1435，1425～1435在位）對靖康之禍則有獨到的看法，他說：

〔註2〕劉一清（撰），王瑞來（校箋考原）：《錢塘遺事校箋考原》（北京：中華書局，2016年3月），卷二，「夾攻遼金」條，頁74。

〔註3〕《宋史》，卷二十二〈徽宗紀四〉，頁418。

〔註4〕《宋史》，卷四百六十六〈宦者傳一・序〉，頁13600。

〔註5〕薛瑄：《讀書錄》，文淵閣《四庫全書》本，卷十一，葉二上。

〔註6〕鄭瑗：《井觀瑣言》，文淵閣《四庫全書》本，卷二，葉九下。

夷狄為患，自古有之，未有若宋之甚者。靖康之禍，論者以為
不當通女真攻契丹取燕雲之地，亦非根本之論。是時天祚失道，內
外俱叛，取可也；女真以方強之勢，乘契丹之弊，後日必與我為鄰；
燕雲之地，太宗百戰不能剋，乘時取之，亦不為過。若究禍之根本，
蓋是自熙寧至宣和五六十年，小人用事，變易法度，民苦征徭，軍
無紀律，國家政事，日凌月替，遂為夷狄所侮，致有此禍。〔註7〕

明宣宗是有為的君主，站在君主的立場，他當然認為趁遼衰敗時收復燕
雲是對的做法。他雖沒有點童貫的名字，但「小人用事，變易法度，民苦征
徭，軍無紀律，國家政事，日凌月替」自然少不了童貫的份。他因侍臣觀《宋
史》，聞侍臣說宋武備不飭，率流於弱，說當時未必無將才，若宋主留意斯事，
必有其人出。他又評說「宋之君（指徽欽二帝）誠失之弱，將帥雖有才，亦
不得展，必為小人所壞。大抵宋之亡柄，用小人之過也。」他口中的小人，
自然呼之欲出。〔註8〕

另外，明英宗正統十三年戊辰科（1448）狀元，憲宗朝首輔的彭時（1416
～1475），對於武將寧晉伯劉聚請給其從父、歷事四朝七十年並屢立戰功，人
稱為劉馬太監的劉永誠（1391～1472）封諡及賜額「褒功」，就極力反對。他
認為將來守邊內臣都會援此例求請，就會變祖宗法度。有人引童貫封王的例
子，彭時即反駁說童貫封王，在徽宗末年，豈是盛世所應行乎？因他的上言，
其事乃寢。〔註9〕

憲宗朝官至戶科給事中的賀欽（1437～1510），在論內臣掌兵權時，也痛
言「自趙高亡秦以來，宦官之禍無代無之，如漢之弘恭、石顯、單超、侯覽；
唐之程元振、魚朝恩、仇士良、李輔國；宋之童貫、梁師成輩，載在史冊，
不暇悉數。」〔註10〕

明孝宗朝任禮部侍郎的名臣程敏政（1446～1499），在撰文論在鎮江京峴
山的宗澤墓田時，慨嘆「自神宗用王安石，國脈潛耗，至於徽宗以侈靡促之，

〔註7〕余繼登（1544～1600）（撰），顧思（點校）：《典故紀聞》（北京：中華書局，
　　　1981年7月），卷九，頁155。
〔註8〕余繼登：《典故紀聞》，卷十，頁179。
〔註9〕張廷玉（1672～1755）等（纂）《明史》（北京：中華書局，1974年4月），第
　　　十五冊，卷一百七十六〈彭時傳〉，頁4683～4687。
〔註10〕賀欽：《醫閭集》，文淵閣《四庫全書》本，卷八〈奏稿‧辭職陳言疏〉，葉十
　　　三上下。

童貫喪師，以啟邊釁，四郊多壘，徽欽蒙塵。」除批評徽宗侈靡外，也將北宋之亡，算在童貫頭上。〔註11〕

與程敏政同時，孝宗時官至刑部尚書的何喬新（1427～1502）在論宋代史事時，認為宋太宗用王繼恩討李順，就是「堂堂大宋，顧使趔趔武夫，聽命於刑臣；嘽嘽王旅，屈膝於閹豎，猶為國有人乎？」他慨言「其後李憲帥師以伐夏，童貫專兵以伐遼，啟之者，太宗也，豈非萬世之永戒哉？」何氏也說「宋以李憲、童貫統邊兵，禍敗之迹，史不絕書，真萬世之鑑也。」何氏對李憲師徒先後統軍，力斥其非，倒不是說二人無帥師之才，只為是閹官，受到歧視。當然何氏身當明代內臣用事之時，自然有此不滿。他也慨言童貫之開邊，正是蔡京、王黼從而附之，他批評蔡京等皆奸人之尤，不知其平日讀聖賢書，所學何事。何氏指出若非蔡京之流的迎合，童貫未必得志。他也批評宇文虛中之死，不能與死節者比，因童貫這樣奸閹之雄，有志節者那肯為其所用，而宇文虛中竟為之參謀，實在不恥。何氏對依附宦者的文臣，盡都不齒。〔註12〕

比程敏政稍後的張志淳（1457～1538）也批評徽宗用宦官之失，他論叛宋的偽齊劉豫時，就引述劉豫遷汴後，與民約自今不用宦官的事。張氏指出徽宗任童貫、李彥及楊戩之時，正所以取怨於民甚深。他說劉豫能夠僭號天子而能善終，正因他能去用宦官之弊。〔註13〕

明武宗朝首輔楊廷和（1459～1529）和彭時一樣，以童貫封王為非。當他論內臣封侯為非時，除了反駁所謂劉永誠封侯並非事實外，又引述東漢一日封五宦官為侯，實非盛世事，而指宋童貫至封王爵，後竟如何？楊批評徽宗濫封童貫為王，竟至亡國。〔註14〕

楊廷和的兒子楊慎（1488～1559）在論三公之授時，也批評徽宗之濫授，說「漢唐以來三公濫授，莫甚於宋之宣和。所授非人固不待言，而名體有未

〔註11〕程敏政：《明文衡》，文淵閣《四庫全書》本，卷三十二，〈復宗簡公墓田記〉，葉十八上下。

〔註12〕何喬新：《椒邱文集》，文淵閣《四庫全書》本，卷四，「李順陷成都詔以宦者王繼恩為兩川招安使帥師討之」，葉二十四下至二十五下；卷五，「論救坐貶」條，頁四上下；卷六，「詔童貫蔡攸勒兵巡邊以應金」條，葉六下至七上；「金殺其翰林學士宇文虛中」條，葉二十二下至二十三下。

〔註13〕張志淳：《南園漫錄》，文淵閣《四庫全書》本，卷四，「劉豫」條，葉三下至四上。

〔註14〕楊廷和：《楊文忠三錄》，文淵閣《四庫全書》本，卷三，葉十一上下。

正者，蓋鄆王、肅王輩為之，是以子為師傅也；童貫為之，是以廝役為師傅也。」楊氏既諷徽宗不識體，也恥童貫為廝役。〔註15〕

與楊慎同時的袁裒（1509～1558），在評論本朝宦官專政之禍時，便引述唐代甘露之變後，「世主不悟，寄以腹心，優其寵祿。童貫之徒，卒以亡宋，喪亂相尋，靡有寧已。」〔註16〕將北宋之亡，歸罪於童貫。與他同時的葉山（1504～？）在談易時也將北宋之亡歸罪童貫、蔡京、王黼及梁師成等四人。〔註17〕

明中葉大思想家、人稱甘泉先生的湛若水（1466～1560）因論陳東上書請誅蔡京、童貫等六人，也就指出蔡京等六人，「在徽宗之朝各以奸邪惑主危國，而徽宗明不足以知之也。君臣以酒色相娛，屢幸私第，禮如家人，則體統紊矣；開邊生事誤國，則綱紀頹矣；祖宗舊章紛更殆盡，則法度壞矣；聚斂無經，刑殺肆志，則政事亂矣；斥黜忠直，竄死遠方，仁賢殄矣。舉措若此，尚何以安天下乎？」湛氏對徽宗的批評毫不客氣。他又說宣和三年正月方臘亂起，童貫承詔罷蘇杭應奉局花石綱，徽宗以東南平亂之事付童貫，並說如有急，即以御筆行之。他批評徽宗在此事上不以詢眾大臣，而以御筆付童貫，就啟宦侍矯旨之漸。批評童貫之惡之餘，湛若水並沒有為徽宗的過錯辯護。〔註18〕

約在明世宗朝，題為正誼堂編撰的《宋史筆斷》的作者，〔註19〕對於徽宗批評尤為直接，童貫和蔡京等所幹的壞事，都是徽宗的責任。他首論「崇寧元年，以蔡確配享哲宗廟庭，命內侍童貫如杭州監造御前生活，仍詔司馬光、呂公著等四十四人各奪官有差。」然後就指徽宗「乃後大興土木，窮索珍奇，煥臺館之瓊瑤，列綱運之花石。舊盟遼主，棄之自毀藩籬；新結女真，養之若招狼虎。委童貫而為大將，再敗王師；封蔡京而為魯公，重污國典。」他又慨言「徽宗天奪其鑑，不能任賢，乃以蔡京為相，童貫握兵。」他又在

〔註15〕楊慎（撰），梁佐（編）：《丹鉛餘錄・總錄》，文淵閣《四庫全書》本，卷十六，「三公」條，葉三上下。
〔註16〕袁裒：《世緯》，文淵閣《四庫全書》本，卷上，葉十九上。
〔註17〕葉山：《葉八白易傳》，文淵閣《四庫全書》本，卷六，葉八下。
〔註18〕湛若水：《格物通》，文淵閣《四庫全書》本，卷六十六，葉三上至四上；卷八十，葉五上至六上。
〔註19〕考《宋史筆斷》一書為李濂《汴京遺蹟志》所引用，《汴京遺蹟志》於嘉靖二十五年（1545）刻板，據此，《宋史筆斷》當撰於嘉靖二十五年前。參見李濂：《汴京遺蹟志》，「校點說明」，頁1～3，卷四〈山嶽〉，「宋史筆斷論花石綱之害」條，頁62～63；卷十三〈雜志二〉，「宋史筆斷論靖康災異」條，「宋史論斷論汴京難守」條，頁324～326。

「大觀二年，童貫授武康軍節度熙河等路宣撫，內臣建節始於此。」一條下，毫不客氣地責備徽宗應負靖康之禍的全責，童貫倒不負惟一的責任：

漢唐以來宦官典禁兵以致亂，為監軍以取敗者，固非一人焉。宋徽不能鑑此，乃以童貫總握重兵，用專征伐，雖至喪師辱國，而尤不悟其非。此無他，良由蔡京為相，忌賢嫉能，欲專權位，故舉易制家奴代，已而操兵柄耳。嗟乎國之大政惟在兵戎。蓋兵者，保國之屏翰，禦武之凶器。將者，三軍之司命，人君之股肱，自非兼資文武，契合神明，仁足以安邦，義足以服眾，亦何以當之。……而徽宗以淫聲美色蕩其心，瓊臺玉館荒其志。遂舉太阿之柄輕付閹豎小人。既加貫以武康節度熙河等路宣撫，復加檢校司空易鎮泰寧，貫自是恃功驕恣，選置將吏，皆取中旨，不復聞朝廷矣。嗟乎！徽宗以貫為大將者，蓋以為天下晏安無事，於武故不擇人而任之，殊不知西戎北狄，久蓄獸心，但俟中國有變，然後肆其侵軼矣。……今當大觀之間，乾順伺隙於西，遼金觀釁於北，正中背不貼席之時，豈四海豐亨豫大之日？徽宗不思其患，乃以尚父之任而屬於童貫，復使其聘於虜庭，辱我華夏，安得不為夷夏所輕，而延八國之寇哉。所以有太原鼠竄之遁，而致青城再合之圍也。雖然徽宗不能擇人任將，故致靖康之禍。雖三尺之童亦皆為其悔也矣。徽宗於國破蒙塵之日，惟以不用种師道之言為恨，略無語及誤用童貫之為悔。噫！已固無暇及此，以自戒為子孫，而目睹者可不深以為戒乎？……相蔡京而濟奢淫，將童貫而墮軍實，天怒於上，民怨於下不知，乃信林靈素之言，自謂長生帝君，用懇於上帝，願令金狄歸於正道。……宋之取遼，當取於太平興國之時，不當取於宣和危亂之日，徽宗不能知此，乃何童蔡匹夫之謀，通使女真，約攻天祚，其意以為當如晉之假道於虞，既平遼國，然後乘機以滅金耳。雖高麗遠邦亦知之矣。故安堯臣等上言曰臣謂啟燕雲之役，異時唇亡齒寒，狼子野心，必伺吾際而逞其所欲矣。……徽宗溺於昏亂，而皆不之聽。至於王師再敗，中原鼎沸，金人大入，然後思幸亳州，以避其鋒，不亦晚乎。愚故以為啟燕雲之役而誤國者，非獨蔡京、童貫主之，亦由徽宗自主之也。〔註20〕

〔註20〕不著撰人：《宋史筆斷》，哈佛大學燕京圖書館明代影印本，卷八〈宋徽宗〉，葉二上下，十二下，十三上至十四下；十七下至二十上；李濂：《汴京遺蹟志》，卷十三〈雜志二〉，「宋史筆斷論靖康災異」條，頁324～325。

　　除了指出徽宗的責任外，《宋史筆斷》的作者早也頗有識見地指出王黼、童貫及蔡京等，所以力主攻遼，是因為他們「自知無功於國，恐不容於公論，所以戮力同心，必欲滅遼而後安享富貴。」他也慨言徽宗早信鄧肅之言，誅蔡京，戮朱勔，竄童貫，族王黼，絕愉目之奇玩，救勞苦之生民，則宗翰、宗望雖猛如狼虎，亦不敢入侵。〔註21〕

　　該書作者論宋欽宗時，也同情地說「靖康之難，非欽宗之所致，乃徽宗召之也。」他也認為欽宗誅殺其父的寵臣包括童貫，絕對正確，「所謂選用大臣，則蔡京、王黼誤國之罪而可容於不討乎？所謂裁抑內侍，則童貫、梁師成專橫之惡而可容於于誅乎？」他談到蔡京貶死，童貫被誅，就有一番看法，而對徽宗自取敗亡，並不同情：

　　　　蔡京之竄，當竄於倡和豐亨豫大之日，蔡攸之斬，當斬於淫媟
　　謔浪之時。童貫之誅，當誅於謀復燕雲之際，今而天命已去，人心
　　已離，禍亂已成，戎馬已至，然後同時加戮，不亦晚乎。是知三賊
　　之誅，非徽宗為天下誅之，乃欽宗為金人驅迫使然而誅之也。斯與
　　唐玄幸蜀，將士飢渴，怒請誅楊國忠之事，同出一轍耳。然唐玄父
　　子獲免於難，而宋徽父子卒至陷虜者何歟？蓋唐玄親平內難而得天
　　下，宋徽自作不軌而亂四海故也。〔註22〕

　　明神宗朝官至左都御史的溫純（1539～1609），在論天災時，即評說只有宋神宗君臣謂天變不足畏，人言不足恤，祖宗不足法，「而青苗手實所斂，猶藉以充軍國之用，乃竟釀禍。宋室以利端一開，而呂惠卿、童貫輩中外小人，引類接踵，以中人主之欲，以至于亡，而今不可寒心耶？」也就批評童貫迎合徽宗之欲而致禍。〔註23〕

　　神宗朝文豪王世貞（1526～1590）在其所撰的《弇州四部稿》〈中官考一〉一文中論歷代內臣之禍，於宋代就特別提到「宋之宣政，梁師成為內，童貫為外，酣歌高飲，以成靖康之禍。」他又批評徽宗濫封官爵，「自蔡京之公兩國，而公制紊矣；童貫之為王，而王制隳矣。南渡以後，所謂王者，遂冒于

〔註21〕不著撰人：《宋史筆斷》，卷八〈宋徽宗〉，葉二十一下至二十上，二十八上至二十九下；李濂：《汴京遺蹟志》，卷四〈山嶽〉，「宋史筆斷論花石綱之害」條，頁62～63。

〔註22〕不著撰人：《宋史筆斷》，卷八〈宋欽宗〉，葉三十一下至三十二上。

〔註23〕溫純：《溫恭毅集》，文淵閣《四庫全書》本，卷六，〈國禍日亟天聽日高謹合疏力懇銷弭疏〉，葉五，十四上下，十七下。

宰執如檜、如佗胄、如彌遠矣。」王又在其《讀書後》引述《宋史・林靈素傳》，並參照《歷世真仙體道通鑑》其他記載，稱林靈素在徽宗前曾攻擊蔡京為「北都六洞魔王第二洞大鬼頭」，童貫為「飛天大鬼母」，勸徽宗誅之。另記林又與張虛靜（白）侍帝晏游禁中，見元祐姦黨碑而賦云：「蘇黃不作文章客，童蔡翻為社稷臣，三十年來無定論，不知姦黨是何人。」後記宣和初年大水犯京，林靈素竭其術不能退，於是失寵，但其後復上疏說蔡京是鬼魁，童貫是國賊。徽宗任以重權，付之兵衛，就國事不修，奢華太甚，切忌丙午、丁未兵馬長驅，腥血萬里，兩宮天眷不能保守。〔註24〕王世貞借宋人的記載，痛言蔡京、童貫之誤國。

王世貞也在同書評說啟外釁自王黼和童貫始，損耗中國，蠱徽宗之心，則自蔡京始。故他認為致宣和、靖康之禍者，蔡京為首，王黼和童貫次之。〔註25〕

明末毛一公（？～1620後）撰寫《歷代內侍考》，對童貫的事蹟基本上抄自《宋史・宦者傳》，而他論童貫之過惡，其實有感而發，他借批評徽宗之授童貫大權高位，而暗諷時局：

> 論曰：兵者，國之大事，而將則三軍之司命，國之輔也，可不慎與？大易於帥，蓋詳哉其言之矣。曰：大人吉，弟子凶。明將非其人，則執言雖利，尚不免於輿尸耳。童貫少出李憲之門，性本善伺志，復邀功寵至東征北伐，進止自由，壞亂軍政，流毒四方。汴宋之亡形而成，而貫侈然使相矣。俄而三公矣，又係而胙土進王爵矣。馴致金人敗盟，宗社岌岌，而始竄之殛之，嗟何及乎。然後信聖人之慮遠。而王者欲懷萬邦，慎不可輕三錫之命於小人也。〔註26〕

在明熹宗天啟時的東林黨與閹黨之爭中，更有官至刑部尚書的王紀（？～1624），在天啟二年（1622）將權閹魏忠賢（1568～1627）比作童貫，而將

〔註24〕王世貞：《弇山堂別集》，文淵閣《四庫全書》本，卷三十七〈中官考一〉，葉一上至三下；續稿卷一百五十九，葉十一上至十二下；王世貞：《讀書後》，文淵閣《四庫全書》本，卷八，葉十四上至十五下。按《宋史・林靈素傳》未有記林靈素兩番攻擊蔡京和童貫的話。參見第五章頁142～143及注16。

〔註25〕王世貞：《弇山堂別集》，卷一百四十，葉十九上下；續稿卷四十九，葉十六上。

〔註26〕毛一公（撰）：《歷代內侍考》，載《續修四庫全書》（上海：上海古籍出版社據浙江圖書館藏清抄本影印，2002年），第517冊，《史部・傳記類》，卷十二，「童貫」條，頁128～129。

和他交結的禮部尚書大學士沈潅（？～1624）比為蔡京。王紀說沈潅與蔡京生不同時而事實相類，其結納魏忠賢與蔡京之契合童貫相同。〔註27〕

　　被列為東林黨的吳江人監察御史周宗建（1582～1625），在劾魏忠賢時，亟陳內臣典兵有三不可九害，他並說漢中常侍之竊政，遂致黃巾之禍；唐北司之擅權，遂馴至藩鎮之禍。宋童貫之頻年用兵，遂釀徽、欽二帝五國城之禍。他也直指童貫是靖康之禍的罪魁。然他在天啟六年（1625）卻死在當代童貫魏忠賢之手。〔註28〕

　　明思宗（1611～1644，1627～1644 在位）繼位後，負責審訊魏忠賢一黨的刑部尚書蘇茂相（1566～1630），對於內臣擅政，自然批評不已。他曾慨言：「錦衣衛慘刑宜汰，而以防內侍預政，釐租飭邊為第一義。謂漢唐宋盛時，主德英明，決無所謂張讓、趙忠、田令孜、童貫者。」整個宋代內臣，他獨點了童貫之名。他也暗諷徽宗之不明。〔註29〕

　　明季的理學大師劉宗周（1578～1645）也在崇禎二年（己巳）十二月十五日上奏，在論宦官典兵事上，力陳「自古未有宦官典兵而不誤國者，唐魚朝恩、宋童貫可為千古炯鑑，豈皇上聖明慮不及此。」〔註30〕

　　與蘇茂相及劉宗周同時的王志長（？～1644 後）則指責童貫另一罪過，就是與王黼專以應奉司來啟徽宗的侈心，以至禍不可勝言。〔註31〕其實二人只是迎合徽宗而已。

　　明清之際的孫承澤（1592～1676）也對徽宗為了厚寵蔡京、童貫而破壞制度，加以批評，指徽宗封「蔡京之公兩國，而公制紊矣；童貫之為王，而王制踰矣。南渡以後，所謂王者，遂冒於宰執如檜、如侂胄、如彌遠矣。」〔註32〕

〔註27〕《明史》，第二十一冊，卷二百四十一〈王紀傳〉，頁 6267～6270。陳鼎（1650～？）：《東林列傳》，文淵閣《四庫全書》本，卷十三〈王紀傳〉，葉十七下至十八上 。考王紀字惟理，芮城（今山西運城市芮城縣）人，萬曆十七年己丑科（1589）進士，天啟二年時任刑部尚書，依附閹黨的刑部主事徐大化為紅丸案開脫李可灼等人之罪責，於是王紀上奏嚴劾。

〔註28〕陳鼎（1650～？）：《東林列傳》，卷四〈周宗建黃尊素列傳〉，葉七上至八下。

〔註29〕黃宗羲（1619～1695）（編）：《明文海》，文淵閣《四庫全書》本，卷三百九十一〈名臣傳五・大司寇蘇公傳〉（蔣德璟撰），葉十一上。

〔註30〕劉宗周：《劉蕺山集》，文淵閣《四庫全書》本，卷二〈冒死陳言疏・崇禎己巳十二月十五日上〉，葉二十八下至二十九上；沈佳（？～1688 後）：《明儒言行錄》，文淵閣《四庫全書》本，卷十，葉二十四下。

〔註31〕王志長：《周禮注疏刪翼》，文淵閣《四庫全書》本，卷三，葉三十三下。

〔註32〕孫承澤：《春明夢餘錄》，文淵閣《四庫全書》本，卷三十，葉六上。

　　與孫氏同時，明亡不仕，人私諡為文孝先生的刁包（1603～1669），感國亡之痛，他在《易酌》中列出歷代姦臣致亡國者，從秦的李斯（前280～前208）、趙高（前258-前207），漢之梁冀（88～159），唐之李林甫、楊國忠（700～756），到宋之蔡京、童貫、賈似道（1213～1275）、韓侂冑，他說「皆其鑒也」。〔註33〕刁氏即持童貫為亡國禍首之論。

　　至於抗清而殉的黃道周（1585～1646），也慨言童貫之致禍，在用宦官統兵，他說唐「九節度以弟子隤李郭之師，童貫以婦人啟馬、趙之釁，動靜剛柔，其義可知」另外，他也將童貫封王與李輔國封王相提並論。〔註34〕

　　谷應泰（1620～1690）撰《明史紀事本末》，評論明英宗（1427～1464）的權閹王振（？～1449）倡謀，而導致土木之變之禍時，就說「宜乎靖康誅童貫」，將童貫與王振相提並論。〔註35〕

　　與谷應泰同時的江蘇吳江人朱鶴齡（1606～1683）是少數沒有苛責童貫取燕的人。他評說「海上之盟，但云燕雲兩路，而不及平州，不知平州之東為渝關（即今山海關）。渝關以東乃金人來路，不得平州為關隘，則蕃漢雜處，雖全得燕雲，不能守也。況山後諸州，金人旋背初約乎。宋之武功不競，蓋不待宣和而已然矣，于童貫諸人何尤？」〔註36〕

二、知人論世：清人對童貫、徽宗的評價

　　清初三大師的王夫之（1619～1692）的《宋論》卷八〈徽宗〉所論童貫導致靖康之禍的責任甚為精辟和深刻，他雖說「靖康之禍，自童貫始」，但他並不將責任全歸於童貫：

> 靖康之禍，自童貫始。狄夷不可信而信之，叛臣不可庸而庸之，逞志於必亡之契丹，而授國於方張之女直。其後理宗復尋其覆軌，以訖其大命。垂至於後，猶有持以夷攻夷之說取敗亡者，此其自蹈於凶危之阱，昭然人所共喻矣。而宋之一失再失以隕命者，不僅在

〔註33〕刁包：《易酌》，文淵閣《四庫全書》本，卷五，葉八上。
〔註34〕黃道周：《榕壇問業》，文淵閣《四庫全書》本，卷十二，葉十一下；黃道周：《易象正》，文淵閣《四庫全書》本，卷八，葉三十上下；卷十，葉二十一上下。
〔註35〕谷應泰：《明史紀事本末》，文淵閣《四庫全書》本，卷三十二，葉九上。
〔註36〕朱鶴齡：《愚菴小集》，文淵閣《四庫全書》本，卷十三，「讀宋史曹彬傳」條，葉十四上下。

此。藉令徽宗聽高麗之言，從鄭居中、宋昭之諫，斥童貫、王黼之
姦，拒馬植、張瑴之請，不以一矢加邊，而且輸金粟、起援兵、以
衛契丹，能必耶律淳之不走死乎？能必左企弓之固守燕山而不下乎？
能使女直不壓河北而與我相迫乎？能止女直之不馳突渡河而嚮汴乎？
夫然，則通女直之與不通，等也；援遼之與夾攻，等也。童貫與受
其敗，而宋之危亡，非但貫之失算也。

　　輟夾攻之計以援遼，遼存而為我捍女直，此一說也，宋豈能援
契丹而存之者？以瓦解垂亡之契丹，一攻之，而童貫敗於白溝矣；
再攻之，而劉延慶、郭藥師敗於燕山矣。攻之弗能攻也，則援之固
弗能援也。不可以敵熸火將熄之蕭幹，而可以拒燎原方熾之粘沒喝
乎？拒契丹而勿援，拒女直而勿夾攻，則不導女直以窺中國之短長，
守舊疆以靜鎮之，此一說也，近之矣。乃使女直滅遼，有十六州之
地，南臨趙、魏，以方新不可遏之銳氣，睥睨河朔之腴土，遣一使
以索歲幣，應之不速而激其忿怒，應之速而增其狎侮。抑能止鋒戢
銳，畫燕自守，而不以吞契丹者齕我乎？然則夾攻也，援遼也，靜
鎮也，三者俱無以自全。蓋宋至是而求免於女直也，難矣。

　　自澶州講和而後，畢士安撤河北之防，名為休養，而實以啟真
宗粉飾太平之佚志，與封祀、營土木者十八載。仁宗以柔道為保邦
之計，劉六符一至，而增歲幣如不遑，坐銷歲月於議論之中者又四
十一年。神宗有自強之志，而為迂謬之妄圖，內敝其民於掊克，而
遠試不教之兵於熙河。契丹一索地界，則割土以畀之，而含情姑待，
究無能一展折衝之實算。元祐以還，一彼一此，聚訟盈廷，置北鄙
於膜外者又二十餘年。閫無可任之將，伍無可戰之兵，城堡湮頹，
戍卒離散。徽宗抑以嬉遊敗度，忘日月之屢遷。凡如是者幾百年矣。
則攻無可攻，援無可援，鎮無可鎮。請罷夾擊之師者，罷之而已；
抑將何以為既罷之後畫一鞏固之謀邪？故曰童貫誤之，非徒童貫誤
之也。〔註37〕

王夫之對徽宗的責備比童貫還要重，他指徽宗將國家大事形同兒戲，操
弄權術，於是君臣同戲，如何不敗亡：

〔註37〕王夫之（撰），舒士彥（點校）：《宋論》（北京：中華書局，1964 年 4 月），卷
　　　　八〈徽宗三〉，頁 150～151。

徽宗之相京也，雖嘗賜坐而命之曰：「卿何以教之？」亦戲也。
實則以弄臣畜之而已。京之為其所欲為也，雖奉王安石以為宗主，
持紹述之說以大殘善類。而熙、豐之法，非果於為也，實則以弄臣
自處而已。其始進也，因與童貫遊玩，持書畫奇巧以進，而托之紹
述，以便登攀席。其云紹述者，戲也。所師安石以周官飾說者，但
「唯王不會」之一言，所以利用夫戲也。受寵既深，狂嬉無度，見
安妃之畫像，形之於詩；縱稚子之牽衣，著之於表；父子相仍，迭
為狎客。乃至君以司馬光謔臣，臣以仁宗謔君，則皆灼然知其為俳
優之長，與黃幡綽、敬新磨等。帝亦豈曰此可為吾任社稷者？京、
攸父子亦豈曰吾為帝腹心哉？唯帝之待之也媟，而京、攸父子之自
處也賤，故星變而一黜矣，日中有黑子而再黜矣，子用而父以病免，
不得世執朝權矣。在大位者侯蒙、陳顯，斥之為蠹賊，而猶優游以
去；冗散之臣如方軫，草澤之士如陳朝、陳正匯，詗之如犬豕，而
猶不陷於刑。未嘗有蟠固不可搖之勢也。徽宗亦屢欲別用人代之矣。
而趙挺之、何執中、張商英之瑣瑣者，又皆懷私幸進，而無能效其
尺寸。是以寵日以固，位日以崇，而耆老不死，以久為賊於天下。
計自其進用以迄乎南竄之日，君亦戲也，臣亦戲也。嗣之者，攸也、
絳也；偕之者，王黼也、朱勔也、李邦彥也；莫非戲也。花鳥、圖
畫、鐘鼎、竹石、步虛、受籙、倡門、酒肆，固戲也；開熙河、攻
交趾、延女直、滅契丹、策勳飲至、獻俘肆赦，亦莫非戲也。如是
而欲緩敗亡之禍，庸可得乎？〔註38〕

王夫之在同書卷九論欽宗中，則指出欽宗雖誅逐蔡京、童貫等人，但他
所用的人卻都是蔡、童等同氣相求，因緣以進者，終於無法挽救危亡，而構
成靖康之禍。船山並沒有漏掉欽宗君臣亡國的責任，他的看法堪稱公允：

靖康之禍，則王安石變法以進小人，實為其本。而蔡京之進，
自以書畫玩好介童貫投徽宗之好，因躐大位，引群小導君於迷，而
召外侮。其以紹述為名，奉安石為宗主，繪形館閣、配食孔廟者，
皆假之以彈壓眾正，售其佞倖之私而已矣。夫安石之脩申、商之術，
以漁獵天下者，固期以利國而居功，非懷私而陷主於淫惑，此其不
可誣者也。安石之志，豈京之志，京之政，抑豈安石之政哉？故當

靖康之初，欲靖內以禦外，追其禍本，則蔡京、王黼、童貫、朱勔亂於朝，開釁於邊，允當之矣。李邦彥、白時中、李梲、唐恪之流，尸位政府，主張割地，罷入衛之兵，撤大河之防者，皆京、貫輩同氣相求、因緣以進者也。出身狹邪，共習嬉淫，志荼氣枵，抱頭畏影，而蘄以苟安，豈復知有安石之所云云者？師京、貫之術，以處凶危，技盡於請和，以恣旦夕之佚樂而已。京、貫等雖漸伏其罪，而所彙引之宵人，方興未殄。則當日所用為國除奸者，唯昌言京、貫之為禍本，以斥其黨類，則國本正，而可進群賢以決扶危定傾之大計，唯此而可以為知本矣。骨已冷，黨已散，法已不行，事勢已不相謀之安石，其為得為失，徐俟之安平之後而追正之，未為晚也。舍當前腹心之蠱，究已往萌蘗之生，龜山、崔鷗等從而和之，有似幸國之危以快其不平之積者。而政本之地叢立者，皆疲苶淫蕩之纖人，顧弗問也。則彼且可挾安石以自旌曰：「吾固臨川氏之徒也。彈射我者，元祐之苗裔，求伸其屈者，非有憂國之忱者也。」熒主聽，結朋黨，固寵利，壞國事，惡能復禁哉？〔註39〕

　　清初的張尚瑗（？～1688 後）在讀《左傳》而論史時，既批評童貫倚女真以滅遼，就和賈似道仗蒙古以滅金，是不度己力，貪功而反致神州陸沉；也從士大夫的立場，論說由宦官典兵，未有不憤者。縱使有功，也為人所不屑。他又說好像吐突承璀（？～820）、李憲、童貫，均是狂妄自大，以大將自居，於是搆藩逆而開邊釁，更加不可言。〔註40〕張氏所說，前者合理，後者不免是偏見。

　　清初名士王士禎（1634～1711）對於徽宗授童貫太師，梁師成少師，楊戩少保的做法很不以為然，他以宣和中三公三孤竟然宦者居其三，實在不解。他回憶曾遊廣州光孝寺，觀南漢所造鐵塔四角，有諸僧題名，列銜都是金紫大夫檢校工部尚書，又當時崇尚宦寺，士人多自宮以圖進用，亂朝之舉措實在可笑。王氏批評的倒是徽宗，而非童貫。〔註41〕

〔註39〕同上，卷九〈欽宗一〉，頁158～159。

〔註40〕張尚瑗：《左傳折諸》，卷十三，「外寧必有外憂」條，葉十六上下；卷十五，「子殿國師齊之辱也」條，葉三十五上下。

〔註41〕王士禎（撰），湛之（點校）：《香祖筆記》（上海：上海古籍出版社，1982年12月），卷六，頁119。

　　朱彝尊（1629～1709）也批評徽宗用童貫統軍，禁軍闕額二十四萬，到靖康之禍時，禁軍按籍只存三萬人而已，無一人可驅之戰，於是不支。朱氏也認為童貫是敗壞軍政的禍首。〔註42〕

　　北宋之亡國，清人都認為是王安石種下惡因，而蔡京、童貫及王黼促成之。清高宗（愛新覺羅・弘曆，1711～1799，1735～1796 在位）便從經義之角度論之，以為「經義不明，其禍遂至」。〔註43〕不過，將童貫扯上經義，就有點匪夷所思。他論熙豐用兵時，就批評神宗盡用宦官，而李憲在西邊，權任如大將，於是後來遂有童貫、譚稹之禍。〔註44〕按清朝家法嚴禁宦官干政，更不會讓他們握兵。徽宗用童、譚二人統軍，清高宗當然認為是啟禍之因。高宗以帝王之尊，不必忌諱批評徽宗，他撰〈宋徽宗〉一詩，就批評徽宗實負亡國之責：「賢臣都在禁（謂司馬光呂公著文彥博等），銳意文太平。天神欺已甚，艮嶽綱花石，紅蕖依碧沁。是皆足亂國，那更開邊衅，童貫明攻遼，馬政暗通金。既復背金盟，南侵流血浸。北宋匪亡欽，致亡徽合任。」另他所撰的七言古詩〈題宋宣和清明上河圖用駱賓王帝京篇韻〉，也諷徽宗縱容臣下，其中點了蔡京和童貫的名，慨嘆二人之豪奢，在圖中為人所觸目：「連袂如雲起，柳陰暗沙堤。花光明御水，寶蓋蔡京車，高牙童貫里。中樞甲第起崇墉，相國高堂列鼓鐘。道君禮樂三千盛，屏國山川百二重。」另外，他所撰的〈城門歌〉，言及靖康之禍，就直指童貫是禍首：「城門閉兮言路開，群驚鐵騎燕山來。城門開兮言路閉，處堂燕雀欣得計，同盟已誤復和親，坐令汴水成灰塵，小舟黎陽渡五日，卻笑南朝無一人。君不見當時首禍由童貫，才見邊烽先鼠竄。」〔註45〕

〔註42〕朱彝尊：《曝書亭集》，文淵閣《四庫全書》本，卷四十五，「書錢氏補漢兵志後」條，葉二上。

〔註43〕清高宗：《欽定周官義疏》，文淵閣《四庫全書》本，卷首，葉三十三上。

〔註44〕清高宗：《御纂朱子全書》，文淵閣《四庫全書》本，卷六十二，葉二十一上下。

〔註45〕清高宗：《御製樂善堂全集定本》，文淵閣《四庫全書》本，卷十四〈題宋宣和清明上河圖用駱賓王帝京篇韻〉，葉十四上至十五上；卷二十一〈城門歌〉，葉二下；清高宗：《御製詩集》，文淵閣《四庫全書》本，四集，卷四十九〈宋徽宗〉，葉二十四下至二十五上；張廷玉（編）：《皇清文穎》，文淵閣《四庫全書》本，卷首二十一，〈題宋宣和清明上河圖用駱賓王帝京篇韻〉，葉三上至四上；清內府（編）：《石渠寶笈》，卷二十五〈明仇英清明上河圖一卷〉，葉八下至九上。該詩是高宗為親王時所作。

　　乾隆時人魏荔彤（1670～？）論易談兵時，也慨言「老成謀國必不輕啟兵釁，少年好事多有躁動，貽戚似執言，又兼慎簡將帥，知之明方可任之專。唐以任裴度而平蔡，宋以任童貫而亡國。專任之義，實兼吉凶。既云執言無咎，復分其途，以示戒用人惟專。專任惟賢，決審在一心，而禍福在一國，可不慎乎？」〔註46〕魏氏同樣認為童貫導致北宋亡國，不過，他並不反對專任將帥，只是慨嘆徽宗錯用童貫。

　　清代史家第一人的錢大昕，他雖沒有為文專論宋徽宗，但他賦詩多首，都諷刺徽宗的失國是咎由自取。他的〈宋徽宗畫龍歌〉，先說「畫龍古今誰妙手，前有僧繇後所翁。宣和道君亦能事，游戲落筆侔神工。」然後又說「我聞汴都全盛初，太清樓閣收圖書。關仝董羽妙蹟在，至尊清暇時臨摹。榛蓬花花日月促，瞥眼菀枯如轉轂。五國城頭塞馬嘶，真龍終受泥沙辱。」暗諷他精於畫龍，卻不免成為五國城之楚囚。他的詠史詩〈汴中咏古十二首〉第八首就毫不客氣的批評徽宗在位時種種弊政：

　　　親書黨籍姓名留，符祐忠良一網收。遂使舒王躋配享，何妨隱相廁清流。

　　　東南花石民膏竭，西北戈鋌戰骨愁。轉眼青城才夢覺，燕山亭外望皇州。

　　錢大昕在這首七律批評徽宗立元祐黨人碑，讓王安石配享廟廷。寵隱相梁師成，用朱勔致花石綱之害民，然後說興西北之師致士馬以殉，那就指用童貫之害。

　　第九首錢氏深悼靖康之難之作，實是積患已久，才一朝爆發。到頭來禦敵之禁旅無人，只好搜括民財資敵。二帝北去，只留下後世所傳的《南燼紀聞錄》及倖免於難的孟太后說盡當年的恨事：

　　　積薪厝火久相仍，頃刻中原便土崩，幾見三衙衝矢石，空勞四出括金繒。

　　　北轅此去嗟何及，南燼遺聞事無憑。獨有幽蘭孟居士，白頭話舊恨填膺。

　　〔註47〕

　　錢氏又撰有〈訪民嶽故址復成咏古十絕句〉，悼傷靖康之難之餘，既指責王安石推行熙豐新政的流毒，也不留情地責備徽宗之過失，包括用蔡京父子等佞臣，迷信道教，以及結海上之盟，聯金取遼以取燕山的不智：

〔註46〕魏荔彤：《大易通解》，文淵閣《四庫全書》本，卷二，葉六十六下。

〔註47〕錢大昕（撰），陳文和（主編）：《嘉定錢大昕全集》，第十冊，《潛研堂詩集》，卷一〈宋徽宗畫龍歌〉，頁 15；《潛研堂詩續集》，卷二〈汴中咏古十二首〉，頁 16。

黑白分明詎可欺，熙豐流毒靖康時。早知紹述元非孝，端禮門前悔立碑。
蔡家廿載執朝權，猶是荊舒一脈傳。父領三師兒尚主，等閒斷送宋山川。
博古殷周法物收，宣和書畫重千秋。科名也妒寒儒占，特放嘉王作狀頭。
新聲樂府手親裁，曲院調笙教主來。太息章惇真具眼，端王當璧果非才。
稽首神霄達紫閣，上清司命有曾孫。天尊大有降魔力，不為君王挽北轅。
玉真天遣下蓬瀛，黃籙齋餘未析酲。畢竟安妃有仙骨，不曾流落到青城。
國論誰能別正邪，四時仕宦到清華。昨宵閱說黃麻下，宰相新除花木瓜。
神運奇峰自太湖，伏犀抱牘態全殊。不知五國城頭去，曾帶華陽片石無？
榛蓬蓬曲聽來真，厝火方然又益薪。買得燕山竟何用，卻拋艮嶽與它人。
海上空勞使節過，夾攻廟算竟如何！燕城歲幣才輸畢，已報金兵犯兩河。

〔註48〕

　　錢氏精通宋遼金元史掌故，他的咏史詩對徽宗自取滅亡的批評，是精準的。他上面幾首詩，除了點了蔡京父子之名外，並未有特別點出童貫、梁師成等之名。在他的眼中，徽宗才是靖康之難的禍首，童貫不過是執行主子意旨的奴才。

　　嘉道以後，以國勢日蹙，內憂外患紛至，清人對於本朝並不成氣候的內臣就少了關注與責難。好像俞萬春（1794～1849）在道光年間所撰的《蕩寇志》，筆下的童貫就已是無足輕重的角色（參見附錄一）。晚清以降，也沒有人深究童貫的罪惡，反正他是鐵案難翻。差別是靖康之難，徽宗和欽宗應負多少責任。

　　元代以降，童貫之惡被多數人視為鐵案難翻，一方面人們多據《宋史・童貫傳》所記，認定其罪罄竹難書，另一方面，士大夫對內臣先天的歧視、賤視以至敵視，多半不會有興趣客觀地據史實檢視童貫的所作所為，是否真的十惡不赦，還是不應一棒打死。特別是宦禍嚴重的明代，文臣對前代用事的宦官，包括童貫，均難有好評。當然，也有少數有識之士，如《宋史論斷》的作者、王夫之和錢大昕等，能從不同角度審視靖康之難的發生，不盡是童貫之過，徽宗父子特別是徽宗，才應負最大的責任。他們並非為童貫翻案，只是實事求是，尋找事實的真相，還給童貫一點應有的公道。

〔註48〕錢大昕（撰），陳文和（主編）：《嘉定錢大昕全集》，第十冊，《潛研堂詩續集》，卷二〈訪艮嶽故址復成咏古十絕句〉，頁17。

結　論

　　如前面各章所述，童貫是整個宋代官爵最高，權勢最大的內臣，可說前無古人，後無來者：他爵至郡王，官居太師，拜使相的開府儀同三司，領樞密院事同時擔任河北、河東、陝西三路宣撫使，既執掌樞府兵符，又親握前線大軍，打破了宋代軍令權和握兵權不操於一人之手的祖宗之法。〔註1〕他統領陝西勁旅長達二十餘年，西北軍政全由他執掌，比唐代安祿山控河朔三鎮的權勢還有過之而無不及。徐自明說「貫握兵三十年，權傾四方，奔走期會過於詔敕。道路目語，莫敢誰何。」〔註2〕不過，正如第三章指出，童貫長期在外，宮中的事務，特別是內侍省和入內內侍省的職掌，他只在大觀元年前後擔任過知入內內侍省事，曾負責過辦理宗室的喪事；但為時不長，他後來陞官，就不載繼續掛上知入內內侍省事的銜頭。顯然宮中兩省事務，徽宗都另委別人。考徽宗朝擔任兩省押班、副都知、都知及在崇寧二年五月改為簽書、同知或知入內內侍省事的高級內臣，有名可考的，計有崇寧到大觀時期的閻安、郝隨、藍從熙、馮世寧、黃經臣：政和、宣和時期的楊震、賈祥、李彀、楊戩、譚稹、董瑴，他們大部份並非靠依附童貫而得擢此要職的人。這自然是徽宗的權術。正如第四章所述，楊震既是徽宗藩邸舊臣，又和董瑴被委為欽宗的宮僚，他們備受寵信，無須依附童貫。〔註3〕李彀雖是李憲之子，

〔註1〕羅球慶師多年前便考論了此一宋朝祖宗家法，軍令權與握兵權不可執於一人之手。參見羅球慶師：〈北宋兵制研究〉，原載《新亞學報》第三卷第一期（1957年8月），頁169～270。現收入羅著：《羅球慶學術論文集》（香港：新龍門書店，2020年9月），頁1～120。

〔註2〕徐自明：《宋宰輔編年錄校補》，第二冊，卷十二〈宣和六年〉，頁802。

〔註3〕楊震事見第四章頁132～133及注121。董瑴在欽宗即位後便獲復授知入內內侍省事，事見第八章頁325及註65。賈祥在政和三年三月，即以入內內侍省

但後來與童貫的關係也似乎不諧。他在宣和時被重貶，卻在欽宗即位後獲復用，至少欽宗沒有將他視為童貫一黨。楊戩和李彥自成一伙，而譚稹是梁師成死黨，他們也不用看童貫的臉色。總之，徽宗在內臣中刻意維持一個勢力平衡。另外，徽宗也不讓童貫直接統帶京中禁軍，而讓他的心腹高俅為殿帥，統領殿前軍。可以說徽宗雖重用童貫，但也明裡暗裡防範控制他，他永不可能成為李輔國和仇士良。第一章曾提到御史中丞豐稷在徽宗前朗讀《唐書・仇士良傳》，才讀了數行，徽宗就說已明白了。只有書呆子的豐稷還不領略徽宗的帝王術，要堅持讀下去。

童貫由小小內臣，成為權傾朝野的節帥、太師、郡王，完全是徽宗的提拔和恩寵。李綱在靖康元年六月就向欽宗慨言：「童貫以樞臣為宣撫使逾二十年，所握者皆關陝之精兵，西討夏賊，南殄方寇，北攻燕雲，喪失師徒無慮數十萬。遂使國家兵勢削弱，以至今日有夷狄憑陵之禍，然貫一時蒙上皇信任之專，武臣將帥，皆出其門；內帑供給，不可勝計；置平貨場等，以斡萬貨之低昂；豐足足以養士，厚賂足以弭敵，故雖行師用軍，無有紀律，久而後敗」〔註4〕徽宗若非無比寵信，童貫不可能長久專權任事。徽宗和童貫是一種特殊的主僕關係，徽宗要童貫協助他實現其野心：從全取青唐到收復幽燕，最終平夏克遼，恢復漢唐舊疆，達成其父兄不能做到的千秋大業。童貫做到了，他就不惜爵賞，可以全然不顧文臣的反對，授童貫以內臣從未獲得的節度使、使相、三公、樞密使和郡王。但當童貫在宣和四年征燕失敗，徽宗在宣和五年被迫以高代價買回燕京六州後，就毫不猶豫將童的權力剝除，將他投閒置散一載有多。當接替童的譚稹經略燕雲敗事，徽宗又將童貫官復原職，要他收拾殘局。是故童貫的權力，其實是徽宗君權的體現。另外，如上所述，徽宗對童貫也施展一貫駕馭宰執的權力平衡術，任用其他內臣以制衡童貫的權力。

可惜史料不足，本書無法深入探究鄭皇后與童貫長期得寵的關係。正如第一章所述，童貫出身於鄭皇后閣中。當鄭皇后正位中宮後，童貫顯然在宮中多了這一重要內助，而童貫以重金厚禮交結宮中大小妃嬪及內臣，鄭皇后

武功大夫（按：當為知入內內侍省事）計置哲宗崇恩皇后（即昭懷皇后劉氏，1079～1113）陵園事。據《宣和畫譜》，他最後官至通侍大夫、保康軍留後、知入內內侍省事，贈少師，諡忠良。參見《金石萃編》，卷一百四十六〈宋二十四・崇恩園陵采石記〉，葉二十三上下（頁440）；《宣和畫譜》卷十九，頁400～401。

〔註4〕李綱：《李綱全集》，卷四十八〈奏議・論宣撫職事第三箚子〉，頁554。

宮中的人，包括出身鄭后閣中的喬貴妃和韋賢妃，自然是童貫厚結的第一對像。雖然徽宗多內寵，兩名後來追封為皇后的明達劉皇后（1087～1113）和明節劉皇后均曾經甚為得寵，但鄭皇后中宮之位卻一直鞏固，徽宗在大事上都尊重她的意見，好像第七章所考，蔡京得以復用，是鄭皇后促成，連禪位欽宗，也靠她勸服欽宗接受。故此，筆者認為，童貫能長期得寵，是他同時獲得帝后的眷顧。沒有中宮之助，童貫在內臣權爭中，不一定長期佔得上風。

故此，本書談的雖是童貫，但離不開他的主子徽宗。他們君臣主僕二人的命運其實相連：徽宗大權在握，童貫就得寵，要風得風，要雨得雨，群臣都要巴結逢迎他。但當徽宗退位，讓出權力，童貫馬上被貶官降職，最後被恨惡他的欽宗誅殺抄家，連帶他的家屬和被他推薦過的人都被貶逐。

宣和七年是童貫命運的轉捩點：在這年之前，他為徽宗收復青唐，完成了王韶、李憲、王厚從神宗開始未竟的拓邊西北的大業，將青唐唃廝囉國變為宋朝的郡縣，然後兵鋒直指西夏，取震武軍，迫西夏向宋稱臣，跟著又統軍鎮壓在東南起事的方臘。最後聯金攻遼，雖然兩度覆師，但仍變相從金人手中贖回了燕京六州，將宋代的版圖擴至最大。在徽宗眼中，童貫就是他的大功臣，為他達成宿願的忠臣，是故在是年徽宗破天荒封他為廣陽郡王，位在蔡京、王黼之上。倘不是發生靖康之難，童貫就是功臣和忠臣。徽宗命翰林學士所撰的童貫加官晉爵制詞，全是歌功頌德之言。

福兮禍所伏，童貫封王才半年，他一手主導的聯金滅遼的禍根，就在這年底爆發，最後引致金兵南侵。徽宗與童貫主僕，在危機出現的關鍵時刻，卻相繼失去力挽狂瀾，不動如山的意志。首先是童貫不聽忠言，從太原逃返京師，然後是徽宗在忽然中風後，喪失了為君須守社稷的擔當，倉卒禪位欽宗後，卻不肯和兒子共患難，而竟窩囊地帶頭連夜南逃鎮江。童貫忠於主子，也是一月前從太原逃走的心態延續，他未得欽宗同意，就率親兵隨後扈從。欽宗早就不滿童貫，童貫這一涉嫌在東南另立朝廷的行動，欽宗自然非殺他不可。在言官交相攻擊下，童貫被劾十大罪狀，先被降官遠貶，再被誅殺於南雄，並懸首都門。他從徽宗的大功臣轉瞬成為金兵入寇的禍首。不幸的是，欽宗君臣收拾不起徽宗留下的爛攤子，連犯大錯，最後胡裡胡塗地丟掉了大好江山。童貫雖然早已失勢，但金兵來犯是他引起的，於是被眾口一詞斥為靖康之禍的罪魁，縱已被誅，仍被指為死有餘辜。他在一年之間就從功臣變為禍首。

　　值得一提的是，高宗君臣在紹興七年討論哪些朝臣可配享徽宗廟庭，那確是教人頭痛不已的難題。結果八月己未（廿九），刑部尚書胡交修等上奏，建議由在建中靖國時拜相的舊黨元老韓忠彥配享徽宗廟庭。三省勘會此議後，高宗詔令詳議以聞。事實上，韓忠彥在相位時短，並未有甚麼建樹，他在紹興二年四月戊子（廿七）才追復魏國公，只是宋廷無別人可選，蔡京父子、王黼等宣和罪臣自然不會考慮，童貫在宣和七年被褒為功臣而封王，其後得罪被誅，自然想都不用想。結果高宗在八年三月壬寅（十七）就從眾議，以韓忠彥配享徽宗，總比一個都不選好看一點。韓縱然無功，也沒有大過。當然，童貫以宦者之身，就是得以善終，徽宗雖以功臣視之，恐怕配享徽宗，是過不了欽宗或高宗君臣一關的。不過，他兩員大將韓世忠和張俊就在淳熙十五年（1188）三月癸丑（十七），以洪邁之議，配享高宗廟庭。至於文臣配享高宗的，就是本屬於童貫部下，但恨惡他極甚的呂頤浩，以及批評他過惡的趙鼎。童貫一直不獲平反，他不像岳飛，平反後還曾獲提名配享高宗。在功臣的名份上，童貫是注定永遠得不到的。〔註5〕。

　　南宋君臣追論靖康之禍的緣由，除了少數人外，大部份人都不敢議論徽宗和欽宗的責任，也諱言徽宗、欽宗父子在兵臨城下時仍爭權內訌所導致的惡果，〔註6〕於是順理成章歸罪於蔡京、童貫為首的「宣和六賊」。在孝宗之世編寫的歷史，即將童貫列為姦臣，大書特書他專權任事，敗壞軍政，欺上害民，排斥正士，最後妄起燕山之役，而引致金人南侵的一切罪過。另外，

〔註5〕《繫年要錄》，第三冊，卷五十三，紹興二年四月戊子條，頁965；第五冊，卷一百十三，紹興七年八月己未條，頁1900；卷一百十八，紹興八年三月壬寅條，頁1986；《宋會要輯稿》，第二冊，〈禮十一‧配享功臣〉，頁695；《宋史》，卷三十五〈孝宗紀三〉，頁689。按吏部侍郎章森（？～1195後）請用張浚和岳飛，秘書少監楊萬里請用張浚，但孝宗不報。

〔註6〕張邦煒即論說靖康內訌的影響不可小視，他指出欽宗對父的猜疑防範，直到山窮水盡時依然。當開封外城被攻破後，欽宗卻仍派兵嚴密監控徽宗，到金人要他出城和談時，他寧立幼子諶為監國，卻恐金人會復立徽宗。張氏認為欽宗若不是忌憚父親會另立朝廷，將他軟禁在京。他們二人乃至其中一人在金軍再度兵臨城下前事先撤離開封，組織軍民抗金，不僅可以避免父子雙雙被俘的厄運，甚至不會導致北宋的覆亡。然由於徽、欽二帝長期明爭暗鬥，互不信任，直至欽宗愚昧地留在危城不走，也不允父親撤離開封，於是造成不可挽回的失誤。張氏所論甚是。過去不少人不明白，為何欽宗在靖康初年不須出走時堅持要跑，到靖康末年京師已危在旦夕時卻死守危城不走，惟一解釋是欽宗到危亡時仍要將父親與自己死死地捆綁在一起。金人封他為「重昏侯」，可不是沒有道理的。參見張邦煒：〈靖康內訌解析〉，頁493～497。

南宋人在文集筆記及墓誌大大表揚在徽宗之世，少數不肯阿附童貫，甚至頂撞反對童貫的朝臣。而對童貫在經營西北及平定方臘的功績，不是輕輕帶過，就是說他冒功貪權。似乎童貫沒有一天做過利國利民的好事。童貫就是千夫所指的大姦臣，為人所不齒的壞太監。他的罪惡誠如王稱、陳均及徐自明所云：

> 乃至陰謀搖東宮，聲燄震天下，服食華詭，上逼乘輿，珍玩瑰奇，充牣於家，其富埒國。又招犺健少年萬人，號勝捷軍，以為親兵，環列第舍，持兵呵衛，僭擬宮省，一時蹈利樂禍之人，趨附成市，侯王柄臣，多出其門，厮臺賤役，自承宣使而下凡數百人，庖夫廝兵，亦官至防圍刺史，惡稔釁盈，卒以起戎貽禍，毒流四海。雖醢其軀，不足以謝天下云。

王稱對童貫的批評，可以代表南宋朝臣對他的評價：

> 臣稱曰：宦者之職，本以服役掃洒，主通內外之禁，而時君世主必狎而親之，故雖寵任之篤，則亦無有命以旌鉞者。自一童貫領節制，而踵之者數人，位三師而為公孤者，亦相繼焉。蓋自古未有也。矧貫隳藝祖之軍制，敗章聖之盟誓，其為罪也，雖百世不磨矣。於虖貫以腐夫庸人，而任以大臣之事，疏以王爵之封，志得意驕，自貽顛覆，尚何逃鈇鉞之誅哉？〔註7〕

童貫是否真的十惡不赦？誠如子貢（前520～前446）所論，紂之不善不如是之甚也。到元人修宋史，已不須為徽宗、欽宗父子諱過，能客觀地批評二人失國的責任，而不盡苛責童貫。明代以降，甚至不少人認為聯金伐遼，並非有錯，更多人批評是徽宗縱容童貫，方鑄成大錯。也開始有人客觀地審視童貫的功過，並未將童貫在經營西北及平定方臘之亂，善後東南所推行的各樣軍政措施一筆抹煞。當然，從元末至明中葉輾轉流傳而纂寫的水滸故事，以及清代的水滸續書的作者，都是沒有深究童貫歷史真實的小說家言，都把童貫寫成庸懦無能，每戰必敗的丑角。不過，也就靠小說家言，讓童貫成為家傳戶曉、宋代最壞的太監公公。

童貫是否一無是處？他能統領大軍二十餘年，駕馭驕兵悍將眾多的陝西雄師，若無治軍才幹是壓不住的。他麾下的陝西軍，戰鬥力是有的，這一點精研宋代軍事史的李天鳴教授也是肯定的。勿論它的前期對手青唐蕃部及西

〔註7〕《東都事略》，卷一百二十一〈宦者傳・童貫〉，葉五上至六上；《編年綱目》，卷三十，頁784；徐自明：《宋宰輔編年錄校補》，第二冊〈宣和六年〉，頁802。按三書所論童貫過惡的文字大略相同。

夏並非勁敵，就是後來兩伐燕山，這支陝西軍還是能打硬仗，後來在靖康年間，它也敢於和金人對敵。只是指揮不得人，才會敗北。童貫麾下的大將，殉於靖康之難而作戰英勇的，即有何灌、楊可勝、种師中、王稟、劉鎮、李邈、楊宗閔、楊震和姚友仲等眾將。而南宋抗金的名將，如郭仲荀、韓世忠、張俊、楊存中、吳玠、吳璘、劉錫、劉錡、楊惟忠、王德、劉寶、孫渥、郭浩，以至楊可昇均出身於這支陝西軍。〔註8〕而許多人都忽略一個重要的事實，這支陝西軍的第二代吳家軍，從高宗建炎初年到紹興三十二年，一直和金人奮戰，捍衛前人得來不易的疆土，即使在紹興和議後，宋廷被迫放棄大部份陝西州軍城寨，但到紹興三十一年（1161）至三十二年（1162），當宋金戰事再起時，這支強悍的陝西軍又在吳璘、姚仲（？～1162 後）等指揮下，在西線重挫金兵，奪回失去三十年的舊土，包括熙州、河州、洮州、會州、秦州、隴州、環州、原州、蘭州、府州、鞏州、積石軍、鎮戎軍、德順軍等十二州軍（《金史》加上王彥所收復的商、虢、陝、華州合稱十六州軍），可惜宋軍在德順軍之役戰敗後，因宋廷主和，宋軍被迫退出陝西，得來不易的地方全數得而復失。〔註9〕但這場大戰證明它仍有很強的戰鬥力的事實，是無容置疑的。

　　至於童貫的幕僚，當中不乏能吏幹才，例如為他籌措軍費的程之邵、程唐、王序、錢即和陳亨伯，為他獻謀畫策的宇文虛中、王雲、章綜、劉韐、馬擴，都是有可足稱道的，其中劉韐、陳亨伯、王雲死於靖康之難，宇文虛中出使金後被殺，他們並不是宋人認為全是靠諂媚逢迎童貫而進身的小人。

　　對童貫批評嚴厲的《中興姓氏姦邪錄》的作者，雖然說童貫「無他能，但有度量，善容納，則世所未見。始下青唐，因人成功，後徒以金帛賄虜，取名入，則籍宣撫司之富盛，以奉至尊，賄後庭，又賄諸小璫及親近者為援，凡皆用是術。」〔註10〕

〔註 8〕李天鳴：〈宋徽宗北伐燕山時期的反對意見〉，載《宋史研究集》，第三十二輯，第二節〈關於宋軍戰力的問題〉，頁 290～294。按劉寶的出身及事蹟，可參見第七章注55。又劉錫、劉錡兄弟在徽宗、欽宗朝的戰功不顯，他們到高宗時就屢立戰功，特別是劉錡戰功比美韓世忠和岳飛，被稱為中興四將。關於劉錫戰功及劉錡早年事蹟，參見王云裳：《劉錡評傳》（成都：巴蜀書社，2001 年 9 月），第二章〈劉錡家世〉，頁 10～24；第三章〈西北邊疆的驍將之子〉，頁 25～29。
〔註 9〕這場宋金秦隴大戰，可參見本書附錄二〈紹興三十一年至隆興元年宋金秦隴之役考〉。
〔註10〕《會編》，卷五十二〈靖康中帙二十七〉，靖康元年八月二十三日丙辰條，葉四下（頁391）。

　　王稱、陳均和徐自明也一樣肯稱道童貫「然頗疏財」,「有度量而疏財」,
「貫頗疏財」,雖然馬上記「後庭自妃嬪而下,及內侍無大小,致餉結納無虛
日。故左右交口稱譽一辭,寵煽赫然。」雖說童貫懂得收買人心,但也見他
絕不吝嗇錢財。〔註 11〕《宋史》的編者沿襲三書之說法,也說他「有度量,
能疏財」,交結宮中自女嬪至小璫。〔註 12〕

　　上述三書對童貫有度量及疏財的評價,顯然是沿用《宣和畫譜》的說法,
《宣和畫譜》稱童貫「性簡重寡言,而御下寬厚有度量能容,喜慍不形於色」,
「貫獨寬惠慈厚,人率歸心,至號為著腳赦書,蓋言其所在,推恕有恩惠,
以及物也。」〔註 13〕按《宣和畫譜》把童貫稱譽得無以倫比,《中興姓氏姦邪
錄》的作者及王稱仍採納上述對童貫正面的評價,可知童貫馭下有恩,於人
有度量及疏財當是事實。

　　童貫擁有大量財富,卻並不吝嗇地分賜將士屬僚,朝臣罵他任用私人,
說他所用非人,但他麾下的陝西軍能戰的將校不少,童貫都能以恩結之,不
次提拔,他的部下都對他忠心耿耿。童對依附他、幫助他的朝臣都很慷慨,
王明清曾記在政和中,將作監賈讜(?～1147)奉詔為童貫治賜第於京師。落
成後,童貫暗地裡厚贈賈大量真珠和金銀器皿,計其值踰數萬緡,賈氏因此
雄豪,富聞湘中。〔註 14〕

　　群書說童貫有度量,考他麾下諸將,如何灌、种師道、种師中、姚平仲
到李邈,都頂撞過他,但童貫仍能重用。他像乃師李憲一樣,用人不計個人
恩怨。那些不附他的朝臣如陳禾等,他也沒有計較。反對他推行均糴法和錢
法的錢即,他也沒有記仇,反而以他平方臘供餉有功,推薦他陞官。這些都
是他有度量的例證。

　　至於他信任的幕僚。如前所述,宇文虛中開始時反對他伐燕,其兄宇文
粹中又是蔡京的姻親,童貫仍一直倚重不替。另劉韐也常持異議,童貫仍一
直信任他。據《會編》所記,王雲兄王霽(?～1126),曾任右講議司編修,
嘗論蔡京和童貫過失,而黜海島。王雲對其兄一直饋問不絕,童貫並不以為

〔註 11〕　《東都事略》,卷一百二十一〈宦者傳·童貫〉,葉五上;《編年綱目》,卷三
　　　　　十,頁 784;徐自明:《宋宰輔編年錄校補》,第二冊〈宣和六年〉,頁 802。
〔註 12〕　《宋史》,卷四百六十八〈宦者傳三·童貫〉,頁 13662。
〔註 13〕　《宣和畫譜》,卷十二,頁 276。
〔註 14〕　王明清:《揮麈錄·後錄》,卷八,第 254 條,頁 141。

嫌，照樣信任王雲。〔註15〕至於馬擴，更不時頂撞他，甚至出言不遜，童卻仍信任不替。

童貫的武幹如何？他長得魁梧健壯，給人勇武有力的印象。他在崇寧初年隨王厚西征，以監軍身份親臨戰陣。徽宗有詔退兵，他隱而不發，繼續進兵，並未退縮。後來出任西北方面主帥，雖然親臨前線少了，但仍能坐鎮帥府，居中指揮策應，打了勝仗，收復諸郡，誰說他不成？撰於征遼之前的《宣和畫譜》，就稱譽他「能節制兵戎率有紀律」，又說他「體貌鎮重，不嚴而威。凡進退賞罰，初不見運動之跡，故莫得以窺之」。〔註16〕後來朝臣清算他的罪過，就一口咬定因他迫劉法出戰，致劉覆師身死；不過，夏人卻說劉敗在恃勇輕進致敗，不應全責童貫。宋廷兩番征遼，童貫依舊坐鎮後方雄州，沒有親臨戰鬥前線指揮部隊，宋軍戰敗，批評他的人除了說他所託非人外，自然責他沒有親臨戰陣之過。倘若宋軍勝了，可能又會譽他運籌帷幄之中，能決勝千里之外了。

比起其師李憲的軍事才能，從實際的戰績及展示的謀略，童貫自然大大不如。他進築橫山，招納蕃部，壓迫西夏的戰法，都是師承李憲的謀略。值得思考的是，他從崇寧二年至四年隨王厚在西邊作戰，他從王厚身上學到多少用兵之道？那倒是一個問號。從朱熹和王厚孫王阮（1140～1208）的通信，我們可以知道《直齋書錄解題》著錄、王韶所撰的《熙寧收復熙河陣法》三卷到南宋時尚存。按紹熙五年（1194），朱熹赴任潭州，路過江西，王阮就將家傳這本陣法送給朱熹閱讀，後來朱熹覆信王阮，又評點該陣圖的印本一番，並指出當中一些訛誤。〔註17〕王厚當然看過亡父這本書，他有否將此書傳給

〔註15〕《會編》，卷六十四〈靖康中帙三十九〉，靖康元年十一月二十一日壬午條，葉五下至六上（頁480）；《宋史》，卷三百五十七〈王雲傳〉，頁11229～11230。王雲為澤州（今山西晉城市）人，字子飛，父王獻可，仕至英州刺史。他為二子改名齎及雲，蓋取唐代死於安史之亂的南霽雲（712～757）之義，結果二人皆死於靖康之難。王雲兄王齎在童貫被責後，獲欽宗復官，從种師中援太原而歿於王事。按《宋史·王雲傳》只載王齎上書告蔡京罪，沒提到他也論奏童貫。

〔註16〕《宣和畫譜》，卷十二，頁276。

〔註17〕參見《宋史》，卷三百九十五〈王阮傳〉，頁12053～12053；陳振孫：《直齋書錄解題》，卷十二〈兵書類·熙寧收復熙河陣法二卷〉，頁362；顧宏義（撰）：《朱熹師友門人往還書札彙編》（上海：上海古籍出版社，2017年12月），第五冊，〈王阮·朱熹答王南卿第一、二、三札〉，頁2653～2657。按王阮父王彥博，曾於靖康時勤王有功。王阮見朱熹於考亭，朱熹與語大悅，因訂交。

童貫？或童貫從宮中看過王韶進呈這一兵書，就沒有記載。行軍打仗當然不能紙上談兵，但王韶父子在熙河、青唐的用兵經驗，特別是這本經實踐證明，真實存在的陣法兵書，當會對童貫有很大的參考作用。大概因童貫最終失敗被誅，王厚後人也自然和童貫劃清界限。就是王厚真有傳授此書予童貫，王氏後人也會諱莫如深。

宋人都說童貫前期打的勝仗，都只是因人成事，靠手下的大將奮戰而得，或是對手太弱。蔡卞早就說童並不知兵，沒有領兵作戰的本事。誠然童貫敗死後，他的奏議可能沒有得到保存，除了語焉不詳的「平燕策」外，我們找不到童貫任何談兵的奏議。幸而《宋會要》收錄了他多篇論改革弓箭手司的奏議（見第四章），可略窺童貫這方面的見識（雖然多是他屬下的建議）。當然，比起李憲撰有大量的軍政奏議，童貫是鐺乎其後的。不過，比起其政敵梁師成用以取代他的譚稹，以及曾隨他平方臘及平定山東民變的梁方平，童貫仍是稍勝一籌。是故徽宗後來仍要重新起用他收拾殘局。他軍旅生涯最受人詬病的，就是在金兵圍攻太原時，他卻不肯留下來指揮，而是逃回京師。張孝純罵他的一番話，責他貪生怕死的指控，是他無法反駁的。經此一役，他一輩子英名或虛名就輕易丟掉。他在靖康元年年已七十三，卻非老將知兵，而是廉頗老矣。不幸的是，他麾下的幾員大將，如种師道和劉延慶，也和他一樣暮氣已深，經不起考驗。

宋人批評童貫任人惟親，所用都是奴才。惟客觀而論，童貫麾下的將校，和為他設謀籌餉以及治理地方的幕僚屬下，不少還是有才的。前面已談過陝西軍的將校，多是能征戰之人。就童貫的文臣屬下而論，為他籌餉的程之邵、程唐父子、陳亨伯和錢即，為他設謀的宇文虛中、馬擴、劉韐、李邈，都有相當的才能和見識，並非全是酒囊飯袋。只是童貫敗死，宋人就對他們苛責，隱沒他們的長處。

值得注意的是，童貫擁有比乃師李憲的優勢，是徽宗並未將從中馭。徽宗雖貪圖收復漢唐舊疆的虛榮，但他對行陣之事並無興趣，他不似其父不斷以手詔干預前線的軍事部署，他委童貫以全權收復青唐及打擊西夏，以至平定方臘和收復幽燕，童貫怎樣調兵遣將，他並不過問。他任童貫為樞密使兼

王阮後登隆興元年進士第。他是南宋著名詩人。他的詩歌特色和思想人格，可參見廖麗梅：〈論王阮詩歌的藝術淵源〉、〈論王阮詩歌的藝術特色〉載《王韶家族研究文獻集》，頁 48～93；王可喜：〈論南宋詩人王阮的思想人格特徵〉，載同書頁 94～103。

宣撫使，就讓童貫可以放手大幹，不用受朝中樞臣制肘。比起李憲處處受制，童貫就幸運得多。徽宗只看結果，不問過程。徽宗牢牢掌握大權，只要童貫能達成交下的任務，徽宗就滿意而不加干涉。這是徽宗深諳南面之術，為君之道的體現。童貫當然明白主子的君威，蔡京、王黼之流，一旦不遂徽宗之意，或天降災異，要找人代罪，一紙詔書，他們就立時被罷免。言官們看著徽宗之意辦事，要彈劾誰就馬上彈章雪片飛來。

童貫是為徽宗辦事的奴才，可成也徽宗，敗也徽宗。徽宗是亡國之君，童貫也就是亡國之臣。徽宗縱容寵信內臣，授童貫和梁師成等以內外大權，結果政治敗壞，貪墨成風。不幸徽宗一朝的文臣，經多番黨派清洗，正直敢言的多無立足之處，惟有阿附投靠童、梁等得寵內臣，才有望晉身。蔡京父子、王黼、鄭居中、王安中等無不如是。王稱《東都事略・宦者傳序》便扼要地說：

> 自李憲節制諸將於西邊，而童貫因之以握兵柄。徽宗寵用貫，而梁師成坐籌帷幄，文武二柄歸此兩人，宰相特奉行文書而已。內而百司，悉以宦者兼領，外而諸路則有廉訪承受之官，宦者之勢盛矣。小人之嗜利無恥者，爭趨其門，反以所得為榮者可勝數哉！蕭牆之憂，識者以為將遂如漢唐之季矣！〔註18〕

主政的文臣中，蔡京與童貫起初互相勾結以固寵，後來又為爭權而反目。蔡京在宣和六年第四度拜相，其實已目盲不能視事，卻老不知退，眷戀權位。後來幹不下去，被徽宗罷免，又反過頭乞求童貫為他說話。王黼也一樣，他本來靠依附童的對手梁師成晉身執政，後來見童貫勢大，就支持他伐燕之謀，以至共謀搖動欽宗的儲位。到童貫失寵，又伙同梁師成奪去童貫的軍權，而以其黨內臣譚稹取而代之。當童貫東山復起，他就被罷政。蔡攸為了晉身宰執，就沒有跟從其父反對伐燕的立場，反而亦步亦趨，做童貫伐燕的副手，後來同在二府，又一直迎合他。他們只計算利害而不論是非。徽宗一朝當政文臣的寡廉鮮恥，就為童貫等內臣用事掃平了障礙。南宋末年呂中曾評說，蔡京和王黼支持童貫西征北伐，都是為邀功名和固寵。他說：「紹聖小人，不過反元祐耳，及其得志，則兵興於湟鄯；蔡京始謀，亦不過鉗制上下耳，及其求悅，則薦童貫以帥西師。王黼始謀，又不過叛蔡京耳，及其勢利相軋，則必復燕薊以邀功名。」〔註19〕

〔註18〕《東都事略》，卷一百二十〈宦者傳・序〉，葉一上下（頁 1849～1850）。
〔註19〕呂中：《類編皇朝大事記講義》，卷一〈國勢論〉，頁 45。

　　當金兵南侵，徽宗被迫退位，而欽宗臨危繼統時，不少朝臣為了報復含忍多年的積怨，也要為自己洗脫當年阿附童、梁之跡，就迎合深惡童貫的欽宗之意，出死力痛劾童、梁諸權閹之罪，非要置他們於死地不可。諷刺的是，這些人本來就是敗壞朝政的共犯，多是靠童、梁等而得高位的。他們的道德其實比童、梁高不了多少。欽宗要靠這些人挽救危局，自然是緣木求魚。

　　欽宗並未鑒察乃父教訓，一樣寵信內臣，包括李憲的兒子李毂等。他的老弟高宗也同樣寵信康履、藍珪之輩，直至發生苗劉之變，高宗才改絃易轍，不再寵信內臣。此後，南宋文臣便一直高舉童貫掌軍弄權，導致北宋滅亡的教訓，作為反對內臣統兵掌軍最有力的例證。整個南宋，內臣權勢大大削弱，內臣不再除授節度使或更高官職，更沒有內臣像童貫等執掌軍政。從南宋以降，童貫成為宋代最壞的內臣代表，與秦的趙高，漢世的十常侍，唐之李輔國、仇士良，明之王振、魏忠賢相提並論。《水滸傳》及其續書的作者沒有將他寫得更壞，已是手下留情。

　　知人論世，我們今天自然不用像古人那樣對內臣先存偏見而論其賢愚。雖然童貫貪功，力倡聯金以取幽燕，導致金人南侵，確是罪無可恕；但以事論事，他在開拓西北，以至平定方臘之亂，確是有才幹而有功勞的，並非全是因人成事。宋人指控他敗壞軍政，用人惟親，賣官鬻爵，專權任事，部份並非事實。宜乎我們據事實考究其真確性。

　　後世論徽宗，都有無限感慨。他好色縱慾，卻體魄遠勝父兄，據《皇宋十朝綱要》及《宋史》所載，他在位時有子三十一（六人早死），女兒三十四，成為俘虜後，居然仍生四子二女。歷代帝王有他這樣多子女絕無僅有。與之差可比匹的是有三十五子、二十女的清聖祖（1654～1722，1661～1722在位）。但其中只有二十個兒子、八個女兒活到成年，就比不上徽宗。〔註20〕他被俘往極北之五國城，還能捱上九年，得壽五十四，仍比父兄長壽，可見其天賦極佳。時人後人都說他絕頂聰明，琴棋書畫詩詞都精通，帝王術尤其精湛，

〔註20〕《十朝綱要》，卷十五〈徽宗・皇子二十九、公主三十四〉，頁391～403；《呻吟語》，頁27、32，37；《宋史》，卷二百四十六〈宗室傳・徽宗三十一子〉，頁8725～8729；卷二百四十八〈公主傳・徽宗三十四女〉，頁8783～8788。按《十朝綱要》未將欽宗及高宗計算在內，故徽宗實有子三十一人，與《宋史》相同。而據《呻吟語》所記，徽宗在建炎二年二月十九日生女，邵才人出。二十七日，生子，閻婉容出。三月十二日，生子，狄才人出，但均殤。到建炎四年四月二十七日，生子趙柱，閻婉容（？～1133）出。紹興元年五月二十二日，生子趙檀，鄭昭媛出。

到頭來卻聰明反被聰明誤，既迷信神仙，寵信江湖術士，又任用姦臣、權閹為他追逐奢華，最後更貪勝不知輸，為取回燕雲故土而聯金滅遼，而致引狼入室，國亡被擄，最終被金人刻意封公昏德，譏為昏君。童貫負一身才幹，機緣巧合，投徽宗所好，為徽宗建功立業，爵封郡王，卻為博主子歡心，鞏固權位，而不聽忠言，推動聯金攻遼，收復幽燕，卻弄巧反拙，落得身敗名裂，被斥為禍國姦臣。遺臭萬年。這都是他們君臣始料所不及的。

童貫等群閹在徽宗一朝用事所導致的禍害，無庸為他們翻案。自然，童貫曾有的建樹，也不應因他後來所犯的大錯而一筆抹煞，應實事求是加以區分。宋人所惋嘆且不解的是，徽宗君臣將表面看來極盡繁華的盛世，連番勝利，拓土開疆的輝煌，卻一瞬間墮入國破沉淪的深淵。〔註 21〕客觀地檢視，他們所作的孽，實是一種共業，是難以分開的。所謂「宣和六賊」不過是南宋人找蔡京和童貫幾個人作替罪羊，以掩飾開脫徽宗、欽宗父子，以及其他當政而責無旁貸的人的罪過。欽宗君臣在最後關頭竟然相信江湖騙子郭京可用六甲神兵破敵，而開門揖盜，自取滅亡。飽讀經史的士大夫，居然反智到如此境地，他們痛斥童貫等誤國，卻不自省他們在欽宗朝所作所為一樣誤國害民，只不過是五十步笑百步而已。〔註 22〕

宋代內臣的權勢，到徽宗一朝達到頂峰，隨著童貫等被誅，就迅速走向下坡，到南宋已無足論。童貫之死，可說是宋代內臣權勢和影響力盛衰的分水嶺。

清代大史學家錢大昕曾撰有一篇甚具識見的文章，批評在南宋高、孝兩朝負有盛名，卻兩度統軍伐金而敗北的庸將張浚：

〔註 21〕呂中曾從國勢的角度，以及反對熙豐變法的立場，評說宋室開拓熙河卻走向覆亡之緣故，他說：「慕胡人之首，圖山後之郡，此藝祖皇帝之宏規也，而熙寧用之則疏；取熙河、橫山，剪西人手足，此韓、范之本謀也，而元豐、紹聖、宣和用之則舛。蓋祖宗之國勢，外形雖羸弱，而元氣強壯於內，則外邪有所不能動。熙寧以後的國勢，枝葉雖茂盛，而本根橋瘁矣。謀國者當以是難之。」呂中之評說自然帶有很大的偏見。參見呂中：《類編皇朝大事記講義》，卷一〈國勢論〉，頁 45。

〔註 22〕關於欽宗君臣竟相信六甲神兵的荒謬，王曾瑜先生多年前一篇箚記已有論及，賈連港教授近期有一篇精彩的考論，從徽宗朝君臣迷信道術的背景，析論欽宗君臣竟然相信郭京鬼話的緣由。參見王曾瑜：《〈宋史〉與〈金史〉雜考》，第五條「荒誕的郭京六甲神兵」，原載《歷史文獻》第一輯，現收入王著：《點滴編》（保定：河北大學出版社，2010 年 10 月），頁 653～655；賈連港：〈北宋末年郭京「六甲神兵」之由來蠡測——基於欽宗君臣思想來源的考察〉，《宗教學研究》，2019 年第 3 期（2019 年 9 月），頁 252～260。

　　昔子路問夫子以「行三軍則誰與」，而夫子答之以「臨事而懼，好謀而成」。夫兵者凶器，故戰為聖人之所慎，必有素定之謀，而後為之而必成。有其志而無其時，弗居其位可也；有其時而無其才，弗任其事可也。豈有托忠義之名，驅不教練之卒，任不素習之將，而僥倖於一試者哉！宋之張浚，志廣而才疏，多大言而少成事，迹其生平用兵，有敗無勝，此聖人所譏「暴虎馮河，死而無悔」者。而史家曲為稱贊，至以諸葛武侯相況，何其擬之不於倫邪！……浚早年為汪、黃所引，專攻李綱，本非公論所與。逮苗劉之變，與師勤王，致位樞密，遂幡然以功名為己任。其始欲經略關陝，意非不善也，乃有李彥仙而不能救，有曲端而不能用，富平一敗，五路盡失，不得已為保蜀之計。既而撒離喝入興元，又不能固守，俟其糧盡而退，靦然以收復論功。其進退無據亦已甚矣。淮西之役，既奪劉光世兵權，乃疑岳飛而不用，欲以輕躁喜事之呂祉盡護諸將。酈瓊既畔，資糧盡空，淮西之未失者，特其幸耳。隆興之初，金主新立，彼雖有釁，我實無謀。以垂暮之年，驅難御之將，傾國大舉，纔得兩縣，便即潰敗，此豈有老謀勝算者哉！吾謂浚之無謀，不待潰敗之時知之，當其出師之始而已知之。何也？古之克敵者，量力而進，如善博者，非勝弗投也。桓溫嘗滅蜀矣，劉裕嘗滅燕與秦矣，不聞請移蹕以壯其聲勢也。即諸葛之北伐，亦何嘗請後主幸漢中哉！浚初經略陝西，則請幸武昌矣；其後用兵淮西，則又請幸建康矣。武昌之議，幸而不用，建康與臨安，均為偏隅，浚既志在恢復，而猶必假主威以作將士之勇，此其氣已怯，其號令必不嚴，固不待臨陳而知其無能為矣。彼特見澶淵之役，以天子自將成功，而不知真宗全盛之時，思陵播越之後，事勢迥殊，彼方畏金如虎，而我欲借其虛名以當孤注之擲，亦見其惑矣。靖康之恥，臣子一日不可忘，身為大臣，自量無勘亂之才，毋寧避位以俟能者，否則，竭生民之膏脂，糜生民之血肉，有損於邦國，無益於君親，況乎建議移都，雖曰責難於君，實欲分己之咎，此尤無策之甚者，未可以其負一時盛名而隨聲附和也。〔註23〕

〔註23〕錢大昕（撰），陳文和（主編）：《嘉定錢大昕全集》，第九冊，《潛研堂文集》，卷二〈張浚論〉，頁33～34。

　　錢大昕上述的精闢史論，讓我們知道兩宋之際那些放言高論，自以為是的士大夫如張浚和李綱輩，他們於靖康之難國破覆師的責任，其實和他們狠批的童貫，只是五十步笑百步。卻為張浚等有史臣為之飾非，有門人親屬為之諱過，就不像一向被人賤視的內臣童貫之流，成為眾人叫打的落水狗，成為人們宣泄怨憤的對像。知人論世，當是我們治史者所須知。

附錄一：《水滸傳》及其續書的童貫形象

　　《水滸傳》的前身、元人所編的《大宋宣和遺事》，在前三部分〈元集〉、〈亨集〉和〈利集〉從史書抄了一大堆童貫的事蹟，惟抄得不盡不實，也沒有甚麼教人注目的形象創造。黎烈文（1904～1972）在 1924 年整理的《大宋宣和遺事》，共分元、亨、利、貞四集。其中元、亨、利三集都分述童貫事蹟。〔註1〕

　　在元集開始，作者記童貫只是徽宗寵信並召之陪伴，尋歡作樂於萬壽山和艮嶽的佞臣之一，與蔡京、高俅、楊戩、朱勔、王黼、梁師成、李彥齊名。該書依時序記童貫以內侍奉命往杭州（今浙江杭州市）監造作局製御用器。接著記徽宗以「王厚為大將，安撫臨洮諸州，而命童貫為監軍，專切往來幹當，至是置司，專命二人主之。」然後在「崇寧四年春正月，以童貫為熙河等處經略安撫制置使」。接著記童貫在大觀二年（1108）加節度仍宣撫使。五月以復洮州功，賜蔡京玉帶，童貫加檢校司空仍宣撫，「貫由此恃功稍專軍政，選置將吏，皆取中旨，不復關朝廷矣。」然後記在政和四年（1114）八月，延福宮成，童貫與楊戩等五名高級內臣獲召宴慶祝。政和六年（1116）正月，童貫獲任陝西、兩河宣撫。宣和元年（1119）八月，童貫進太保。宣和二年（1120）三月，金遣使來，徽宗詔蔡京、童貫及鄧文誥見之，議論夾攻取燕（今北京市）之意見。這裡沒說童貫力主攻遼。本書續記宣和二年，徽宗命馬政使金，

〔註1〕《大宋宣和遺事》的版本和流傳始末，除了嚴敦易（1905～1962）所撰的《水滸傳的演變》（北京：作家出版社，1957 年 3 月）一書外，可參閱以治《水滸傳》蜚聲國際的馬幼垣教授一篇大文。參見馬幼垣：〈《宣和遺事》中《水滸》故事校釋〉，《漢學研究》，第 12 卷第 1 期（1994 年 6 月），頁 317～333。

表示已差童貫勒兵相應。然後記譚稹征方臘無功，徽宗於是命童貫往討，並私行送之，握童貫手說：「東南事盡付汝，有不得已者，竟以御筆書之。」童貫至浙江，與王稟、劉鎮兩軍及諸將合擊，終平定之。宣和三年（1121）二月，童貫以功進太師。宣和四年（1122）童貫已任太師領樞密院，恩同宰相。四月，童貫與蔡攸領軍巡邊。童貫出師，徽宗易服出郊與童、蔡餞行。五月，童貫與遼人戰敗，退保雄州（今河北保定市雄縣）。〔註2〕

本書的〈亨集〉則記童貫領軍入燕，僅得空城，又回頭述說童貫當年使遼，被遼人譏笑宋廷以內臣為使之事。本書的〈利集〉續記童貫在宣和七年（1125）六月獲封廣陽郡王，卻述說十二月金兵以宋背盟收納降將張覺。童貫至太原（今山西太原市），派人見金帥宗翰，知道金兵要南犯，就不理太原守臣張孝純（？～1144）之請，要離開太原，並怒目說「吾受命宣撫，非守土臣也。」張孝純諷刺童貫若辭其責，則朝廷置帥為何？又譏其平時作多少威福。童貫不理，即日逃歸京師（今河南開封市）。不久，徽宗禪位欽宗，太學生陳東等上書力數蔡京、童貫、王黼、李彥、梁師成、朱勔六人之罪。靖康元年（1126）陳東再上奏，以蔡京、童貫有挾徽宗南巡之罪，請治他們極刑，童貫最終被殺於南雄州（今廣東南雄市），並傳首京師。〔註3〕

在《水滸傳》作者筆下，童貫的形象就豐富得多，小說記他位居樞密使高位，卻是只知阿諛奉承主子徽宗，又與蔡京、高俅（？～1126）和楊戩（？～1121）狼狽為奸，嫉賢忌能，並接受遼國賄賂。他統軍作戰，膽怯而用兵無方，敗了又欺瞞主子。他與蔡京等一再排擠接受招安的宋江（？～1121），當他在宣和三年領軍平定方臘後，又將有大功的宋江和盧俊義害死，總之他既無能又險詐，偏偏徽宗屢次包容。信任不替。按《水滸傳》所記的童貫是在宣和時期他任樞密使時，並未交待他以前的仕歷，更未交待他與楊戩均是內臣。

在百二十回本的《水滸傳》，童貫在第六十三回出場，因梁山好漢攻打蔡京女婿梁世傑（梁中書）鎮守的大名府（今河北邯鄲市大名縣），梁派人往開封請求救兵，蔡京即召「東廳樞密使童貫引三衙太尉都到節堂參見」。小說作

〔註2〕參見佚名（撰），黎烈文（標點）：《大宋宣和遺事》，《萬有文庫》本，（上海：商務印書館，1937年3月），〈元集〉，頁10，12，14，16，21～22，28，30，35～37。

〔註3〕《大宋宣和遺事》，〈亨集〉，頁67，79～80；〈利集〉，頁82～87，91，94。

者把首次出場的童貫寫得很不堪，說當蔡京把大名府危急之事細說一遍後，眾官包括童貫互相廝覷，各有懼色。當步軍司將官宣贊出來推薦關勝可領軍救大名時，小說作者又記「童貫是個阿諛諂佞之徒」，排擠宣贊。〔註4〕

　　小說第二次提到童貫，是在六十九回，借董平之口，斥東平府太守程萬里「原是童貫門下門館先生，得此美任，安得不害百姓？」童貫在小說中正式與梁山好漢交手是在第七十六回，當太尉陳宗善首次招安失敗後，蔡京召「童樞密、高（俅）、楊（戩）二太尉，都來相府商議軍情……童樞密道：鼠竊狗偷之徒，何足慮哉！區區不才，親引一支軍馬，尅時定日，掃清水泊而回。」在蔡京、高俅及楊戩保奏下，童貫亦向徽宗「稱願效犬馬之勞，以除心腹之患」，於是徽宗拜童貫為大元帥，任從各處選調軍馬，前去勦捕梁山。〔註5〕

　　小說第七十六回、七十七回及七十八回便記童貫率軍十萬攻打梁山而兩度覆師的經過。到八十一回，小說記燕青見到徽宗，說童貫引軍到來，只兩陣殺得片甲不回。徽宗聽罷就說他被童貫騙了，只推說軍士不伏暑熱，暫且收兵罷戰。第八十二回，記徽宗在臨朝時，宣童貫出班，問他征梁山勝敗。童貫仍然辯稱「臣舊歲統率大軍前去征戰，非不效力，奈緣暑熱，軍士不伏水土，患病者眾，十死二三，臣見軍馬艱難，以此權且收兵罷戰，各歸本營操練。所有御林軍於路病患，多有損折。」他語音未落，就被徽宗痛斥他管樞密，豈不自慚？聲明下次再犯定然不饒。當宋江等接受招安來到京師時，童貫又向徽宗獻計，說宋江等雖降，「其心不改，終貽大患。以臣愚意，不若陛下傳旨，賺入京城，將此一百八人盡數剿除，然後分散他的軍馬，以絕國家之患。」徽宗起初沉吟未決，幸而負責招安的太尉宿元景極力反對，並建議由宋江領兵抗擊入侵的遼軍，為徽宗接納。〔註6〕

〔註4〕參見施耐庵（集撰），羅貫中（1320～1400）（纂修）：《一百二十回的水滸》（香港：商務印書館，1969年10月），第六十三回〈宋江兵打北京城，關勝議取梁山泊〉，頁1044～1055。

〔註5〕《一百二十回的水滸》，第六十九回〈東平府誤陷九紋龍，宋公明義釋雙鎗將〉，頁1127；第七十五回〈活閻羅倒船偷御酒，黑旋風扯詔罵欽差〉，頁1214。

〔註6〕《一百二十回的水滸》，第七十六回〈吳加亮布四斗五方旗，宋公明排九宮八卦陣〉，頁1215～1235；第七十七回〈梁山泊十面埋伏，宋公明兩贏童貫〉，頁1235～1248；第七十八回〈十節度議取梁山泊，宋公明一敗高太尉〉，頁1249～1251；第八十一回〈燕青月夜遇道君，戴宗定計出樂和〉，頁1303；第八十二回〈梁山泊分金大買市，宋公明全夥受招安〉，頁1308～1309，1323。

　　小說在八十三回則記徽宗再次大罵童貫等「都是汝等讒佞之徒，誤國之輩，妬賢嫉能，閉塞賢路，飾詞矯情，壞盡朝廷大事。」不過，徽宗仍舊「姑恕情罪，免其追問」。到八十九回及第九十回，當宋江擊敗遼軍，小說作者又記童貫等因受了遼國的賄賂，而於徽宗前極力保奏許遼議和。他又與蔡京等拖延封賞宋江。到九十三回，宋江征田虎時，又記李逵夢見童貫、蔡京等四人向徽宗誣告宋江逗留不進。李逵在夢中一氣之下砍殺四人，他醒後告訴眾好漢，皆額首稱快。在九十七回，小說記戴宗見到宿元景，宿告訴戴，蔡、童四人誣告宋江覆軍殺將，欲請徽宗加罪，幸得右正言陳瓘（1057～1124）上疏劾四人陷害忠良，排擠善類，稱宋江軍已過壺關險隘。〔註7〕

　　在第一百一回，作者敘述四寇之一的王慶時，說王慶看上了童貫的養女嬌秀。嬌秀是童貫弟童貰女，也是楊戩外孫，已許配蔡京子蔡攸（1077～1026），她嫌蔡攸憨獃，就和王慶私通。童貫發現二人私情，就聯同蔡京找一個罪名將王慶刺配遠惡軍州。〔註8〕

　　作者在第一百五回記王慶後來伙眾反宋，打破南豐府，獲委平亂的將佐都是靠賄蔡京、童貫等四人得官，平日只會尅剝軍糧，殺良冒功。王慶軍殺至東京附近的宛州，童貫與蔡攸卻隱瞞徽宗，最後還是靠宋江平定王慶。在第一百十回，記童貫與蔡京以天下尚未靖平，不可陞遷宋江等官爵，只建議徽宗授宋江皇城使帶御器械，盧俊義以下依次授小官。到一百十七回，宋江征方臘末段，梁山好漢損兵折將時，童貫奉詔齎賞到杭州，這時的童貫一改以前敵視宋江的態度，還對宋江慰問一番，他進兵烏龍嶺時還聽宋江、吳用的勸諫。不過，到一百二十回，卻記宋江班師回朝後，童貫又向蔡京劾阮小七曾穿方臘的黃袍，而將他罷職。不久，他再與蔡京、高俅和楊戩三人合謀，找人往樞密院誣告宋江和盧俊義在楚州和盧州招兵買馬，積草屯糧，意欲造反。徽宗不信，召盧入京撫問，童貫等卻在飲食中下慢毒，先害死盧，又借徽宗賜宋江御酒的機會，暗中命人在酒中下毒，

〔註7〕《一百二十回的水滸》，第八十三回〈宋公明奉詔破大遼，陳橋驛滴淚斬小卒〉，頁1324～1325；第八十九回〈宋公明破陣成功，宿太尉頒恩降詔〉，頁1421；第九十回〈五臺山宋江參禪，雙林鎮燕青遇故〉，頁1434；第九十三回〈李逵夢鬧天池，宋江兵分兩路〉，頁1466～1468；第九十七回〈陳瓘諫官陞安撫，瓊英處女做先鋒〉，頁1510。

〔註8〕《一百二十回的水滸》，第百一回〈謀墳地陰險產逆，蹈春陽妖艷生奸〉，頁1560。

將宋江毒死。到徽宗知道時，蔡、童二人早將賜酒的使臣滅口，將罪過推得一乾二淨。〔註9〕

　　原籍浙江烏程（今浙江湖州市）的清初遺民陳忱（1613～1670）所撰的《水滸後傳》，續寫童貫在政和後期主導訂立「海上之盟」後，隨即在宣和四年（1122）領軍聯金滅遼而導致金兵南侵的歷史。作者刻劃童貫的貪功與無知，誤信燕人馬植（即李良嗣，？～1126）滅遼收燕的奇計，因人成事而取回燕京，他也因此獲陞太尉並封公，卻不知埋下禍根。宣和五年（1123），童又為貪取得平州（今河北秦皇島市盧龍縣）而收容遼的降將張覺（？～1123），到金人聲討時，又殺張覺父子以求和，童貫這樣做，結果令另一降將郭藥師（？～1132後）叛宋降金，並作嚮導引金兵攻開封。徽宗在金兵將臨京師城下時禪位欽宗（1100～1161，1126～1127 在位），童貫等隨即被罷職抄家並貶往南方。陳氏記述靖康之難的經過，大致上依《宋史》所記（按：陳氏不審招納張覺並非童貫所為），不過，卻將童貫之死，寫成是被燕青為首的梁山好漢所殺，而非為欽宗派人將之明正典刑。陳氏記童貫等四人被貶卻能逃離開封，當開封城破後，以為可以逃之夭夭，卻冤家路窄，遇上燕青等好漢於中牟縣（今河南鄭州市中牟縣）。燕青歷數他們的罪狀後，就在宋江、盧俊義等被害好漢的靈位前，以毒酒將他們殺死，以報眾好漢被他們坑害之仇。在陳氏筆下，童貫是導致北宋亡國的罪魁禍首。而他被殺，居然還能保著全屍，沒有寫成身首異處，已算陳氏手下留情了。

　　童貫在《水滸後傳》第六回首次出場，小說記他奉旨率軍鎮守北京（即大名府），李良嗣得童的差官引薦，前往北京謁見童貫，獻上他自海上結納金國，聯金滅遼，收復幽燕的奇計。童貫大喜，將李良嗣署為樞府參軍，贊畫機務，並因林靈素之託，將郭京留軍中效用。另一方面，派兵剿滅梁山餘黨公孫勝等。第七回續記童貫本來想再發兵征剿梁山好漢李應等，卻因邊報甚緊，遼兵到來而罷，另他奉旨遣派李良嗣入京陳述他的奇計。李的奇計為徽宗所納，並在宣和二年二月，派他自登萊出海，聯絡金國。八月，他回朝覆命，宋朝厚贈金使，加授李為侍御史，並監童貫大軍。童貫到第十五回再出場，

〔註9〕《一百二十回的水滸》，第一百二回〈王慶因姦喫官司，龔端被打師軍犯〉，頁1568；第一百五回〈宋公明避暑療軍兵，喬道清回風燒賊寇〉，頁1599～1601；第一百十四回〈燕青秋林渡射雁，宋江東京城獻俘〉，頁1665；第一百十七回〈睦州城箭射鄧元覺，烏龍嶺神助宋公明〉，頁1775～1776；第一百二十回〈宋公明神聚蓼兒洼，徽宗帝夢遊梁山泊〉，頁1832，1835～18397，1846～1847。

小說記他召用懂神行法的戴宗為他征遼效命，並好言慰撫他憎惡的梁山好漢。然後記他任河北、河東路宣撫使，與蔡攸及李良嗣統軍攻遼，並獲遼將郭藥師來降。在金兵配合下，最後順利收復燕京，童貫以功陞太尉封豫國公。第十九回則記童貫接納遼平州守將張覺來降，卻招致金兵來攻。童貫慌了，將張覺父子殺死，將其頭獻予金人；但金人不罷休，要他親來謝罪。童貫不敢去，連夜逃回京師。郭藥師憤而降金，並作嚮導引金兵南侵。徽宗接受群臣之議，禪位欽宗。第二十二回記在太學生陳東（1086～1127）劾奏下，欽宗重貶蔡京、童貫等六人，由開封府尹聶昌（？～1126）緝拿六人家屬，抄沒家產，家屬充軍。蔡京與童貫及高俅作為一起押送。小說記老奸巨滑的蔡京提出要在路上小心，免為仇家報復。童貫說「從來沒有小心錯的，況暗地害人，原是我們長做過的，今日輪到自己身上，豈可不見機而作？」因四人早作提防，就躲過聶昌派人對他們的刺殺。不像王黼、楊戩和梁師成被刺客所殺。童貫在小說的結局是在第二十七回，他與蔡京、蔡攸與高俅在中牟縣，竟與燕青為首的梁山好漢狹路相逢，梁山好漢歷數他們的罪狀，其中痛斥童貫納李良嗣之言，乃致金兵南侵而國破家亡。四人也實在窩囊，仍苦苦求饒，滿眼流淚不肯飲鴆酒，梁山好漢就將毒酒灌下，將他們結果。〔註10〕

　　清中葉俞萬春（1794～1849）所撰的《蕩寇志》和《水滸後傳》的立場迥異，全書在寫宋廷剿滅梁山的經過。書中的童貫角色相較前二書為輕，作者對童貫的描寫仍是負面，說他朋比蔡京，假公濟私，隱瞞兵敗梁山軍情，又說他力主聯金攻遼，陷死反對此議的殿前都虞候苟邦達。不過，和前述二書最大不同是，童貫不但沒有仇恨梁山好漢，還因蔡京的引路，暗通梁山，接受宋江賄賂，將宋廷軍情洩露，又巧計將張叔夜（1065～1127）本來派去圍剿梁山的兵馬調往鎮壓方臘，間接破壞宋廷剿滅梁山的行動。小說稱他最後被所寵的孿童珠兒告發，被對頭賀太平抓著罪證，奏明徽宗，徽宗即將他誅殺並抄家。童貫在《蕩寇志》的結局和《水滸後傳》截然不同。俞萬春倒隱約指他是不能人道的內臣。

〔註10〕參見陳忱：《水滸後傳》（上海：上海古籍出版社，1981 年 5 月），第六回〈飲馬川李應重興，虎峪寨魔王鬥法〉，頁 51～54；第七回〈李良嗣條陳賜姓，鐵叫子避難更名〉，頁 58～60；第十五回〈大征戰耶律奔潰，小割裂企弓獻詩〉，頁 132～137；第十九回〈納平州王黼招兵，逐強徒徐晟奪甲〉，頁 169～170；第二十二回〈破滄州義友重逢，困汴京奸臣遠竄〉，頁 199～203；第二十七回〈渡黃河叛臣顯戮，贈鴆酒奸黨凶終〉，頁 243～247。

　　童貫在《蕩寇志》在七十一回（即第一回）首度出場，記他在政和五年
（1115）二月，以領樞密院事樞密正使的官職，與同平章事趙挺、經略大將軍
种師道（1051～1126）、殿帥府掌兵太尉高俅隨徽宗閱萬兵，討伐梁山。童貫
以徽宗剛誕生皇嗣，已恩赦各犯，請緩征梁山。但徽宗不從，命蔡京領兵二
十萬討梁山。童貫再次出場在第七十八回，說蔡京討梁山兵敗，就串通與他
交好的童貫，上奏說軍營瘟疫盛行，人馬不安，請求班師。第七十九回記蔡
京回京後，和童貫朋比為奸，徽宗竟被瞞過，以為真有瘟疫。在第八十三回
作者借介紹苟桓的家世，說其父苟邦達在政和年間為殿前都虞候，因不畏權
勢，時常違逆童貫，童恨之切骨。那時童貫力主聯金攻遼，徽宗准了，苟苦
諫不從，童就誣陷苟私通遼國，徽宗不察，就將苟處斬。小說在第九十四回
提到蔡京失寵降職，靠「童郡王、高太尉力救」才不致遠貶，稱童貫此時已
爵封郡王。小說第一百回終於由童貫擔綱，當高俅以其子被殺，要求發兵梁
山復仇時，童貫反對，認為利在緩，不在急。他以良將种師道正在征遼，雲
天彪在井陘鎮守，不可稍離，要等二人奏凱回來，才可興師。他又以這時天
降潦雨，不宜進兵。高俅堅持出兵，徽宗同意，童貫就找蔡京，力斥其非。
蔡京為了被扣在梁山的親人的性命，就暗中通知宋江。在一百四回，作者記
童貫還因蔡京之意，故意阻止宋廷招安及封賞擊破梁山有功的陳希真。在一
百二十二回，記宋江見張叔夜來攻，就命蕭讓修書，去求童貫設法。童貫的
收場在一百二十三回，記童貫果然奏請將征梁山之師，改征方臘。張叔夜明
知童貫有詐，但方臘勢大，也理應征討，是故無可奈何。他回府沉思，以「童
貫奸賊，默右梁山，其意叵測。我今奉旨遠征，獨留此奸佞在朝秉政，將來
為害不淺。」於是張叔夜入朝，薦賀太平可用，以對付童貫。徽宗依允，以
賀太平為吏部尚書兼理太尉事。本來童貫老奸，收了宋江不少油水，不露形跡，
卻因變童珠兒與寵妾阿綉私通事被童貫發現。因珠兒失寵，他就向賀太平的家
人高鑑透露了童貫私通梁山之事，並將梁山書信偷來交給高鑑。賀太平得到童
貫通梁山書信後，馬上奏告徽宗。徽宗大怒，即鎖拿童貫下獄。第二天將童貫
抄家，第三天將他處斬，以賀太平代為樞密使。童貫臨刑時，始知此案為他譏
為賀鼻涕的賀太平所奏。童貫被誅，士民無不稱快。〔註11〕

〔註11〕參見俞萬春（撰），戴鴻森（校點）：《蕩寇志》（北京：人民出版社，1981年
　　　　11月），第七十一回〈猛都監興師剿寇，宋天子訓武觀兵〉，頁12，16；第七
　　　　十八回〈蔡京私和宋公明，天彪大破呼延灼〉，頁127～128；第七十九回〈蔡
　　　　太師班師媚賊，楊義士旅店除奸〉，頁137；第八十三回〈雲天彪大破青雲兵，

以上的四書，並沒有交待童貫早年的事蹟，包括他征青唐，戰西夏的戰功，也沒有提到童貫的宮中對頭內臣梁師成、譚積一伙曾奪他兵權的事，更沒有提到他和蔡京又勾結又爭權的複雜關係。另外也不知道童貫後來的權勢不比蔡京小。至於童貫之死，百二十回本《水滸》未寫童貫之死，《大宋宣和遺事》依《宋史》之記，童貫為欽宗誅殺，《水滸後傳》則說童貫為梁山好漢所殺，《蕩寇志》最離奇，說徽宗殺掉童貫。當然四書所記，都是小說家言，本不足深究；不過，卻給讀者深刻印象，以為童貫只是一名欺上瞞下，刻意討好徽宗的小黃門，一個從早到晚只在蔡京太師府聽候使喚的奴才，一個領兵打仗卻是屢戰屢敗的廢物，卻又和高俅一伙，常使陰謀詭計坑害梁山好漢的奸臣。然而，就是憑著《水滸傳》的傳播，童貫成為一般人最為熟悉的宋朝惡太監壞公公。

陳希真夜奔猿臂寨〉，頁 197；第九十四回〈司天台蔡太師失寵，魏河渡宋公明折兵〉，頁 368；第一百回〈童郡王飾詞諫主，高太尉被困求援〉，頁 453～454；第一百四回〈宋公明一月陷三城，陳麗卿單槍刺雙虎〉，頁 502；第一百二十二回〈吳用智御鄆城兵，宋江奔命泰安府〉，頁 780；第一百二十三回〈東京城賀太平誅佞，青州府畢應元薦賢〉，頁 783～790。

附錄二：紹興三十一年至隆興元年宋金秦隴之役考

前　言

　　許多研究宋金戰爭的人都忽略了紹興三十一年（1161）九月至隆興元年（1163）四月宋金秦隴之役。這場大戰宋方由陝西新軍吳家軍主帥、時任四川宣撫使、奉國軍節度使吳璘（1102～1167）指揮，為時一年多。他配合東線的華容節度使、知金州（今陝西安康市）、金、房州都統王彥（？～1166）部隊對金作戰，而呼應江淮宋軍的主戰場，打擊金主完顏亮（1122～1161，1150～1161 在位）滅宋的企圖。吳璘的部隊作戰英勇，配合蕃兵和忠義軍屢挫金兵，而且一度重奪失去多年的秦州（今甘肅天水市）、隴州（今陝西寶雞市隴縣）、熙州（今甘肅定西市臨洮縣）、河州（今甘肅臨夏回族自治州臨夏市）、蘭州（今甘肅蘭州市）、會州（今甘肅白銀市靖遠縣）、原州（今甘肅慶陽市鎮原縣）、洮州（今甘肅甘南藏族自治州臨潭縣）、環州（今甘肅慶陽市環縣環城鎮）、鎮戎軍（今寧夏回族自治區固原市原州故城）、積石軍（今青海海東市循化撒拉族自治縣）、德順軍（今寧夏固原市隆德縣城關）等十二州軍。這場由吳家軍領導的宋金秦隴大戰，王智勇和楊倩描兩本論述吳家軍的著作曾有論及，值得參考。另外，1991 年 12 月在陝西漢中市洋縣出土的〈彭杲墓誌銘〉也記載了此場大戰一些戰況。本文即在楊氏、王氏的研究上，再據一些新刊出之出土史料，作一番概括的敘述。[註1]

〔註 1〕參閱王智勇：《南宋吳氏家族的興亡——宋代武將家族個案研究》（成都：巴蜀書社，1995 年 11 月），第三章第六節〈金人敗盟，吳璘軍奮起反擊〉，頁 141
　　～149；第七節〈德順之戰〉，頁 150～163；楊倩描：《吳家將——吳玠吳璘吳

本　論

　　陝西六路在南宋初年尚在宋軍手上，童貫麾下的陝西軍諸將一直與金人和夏人抗衡，直至紹興十二年（1142）八月宋金議和劃界，宋割商州（今陝西商洛市商州區）和秦州一半予金，保存金州上津（今湖北十堰市勛西縣）、金州豐陽（今陝西商洛市山陽縣）及秦州天水（今甘肅天水市）三縣及秦州成紀縣（今甘肅天水市秦安縣）餘地，棄和尚原（今陝西寶雞市西南）、方山原（今陝西寶雞市陳倉區赤沙鎮南部），以大散關（今陝西寶雞市西南 17 公里大散嶺上）為界，而保有金州、房州（今湖北十堰市房縣）、開州（今重慶市開縣）、達州（今四川達川市）。到紹興十六年（1146）二月辛丑（初二），又割金州豐陽縣和洋州乾祐縣（今陝西商洛市鎮安縣）予金。〔註2〕

　　但到紹興三十一年九月甲戌（初五），以金主完顏亮傾國來侵，宋金再度大戰，西蜀道行營兵馬都統制徒單合喜（？～1171）　與其副將平陽尹、原為宋降將張中彥（？～1064 後）將兵五千騎，自鳳翔府（今陝西寶雞市鳳翔縣）大散關入川界三十里，遊騎犯鳳州黃牛堡（今陝西寶雞市鳳縣東北黃牛鋪），宋守將李彥堅告急於四川宣撫使吳璘，吳馳至殺金平，遣將援之。李督宋軍以神臂弓擊退金兵。金人扼大散關，深溝高壘以自固。吳璘率軍駐青野原，派部將高崧等援之，仍以本堡隊官張操同力拒敵。丁亥（十八），吳璘遣部將彭清（青）至寶雞渭河，夜劫金人的橋頭寨，破之，斬首數百級，降二千人。這時金兵集陝西諸路兵，分屯於隴州之方山原，及秦州鳳翔之境，意欲分軍四出，與大散關之兵相犄角。吳璘命興州駐劄御前前軍統領劉海（？～1162

挺吳曦合傳》（保定：河北大學出版社，1996 年 8 月），第八章〈秦隴之戰〉，頁 141～167；第九章〈德順之戰〉，頁 168～191；李燁、周忠慶：〈陝西洋縣南宋彭杲夫婦墓〉，〈附錄：彭杲墓誌銘〉，《文物》，2007 年第 8 期，頁 57，67～70。又吳璘這員大將彭杲（1126～1191）的墓誌，稱他是种師道（1051～1126）轉世，他的生平事蹟，可參閱何冠環：〈南宋初年一則有關种師道的神話〉，載何著：《北宋武將研究續編》（新北：花木蘭文化出版社，2016 年 3 月），頁 611～619。考南宋初年有王彥二人，一是創立八字軍的王彥（1090～1139），一為這個知金州的王彥。他在乾道二年（1166）以保平軍節度使、龍神衛四廂都指揮使致仕卒，九月贈檢校少保。參見《宋會要輯稿》，第四冊，〈儀制十一・武臣追贈・節度使〉，頁 2543；佚名（？～1165 後）（撰），黃寶華（整理）：《中興禦侮錄》，收入朱易安、傅璇琮（（1933～2016）主編）：《全宋筆記》第五編第一冊（鄭州：大象出版社，2012 年 1 月），卷上，頁 35。

〔註 2〕脫脫（1314～1355）（纂）：《宋史》（北京：中華書局，1977 年 11 月），卷三十〈高宗紀七〉，頁 556～557，564。

後），同統領王中正（？～1172後）、左軍統領賈士元（？～1162後），合所部三千騎，趨秦州。戊子（十九），劉海受檄即引兵而出。甲午（廿五），劉海收復秦州，金守將蕭濟降。當初秦州既陷，金人徙城北山，地最峻險。金將蕭濟素來輕視宋軍，不為備。有明威將軍號乞求闍者，荒唐尤甚，每日自歌曰：「金亦有，銀亦有，我曹為樂宜耐久。」先是，金兵戍寨者三千，前二日，向傍郡劫糧，留弱者守寨。當劉海引兵抵城下，蕭濟不覺，宋軍抵近城數里始覺。劉海與賈士元和王中正商議，以秦州城險而堅，未易拔。今城守似怠，當以火攻之。於是積藁縱火，煙上蔽城，自二十五日申時至二更便破寨，劉海遂登城。金將蕭濟以下降，宋軍得糧十餘萬斛及戰馬器甲無數，劉海以正將知州事，撫定人民，各安其業。收復秦州是多年來未有之大勝，吳璘即第一功宋廷以聞。吳璘的捷報至宋廷，宰相陳康伯（1097～1165）便向高宗表示秦州陷沒三十餘年，今日一方之民喜見漢官威儀。丙申（廿七），吳璘再遣將曹洙收復洮州及管下冷丁堡、通岷堡。先是，金人命其知洮州西蕃人阿令結往北界軍前未還。曹至城下，其妻包氏率同知昭武大將軍奧屯蟬與官吏軍民出降。宋廷詔包氏為令人。後來阿令結來歸，吳即命他同知洮州，賜姓趙氏。己亥（三十），蘭州漢軍千戶王宏（？～1168後）殺其刺史溫敦烏也來降。王宏曾為秉義郎，後為金人所獲，俾部押蘭州軍馬。他聞知宋軍克秦州，就誘諭漢軍使降，人多從之。只有金官不聽。他就與其徒魯孝忠（？～1163後）等率部合鬥，殺金蘭州刺史溫敦烏七及金鎮國上將軍同知蘭州蒲察撒等，而將騎兵五百，步兵二百來歸。吳璘令西和州（今甘肅隴南市西和縣西南，自岷州易名）麻川知寨張彥忠率兵接應。吳璘承制授王宏武功大夫知蘭州，統領熙河軍馬，又以魯孝忠為秉義郎同知蘭州。收復蘭州，更是吳軍一重大成就。同日，吳璘遣右軍第二將正將彭青、副將張惠容、強英、左軍第二副將張德攻破隴州方山原金將徒單合喜軍，並收復隴州。〔註3〕

〔註3〕《宋史》，卷三十二〈高宗紀九〉，頁602～603；卷三百六十六〈吳璘傳〉，頁11417～11418；李心傳（1167～1244）（編撰），辛更儒（點校）：《建炎以來繫年要錄》（上海：上海古籍出版社，2018年12月）（以下簡稱《繫年要錄》），第六冊，卷一百四十一，紹興十一年八月戊辰條，頁2388；第八冊，卷一百九十二，紹興三十一年九月甲戌條，頁3438～3439；丁亥至戊子條，頁3443；甲午至己亥條，頁3445～3449；李埴（1161～1238）（撰），燕永成（校正）：《皇宋十朝綱要校正》（北京：中華書局，2013年6月）（以下簡稱《十朝綱要》），卷二十五〈高宗〉，紹興三十一年九月甲戌至己亥條，頁722～723；徐夢莘（1126～1207）：《三朝北盟會編》（上海：上海古籍出版社影印清光緒三

十月癸卯（初四），宋廷以吳璘兼陝西、河東招討使，是月丁未（初八），金世宗（1123～1189，1161～1189 在位）自立。丙辰（十七），興元府（今陝西漢中市）都統制姚仲（？～1167 後）遣忠義統領王俊率兵至鳳翔府鄠屋縣（今陝西西安市周至縣東終南鎮），遇金人於東洛谷口，破之，並降金守兵趙順多人。同日，金州都統制王彥遣統制任天錫（？～1169 後）、郭諶等領精兵出洵陽（今陝西安康市旬陽縣），復商州豐陽縣。戊午（十九），任又收復商洛縣。宋廷命吳璘出兵漢中。（按：《金史》記宋軍是日取秦州臘家城及德順

十四年（1908）許涵度刻本，1987 年 10 月）（以下簡稱《會編》），卷二百三十一〈炎興下帙一百三十一〉，紹興三十一年九月十八日丁亥條，葉八上（頁1664）；二十五日甲午至二十七日丙申條，葉十下至十二下（頁1665～1666）；卷二百三十二〈炎興下帙一百三十二〉，紹興三十一年九月二十九日戊戌條，葉四下至六上（頁 1668～1669）；卷二百三十三〈炎興下帙一百三十三〉，紹興三十一年十月六日乙巳條，葉一上至二上（頁1673～1674）；十月十三日壬子條，葉六下至七上（頁1682～1683）；徐松（1781～1848）（輯），劉琳、刁忠民、舒大剛、尹波等（校點）：《宋會要輯稿》（上海：上海古籍出版社，2014年 6 月），第十四冊〈兵九·出師三·金國〉，頁8784；脫脫（纂）：《金史》（北京：中華書局，1975 年 7 月），卷五〈海陵王紀〉，頁 115～116；卷六〈世宗紀上〉，頁 139～140，145～146，149；卷三十一〈禮志四〉，頁 763；卷七十九〈張中孚傳附張中彥傳〉，頁 1787～1791；卷八十七〈徒單合喜傳〉，頁 1941～1945；宇文懋昭（？～1280 後）（撰），崔文印（校證）：《大金國志校證》（北京：中華書局，1986 年 7 月），卷十五〈紀年·海陵煬王下〉，頁 207；《中興禦侮錄》，頁 36，38～39。考徒單合喜是金上京速蘇海水人，《金史》卷八十七有傳。父蒲涅，世襲猛安。他生得魁偉，膂力過人，為金源郡王婁室（1078～1131）所喜，從其軍。他在天會六年（建炎二年，1128）以功為謀克，不久領婁室親管猛安，他在金熙宗皇統二年（紹興十二年，1142）為隴州防禦使。此後多次以少勝眾，擊敗宋軍於高陵、秦州、鳳翔府和饒風關，以功遷平涼尹，再徙臨洮和延安尹。他是邊臣之良吏，守之以靜，民多還本地。 金海陵王天德二年（紹興二十年，1150）為元帥左都監，陝西統軍使。貞元二年（紹興二十四年，1154）以本官兼河中尹。正隆六年（紹興三十一年，1161）為西蜀道兵馬都統。他是吳璘的剋星。他以顯赫軍功，大定七年（1167）七月庚申（廿五），入為樞密副使，十一月丁亥（廿三）罷為東京留守。九年（1169）十二月丙戌（初五）拜開府儀同三司平章政事，封定國公，十一年（1171）六月甲子（廿一）卒。章宗泰和元年（1201），配享世宗廟庭。至於張中彥原是宋將，《金史》卷七十九有傳。他初以父任為涇原副將知德順軍。他降金後除招撫使，從下熙河階成州，授彰武軍承宣使為本路兵馬鈐轄邊道總管。後來他們兄弟至杭州（今浙江杭州市），他被任為龍神衛四廂都指揮使清遠軍承宣使。紹興十二年（1142）他們兄弟被金人徵歸，以後一直仕金。秦隴戰後，他封宗國公吏部尚書，明年除南京留守，轉真定尹兼河北西路兵馬都總管，未幾致仕，西歸京兆府（即長安，今陝西西安市），翌年又起為臨洮尹兼熙秦路兵馬都總管。又加開府儀同三司，以疾卒於官，年七十五。他卒於何年待考。

州）己未（二十），任天錫、郭諶復商州，執其守臣完顏守能。甲子（廿五），吳璘派其子中軍統制吳挺（1138～1193）、向起（？～1166）等與金人戰於德順軍之治平寨，金兵佈陣於治平寨的隍外，示必死之心。先是金人派兵往涇原，吳璘命吳、向二人率所部捍禦，過德順軍，遇遊騎二千餘，與宋軍接戰，駐於治平寨。宋將劉海、曹建以數百騎掩擊之，斬其將潑察，生擒數十人，入其郭。金兵恐宋軍襲其後，乃燒其寨為疑兵。劉海以為救至，就引還，金兵乃得去。在這場大戰中，時任中軍馬軍第一將準備差遣的勇將彭杲（1126～1191）躍馬帶頭逕進，其部從之，據載彭部均以一當百，殺傷金兵滿道。金兵即入城禦之。到黎明，金兵從南市城來援，會合城內金兵與宋軍搏戰。彭杲引騎擊之，一鼓便即剪除敵馘，幾乎攻下治平寨。彭杲論功冠三軍，轉官忠訓郎升本將準備將。丙寅（廿七），金人反攻秦州，向起和吳挺擊退之。丁卯（廿八），武鉅收復虢州盧氏縣（今河南三門峽市盧氏縣），任天錫復朱陽縣（今河南三門峽市盧氏縣東南朱陽關）。〔註4〕

十一月己巳朔（初一），任天錫會合虢州（今河南三門峽市靈寶市）忠義官辛溥收復虢州，金守將蕭信出城迎敵不勝遁去。丙子（初八），任天錫復上津和商洛二縣。這時西路軍，已得秦州、隴州、洮州和蘭州，而金州的王彥軍東取商州、虢州，金人以重兵據大散關不下。癸未（十五），吳璘因病自仙人關（今甘肅隴南市徽縣東南）還興州，留大將姚仲節制軍事。乙酉（十七），王彥部將邢進收復華州（今陝西渭南市華州區），擒守將韓愿等三十二人及鞍

〔註4〕《宋史》，卷三十二〈高宗紀九〉，頁 603～605；卷三百六十六〈吳璘傳附吳挺傳〉，頁 11418，11421；《繫年要錄》，第八冊，卷一百九十三，紹興三十一年十月丙辰條，頁3467；戊午條，頁3471；甲子條，頁3477；丁卯條，頁3479～3480；《十朝綱要》，卷二十五〈高宗〉，紹興三十一年十月癸卯條，頁723，戊午至丙寅條，頁 724；《會編》，卷二百三十五〈炎興下帙一百三十五〉，紹興三十一年十月十七日丙辰條，葉七下至八下（頁1689～1690）；卷二百三十六〈炎興下帙一百三十六〉，紹興三十一年十月二十日己未條，葉七上下（頁1695）；《宋會要輯稿》，第十四冊〈兵九・出師三・金國〉，頁 8784～8785；李燁、周忠慶：〈陝西洋縣南宋彭杲夫婦墓〉，〈附錄：彭杲墓誌銘〉，頁69；《金史》，卷六〈世宗紀上〉，頁 123；《大金國志校證》，卷十五〈紀年・海陵煬王下〉，頁 208；樊軍（1925～2007 後）：《吳挺碑校注》（蘭州：蘭州大學出版社，1993 年 6 月），頁 17～18。據高文虎（1134～1212）所撰的吳挺碑的記載，當金兵從南市城來援時，宋金兩軍戰至日暮仍未分勝負。吳挺見金兵已氣惰，就對向起說可以出奇制勝。於是命裨將（疑即彭杲）領所部牙兵，直據北門。然後他率親兵，騎盡易黃幟，繞出敵後，乘高衝擊之，於是大敗金兵，獲金宣武將軍安寧，斬阿烏字菫及蕭千戶二級。

馬器甲無數。丙戌（十八），任天錫復陝州（今河南三門峽市陝州區）。戊子（二十），吳璘力疾上仙人原。己丑（廿一），金兵援陝州，任天錫擊走之，丁酉（廿三），宋軍破陝州，金守臣折可直降。就在宋軍節節勝利時，金主完顏亮在是月乙未（廿七）被弒於揚州（今江蘇揚州市）。〔註5〕

因完顏亮死，南征的金兵退出江北。十二月丁未（初九），知均州（今湖北十堰市丹江口市）武鉅遣鄉兵總轄杜隱等入河南府（洛陽）。先是金人以兵二千駐長水縣（今河南洛陽市洛寧縣西四十里長水鄉），王彥派將官楊堅、黨清引兵會義兵破之，殺其將二人，獲其將王寶以歸，於是復長水縣，惟楊堅深人敵陣而死，黨清引兵攻克嵩州（今河南洛陽市嵩縣），又克永寧和壽安（今河南洛陽市宜陽縣）二縣。吳璘在乙卯（十七）乘機又遣將收復水洛城（今甘肅平涼市莊浪縣城），庚申（廿二），吳璘派王中正、權知秦州劉忠及中軍第五將王价等攻破金人的治平寨，殺其知寨，降其招信校尉張吉甫等四人。金人謀復取治平寨，王中正引兵於于家堡（一作照城坡）迎敵，敗之。〔註6〕

紹興三十二年（1162）正月戊子（廿一），宋廷賞攻德順軍、治平寨之功，統制官知文州（今甘肅隴南市文縣）向起轉三官，特用一官除正任觀察使；吳挺特除正任吉州刺史，同統制梅彥、高海各轉兩官；統領三員各轉兩官，內劉海傷中，又攻打秦州有功，共轉四官；賈士元攻打秦州，共轉三官，杜寔兩官。〔註7〕

〔註5〕《宋史》，卷三十二〈高宗紀九〉，頁 605～607；《繫年要錄》，第八冊，卷一百九十四，紹興三十一年十一月己巳條，頁3485；癸未條，頁3502；乙酉條，頁3506；戊子條，頁3508；《十朝綱要》，卷二十五〈高宗〉，紹興三十一年十一月己巳至丙申條，頁 725～726；《會編》，卷二百三十八〈炎興下帙一百三十八〉，紹興三十一年十一月十一日己巳條，葉一上（頁 1707）；卷二百四十〈炎興下帙一百四十〉，紹興三十一年十一月十七日乙酉條，葉一上下（頁1723）；《宋會要輯稿》，第十四冊〈兵九・出師三・金國〉，頁8785；《金史》，卷六〈世宗紀上〉，頁 124。

〔註6〕《宋史》，卷三十二〈高宗紀九〉，頁 607～608；《繫年要錄》，第八冊，卷一百九十五，紹興三十一年十二月丁未條，頁3533；庚申條，頁3538；《十朝綱要》，卷二十五〈高宗〉，紹興三十一年十二月甲辰至壬戌條，頁726；《會編》，卷二百四十七〈炎興下帙一百四十七〉，紹興三十一年十二月九日丁未條，葉四上下（頁 1775）；卷二百四十八〈炎興下帙一百四十八〉，紹興三十一年十二月二十二日庚申條，葉一上至二上（頁 1779～1780）；《大金國志校證》，卷十五〈紀年・海陵煬王下〉，頁 209。

〔註7〕《宋會要輯稿》，第十五冊，〈兵十八・軍賞一〉，頁 8999；樊軍：《吳挺碑校注》，頁 18。

　　辛卯（廿四），吳璘遣興州前軍同統領惠逢（？～1162後）與蕃兵統領、權知洮州李進、同知洮州趙阿令結、鈐轄榮某至會通關，合兵進攻河州。先是吳璘命惠逢襲取熙河，惠逢間道出臨洮。擊之，獲其關使成俊。諸將議進兵，都說取河州容易。一將說金軍盡在熙州，宋軍若直攻河州，金兵必來援，宋軍就會兩面受敵。不如引兵西去，伺其險路，出其不意攻之。熙州兵若破，河州軍自下。眾人同意。就在正月丙戌（十九），伏兵閭家峽。金將溫迪痕，率軍三千邐至峽口，以邀宋軍。惠逢以弱卒數十騎誘之，金騎果然中計，宋軍大破金兵，並俘獲溫迪痕。奪會通關。壬辰（廿五），惠逢又與金人戰於閭家峽，敗之。丁酉（三十），惠逢等又與金人戰於寧河川，又敗之，生擒其將李復。〔註8〕

　　二月庚子（初三），惠逢等收復河州。河州蕃落指揮劉全、李寶、魏進糾集州民，執其同知中靖大夫郭琪以降。寧河寨民亦殺金守降。不過，惠逢卻怕金兵來攻，宋軍兵少難守，不久領兵離去，河州得而復失。癸卯（初六），惠逢又取積石軍，執同知軍宣武將軍高偉。又克來羌城（今甘肅甘南藏族自治州夏河縣鐵龍溝北岸）。金兵反攻，取河州寧河寨，盡屠其民，寨之戍兵皆潰。金再合兵萬人圍河州，兵民合力守之乃退。乙卯（十八），興元都統制姚仲以步軍六千四百為四陣攻鞏州不下，退守甘谷城（今甘肅定西市通渭縣南襄南鎮），留統制官米剛等駐兵鞏州，又引兵圍德順軍。金主帥調派女真、渤海等兵來援，都是百戰之師。吳璘以中軍迎戰金兵於瓦亭寨，由旦至哺，仍未分勝負。金騎下馬，將皮甲重疊入城墻，其勢銳甚。裨將王光祖勸吳璘稍退。吳不從。彭杲這時進言，說戰以進退尺寸為強弱，說王光祖之言不可聽，但金騎盡留後陣，今兼隸執羈，他建議差遣高師中和吳勝率騎兵繞過敵後攻擊，金前軍委脫必先遁。　金人見失馬則會心驚，敵可破也。吳璘用其策，果然大破金軍。據載彭杲身負五十餘箭傷，甚得吳璘器重。彭的墓誌據稱宋西師之出，覆敵摧堅，無過此戰。另一方面，姚仲於丙寅（廿九），又派副將趙銓及王寧以神臂弓攻德順軍之敵樓，更遣重兵分擊，攻下鎮戎軍，生擒知軍韓鈺。同知渭州秦弼父子來歸。〔註9〕

<hr>

〔註8〕　《十朝綱要》，卷二十五〈高宗〉，紹興三十二年正月辛卯至丁酉條，頁727；
　　　　《繫年要錄》，第八冊，卷一百九十七，紹興三十二年二月庚子條，頁3561；
　　　　《宋會要輯稿》，第十五冊，〈兵十四‧兵捷一〉，頁8902。

〔註9〕　《宋史》，卷三十二〈高宗紀九〉，頁608～609；《繫年要錄》，第八冊，卷一百九十七，紹興三十二年二月庚子至癸卯條，頁3561～3563；乙卯條，頁3565；

據《金史・徒單合喜傳》的記載，是月宋軍在吳璘指揮下，「侵古鎮，分據散關、和尚原、神叉口、玉女潭、大蟲嶺、石壁寨、寶雞縣，兵十餘萬，陷河州、鎮戎軍」。徒單合喜見形勢險峻，就請援兵。金世宗詔以河南兵萬人援之。合喜派丹州刺史赤盞胡速魯改以兵四千守德順軍，抵禦吳璘來攻的大軍（《金史》作宋軍有二十萬人，當是誇大其數）。閏二月癸酉（初六），金統軍都監石抹迭勒將熙、蘭兵萬人奪回河州，宋軍援救不及，河州被屠城。金兵破河州後就逕往德順軍解圍，駐兵平涼（即渭州，今甘肅平涼市）。宋軍兵敗河州，惟姚仲在丙子（初九）派忠義軍統領段彥攻取原州，殺其知州完顏撒里，獲其同知原州鎮國上將軍紇石烈訛魯古等官四人及其女真家小三十餘口。宋廷即以段彥知原州。癸未（十六），吳璘也派右軍都統楊從儀等拔大散關。又奪和尚原。姚仲於是月辛卯（廿四）攻德順軍，壬辰（廿五），敗金兵於瓦亭寨（今寧夏固原市瓦亭鄉）和新店。丙申（廿九），吳璘派忠義軍統領嚴忠收復環州，獲知州郭裔並管下城寨官十人，又奪到鞍馬旗幟及帶到環州管下馬步軍四百餘人並一行官吏。〔註10〕

因姚仲攻德順軍四十日不能下，吳璘在三月辛丑（初五）親自從秦州引兵至德順軍，與中軍統制吳挺合軍。金主帥徒單合喜則於癸卯（初七）合鳳翔、熙河兵來援，合喜命其左都監統熙河兵由張義堡（今寧夏固原市西南）駐摧沙堡（今寧夏固原市西北），萬戶完顏習尼列、大良順，寧州刺史顏盞門都（？～1165）各將本部兵合二萬人，由順義軍節度使烏延蒲离黑統押之，與從河州到來的石抹迭勒部會合。另萬戶背奴孛董也自平涼到來，與宋軍大戰，各有勝敗。據彭杲墓誌所記，金兵先駐城東五里，彭杲以偵察兵破之，回軍無損。宋軍既合圍，塹柵未固，金兵間出搗，鼓不絕擊。彭杲因此連夜赴戰，一直未得解甲。據載他曾披緋袍而自標異，去大軍百許步，縱馬略陣。金人

丙寅條，頁3570；《十朝綱要》，卷二十五〈高宗〉，紹興三十二年二月庚子至乙丑條，頁727；李燁、周忠慶：〈陝西洋縣南宋彭杲夫婦墓〉，〈附錄：彭杲墓誌銘〉，頁69。

〔註10〕《宋史》，卷三十二〈高宗紀九〉，頁609；《繫年要錄》，第八冊，卷一百九十八，紹興三十二年閏二月辛未至癸酉條，頁3572～3573；癸未條，頁3575～3577；乙未條，頁3583；《十朝綱要》，卷二十五〈高宗〉，紹興三十二年閏二月丙子至丙申條，頁727～728；《會編》，卷二百五十〈炎興下帙一百五十〉，紹興三十二年閏二月十六日癸未條，葉二上至七上（頁1790～1793）；《大金國志校證》，卷十六〈紀年・世宗聖明皇帝上〉，頁223；《宋會要輯稿》，第十五冊，〈兵十四・兵捷一〉，頁8902；《中興禦侮錄》，頁50；《金史》，卷八十七〈徒單合喜傳〉，頁1942。

畏之，莫敢忤視。戊申（十二），宋軍在吳璘督戰下，終於攻下德順軍。據吳挺碑所記，宋軍斬首萬人，獲軍器山積，並生擒金千戶耶律九斤孛菫及其他戎酋二百三十七人。吳璘入城撫定居民。彭杲以功轉武翼郎。吳又以陷敵自環州歸來的武功大夫強霓知環州。甲寅（十八），吳璘自德順軍復還河池。金人則在同日自摧沙堡引兵由開遠堡犯鎮戎軍，環城呼噪，眾矢盡發。守將秦弼來援，姚仲已遣王仲領兵千人戍鎮戎，至是再遣副將杜孝廉領兵五百屯摧沙堡為外禦。戊午（廿二），忠義軍統制知蘭州王宏引兵拔會州，獲其通事李山甫等五十四人，吳璘令王宏統制蘭、會州軍馬。辛酉（廿五），金人與深知利害險扼之處的涇原蕃官杏果引兵七千餘騎圍原州，守將段彥親率忠義統領鞏詮領兵併州官民登城以守。金兵依城建寨，晝夜攻擊。原州城雖固，但忠義兵皆無甲。守將乃遣使詣鎮戎軍秦弼求援。但秦無兵可援，不得已分第三將趙詮及總押官苟俊所領兵一半應之。〔註11〕

　　四月丁卯朔（初一），姚仲再派兵一千救原州。甲戌（初八），吳璘命姚仲即往德順軍，令統制官盧仕閔及姚志並聽節制，又令如有機會，就克復涇、渭等州。吳璘又從其請，撥興元府及洋州（今陝西漢中市洋縣）守兵一千助之。姚仲於是以河池兵一千四百九十九人，秦州兵五千五百四十，將兵共九千三十九人，並詣德順軍，餘兵留屯甘谷、摧沙和鎮戎軍。吳璘又命鎮戎軍

〔註11〕　《宋史》，卷三十二〈高宗紀九〉，頁 609～610；卷三百六十六〈吳璘傳〉，頁 11418；《繫年要錄》，第八冊，卷一百九十八，紹興三十二年三月辛丑條，頁 3585；戊申條，頁 3588；甲寅條，頁 3591；戊午條，頁 3592；辛酉條，頁 3594；《會編》，卷二百五十〈炎興下帙一百五十〉，紹興三十二年閏二月二十二日戊午條，葉十上（頁 1794）；《十朝綱要》，卷二十五〈高宗〉，紹興三十二年三月己亥至壬子條，頁 728；劉時舉（撰），王瑞來（點校）：《續宋中興編年資治通鑑》（北京：中華書局，2014 年 5 月）（以下簡稱《續宋中興編年》），卷七，頁 163～164；《金史》，卷六〈世宗紀上〉，頁 127；卷八十二〈烏延吾里補傳、顏盞門都傳〉，頁 1837～1838，1843～1844；卷八十六〈烏延蒲轄奴傳〉，頁 1919～1920；卷八十七〈徒單合喜傳〉，頁 1942～1943；李燁、周忠慶：〈陝西洋縣南宋彭杲夫婦墓〉，〈附錄：彭杲墓誌銘〉，頁 69；樊軍：《吳挺碑校注》，頁 25～26。據《金史·徒單合喜傳》所載，徒單合喜麾下之金將，尚有特里失烏也、奚王和尚、溫敦蒲里海。其中德順軍守將押軍猛安溫敦蒲里海身先士卒，力戰不懈，功勞最大。而來援德順軍的金將，還有慶陽尹烏延蒲轄奴（？～1162）、延安尹高景山分領兵七千。另外，金彰化軍節度使完顏璋、通遠軍節度使烏延吾里補（？～1162）、寧州刺史移剌高山奴、京兆少尹宗室完顏泥河、恩州刺史完顏謀良虎皆備軍前任使。當然，《金史》只記金人戰勝宋軍之戰果，而宋人則記宋之戰績。按烏延吾里補及烏延蒲轄奴均卒於軍中。

盡領四將兵援原州，而姚仲又遣右軍統制李在分遣治平寨屯兵五百人援之。宋軍盡一切方法援原州。〔註12〕

　　五月戊戌（初二），吳璘自河池往鳳翔府巡邊，姚仲派兵救原州，令部將姚志和李在量留兵屯德順，盡以精兵（《金史》作十萬人，自是誇大）同所將兵發德順軍往援原州。金將寧州刺史顏盞門都先是以兵四千攻原州不克，權副都統完顏習尼率千騎援門都兵。姚仲大軍趕到，壬寅（初六），他將所統軍六萬人佈為四陣。金軍以姚軍人數多，不敢戰。這時完顏璋（？～1179）會平涼、涇州、潘原和長武等戍兵二萬人領軍到來。他使押軍猛安石抹許里阿補以兵二千軍於原州城北，以習尼列以兵三千軍於城西北十里麥子原，皆據高阜為陣。他本人就以本部兵陣於城西。姚仲卻佈陣無方，他出原州北嶺，先派萬人攻石抹許里阿補，自己以軍九萬陣於麥子原下，捍以劍盾和行馬，外列騎士，步卒居其中，以敢死士鎮足行馬間，持大刀為拒，分為八陣，而別以騎二千襲完顏璋軍。完顏璋方欲出戰，習尼列來報宋重兵都在麥子原下。於是完顏璋派萬戶特里失烏也押軍猛安奚慶喜照撒兵二千援許里阿補，遣部將撒屋出、崔尹以兵二千援習尼列。許里阿補與宋軍接戰，良久而敗之。習尼列與移剌補、奧屯撒屋出、崔尹、僕根、撒屈出以兵五千沿壕埋伏，餘兵皆捨馬步戰，擊宋軍在麥子原的前行騎士，擊走之。金行馬隨後以長槍和勁弓擊敗姚仲軍。習尼列乘勝麾軍撤其行馬，擊破姚軍七陣。姚仲復整軍反攻，習尼列少卻，這時完顏璋軍已破宋城下兵，與習尼列會師，使僕根以伏兵擊姚仲。習尼列亦整軍與戰，大破姚仲軍，宋前軍同統制鄭師廉以下統領官七人、將官三十，隊將七十三陣亡，軍士死亡萬人，喪失軍器無數，姚仲中兩創逃去。　金兵隨即包圍原州。己未（廿三），吳璘遣將取回熙州。算是兵敗原州的一點補償。據《繫年要錄》、《續宋中興編年》及《大金國志》的統計，在這月宋軍的戰果，是吳璘的興州路得秦、隴、環、原、熙、河、蘭、會、洮州、積石軍、鎮戎軍、德順軍凡十二郡，回復了大觀年間童貫開邊時的疆土。至於王彥的金州路，就得商、虢、陝、華州，凡四郡。宋軍這時奪回西北十六州軍。〔註13〕

〔註12〕《宋史》，卷三十二〈高宗紀九〉，頁610；《繫年要錄》，第八冊，卷一百九十九，紹興三十二年四月丁卯朔條，頁3600；甲戌條，頁3605～3606。

〔註13〕《宋史》，卷三十二〈高宗紀九〉，頁610；卷三百六十六〈吳璘傳〉，頁11418～11419；《繫年要錄》，第八冊，卷一百九十九，紹興三十二年五月丙申至壬寅條，頁3614～3616；癸丑條，頁3619；甲子條，頁3624～3625；《十朝綱

　　六月丙寅朔（初一），吳璘往大幽嶺，檄召姚仲至軍前，不以姚是他的姻親和心腹大將而姑息，立將他下河池獄，命夔路安撫使李師顏代其職。是月丙子（十一），高宗禪位孝宗。七月丁酉（初二），金人穴原州西城，城圮，宋守軍宵遁，原州失守。不過，興州中軍統制吳挺在戊戌（初三）收復鞏州。在復鞏州之戰中，吳挺命諸軍主攻東南壁，以東南壁近河多沙磧而易塌。當時彭杲與郭輔、王汝輯負責攻西北，已登鞏州北壁，金兵不察。郝嗣祖、朝興攻南壁，方為金兵所覺，併力防守。郝戰頗急。彭杲睨知，令本部大噪。但郭輔說不可，怕敵軍聞聲而至，是代之受兵。彭杲就說敵若分兵禦我，就會減輕南壁宋軍壓力，可以獨自為戰，否則，南壁宋軍必敗，北壁宋軍亦勢孤，現時應以國事為重，不可偷安為營。於是彭杲命眾軍大鼓噪，金兵惶惑，分兵抵抗。南壁宋軍乃得少安。彭杲麾眾攻城，金軍縱火焚燒，拋棄器甲。宋軍轉戰城下達旦，遂克鞏州。然後師還德順軍。戊申（十三），吳璘以四川宣撫使兼陝西、河東路宣撫招討使。吳璘料金兵必再爭德順軍，就立馳赴城下。吳璘預築壘於東山以禦之。金將完顏悉烈、赤盞胡速魯改、烏延蒲里黑等率兵十萬餘號稱二十萬來攻。金軍也攻陷鞏州和熙州（金改名臨洮府）。壬戌（廿七），金將完顏璋敗宋軍於張義堡遂沙山下，追北三十餘里。八月丙寅（初二），吳璘與金兵四度大戰於德順軍，金兵進攻東山、三交、綏小寨不計其數。甲申（二十），宋軍敗金人於北山。九月甲午（初一），徒單合喜以完顏璋為權都統，習尼列為權副都統，將兵二萬大敗吳璘於德順軍，破德順軍東山堡，宋中軍將李庠戰死。宋廷見戰局不利，於辛丑（初八），詔吳璘審度措置，以保全川蜀。辛亥（十八），以王之望（1104～1171）為川陝宣諭使，命調兵同防守興州川口。癸亥（三十）宋軍再敗於德順軍。十月甲申（廿一）（《金史》作十月三十日壬辰），金將蒲察世傑（？～1178 後）和赤盞胡速魯改再敗吳璘軍於德順軍。但吳璘以軍尚眾，不肯退兵，分兵一半還守秦州。十一月乙巳（十三），徒單合喜自領兵乘勝攻取水洛城。　金兵東自六盤山，

要》，卷二十五〈高宗〉，紹興三十二年五月戊戌至己未條，頁 728；《續宋中興編年》，卷七，頁 164～165；《金史》，卷六十五〈始祖以下諸子·完顏璋傳〉，頁 1548～1551；卷八十七〈徒單合喜傳〉，頁 1943；卷二十六〈地理志下·鳳翔路、鄜延路、慶原路、臨洮路〉，頁 644～655；《大金國志校證》，卷十六〈紀年·世宗聖明皇帝上〉，頁 222。據《金史·完顏璋、徒單合喜傳》所記，金將完顏璋敗宋姚良輔軍於原州，於是宋戍軍自寶雞以西，至於大蟲嶺，皆自散關遁去。姚良輔顯然就是姚仲。

西抵石山頭，分兵守之，地處秦州和德順軍間，斷宋軍糧道。吳璘就被迫考慮撤出德順軍。十二月丙寅（初四），宋廷令中使梁珂齎詔令吳璘棄德順軍，徙兵民於秦州。令王彥徙知秦州，吳挺知金州。徒單合喜稍後依從完顏璋及顏盞門都之意見，親統軍四萬來德順軍。宋軍見形勢不利決定撤出德順軍。隆興元年（1163）正月丁巳（廿六），吳璘退兵途中，被金將完顏璋、蒲察世傑和習尼列邀擊，自上八節甘谷城，宋軍死亡數千人，宋將朱永以下將校十二人被擒。宋軍棄德順軍遁，亦被金將赤盞胡速魯改邀擊，被殺過半，將校被擒十餘人。宋正軍三萬，得還者僅七千人，偏裨將佐所存無幾，已無力再舉。惟有由已陞任中軍第三副將的彭杲斷後的向起軍擊退金的追兵於高赤崖，得以全師而還。四月，金將完顏泥河取回環州，守臣強霓及其弟強震死之。是月虢州、商州亦被金將高景山收復，據《金史》所記，宋軍取得的十六州全失。這時宋軍在東線亦覆師於符離（今安徽宿州市北 14 公里符離鎮）。孝宗只好罷戰與金議和，為時一年多的秦隴大戰功敗垂成。〔註14〕

孝宗並沒有責怪吳璘，反而在乾道元年（1165）四月當吳璘來朝時，在五月庚戌（初二），封他為太傅新安郡王判興元府，以賞他先前收復秦隴十二州軍的顯赫軍功。吳璘在乾道三年（1167）五月甲寅（十七）卒，宋廷在六月甲申（十八）追封他為信王。宋廷一直表揚他的功勞。至於在秦隴之戰收復蘭州有功任為拱衛大夫熙河路統制的王宏，在隆興元年七月十八日，吳璘向宋廷奏王宏率眾歸朝，備見忠義，之前已獲授御前中軍同統制軍馬，他請仍命他依舊熙河路兵馬鈐轄，統制本路將兵。而他的副將武功郎魯孝忠已差御前中軍同統領軍馬，吳也請令他仍舊熙河路兵馬都監，統領本路軍馬。宋廷從之。依吳璘之意，將來再出師，王宏二將就是骨幹。吳璘在乾道三年卒後，

〔註14〕《繫年要錄》，第八冊，卷二百，紹興三十二年六月丙寅朔條，頁 3627；《宋史》，卷三十二〈高宗紀九〉，頁 611；卷三十三〈孝宗紀一〉，頁 618～624；卷三百六十六〈吳璘傳附吳挺傳〉，頁 11419，11421～11422；《續宋中興編年》，卷七，頁 167；《金史》，卷六〈世宗紀上〉，頁 128～131；卷六十五〈始祖以下諸子‧完顏璋傳〉，頁 1549～1551；卷八十二〈顏盞門都傳〉，頁 1844；卷八十七〈徒單合喜傳〉，頁 1943～1944；卷九十一〈蒲察世傑傳〉，頁 2021～2022；李燁、周忠慶：〈陝西洋縣南宋彭杲夫婦墓〉，〈附錄：彭杲墓誌銘〉，頁 69；樊軍：《吳挺碑校注》，頁 26～27，30～31；《中興禦侮錄》，頁 52。按吳挺即以復鞏州之功，特除正任團練使，他在是年六月也參預德順軍之戰，並守東山堡。又考《中興禦侮錄》記吳璘在七月二十六日分兵大出，卻被金兵大敗，銳兵驍將亡沒略盡，於是環、原數郡盡失。疑所記年月有誤，按吳璘盡失精銳是隆興元年正月。

王宏就受到宋廷重用，在乾道四年（1168）九月前，內調為權主管侍衛步軍司公事，位列三衙管軍。吳家軍另一大將向起，戰後仍留在隴右，但他比吳璘早卒，在乾道二年（1166）九月便以鄂州觀察使知成州（今甘肅隴南市成縣）卒，贈光山軍承宣使。另外，有墓誌銘傳世的勇將彭杲，後來屢擢武德大夫、中軍步軍第二正將。後來內調入朝，在淳熙元年（1174）轉武功大夫，四年（1177）改護聖步軍統制，五年（1178）冬，又以本官攝侍衛馬步軍兩司職事，七年（1180）冬改興元府駐劄御前諸軍副都統制、吉州刺史，紹熙二年（1191）十一月卒於任上，年六十六。又蔡副全據出土的《王師雄題記》摩崖題記及今存於甘肅隴南市武都區安化中學院內所立的乾道四年（1168）五月的《重修赤沙祥淵廟記》碑，收復秦州及治平寨有功的統制官、原籍河州枹罕的王中正（字子直），在乾道三年（1167）十二月以右武大夫、階成西和鳳州兵馬都監、御前中軍同統制、游奕軍同統制權知階州。他一直守階州至乾道八年（1172）春。同年十月乙卯（初九），因四川宣撫使之奏，從右武大夫知階州徙知成州。至於吳璘姻家的敗將姚仲，也在吳死後，在乾道三年閏七月十七日，才從降授郢州防禦使、荊湖北路馬步軍總管荊南府（今湖北荊州市）駐劄，復為宜州觀察使。吳家沒有忘記在此役戰死的同袍，淳熙五年閏六月丙申（初四），吳璘子、知興州吳挺便向宋廷上奏，以當年守環州死節的強霓和強震父子，應予表揚，宋廷從之，贈觀察使，仍於西和州立廟。〔註15〕

小　結

　　由陝西新軍的吳家軍主帥吳璘在紹興三十一年至隆興元年策劃及親自指揮的宋金秦隴之役，在宋金百年戰爭史上其實意義非凡，卻較為人所忽略。它反映宋陝西軍將士並未因宋廷與金議和而放棄收復故土，反而一直等候機會從川蜀出擊，重奪關陝。紹興三十一年完顏亮南侵給吳璘大好機會，他親統吳家軍健兒，配合忠義軍和蕃兵，一舉奪取秦鳳蘭會熙河等十二州軍，加

〔註15〕《宋史》，卷三十三〈孝宗紀一〉，頁631；卷三十四〈孝宗紀二〉，頁640；卷三十五〈孝宗紀三〉，頁668；《續宋中興編年》，卷八，頁185；《宋會要輯稿》，第八冊，〈職官五十七‧俸祿雜錄〉，頁4605；〈職官六十一‧對換官〉，頁4718；第九冊，〈職官七十六‧收敍放逐官二〉，頁5127；第十五冊，〈兵十五‧歸正上〉，頁8919。李燁、周忠慶：〈陝西洋縣南宋彭杲夫婦墓〉，〈附錄：彭杲墓誌銘〉，頁69～70；蔡副全：〈西狹《王師雄題記》、《庫彥威題記》考辨〉，《天水師範學院學報》，第33卷第1期（2013年1月），頁16～20。

上中線的王彥從金州出擊，宋廷一度重奪失去三十年的十六州軍，大大振奮西邊軍民的士氣。雖然最後功敗垂成，所得之地復失，但吳家軍雖敗猶榮。

吳璘未竟全功，除了宋廷文臣在東線失敗後，不肯支持吳璘再舉外，後來配享金世宗廟庭的金名將徒單合喜臨危不亂，指揮有方，也是重要原因。吳璘與徒單合喜可說是棋逢敵手，一時瑜亮，這是宋金戰史上一大亮點，值得我們注意。研究吳璘用兵之道都知道，他曾撰有《兵法》兩篇，評說宋金軍事力量強弱對比，他說：

> 金人有四長，我有四短，當反我之短，制彼之長。四長曰騎兵，曰堅忍，曰重甲，曰弓矢。吾集蕃漢所長，兼收而并用之，以分隊制其騎兵；以番休迭戰制其堅忍；制其重甲，則勁弓強弩；制其弓矢，則以遠剋近，以強制弱。布陣之法，則以步軍為陣心、左右翼，以馬軍為左右肋，拒馬布兩肋之間；至帖撥增損之不同，則係乎臨機。〔註16〕

吳璘這一精辟的分析，相信是他經過這場秦隴大戰總結的經驗。可惜他的對手徒單合喜沒有留下甚麼論兵的記錄，我們無法得悉這位金朝名將的用兵心得。

〔註16〕《宋史》，卷三百六十六〈吳璘傳〉，頁 11420。

參考書目

史源

1. 宋祁（998～1061）、歐陽修（1007～1072）（纂）：《新唐書》（北京：中華書局，1975 年 2 月）。

2. 司馬光（1019～1086）：《資治通鑑》（北京：中華書局點校本，1956 年）。

3. 唐慎微（？～1082 後）：《重修政和證類本草》，《四部叢刊》本。

4. 郭若虛（？～1085 後）（撰），劉淑麗（整理）：《圖畫見聞志》（與《畫繼》合本）（南京：鳳凰出版社，2018 年 12 月）。

5. 蘇軾（1037～1101）（撰），王文誥（1764-？）（輯注），孔凡禮（點校）：《蘇軾詩集》（北京：中華書局，1982 年 2 月）。

6. 蘇軾（撰），孔凡禮（點校）：《蘇軾文集》（北京：中華書局，1986 年 3 月）。

7. 楊時（1053～1135）（撰），林海權（校理）：《楊時集》（北京：中華書局，2018 年 2 月）。

8. 許翰（1055～1133）（撰），劉雲軍（點校）：《許翰集》（保定：河北大學出版社，2014 年 7 月）。

9. 邵伯溫（1056～1134）（撰），李劍雄、劉德權（點校）：《邵氏聞見錄》（北京：中華書局，1983 年 8 月）。

10. 晁以道（1059～1129）：《景迂生集》，文淵閣《四庫全書》本。

11. 慕容彥逢（1067～1117）：《摛文堂集》，文淵閣《四庫全書》本。

12. 吳幵（1067～1144 後）（撰），趙龍（整理）：《漫堂隨筆》，收入戴建國（主編）：《全宋筆記》第九編第一冊（鄭州：大象出版社，2018 年 3 月）。

13. 趙鼎臣（1070～1124 後）：《竹隱畸士集》，文淵閣《四庫全書》本。

14. 佚名（？～1125 年後）（撰），俞劍華（注釋）：《宣和畫譜》（南京：江蘇美術出版社，2007 年 6 月）。

15. 呂頤浩（1071～1139）：《忠穆集》，文淵閣《四庫全書》本。

16. 蘇過（撰）（1072～1123），舒大剛、蔣宗許、李家生、李良生（校注）：《斜川集校注》（成都：巴蜀書社，1996 年 12 月）。

17. 蘇過（撰），舒星（校補），舒大剛、蔣宗許等注：《蘇過詩文編年箋注》（北京：中華書局，2012 年 12 月）。

18. 許景衡（1072～1128）：《橫塘集》，文淵閣《四庫全書》本。

19. 施德操（？～1130 後）（撰），虞雲國、孫旭（整理）：《北窗炙輠錄》，收入戴建國（主編）：《全宋筆記》第三編第八冊（鄭州：大象出版社，2008 年 1 月）。

20. 王安中（1076～1134）（撰），徐立群（點校）：《初寮集》（與《李清臣文集》、《李忠愍集》合本）（保定：河北大學出版社，2017 年 4 月）。

21. 王若沖（？～1134 後）（撰），程郁、余珏（整理）：《北狩行錄》，收入朱易安、傅璇琮（主編）：《全宋筆記》第四編第八冊（鄭州：大象出版社，2008 年 9 月）。

22. 李攸（？～1134 後）：《宋朝事實》，《國學基本叢書》本（上海：商務印書館，1935 年 4 月）。

23. 翟汝文（1076～1141）：《忠惠集》，文淵閣《四庫全書》本。

24. 孟元老（？～1147 後）（撰），伊永文（箋注）：《東京夢華錄箋注》（北京：中華書局，2006 年 8 月）。

25. 葉夢得（1077～1148）（撰），宇文紹奕（考異），侯忠義（點校）：《石林燕語》（北京：中華書局，1984 年 5 月）。

26. 葉夢得：《石林詩話》，文淵閣《四庫全書》本。

27. 何薳（1077～1145）（撰），儲玲玲（整理）：《春渚紀聞》，收入朱易安、傅璇琮（主編）：《全宋筆記》第三編第三冊（鄭州：大象出版社，2008 年 1 月）。

28. 程俱（1078～1144）（撰），徐裕敏（點校）：《北山小集》（北京：人民文學出版社，2018 年 11 月）。

29. 高登（？～1148）：《東溪集》，文淵閣《四庫全書》本。

30. 李光（1078～1159）：《莊簡集》，文淵閣《四庫全書》本。

31. 劉一止（1078～1161）：《苕溪集》，文淵閣《四庫全書》本。

32. 汪藻（1079～1154）（撰），王智勇（箋注）：《靖康要錄箋注》（成都：四川大學出版社，2008 年 7 月）。

33. 汪藻：《浮溪集》，《叢書集成初編》本（北京：中華書局，1985 年新一版）。

34. 王庭珪（1079～1171）：《盧溪文集》，文淵閣《四庫全書》本。

35. 馬永卿（？～1136 後）（撰），崔文印（校釋）：《嬾真子錄校釋》（北京：中華書局，2017 年 2 月）。

36. 馬永卿（編），王崇慶（1484～1565）（解）：《元城語錄解・行錄附》，文淵閣《四庫全書》本。

37. 王洋（？～1140 後）：《東牟集》，文淵閣《四庫全書》本。

38. 朱弁（？～1144）（撰），孔凡禮（點校）：《曲洧舊聞》（與《師友談記》、《西塘集耆舊續聞》合本）（北京：中華書局，2002 年 8 月）。

39. 莊綽（？～1143 後）（撰），蕭魯陽（點校）：《雞肋編》（北京：中華書局，1983 年 3 月。

40. 張邦基（？～1148 後）（撰），孔凡禮（點校）：《墨莊漫錄》（與《過庭錄》、《可書》合本）（北京：中華書局，2002 年 8 月）。

41. 張知甫（？～1147 後），孔凡禮（點校）：《可書》（與《墨莊漫錄》、《過庭錄》合本）（北京：中華書局，2002 年 8 月）。

42. 朱彧（？～1148 後）（撰），李偉國（點校）：《萍洲可談》（與《後山談叢》合本）（北京：中華書局，2007 年 11 月）。

43. 邵博（？～1158）（撰），劉德權、李劍雄（點校）：《邵氏聞見後錄》（北京：中華書局，1983 年 8 月）。

44. 馬純（？～1164 後）（撰），程郁（整理）：《陶朱新錄》，收入戴建國（主編）：《全宋筆記》，第五編第十冊（鄭州：大象出版社，2012 年 1 月）。

45. 孫覿（1081～1169）：《鴻慶居士集》，文淵閣《四庫全書》本。

46. 朱勝非（1082～1144）（撰），史冷哥（整理）：《秀水閒居錄》，收入戴建國（主編）：《全宋筆記》第九編第一冊（鄭州：大象出版社，2018 年 3 月）。

47. 李綱（1083～1140）（撰），王瑞明（點校）：《李綱全集》（長沙：嶽麓書社，2004 年 5 月）。

48. 李綱（撰），鄭明寶（整理）：《靖康傳信錄》，收入朱易安、傅璇琮（主編）：《全宋筆記》第三編第五冊（鄭州：大象出版社，2008 年 1 月）。

49. 李綱（撰），鄭明寶（整理）：《建炎進退志》，收入朱易安、傅璇琮（主編）：《全宋筆記》第三編第五冊（鄭州：大象出版社，2008 年 1 月）。

50. 綦崇禮（1083～1142）：《北海集》，文淵閣《四庫全書》本。

51. 張綱（1083～1166）：《華陽集》，文淵閣《四庫全書》本。

52. 張守（1084～1145）（撰），劉雲軍（點校）：《毘陵集》（上海：上海古籍出版社，2018 年 1 月）。

53. 趙鼎（1085～1147）：《忠正德文集》，文淵閣《四庫全書》本。

54. 趙鼎（撰），來可泓、劉強（整理）：《辯誣筆錄》，收入朱易安、傅璇琮（主編）：《全宋筆記》第三編第六冊（鄭州：大象出版社，2008 年 1 月）。

55. 陳東（1086～1127）（撰），鄭明寶（整理）：《靖炎兩朝見聞錄》，收入朱易安、傅璇琮（主編）：《全宋筆記》第三編第五冊（鄭州：大象出版社，2008 年 1 月）。

56. 汪若海（撰），李國強（整理）：《麟書》，收入朱易安、傅璇琮（主編）：《全宋筆記》第四編第三冊（鄭州：大象出版社，2008 年 9 月）。

57. 丁特起（？～1127 後）（撰），許沛藻（整理）：《靖康紀聞》，收入朱易安、傅璇琮（主編）：《全宋筆記》，第四編第四冊（鄭州：大象出版社，2008 年 9 月）。

58. 韋承（？～1127 後）（撰），程郁、瞿曉鳳（整理）：《甕中人語》，收入朱易安、傅璇琮（主編）：《全宋筆記》，第四編第八冊（鄭州：大象出版社，2008 年 9 月）。

59. 佚名（撰），程郁、瞿曉鳳（整理）：《呻吟語》，收入朱易安、傅璇琮等（主編）：《全宋筆記》第四編第八冊（鄭州：大象出版社，2008 年 9 月）。

60. 鄭剛中（1088～1154）：《北山文集》，《叢書集成初編》本（北京：中華書局，1985 年新一版）。

61. 董弅（？～1161）（撰），唐玲（整理）：《閒燕常談》，收入戴建國（主編）：《全宋筆記》第九編第二冊（鄭州：大象出版社，2018 年 3 月）。

62. 陳與義（1090～1138）（撰），白敦仁（校箋）：《陳與義集校箋》（上海：上海古籍出版社，1990 年 8 月）。

63. 王銍（？～1144）（撰），朱杰人（點校）：《默記》（與《燕翼詒謀錄》合本）（北京：中華書局，1981 年 9 月）。

64. 鄧肅（1091～1132）：《栟櫚集》，文淵閣《四庫全書》本。

65. 李若水（1093～1127）（撰），張彬（點校）：《李忠愍集》（與《李清臣集》、《初寮集》合本）（保定：河北大學出版社，2017 年 4 月。

66. 曹勛（1096～1174）（撰），朱凱、姜漢椿（整理）：《北狩見聞錄》，收入朱易安、傅璇琮等（主編）：《全宋筆記》第三編第十冊（鄭州：大象出版社，2008 年 1 月）。

67. 蔡絛（1097～1158 後）（撰），馮惠民、沈錫麟（點校）：《鐵圍山叢談》（北京：中華書局，1983 年 9 月）。

68. 胡寅（1098～1156）（撰），容肇祖（1897～1994）（點校）：《斐然集》（與《崇正辨》合本）（北京：中華書局，1993 年 12 月）。

69. 范浚（1102～1150）：《香溪集》，文淵閣《四庫全書》本。

70. 胡宏（1105～1161）：《五峰集》，文淵閣《四庫全書》本。

71. 晁公武（1105～1180）（撰），孫猛（校證）：《郡齋讀書志校證》（上海：上海古籍出版社，1990 年 10 月）。

72. 徐度（約 1106～1176 後）（撰），朱凱、姜漢椿（整理）：《卻掃編》，收入朱易安、傅璇琮（主編）：《全宋筆記》，第三編第十冊（鄭州：大象出版社，2008 年 1 月）。

73. 郭彖（？～1164 後）（撰），張劍光（整理）：《睽車志》，收入戴建國（主編）：《全宋筆記》第九編第二冊（鄭州：大象出版社，2018 年 3 月）。

74. 康與之（？～1161 後）：《昨夢錄》，載李劍國（輯校）：《宋代傳奇集》（北京：中華書局，2001 年 11 月）。

75. 佚名（？～1165 後）（撰），黃寶華（整理）：《中興禦侮錄》，收入朱易安、傅璇琮（主編）：《全宋筆記》第五編第一冊（鄭州：大象出版社，2012 年 1 月）。

76. 宋高宗（趙構）（1107～1187，1127～1162 在位）（撰），儲玲玲（整理）：《翰墨志》，收入戴建國（主編）：《全宋筆記》第九編第二冊（鄭州：大象出版社，2018 年 3 月）。

77. 李石（1108～1181）：《方舟集》，文淵閣《四庫全書》本。

78. 陳巖肖（1110 前～1174 後）：《庚溪詩話》，文淵閣《四庫全書》本。

79. 熊克（撰）　（1111～1189），顧吉辰、郭群一（點校）：《中興小紀》（福州：福建人民出版社，1985 年 9 月）。

80. 熊克：《皇朝中興紀事本末》（北京：北京圖書館出版社，2005 年 3 月）。

81. 李燾（1115～1184）：《續資治通鑑長編》（北京：中華書局點校本，1979 年 8 月至 1995 年 4 月）。

82. 曾敏行（1118～1175）（撰），朱杰人（點校）：《獨醒雜志》（上海：上海古籍出版社，1986 年 6 月）。

83. 韓元吉（1118～1187）：《南澗甲乙編》《叢書集成初編》本（北京：中華書局，　1985 年新一版）。

84. 袁文（1119～1190）（撰），李偉國（點校）：《甕牖閒評》（與《考古質疑》合本）（北京：中華書局，2007 年 10 月）

85. 楊仲良（？～1184 後）：《通鑑長編紀事本末》，收入趙鐵寒（1908—1976）（主編），《宋史資料萃編》，第二輯（臺北：文海出版社，1967 年 11 月）。

86. 費袞（？～1192 後）（撰），傅毓鈐（標點）：《梁谿漫志》（太原：山西人民出版社，1986 年 10 月）。

87. 杜大珪（？～1194 後）（編）：《名臣碑傳琬琰之集上》，文淵閣《四庫全書》本。

88. 洪邁（1123～1202）（撰）：《容齋隨筆》（上海：上海古籍出版社，1978 年 7 月）。

89. 洪邁（撰），何卓（點校）：《夷堅志》（北京：中華書局，1981 年 10 月）。

90. 陸游（1125～1210）（撰），李劍雄、劉德權（點校）：《老學庵筆記》（北京：中華書局，1979 年 11 月）。

91. 陸游（撰），孔凡禮（點校）：《家世舊聞》（與《西溪叢語》合本）（北京：中華書局，1993 年 12 月）。

92. 陸游：《陸游集》（北京：中華書局，1976 年 11 月點校本）。

93. 周必大（1126～1204）：《文忠集》，文淵閣《四庫全書》本。

94. 范成大（1126～1193）（撰），陸振嶽（校點）：《吳郡志》（南京：江蘇古籍出版社，1986 年 10 月）。

95. 鄭興裔（1126～1199）：《鄭忠肅奏議遺集》，文淵閣《四庫全書》本。

96. 徐夢莘（1126～1207）：《三朝北盟會編》（上海：上海古籍出版社影印清光緒三十四年（1908）許涵度刻本，1987 年 10 月）。

97. 周煇（1127～1198 後）（撰），劉永翔（校注）：《清波雜志校注》（北京：中華書局，1994 年 9 月）。

98. 周煇：《清波別志》，收入朱易安、傅璇琮（主編）：《全宋筆記》第五編第九冊（鄭州：大象出版社，2012 年 1 月）。

99. 王明清（1127～1204 後）（撰），汪新森、朱菊如（點校）：《玉照新志》（與《投轄錄》合本）（上海：上海古籍出版社，1991 年 2 月）。

100. 王明清：《揮麈錄》（上海：上海書店出版社，2001 年 8 月）。

101. 章如愚（？～1207 後）：《山堂先生群書考索》，文淵閣《四庫全書》本。

102. 楊萬里（1127～1206）：《誠齋集》，文淵閣《四庫全書》本。

103. 佚名（編）：《皇宋中興兩朝聖政》（北京：北京圖書館出版社，2007 年 9 月）。

104. 朱熹（1130～1200）（撰），郭齊、尹波（點校）：《朱熹集》（成都：四川教育出版社，1996 年 10 月）。

105. 朱熹、李幼武（？～1172 後）（編），李偉國（校點）：《八朝名臣言行錄》，《三朝名臣言行錄》，載朱杰人、嚴佐之、劉永翔（主編）：《朱子全書》，第十二冊（上海：上海古籍出版社，2010 年 9 月）。

106. 李幼武（纂集）：《宋名臣言行錄·續集》，文淵閣《四庫全書》本。

107. 李幼武 （纂集）：《宋名臣言行錄·別集》，文淵閣《四庫全書》本。

108. 沈作喆（？～1174 後）（撰），俞鋼、蕭光偉（整理）：《寓簡》，收入戴建國（主編）：《全宋筆記》第四編第五冊（鄭州：大象出版社，2008 年 9 月）。

109. 張栻（1133～1180）：《南軒集》，文淵閣《四庫全書》本。

110. 薛季宣（1134～1173）：《浪語集》，文淵閣《四庫全書》本。

111. 胡舜申（？～1130 後）：《乙巳泗州錄》，載《胡少師總集附錄》，《續修四庫全書》本，第 1317 冊。

112. 呂祖謙（1137～1181）（編），齊治平（點校）：《宋文鑑》（北京：中華書局，1992 年 3 月）。

113. 趙甡之（？～1200 後）（撰），許起山（輯校）：《中興遺史輯校》（北京：中華書局，2018 年 4 月。

114. 沈俶（？～1208 後）（撰），胡紹文（整理）：《諧史》，收入戴建國（主編）：《全宋筆記》第八編第三冊（鄭州：大象出版社，2017 年 7 月）。

115. 彭百川（？～1209 後）：《太平治蹟統類》（揚州：江蘇廣陵古籍刻印社影印適園叢書本，1999 年 12 月）。

116. 趙汝愚（1140～1196）（編），鄧廣銘、陳智超等（整理）：《宋朝諸臣奏議》（上海：上海古籍出版社，1999 年 12 月）。

117. 舊題辛棄疾（1140～1207）（撰），燕永成（整理）：《南燼紀聞錄》，收入朱易安、傅璇琮（主編）：《全宋筆記》第四編第四冊（鄭州：大象出版社，2008 年 9 月）。

118. 趙彥衛（1140～1205 後）（撰），傅根清（點校）：《雲麓漫鈔》（北京：中華書局，1996 年 8 月）。

119. 趙善璙（？～1208 後）（編），程郁（整理）：《自警編》，收入戴建國（主編）：《全宋筆記》第七編第六冊（鄭州：大象出版社，2016 年 2 月）。

120. 潘自牧（？～1209 後）（纂）：《記纂淵海》，文淵閣《四庫全書》本。

121. 趙升（？～1236 後）（編），王瑞來（點校）：《朝野類要》（北京：中華書局，2007 年 10 月）。

122. 施宿（1164～1222）：《嘉泰會稽志》，文淵閣《四庫全書》本。

123. 李心傳（1167～1244）（撰），崔文印（點校）：《舊聞證誤》（與《遊宦紀聞》合本）（北京：中華書局，1981 年 1 月）。

124. 李心傳（撰），徐規（1920～2010）（點校）：《建炎以來朝野雜記》（北京：中華書局，2000 年 7 月）。

125. 李心傳（編撰），辛更儒（點校）：《建炎以來繫年要錄》（上海：上海古籍出版社，2018 年 12 月）。

126. 劉宰（1167～1240）：《浸塘集》，文淵閣《四庫全書》本。

127. 王稱（？～1200 後）：《東都事略》，收入趙鐵寒（1908～1976）主編：《宋史資料萃編第一輯》（臺北：文海出版社，1967 年 1 月）。

128. 金佚名（編），金少英（1899～1979）（校補）、李慶善（整理）：《大金弔伐錄校補》（北京：中華書局，2001 年 10 月）。

129. 呂祖謙（1137～1181）：《東萊集》，文淵閣《四庫全書》本。

130. 樓鑰（1137～1213）：《攻媿集》，《叢書集成初編》本（北京：中華書局，1985 年北京新一版）。

131. 王炎（1138～1218）：《雙溪類稿》，文淵閣《四庫全書》本。

132. 邢凱（？～1196 後）：《坦齋通編》，文淵閣《四庫全書》本。

133. 趙彥衛（1140～1210）（撰），傅根清（點校）：《雲麓漫鈔》（北京：中華書局，1996 年 8 月）。

134. 徐自明（？～1220 後），王瑞來（校補）：《宋宰輔編年錄校補》（北京：中華書局，1986 年 12 月）。

135. 葉適（1150～1223）（撰），劉公純等（點校）：《葉適集》（北京：中華書局，1961 年 12 月）。

136. 葉紹翁（？～1220 後）（撰），沈錫麟、馮惠民（點校）：《四朝聞見錄》（北京：中華書局，1989 年 2 月）。

137. 羅濬（？～1225 後）：《寶慶四明志》，文淵閣《四庫全書》本。

138. 曹彥約（1157～1228）：《昌谷集》，文淵閣《四庫全書》本。

139. 林駉（？～1232）：《古今源流至論》，文淵閣《四庫全書》本。

140. 林駉：《古今源流至論續集》，文淵閣《四庫全書》本。

141. 李埴（1161～1238）（撰），燕永成（校正）：《皇宋十朝綱要校正》（北京：中華書局，2013 年 6 月）。

142. 趙與時（1172～1228）（撰），齊治平（校點）：《賓退錄》（上海：上海古籍出版社，1983 年 8 月）。

143. 陳均（1174～1244）（撰），許沛藻、金圓、顧吉辰、孫菊園（點校）：《皇朝編年綱目備要》（北京：中華書局，2006 年 12 月）。

144. 真德秀（1178～1235）：《西山文集》，文淵閣《四庫全書》本。

145. 魏了翁（1178～1237）：《鶴山集》，文淵閣《四庫全書》本。

146. 張端義（1179-？）（撰），梁玉瑋（校點）：《貴耳集》（與《西台集》合本）（鄭州：中州古籍出版社，2005 年 4 月）。

147. 陳振孫（1179～1262）（撰），徐小蠻、顧美華（點校）：《直齋書錄解題》（上海：上海古籍出版社，1987 年 12 月）。

148. 岳珂（1183～1243）：《寶真齋法書贊》，文淵閣《四庫全書》本。

149. 岳珂（撰），吳企明（點校）：《桯史》（北京：中華書局，1981 年 12 月）。

150. 岳珂（編），王曾瑜（校注）：《鄂國金佗稡編續編校注》（北京：中華書局，1989 年 2 月）。

151. 岳珂（撰），朗潤（點校）：《愧郯錄》（北京：中華書局，2016 年 1 月）。

152. 吳曾（？～1162 後）：《能改齋漫錄》（上海：上海古籍出版社，1979 年 11 月新一版）。

153. 劉克莊（1187～1269）：《後村先生大全集》，《四部叢刊》本 （臺北：臺灣商務印書館據上海涵芬樓景印賜硯堂舊鈔本，1965 年）。

154. 元好問（1190～1257）（撰），張靜（校注）：《中州集校注》（北京：中華書局，2018 年 9 月）。

155. 羅大經（1196～1252 後）（撰），王瑞來（點校）：《鶴林玉露》（北京：中華書局，1983 年 8 月）。

156. 劉祁（1203～1250）（撰），崔文印（點校）：《歸潛志》（北京：中華書局，1983 年 6 月）

157. 劉時舉（？～1261 後）（撰），王瑞來（點校）：《續宋中興編年資治通鑑》（北京：中華書局，2014 年 5 月）。

158. 黃震（1213～1280）（撰），王廷洽（整理）：《黃氏日抄》，收入戴建國（主編）：《全宋筆記》第十編第六至十冊（鄭州：大象出版社，2018 年 4 月）。

159. 黃震：《古今紀要》，文淵閣《四庫全書》本。

160. 黎靖德（1227～1277）（輯），王星賢（點校）：《朱子語類》（北京：中華書局，1986 年 3 月）。

161. 呂中（？～1252 後）（撰），張其凡（1949～2016）、白曉霞（整理）：《類編皇朝大事記講義》（與《類編皇朝中興大事記講義》合本）（上海：上海人民出版社，2014 年 1 月）。

162. 佚名編：《宋寶祐四年登科錄》，文淵閣《四庫全書》本。

163. 不著撰人（編），司義祖（點校）：《宋大詔令集》（北京：中華書局， 1962 年 10 月初版，1997 年 12 月二版）。

164. 不著撰人：《翰苑新書》，文淵閣《四庫全書》本。

165. 佚名（撰），汪聖鐸（校點）：《宋史全文》（北京：中華書局，2016 年 1 月）。

166. 高斯得（？～1276 後）：《恥堂存稿》，文淵閣《四庫全書》本。

167. 葉寘（？～1279 後）（撰），孔凡禮（點校）：《愛日齋叢抄》（北京：中華書局，2010 年 1 月）。

168. 宇文懋昭（？～1280 後）（撰），崔文印（校證）：《大金國志校證》（北京：中華書局，1986 年 7 月）。

169. 確庵、耐庵（編），崔文印（箋注）：《靖康稗史箋證》（北京：中華書局，1988 年 9 月）。

170. 姚勉（1216～1262）（撰），曹詣珍、陳偉文（點校）：《姚勉集》（上海：上海古籍出版社，2012 年 3 月）。

171. 馬光祖（？～1269）（編）、周應合（？～1275 後）（纂），王曉波（校點）：《景定建康志》，收入王曉波、李勇先、張保見、莊劍（點校）：《宋元珍稀地方志叢刊》甲編（成都：四川大學出版社，2007 年 6 月）。

172. 周密（1232～1298）（撰），張茂鵬（點校）：《齊東野語》（北京：中華書局，1983 年 11 月）。

173. 文天祥（1236～1283）：《文山先生全集》（北京：中國書店，1985 年 3 月）

174. 馬端臨（1254～1323）（著），上海師範大學古籍研究所暨華東師範大學古籍研究所（點校）：《文獻通考》（北京：中華書局點校本，2011 年 9 月）。

175. 袁桷（1266～1327）（撰），李軍、施賢明、張欣（校點）：《袁桷集》（長春：吉林文史出版社，2010 年 12 月。

176. 袁桷：《延祐四明志》，文淵閣《四庫全書》本。

177. 葉隆禮（？～1279 後）（撰），賈敬顏（1924～1990）、林榮貴（點校）：《契丹國志》（北京：中華書局，2014 年 1 月）。

178. 羅璧（？～1280 後）（撰），趙龍（整理）：《識遺》，收入戴建國（主編）：《全宋筆記》第八輯第六冊（鄭州：大象出版社，2017 年 7 月）。

179. 佚名（撰），燕永成（整理）：《東南紀聞》，收入戴建國（主編）：《全宋筆記》第八編第六冊（鄭州：大象出版社，2017 年 7 月）。

180. 趙道一（？～1300 後）：《歷世真仙體道通鑑》，《正統道藏》本。

181. 祝淵（？～1300 後）：《古今事文類聚》，文淵閣《四庫全書》本。

182. 張鉉（？～1311 後）：《至大金陵新志》，文淵閣《四庫全書》本。

183. 脫脫（1314～1355）（纂）：《金史》（北京：中華書局，1975 年 7 月）。

184. 脫脫（纂）：《宋史》（北京：中華書局，1977 年 11 月）。

185. 脫脫（纂），劉浦江（1961～2015）等（修訂）：《遼史》（北京：中華書局點校修訂本，2016 年 4 月）。

186. 陶宗儀（1329～1410）（編）：《說郛》，文淵閣《四庫全書》本。

187. 佚名（撰），黎烈文（1904～1972）（標點）：《大宋宣和遺事》，《萬有文庫》本，（上海：商務印書館，1937 年 3 月）。

188. 劉大彬（？～1317 後）（編纂）：《茅山志》，《正統道藏》本。

189. 劉一清（？～1360 後）（撰），王瑞來（校箋考原）：《錢塘遺事校箋考原》（北京：中華書局，2016 年 3 月）

190. 施耐庵（集撰），羅貫中（1320～1400）（纂修）：《一百二十回的水滸》（香港：商務印書館，1969 年 10 月）。

191. 楊士奇（1364～1444）：《歷代名臣奏議》，文淵閣《四庫全書》本。

192. 薛瑄（1389～1464）：《讀書錄》，文淵閣《四庫全書》本。

193. 鄭麟趾（1396～1478）等（撰），孫曉（主編）：《高麗史》，（重慶：西南師範大學出版社，2014 年 11 月據韓國奎章閣藏光海君覆刻乙亥字本及明景泰二年（1451）朝鮮乙亥銅活字本等標點校勘本）

194. 鄭瑗（？～1481 後）：《井觀瑣言》，文淵閣《四庫全書》本。

195. 丘濬（1421～1495）：《大學衍義補》，文淵閣《四庫全書》本。

196. 何喬新（1427～1502）：《椒邱文集》，文淵閣《四庫全書》本。

197. 賀欽（1437～1510）：《醫閭集》，文淵閣《四庫全書》本。

198. 程敏政（1446～1499）：《明文衡》，文淵閣《四庫全書》本。

199. 程敏政（纂）：《新安文獻志》，文淵閣《四庫全書》本。

200. 張志淳（1457～1538）：《南園漫錄》，文淵閣《四庫全書》本。

201. 都穆（1458～1525）：《寓意編》，文淵閣《四庫全書》本。

202. 楊廷和（1459～1529）：《楊文忠三錄》，文淵閣《四庫全書》本。

203. 不著撰人（？～1545 前）：《宋史筆斷》，哈佛大學燕京圖書館明代影印本。

204. 湛若水（1466～1560）：《格物通》，文淵閣《四庫全書》本。

205. 楊慎（1488～1559）（撰），梁佐（編）：《丹鉛餘錄・總錄》，文淵閣《四庫全書》本。

206. 李濂（1488～1566）（撰），周寶珠、程民生（點校）：《汴京遺蹟志》（北京：中華書局，1999 年 12 月）。

207. 江瓘（？～1549）（編），江應宿（？～1552 後）（增補）：《名醫類案》，文淵閣《四庫全書》本。

208. 周復俊（1496～1574）：《全蜀藝文志》，文淵閣《四庫全書》本。

209. 田汝成（1503～1557）（輯撰），尹曉寧（點校）：《西湖遊覽志》（上海：上海古籍出版社，2017 年 12 月）。

210. 田汝成（輯撰），劉雄、尹曉寧（點校）：《西湖遊覽志餘》（上海：上海古籍出版社，2018 年 3 月）。

211. 葉山（1504～？）：《葉八白易傳》，文淵閣《四庫全書》本。

212. 唐順之（1507～1560）：《武編》，文淵閣《四庫全書》本。

213. 袁裘（1509～1558）：《世緯》，文淵閣《四庫全書》本。

214. 張鳴鳳（？～1552 後）（編），杜海軍、閻春（點校）：《桂勝・桂故》（北京：中華書局，2016 年 12 月）。

215. 李時珍（1518～1593）：《本草綱目》，文淵閣《四庫全書》本。

216. 王世貞（1526～1590）：《弇山堂別集》，文淵閣《四庫全書》本。

217. 王世貞：《讀書後》，文淵閣《四庫全書》本。

218. 凌迪知（1529～1601）：《萬姓統譜》，文淵閣《四庫全書》本。

219. 溫純（1539～1609）：《溫恭毅集》，文淵閣《四庫全書》本。

220. 余繼登（1544～1600）（撰），顧思（點校）：《典故紀聞》（北京：中華書局，1981 年 7 月）。

221. 胡我琨（？～1620 後）：《錢通》，文淵閣《四庫全書》本。

222. 毛一公（？～1620 後）：《歷代內侍考》，載《續修四庫全書》（上海：上海古籍出版社據浙江圖書館藏清抄本影印，2002 年），第 517 冊，《史部·傳記類》。卷十二。

223. 曹學佺（1574～1646）：《蜀中廣記》，文淵閣《四庫全書》本。

224. 劉宗周（1578～1645）：《劉蕺山集》，文淵閣《四庫全書》本。

225. 黃道周（1586～1646）：《榕壇問業》，文淵閣《四庫全書》本。

226. 黃道周：《易象正》，文淵閣《四庫全書》本。

227. 孫承澤（1592～1676）：《春明夢餘錄》，文淵閣《四庫全書》本。

228. 刁包（1603～1669）：《易酌》，文淵閣《四庫全書》本。

229. 朱鶴齡（1606～1683）：《愚菴小集》，文淵閣《四庫全書》本。

230. 陳忱（1613～1670）：《水滸後傳》（上海：上海古籍出版社，1981 年 5 月）。

231. 王夫之（1619～1692）（撰），舒士彥（點校）：《宋論》（北京：中華書局，1964 年。

232. 黃宗羲（1619～1695）（編）：《明文海》，文淵閣《四庫全書》。

233. 谷應泰（1620～1690）：《明史紀事本末》，文淵閣《四庫全書》本。

234. 朱彝尊（1629～1709）：《曝書亭集》，文淵閣《四庫全書》本。

235. 王志長（？～1644 後）：《周禮注疏刪翼》，文淵閣《四庫全書》本。

236. 王士禛（1634～1711）（撰），湛之（點校）：《香祖筆記》（上海：上海古籍出版社，1982 年 12 月）。

237. 王士禛：《香草筆記》，文淵閣《四庫全書》本。

238. 王士禛：《居易錄》，文淵閣《四庫全書》本。

239. 孫岳頒（1639～1708）：《御定佩文齋書畫譜》，文淵閣《四庫全書》本。

240. 卞永譽（1645～1712）：《式古堂書畫彙考》，文淵閣《四庫全書》本。

241. 陳鼎（1650-？）：《東林列傳》，文淵閣《四庫全書》本。

242. 潘永因（？～1662 後）（輯）：《宋稗類鈔》，文淵閣《四庫全書》本。

243. 沈佳（？～1688 後）：《明儒言行錄》，文淵閣《四庫全書》本。

244. 魏荔彤（1670-？）：《大易通解》，文淵閣《四庫全書》本。

245. 張尚瑗（？～1701 後）：《左傳折諸》，文淵閣《四庫全書》本。

246. 郝玉麟（？～1745）（纂）《福建通志》，文淵閣《四庫全書》本。

247. 張廷玉（1672～1755）等（纂）：《明史》（北京：中華書局，1974 年 4 月）。

248. 張廷玉（編）：《皇清文穎》，文淵閣《四庫全書》本。

249. 王士俊（1683～1750）（纂）：《河南通志》，文淵閣《四庫全書》本。

250. 黃廷桂（1691～1759）（纂修）：《四川通志》，文淵閣《四庫全書》。

251. 趙宏恩（？～1759）（監修）：《江南通志》，文淵閣《四庫全書》本。

252. 鄭方坤（1693～1723 後）：《全閩詩話》，文淵閣《四庫全書》本。

253. 劉統勳（1698～1773）：《評鑑闡要》，文淵閣《四庫全書》本。

254. 清高宗（愛新覺羅‧弘曆，1711～1799）：《欽定周官義疏》，文淵閣《四庫全書》本。

255. 清高宗：《御纂朱子全書》，文淵閣《四庫全書》本。

256. 清高宗：《御製樂善堂全集定本》，文淵閣《四庫全書》本。

257. 清高宗：《御製詩集》，文淵閣《四庫全書》本。

258. 王昶（1724～1806）（輯）：《金石萃編》，載《宋代石刻文獻全編》，第三冊（北京：北京圖書館出版社，2003 年 3 月）。

259. 趙翼（1727～1814）（撰），欒保群、呂宗力（校點）：《陔餘叢考》（石家莊：河北人民出版社，1990 年 1 月）。

260. 錢大昕（1728～1804）（撰），陳文和（主編）：《嘉定錢大昕全集》（南京：江蘇古籍出版社，1997 年 12 月）。

261. 周春（1729～1815）（著），胡玉冰（校補）：《西夏書校補》（北京：中華書局，2014 年 9 月）。

262. 許容（？～1750 後）：《甘肅通志》，文淵閣《四庫全書》本。

263. 阮元（1764～1849）（撰）：《兩浙金石志》（清光緒十六年（1890）浙江書局刻本），載國家圖書館善本金石組：《宋代石刻文獻全編》，第二冊（北京：北京圖書館出版社，2003 年 3 月）。

264. 俞萬春（1794～1849）（撰），戴鴻森（校點）：《蕩寇志》（北京：人民出版社，1981 年 11 月）。

265. 清內府編：《石渠寶笈》，文淵閣《四庫全書》本。

266. 徐松（1781～1848）（輯），劉琳、刁忠民、舒大剛、尹波等（校點）：《宋會要輯稿》（上海：上海古籍出版社，2014 年 6 月）。

267. 方履籛（1790～1831）（撰）：《金石萃編補正》（清光緒二十年（1894）石印本），載國家圖書館善本金石組編：《宋代石刻文獻全編》，第三冊（北京：北京圖書館出版社，2003 年 3 月）。

268. 汪士鐸（1802～1889）等纂：《同治續江寧府志》，載國家圖書館善本金石組編：《宋代石刻文獻全編》，第二冊（北京：北京圖書館出版社，2003 年 3 月）。

269. 吳廣成（？～1825 後）（撰），龔世俊、胡玉冰等（校注）：《西夏書事校證》（蘭州：甘肅文化出版社，1995 年 5 月）。

270. 陸增祥（1816～1882）（編），陸繼煇（校錄）：《八瓊室金石補正》，載國家圖書館善本金石組編：《宋代石刻文獻全編》，第一冊（北京：北京圖書館出版社，2003 年 3 月）。

271. 黃以周（1828～1899）等（輯注），顧吉辰（點校）：《續資治通鑑長編拾補》（北京：中華書局，2004 年 1 月）。

272. 李慈銘（1830～1894）（著），張寅彭、周容（編校）：《越縵堂日記說詩全編》（南京：鳳凰出版社，2010 年 4 月）。

273. 陳棨仁（1836～1903）（撰）：《閩中金石略》（敀莊叢書本），載《宋代石刻文獻全編》，第四冊（北京：北京圖書館出版社，2003 年 3 月）。

274. 陸心源（1838～1894）（纂）：《吳興金石記》，載國家圖書館善本金石組編：《宋代石刻文獻全編》，第二冊（北京：北京圖書館出版社，2003 年 3 月）。

275. 楊世沅（？～1900 後）（撰）：《句容金石記》（鉛印本），收入國家圖書館善本金石組編：《宋代石刻文獻全編》，第二冊（北京：北京圖書館出版社，2003 年 3 月）。

276. 胡聘之（1840～1912）（編）：《山右石刻叢編》，清光緒二十七年（1901）刻本，載國家圖書館善本金石組編：《宋代石刻文獻全編》，第一冊（北京：北京圖書館出版社，2003 年 3 月）。

277. 劉蓮青（1855～1930）等纂：《民國鞏縣志》，民國二十六年（1937）涇川圖書館刻本，載國家圖書館善本金石組編：《宋代石刻文獻全編》，第四冊（北京：北京圖書館出版社，2003 年 3 月）。

278. 羅振玉（1866～1940）（撰）：《山左冢墓遺文》，載國家圖書館善本金石組編：《宋代石刻文獻全編》，第二冊（北京：北京圖書館出版社，2003 年 3 月）。

279. 趙熙（1867～1948）等撰：《民國榮縣志》，載國家圖書館善本金石組編：《宋代石刻文獻全編》，第四冊（北京：北京圖書館出版社，2003 年 3 月）。

280. 陳垣（1880～1971）（編纂），陳智超、曾慶瑛（校補）：《道家金石略》（北京：文物出版社，1988 年 6 月）。

281. 張維（1890～1950）（纂）：《隴右金石錄》，收入國家圖書館善本金石組（編）：《宋代石刻文獻全編》，第四冊（北京：北京圖書館出版社，2003 年 3 月）。

282. 三槐堂重鐫：《茅田瑯琊王氏宗譜》，民國三十年（1941）重修本。

283. 李澍田（主編）：《金史輯佚》（長春：吉林文史出版社，1990 年 12 月）。

284. 陳柏泉（編著）：《江西出土墓志選編》（南昌：江西教育出版社，1991年4月）。

285. 傅璇琮（1933～2016）（編）：《全宋詩》，（北京：北京大學出版社，1992年7月）。

286. 樊軍（1925～2007 後）：《吳挺碑校注》（蘭州：蘭州大學出版社，1993年6月）。

287. 河南省文物研究所、中國文物研究所（編）：《新中國出土墓誌·河南卷（壹）》，下冊（北京：文物出版社，1994年）。

288. 劉兆鶴、吳敏霞（編）：《陝西金石文獻匯集·戶縣碑刻》（西安：三秦出版社，2005年1月）。

289. 曾棗莊、劉琳（編）：《全宋文》（上海：上海辭書出版社，2006年8月）。

290. 郭茂育、劉繼保（編著）：《宋代墓誌輯釋》（鄭州：中州古籍出版社，2016年2月）。

291. 中央研究院歷史語言研究所（編）：《宋代碑拓精華》網，
http://www.ihp.sinica.edu.tw/~twsung/index.html

專書及博碩士論文

1. 陳智超（編），陳樂素（1902～1990）（著）：《陳樂素史學文存》（廣州：廣東人民出版社，2012年11月）。

2. 嚴敦易（1905～1962）：《水滸傳的演變》（北京：作家出版社，1957年3月）。

3. 牟潤孫（1909～1988）：《注史齋叢稿》（北京：中華書局，1987年3月）。

4. 華山（1910～1971）：《宋史論集》（濟南：齊魯書社，1982年11月）。

5. 譚其驤（1911～1992）（主編）：《中國歷史地圖集》第六冊《宋遼金時期》（北京：中國地圖出版社，1982年10月）。

6. 劉子健（1919～1993）：《兩宋史研究彙編》（臺北：聯經出版事業公司，1987年11月。

7. 王德毅：《宋史研究論集》（臺北：臺灣商務印書館，1968年11月）。

8. 陶晉生：《宋遼關係史研究》（臺北：聯經出版事業公司，1984年7月）。

9. 魏良弢：《西遼史研究》（銀川：寧夏人民出版社，1987年11月）。

10. 李澍田（主編）：《金碑匯釋》（長春：吉林文史出版社，1989年7月）。

11. 張澤咸、鄺家駒（1923～2012）、陳高華、孟繁清（合著）：《中國屯墾史》（北京：農業出版社，1990年7月）。

12. 魏良弢：《西遼史綱》（北京：人民出版社，1991年7月）

13. 王天順（主編）：《宋夏戰史》（銀川：寧夏人民出版社，1993年10月）。

14. 羅家祥：《北宋黨爭研究》（臺北：文津出版社，1993 年 11 月）。

15. 任崇嶽：《風流天子宋徽宗》（鄭州：河南人民出版社，1994 年 1 月）。

16. 杜建泉：《西夏與周邊民族關係史》（蘭州：甘肅文化出版社，1995 年 5 月）。

17. 王智勇：《南宋吳氏家族的興亡——宋代武將家族個案研究》（成都：巴蜀書社，1995 年 11 月）。

18. 楊倩描：《吳家將——吳玠吳璘吳挺吳曦合傳》（保定：河北大學出版社，1996 年 8 月）。

19. 紀宗安：《西遼史論：耶律大石研究》（烏魯木齊：新疆人民出版社，1996 年 8 月）。

20. 黃啟江：《北宋佛教史論稿》（臺北：臺灣商務印書館，1997 年 4 月）。

21. 李華瑞：《宋夏關係史》（保定：河北人民出版社，1998 年 9 月）。

22. 李裕民：《宋史新探》（西安：陝西師範大學出版社，1999 年 1 月）。

23. 王曾瑜：《荒淫無道宋高宗》（保定：河北人民出版社，1999 年 1 月）。

24. 劉浦江（1961～2015）：《遼金史論》（瀋陽：遼寧大學出版社，1999 年 5 月）。

25. 李之亮：《宋河北河東大郡守臣易替考》（成都：巴蜀書社，2001 年 5 月）。

26. 李華瑞：《宋史論集》（保定：河北大學出版社，2001 年 8 月）。

27. 張修桂、賴青壽（編著）：《遼史地理志匯釋》（合肥：安徽教育出版社，2001 年 9 月）。

28. 王云裳：《劉錡評傳》（成都：巴蜀書社，2001 年 9 月）。

29. 王曾瑜：《岳飛和南宋前期政治與軍事研究》（開封：河南大學出版社，2002 年 10 月）。

30. 彭東煥（編）：《魏了翁年譜》（成都：四川人民出版社，2003 年 3 月）。

31. 何冠環：《北宋武將研究》（香港：中華書局，2003 年 6 月）。

32. 張邦煒：《宋代婚姻家族史論》（北京：人民出版社，2003 年 12 月。

33. 俞兆鵬：《求真集——俞兆鵬史學文選》（南昌：江西教育出版社，2004 年 10 月）。

34. 王德忠：《西夏對外政策研究》（長春：吉林人民出版社，2005 年 7 月）。

35. 趙永春：《金宋關係史》（北京：人民出版社，2005 年 9 月）。

36. 張邦煒：《宋代政治文化史論》（北京：人民出版社，2005 年 10 月）。

37. 游彪：《宋代特殊群體研究》（北京：商務印書館，2006 年 8 月）。

38. 李艷玲：《金初東路軍試探》，吉林大學歷史學碩士論文（2007 年 4 月）。

39. 蕭東海：《楊萬里年譜》（上海：上海三聯書店，2007 年 5 月）。

40. 羅家祥：《宋代政治與學術論稿》（香港：華夏文化藝術出版社，2008 年9 月）。

41. 姜青青：《馬擴研究》（北京：人民出版社，2008 年10 月）。

42. Patricia Buckley Ebrey, *Accumulating Culture: The Collections of Emperor Huizong*（Seattle: University of Washington Press, 2008）.

43. 李裕民：《宋史考論》（北京：科學出版社，2009 年1 月）。

44. 孫繼民：《俄藏黑水城所出【宋西北邊境軍政文書】整理與研究》（北京：中華書局，2009 年3 月）。

45. 王曾瑜：《絲毫集》（保定：河北大學出版社，2009 年6 月），頁 146～157。

46. 曾瑞龍（1960～2003）：《北宋种氏將門之形成》（香港：中華書局，2010 年5 月）。

47. 汪聖鐸：《宋代政教關係研究》（北京：人民出版社，2010 年5 月）。

48. 李裕民：《宋人生卒行年考》（北京：中華書局，2010 年9 月）。

49. 王曾瑜：《點滴編》（保定：河北大學出版社，2010 年10 月）。

50. 劉雲軍：《呂頤浩年譜》（保定：河北大學出版社，2011 年4 月）。

51. 楊小敏：《蔡京、蔡卞與北宋晚期政局研究》（北京：中國社會科學出版社，2012 年3 月）。

52. 王曾瑜：《中華古政治史論集》（北京：中國社會科學出版社，2013 年1 月）。

53. 湯開建：《党項西夏史探微》（北京：商務印書館，2013 年12 月）。

54. 藤野猛：《風流天子と君子獨裁制——北宋徽宗朝政治史の研究》（京都：京都大學學術出版會，2014 年4 月）。

55. Patricia Buckley Ebrey ,*Emperor Huizong*（Cambridge, Mass.: Harvard University Press, 2014）. 伊沛霞（著），韓華（譯）：《宋徽宗》（桂林：廣西師範大學出版社，2018 年8 月）。

56. 俞兆鵬：《探索集——俞兆鵬史學文選之三》（南昌：江西人民出版社，2015 年5 月）。

57. 鄧小南：《宋代歷史探求：鄧小南自選集》（北京：首都師範大學出版社，2015 年8 月）。

58. 方誠峰：《北宋晚期的政治體制與政治文化》（北京：北京大學出版社，2015 年12 月）。

59. 何冠環：《北宋武將研究續編》（新北：花木蘭文化出版社，2016 年3 月）。

60. 汪聖鐸：《兩宋貨幣史》（修訂版）（北京：社會科學文獻出版社，2016 年3 月）。

61. 李華瑞：《宋夏史探研集》（北京：科學出版社，2016 年 6 月）。

62. 林煌達：《禮遇與知止：宋代閒散與不適任官員》（臺北：新學林出版股份有限公司，2016 年 9 月）。

63. 王章偉：《近代社會的形成——宋代的士族與民間信仰》（新北：花木蘭文化出版社，2017 年 3 月）。

64. 田志光：《宋代政治制度史研究》（北京：人民出版社，2017 年 6 月）。

65. 李華瑞：《西夏史探賾》（蘭州：甘肅文化出版社，2017 年 8 月）。

66. 顧宏義：《宋事論考》（武漢：華中科技大學出版社，2017 年 8 月）。

67. 龔延明：《宋代官制辭典》（增訂本）（北京：中華書局，2017 年 10 月）。

68. 顧宏義（撰）：《朱熹師友門人往還書札彙編》（上海：上海古籍出版社，2017 年 12 月）。

69. 何冠環：《宮闈內外：宋代內臣研究》（新北：花木蘭文化出版社，2018 年 3 月）。

70. 王可喜（主編）：《王韶家族研究文獻集》（南昌：江西高校出版社，2018 年 5 月）。

71. 楊渭生：《南宋理學一代宗師楊時思想研究》（上海：上海古籍出版社，2018 年 11 月）。

72. 何冠環：《拓地降敵：北宋中葉內臣名將李憲事蹟考述》（新北：花木蘭文化事業有限公司，2019 年 3 月）。

73. 高紅清：《燕雲十六州》（北京：燕山出版社，2019 年 5 月）。

74. Chu, Ming-kin（朱銘堅）, *The Politics of Higher Education: The Imperial University in Northern Song China*,（Hong Kong: Hong Kong University Press, 2020）.

75. 陶晉生：《宋代外交史》（新北：聯經出版事業股份有限公司，2020 年 3 月）。

76. 羅球慶：《羅球慶學術論文集》（香港：新龍門書店，2020 年 9 月）。

期刊論文及論文集論文

1. 周到：〈宋魏王趙頵夫妻合葬墓〉，《考古》，1964 年第 7 期，頁 349～354。

2. 金中樞（1928～2011）：〈論北宋末年之崇尚道教〉（上），《新亞學報》，第七卷第 2 期（1966 年 8 月），頁 323～414。

3. 金中樞：〈論北宋末年之崇尚道教〉（下），《新亞學報》，第八卷第 1 期（1967 年 2 月），頁 187～257。

4. 遲景德：〈宋徽宗的決策避敵與內禪〉，原刊《國立政治大學歷史學報》第三期（1975 年 3 月），現收入宋史座談會（編）：《宋史研究集》，第十八輯（臺北：國立編譯館，1978 年 12 月），頁 1～28。

5. 王冠倬：〈方臘起義軍攻佔州縣考〉，《中國歷史博物館刊》，1981 年第 3 期，頁 39～44。

6. 王煦華、金永高：〈宋遼和戰關係中的幾個問題〉，原載《文史》第九輯（1980），現收入歷史研究編輯部（主編）：《遼金史論文集》（瀋陽：遼寧人民出版社，1985 年 8 月），頁 227～283。

7. 魏婭婭：〈宋代和糴利弊初探〉，《中國社會經濟史研究》，1985 年 10 月，頁 27～37。

8. 陳傳席：〈《宣和畫譜》的作者考及其他〉，《阜陽師院學報》（社科版），1986 年第二期，頁 89～91。

9. 齊心：〈略論韓昉〉，載陳述（1911～1992）主編：《遼金史論文集》第三輯（北京：書目文獻出版社，1987 年 7 月），頁 220～227。

10. 顧吉辰：〈西夏歸宋酋豪劉延慶的幾個問題〉，《寧夏社會科學》，1989 年第 4 期，頁 85～89。

11. 王章偉：〈試論張邦昌〉，載香港中文大學聯合書院歷史學會編：《史潮》，新刊號第十二期（1990 年），頁 10～25。

12. 何俊哲：〈論十二世紀初年燕京地區官僚豪強在遼、宋、金角逐中的作用〉，載陳述（主編）：《遼金史論集》第五輯（北京：文津出版社，1991 年 11 月），頁 255～269。

13. 程光裕（1918～2019）：〈讀宋史胡舜陟傳〉，原刊《第二屆國際華學研究會議論文集》，1992 年 5 月，現收入宋史座談會（編）：《宋史研究集》，第二十五輯（臺北：國立編譯館，1995 年 11 月），頁 315～337。

14. 馬幼垣：〈《宣和遺事》中《水滸》故事校釋〉，《漢學研究》，第 12 卷第 1 期（1994 年 6 月），頁 317～333。

15. 李天鳴：〈宋金聯合攻遼燕京之役——燕山之役〉，載《第二屆宋史學術研討會論文集》（臺北：中國文化大學，1996 年 3 月），頁 283～305。

16. 程光裕：〈胡舜陟的禦金論〉，載岳飛研究會（編）：《岳飛研究》第四輯——岳飛暨宋史國際學術研討會論文集（北京：中華書局，1996 年 8 月），頁 259～265。

17. 黃寬重：〈馬擴與兩宋之際的政局變動〉，原載《中央研究院歷史語言研究所集刊》第六十一本第四分（1990 年 12 月），頁 789～808。現收入宋史座談會（編）：《宋史研究集》，第二十六輯（臺北：國立編譯館，1997 年 2 月），頁 2311～248。

18. 程光裕：〈《鮚埼亭集》中的胡舜陟〉，原刊《論浙東學術》，1995 年 2 月，現收入宋史座談會（編）：《宋史研究集》，第二十七輯（臺北：國立編譯館，1997 年 12 月），頁 465～479。

19. 李天鳴：〈金侵北宋初期戰役和宋廷的決策〉，載宋旭軒教授八十榮壽論文集編輯委員會編：《宋旭軒教授八十榮壽論文集》，第一冊（臺北縣新店市，2000 年 11 月），頁 183～236。

20. 張邦煒：〈靖康內訌解析〉，《四川師範大學學報》（社會科學版），第 28 卷第 3 期（總 126 期）（2001 年 5 月），頁 69～82。

21. 張邦煒：〈宋徽宗角色錯位的來由〉，《四川師範大學學報》（社會科學版），第 29 卷第 1 期（2002 年 1 月），頁 90～96。

22. 李天鳴：〈宋徽宗北伐燕山時期的反對意見〉，原載《故宮學術季刊》，第 17 卷四期（2000 年），頁 109～143。現收入宋史座談會主編：《宋史研究集》，第三十二輯（臺北：蘭臺出版社，2002 年 10 月），頁 257～315。

23. 張邦煒：〈關於建中之政〉，《四川師範大學學報》（社會科學版），第 29 卷第 6 期（2002 年 11 月），頁 99～108。

24. 王文素、張志立：〈完顏銀朮可在抗遼伐宋的作用淺析〉，載程尼娜、傅百臣（主編）：《遼金史論叢‧紀念張博泉教授逝世三週年論文集》（長春：吉林人民出版社，2003 年 7 月），頁 320～328。

25. 漆子揚：〈北宋威遠鎮圈子闇石碑文獻稽考〉，《西北師大學報》（社會科學版），第 40 卷第 4 期（2003 年 7 月），頁 111～114。

26. 張邦煒：〈宋徽宗初年的政爭——以蔡王府獄為中心〉，《西北師大學報》（社會科學版），第 41 卷第 1 期（2004 年 1 月），頁 1～6。

27. 梁偉基：〈從「帝姬和親」到「廢立異姓」——北宋靖康之難新探〉，《新史學》，第十五卷第三期（2004 年 9 月），頁 1～46。

28. 仝建平：〈童貫曾任宣撫使而非宣徽使〉，載《晉陽學刊》，2005 年 3 期，頁 121。

29. 陳瑞青：〈從俄藏黑水城宋代文獻看北宋收復燕山府之役〉，載姜錫東、李華瑞（主編）：《宋史研究論叢》第七輯（保定：河北大學出版社，2006 年 5 月），頁 236～247。

30. 衣若芬：〈「昏君」與「奸臣」的對話——談宋徽宗「文會圖」題詩〉，《文與哲》第八期（2006 年 6 月），頁 253～278。

31. 李曉：〈中國歷史上的政府購買制度對農民經濟的影響——以唐宋為中心的考察〉，《清華大學學報》（哲學社會科學版），2006 年第 5 期（第 21 卷），頁 69～78。

32. 王久宇、李衛星：〈完顏斡魯墓碑史事考述〉，《哈爾濱學院學報》，第 28 卷第 3 期（2007 年 3 月），頁 1～5。

33. 王久宇、王鎧：〈阿城金代貴族墓碑的發現和考證〉，《北方文物》，2007年第 4 期（總 92 期），頁 50～53。

34. 李燁、周忠慶：〈陝西洋縣南宋彭杲夫婦墓〉，《文物》，2007 年第 8 期，頁 57～70。

35. 王久宇：〈完顏幹魯墓碑碑額考釋〉，《哈爾濱學院學報》，第 29 卷第 4 期（2008 年 4 月），頁 1～4。

36. 游彪：〈小人物與大歷史：一個被遺忘的北宋將官〉，《北京師範大學學報》，2008 年第 4 期（總 208 期），頁 81～90。

37. Don J. Wyatt, "Compromised Embodiments: Tong Guan" in Nicola Di Cosmo（ed.）, *Military Culture in Imperial China*,（Cambridge, Massachusetts: Harvard University Press, 2009）, Chapter 8, "Unsung Men of War: Acculturated Embodiments of the Martial Ethos in the Song Dynasty", pp. 207～218, 364～366.

38. 張生寅：〈北宋震武軍城位置考辨——兼談門源縣境內幾座古城的始築年代〉，《青海社會科學》，2009 年第 1 期（2009 年 1 月），頁 102～106。

39. 齊偉：〈試論遼末金初漢族仕人政治靈活性之原因〉，載孫建華（主編）：《遼金史論集》第十一輯（呼和浩特：內蒙古大學出版社，2009 年 11 月），頁 188～199。

40. 張林：〈向太后攬權及其與徽宗之政爭——立足於蔡京去留問題之考察〉，載姜錫東、李華端（主編）：《宋史研究論叢》第十輯（保定：河北大學出版社，2009 年 12 月），頁 37～50。

41. 朱德軍：〈宋代西北邊境弓箭手供給問題的歷史考察——以俄藏黑水城文獻為中心〉，《西夏學》第五輯（首屆西夏學國際論壇專號上）（上海：上海古籍出版社，2010 年 10 月），頁 70～78。

42. 楊倩描：〈北宋末年鄜延路經略安撫使考〉，載姜錫東（主編）：《宋史研究論叢》第十一輯（保定：河北大學出版社，2010 年 12 月），頁 442～449。

43. 梁偉基：〈圍城告急：金兵鐵蹄下的開封〉，《中國文化研究所學報》，第五十三期（2011 年 7 月），頁 57～87。

44. 張雲箏：〈童貫——北宋末年對外政策的思想者與執行者〉，《北京教育學院學報》，第 25 卷第 5 期（2011 年 10 月），頁 65～68。

45. 羅家祥：〈北宋晚期的政局演變與武將命運——以王厚軍事活動為例〉，《學術研究》，2011 年 11 月，頁 98～106。

46. 楊善德：〈宋震武軍治考〉（2012 年 7 月 16 日發佈於《國學網》），頁 1～7。

47. 鄭明寶：〈靖康之變康王出質金營的兩個問題〉，《中華文史論叢》，（2012 年第 4 期）（第一百八期），頁 53～63。

48. 王曾瑜：〈李綱的同道〉，《隋唐遼宋金元史論叢》，第三輯（上海：上海古籍出版社，2013 年 4 月），頁 167～208。

49. 陳樂保：〈姚平仲劫寨之戰述論〉，載《宋代文化研究》第二十輯（成都：
四川大學出版社，2013 年 8 月），頁 118～136。

50. 辛更儒：〈南北宋之交的辛家將考〉，載鄧小南、程民生、苗書梅（主編）：
《宋史研究論文集》（2012）（鄭州：河南大學出版社，2014 年 3 月），
頁 402～413。

51. 蔡副全：〈西狹《王師雄題記》、《厙彥威題記》考辨〉，《天水師範學院學
報》，第 33 卷第 1 期（2013 年 1 月），頁 16～20。

52. 陳俊達：〈金初攻宋西路軍統帥探微〉，《寧夏大學學報》（人文社會科學
版），第 36 卷第 3 期（2014 年 5 月），頁 59～65。

53. 關樹東：〈耶律和魯斡、耶律淳父子與遼末政治〉，載姜錫東（主編）：《宋
史研究論叢》第十五輯（保定：河北大學出版社，2014 年 10 月），頁 617
～628。

54. 王曾瑜：〈宋徽宗時的宦官群〉，《隋唐遼宋金元史論叢》，2015 年，頁 141
～186。

55. 王曾瑜：〈宋徽宗時的道士與道官群〉，《華中國學》2015 年第 2 期，頁
123～135。

56. 王曾瑜：〈宋徽宗時的姦臣群〉，《中華文史論叢》2015 年第 3 期（總 129
期），頁 1～46。

57. 王久宇、孫田：〈完顏婁室神道碑碑文的史料價值述要〉，《哈爾濱師範大
學社會科學學報》，2015 年第 2 期（總第 27 期），頁 125～128。

58. 楊俊峰：〈紹興辛巳親征詔草的隱沒與再現——兼論和議國是確立後歷史
書寫的避忌現象〉，《臺灣師大歷史學報》，第 53 期（2015 年 6 月），頁 1
～42。

59. 王久宇、孫田：〈完顏希尹神道碑碑文的史料價值〉，《古籍整理研究季刊》，
第四期（2015 年 7 月），頁 39～42。

60. 馮志弘：〈靖康之難的成因是甚麼？——從南渡時人的認識說起〉，《上海
大學學報》（社會科學版），第 32 卷第 4 期（2015 年 7 月），頁 94～105。

61. 鄭煒：〈從棄守湟鄯到繼述開拓——論宋徽宗西北邊策〉，《敦煌學輯刊》，
2015 年第 3 期，頁 92～103。

62. 藤野猛：〈直睿思殿と承受官——北宋末の宦官官職〉，《東洋史研究》，
第 74 卷第 2 期（2015 年 9 月），頁 261～293。該文的中譯見藤本野（撰），
王海燕（譯）：〈直睿思殿與承受官——北宋末的宦官官職〉，載余蔚、平
田茂樹、溫海清（主編）：《十至十三世紀東亞史的新可能性——首屆中
日青年學者遼宋西夏金元史研討會論文集》（上海：中西書局，2018 年 9
月），頁 151～182。

63. 聶傳平:〈靖康之難中金軍圍汴造成的生態災難〉,載姜錫東(主編):《宋史研究論叢》第十七輯(保定:河北大學出版社,2015 年 12 月),頁 159～174。

64. 汪聖鐸:〈北宋滅亡與宦官——駁北宋無「閹禍」論〉,《銅仁學院學報》,第 18 卷第 1 期(2016 年 1 月),頁 115～126。

65. 周志琪、李少偉:〈北宋滅亡原因再認識——基於徽宗朝對待遼降宋官員政策的考察〉,《佳木斯大學社會科學學報》,第 35 卷第 1 期(2017 年 2 月),頁 127～130。

66. 黃曉巍:〈宋徽宗政和年間謀遼復燕史事考論〉,《史學月刊》,2017 年 5 期,頁 42～51。

67. 王化雨:〈蔡京去留與宋徽宗朝初年政治〉,《史林》,2017 年 6 期,頁 68～78。

68. 王瑞來:〈墓志書寫:復原一個武將的一生——《大宋故贈寧武軍節度使劉公墓志銘》考釋,兼說研究對墓志的利用〉,載沈翔、何忠禮(主編):《第三屆中國南宋史國際學術研究會論文集》(杭州:浙江大學出版社,2017 年 11 月),下冊,頁 423～434。

69. 張廷良:〈宋故武功大夫永康府君張公墓志考釋〉,《重慶師範大學學報》(社會科學版),2018 年第 1 期,頁 42～47。

70. 廖麗梅:〈論王阮詩歌的藝術淵源〉、〈論王阮詩歌的藝術特色〉,載王可喜(主編):《王韶家族研究文獻集》(南昌:江西高校出版社,2018 年 5 月),頁 48～93。

71. 王可喜:〈論南宋詩人王阮的思想人格特徵〉,載《王韶家族研究文獻集》,頁 94～103。

72. 張邦煒:〈難於強求一律的兩種視角——有感於伊沛霞著《宋徽宗》及相關評論〉,《河北大學學報》(哲學社會科學版),第 44 卷第 1 期 2019 年 1 月),頁 9～13。

73. 王化雨:〈伊沛霞《宋徽宗》〉,《唐宋歷史評論》第五輯(2018 年 12 月),頁 225～231。

74. 聶立申、王穎丹:〈金代名儒李之翰生平及交游考〉,《魯東大學學報》(哲學社會科學版),第 36 卷第 3 期(2019 年 5 月),頁 1～6。

75. 賈連港:〈北宋末年郭京「六甲神兵」之由來蠡測——基於欽宗君臣思想來源的考察〉,《宗教學研究》,2019 年第 3 期(2019 年 9 月),頁 252～260。

76. 顧宏義:〈宋徽宗朝王厚克復湟鄯之戰〉,載江西省歷史學會王韶研究專業委員會、南昌大學谷霽光人文高等研究院(合編):《全國首屆王韶學術研討會論文集》(南昌:2019 年 11 月),頁 101～113。

後　記

　　本書是筆者研究宋代內臣第三部著作，早在撰寫李憲事蹟時，已著意同時搜集他的門人、權勢地位及影響更大的童貫的相關史料。在搜集及閱讀童貫史料時，發覺史料的豐富與繁雜，遠超出預期，特別是許多相關的細節，過去注意不足，以前的粗略想法大有修正的必要。許多人說「魔鬼就在細節裡」，證諸童貫的研究，此言非虛。筆者認為治史就需要注意每一細節，而對每一說法都盡量考而後信。本書篇幅不少，正因兩宋之際的相關記載，因記錄的人立場不同，故既極其豐富又歧異甚多，不經仔細考證，不可盡信。宋人許多事後回憶，不免揚己貶人，以及為親故吹噓迴護。就是同一事件，因編修者的國族立場，《宋史》、《遼史》及《金史》所記便有不同。是故今次撰寫童貫，從難度而言，高於上一回撰寫李憲。

　　許多在期刊及網上發表有關童貫的通俗文章，或《中國宦官史》一類的普及著作，多半據《宋史・童貫傳》或少量宋人筆記去描述童貫的生平大略，雖然大體上沒有太遠離史實，惟從嚴格的學術標準來看，就欠準確和深度。至少，童貫應該肯定的功績，就多被抹煞。當然，對業餘的作者而言，這是難以苛求的。

　　就像當年研究高俅事蹟一樣，筆者也是因少年時閱讀《水滸傳》而認識童貫這一宋代壞太監；不過，在小說及據之改編的影視作品中，童貫的壞人形象並不突出，遠不及高太尉險惡。後來在大學研讀宋史，發現事實剛好相反，童貫怙惡不盡，而高俅則劣跡不彰。這就是小說與歷史的趣味。

　　網上曾有讀者批評筆者在李憲研究裡對李憲評價過高，認為筆者為李憲的缺點辯護是該書的缺點。不過，筆者倒認為正因人們過去多戴著有色的眼

鏡去看宋代的內臣，先入為主的接受《宋史·李憲傳》所論李憲「罔上害民」，而不察這番論斷，其實出於文臣對內臣統兵的偏見，而沒有認真客觀查考李憲的軍事才能及其成就。要說李憲的缺點，可能就是他先天內臣的身份。筆者在本書也無意為童貫翻案，為他的過錯辯護，只是和研究其師李憲一樣，盡量客觀持平地找出童貫值得肯定的地方，不因他後來敗死，而一面倒地斥他為奸臣。筆者認為，童貫對宋室而言，可說兼為功臣與禍首。

筆者開始撰寫本書的初稿時，適值 2019 年下半年香港社會動盪，人心不安，政見不合者互相攻擊，而置民生經濟於不顧。甫過庚子新春，新冠肺炎疫災橫捲全球，學校繼續停課，人們避疫而足不出戶。筆者亦無奈閉門著述，有時筆耕至中夜始寐，卻在夢中隱見宣和繁華，以人謀不臧，而致靖康慘禍，竟與現實有幾分相似。

幸而春去夏來，疫情漸去，港人稍得喘息，盼望港人吸取教訓，勿效宋人為意氣之爭而陷社會於險境。

今年（2020）一月上旬，筆者往臺北出席東吳大學為家師陶晉生院士成立的學術講座大典，陶老師談笑風生，精神甚佳，筆者向他稟告童貫撰寫的進展。三月中，本書寫好初稿，呈寄書稿之目錄，老師勉勵良多。教人喜悅不已的是，老師的巨作《宋代外交史》在三月面世了，那是我們等待許久的喜訊。

羅球慶老師一直關注本書的撰寫，筆者一直將是書撰寫進展向老師報告。可喜的是，我們為老師編集的學術論文集，行將付梓，以稍報師恩。

本書得以出版，十分感謝花木蘭文化事業有限公司的杜潔祥總編輯和高小娟社長，在全球經濟波動的時刻，仍願意出版是書，他們支持人文學科研究與文化產業的精神教人敬佩不已。

回顧自 2020 年春至夏的半年來，筆者無奈「閉關」讀書寫作時，內子惠玲在照料繁重家務之餘，幾乎一日三餐，都由她下廚料理。今年三月底，家岳鄧慶煜大人仙逝，惠玲自然傷心不已，有好一段時間，她身心俱疲。當她心情稍得平復時，我就和她談談時事，談談我寫本書的一些體會和感觸。惠玲一向對《水滸》興趣不大，童貫的名字，也只聽過而不知其詳。徽宗的瘦金體她是懂得的，她一手好字勝我的塗鴉多矣，我就多談一點徽宗的故事，作茶餘飯後之話題。小女思齊已長得亭亭玉立，她喜歡音樂，尤其喜歡粵曲，也彈得一手鋼琴，自得其樂。她也不求進甚麼金馬玉堂，而知足常樂。她和

惠玲一樣，知道研究宋朝歷史，是父親的愛好，也就不以我在電腦前老僧入定或挑燈夜讀為痴。妻女一直是筆者堅持研究的精神支柱，她們以笑容去包容書呆子之不通世務，實是筆者莫大的福份。謹以此書送給惠玲與思齊。

　　二姐何合寬女史，不幸於去年三月病逝，雁行折翼之痛，也借此書深誌哀思。

2020 年 9 月識於香港惠安苑蝸居